Anita Finkenzeller, Brigitte Hirmer, Gabriele Kuhn-Schmelz, Rita Wehfritz

Praxis- und Methodenlehre Sozialpädagogik

für die Kinderpflege

Stam 4290.

www.stam.de

Stam Verlag
Fuggerstraße 7 · 51149 Köln

ISBN 3-8237-**4290**-6

© Copyright 1998: Verlag H. Stam GmbH · Köln
Das Werk und seine Teile sind urheberrechtlich geschützt. Jede Verwertung in anderen als den gesetzlich zugelassenen Fällen bedarf deshalb der vorherigen schriftlichen Einwilligung des Verlages.

Inhaltsverzeichnis

1 Das berufliche Arbeitsfeld der Kinderpflegerin 5

1.1 Äußere Rahmenbedingungen für Mitarbeiter in sozialpädagogischen Einrichtungen 6

1.2 Rahmenbedingungen innerhalb sozialpädagogischer Einrichtungen 12

1.2.1 Zusammensetzung der Kindergruppen 13

1.2.2 Öffnungszeiten 15

1.2.3 Tagesablauf 18

1.2.4 Räumlichkeiten 21

1.3 Mitarbeiter in sozialpädagogischen Einrichtungen 28

1.3.1 Personelle Ausstattung 28

1.3.2 Aufgabenbereiche 30

2 Anforderungen an eine Kinderpflegerin 35

2.1 Bedeutung des Verhaltens gegenüber Kindern in verschiedenen Situationen 36

2.1.1 Wechselwirkung zwischen eigenen Einstellungen und Verhaltensweisen und denen der Kinder 36

2.1.2 Kindgerechte Gestaltung von Tagessituationen 39

2.1.3 Bewältigung von Konflikten unter Berücksichtigung der Bedürfnisse von Kindern 44

2.1.4 Absprache von Verhaltensbeobachtungen mit der Erzieherin 48

2.2 Die Leitung einer Kindergruppe für begrenzte Zeit 50

2.2.1 Gezielte Beobachtung und Reflexion im Team 52

2.2.2 Überblick über die Gesamtgruppe 55

2.2.3 Die Aufsichtspflicht der Kinderpflegerin 59

2.2.4 Mitverantwortung für den Tagesablauf 63

2.2.5 Eingehen auf die individuellen Bedürfnisse der Kinder 67

2.2.6 Gezielter Einsatz pädagogischer Interventionen 69

3 Spielpflege und Spielführung ... 72

3.1 Die Bedeutung des Spiels 72

3.1.1 Einfluss auf die emotionale Entwicklung des Kindes 75

3.1.2 Einfluss auf die soziale Entwicklung des Kindes 80

3.1.3 Einfluss auf die motorische Entwicklung des Kindes 87

3.1.4 Förderung der kognitiven Entwicklung des Kindes 91

3.2 Überblick über ausgewähltes Spielmaterial 95

3.2.1 Altersgerechtes Spielmaterial 96

3.2.2 Anforderungen an das Spielmaterial 99

3.2.3 Methodischer Umgang mit Tischspielen 100

3.3 Ausgewählte Spielformen und ihre Einsatzmöglichkeiten 105

3.3.1 Übersicht über die Spielformen ... 105

3.3.2 Ausgewählte Spielformen 106

3.4 Das Freispiel 116

3.4.1 Die Bedeutung des Freispiels 116

3.4.2 Die Organisation des Freispiels ... 118

3.4.3 Die Freispielführung 122

3.5 Das Rollenspiel 127

3.5.1 Die Bedeutung des Rollenspiels für die Entwicklung des Kindes 127

3.5.2 Anregungen zum freien Rollenspiel 127

3.5.3 Anregungen zum angeleiteten Rollenspiel 130

3.6 Darstellendes Spiel 131

3.6.1 Die Bedeutung des darstellenden Spiels 133

3.6.2 Planung und Durchführung des darstellenden Spiels am Beispiel des Kasperltheater 136

4 Gesprächsführung 142

4.1 Die Bedeutung des Gespräches 142

4.1.1 Kontaktfindung 143

4.1.2 Information und Klärung 144

4.1.3 Abbau von Angst, Aggression und Isolation 147

4.2 Wichtige Grundsätze der Gesprächsführung 149

4.2.1 Die Eigenart der jeweiligen Gesprächssituation 149

4.2.2 Unterscheidung von Sach- und Beziehungsebene 151

4.2.3 Die positive Einstellung zum Gesprächspartner 155

4.2.4 Gesprächsregeln anwenden 159

4.3 Kinder zum Gespräch anregen ... 162

4.3.1	Situationen mit Kindern zum Gespräch nutzen 162		**8**	**Planung der pädagogischen Arbeit** 253	
4.3.2	Gezielte Angebote und Beobachtungen 164		8.1	Grundlagen der Planung in der pädagogischen Arbeit 254	
4.3.3	Vorbildwirkung des eigenen Gesprächsverhaltens 166		8.1.1	Institutionelle Bedeutung 254	
			8.1.2	Pädagogische Bedeutung 258	
4.3.4	Gespräche mit Kindern zur Sprech-, Sprach- und Gesprächs- förderung 168		8.1.3	Bausteine der Planung 261	
			8.2	Verschiedene Planungsan- sätze in der Praxis 262	
			8.2.1	Funktionsorientierter Ansatz 262	
5	**Teamarbeit** 171		8.2.2	Situationsorientierter Ansatz 263	
5.1	Bereitschaft zur aktiven Mitarbeit im Team 171		8.2.3	Vergleich der beiden Ansätze 264	
			8.3	Bestandteile der Planung 266	
5.2	Konstruktive Zusammen- arbeit im Team 173		8.3.1	Zielsetzung 266	
			8.3.2	Lerninhalt 270	
5.3	Planung und Organisation der Teamarbeit 175		8.3.3	Methode 272	
			8.3.4	Medien 277	
5.4	Reflexion: Das Geben und Nehmen im Team 178		8.4	Geplantes Angebot 279	
			8.4.1	Vorüberlegungen 279	
5.5	Konfliktfähigkeit der Team- mitglieder 179		8.4.2	Methodischer Aufbau 282	
5.5.1	Die Bedeutung des Konfliktes 180		8.4.3	Weiterführung 284	
5.5.2	Konfliktlösung im Team 181		8.4.4	Schriftliche Vorbereitung 285	
5.6	Solidarität im Team 183		8.4.5	Nachbesinnung 293	
5.7	Mitverantwortung im Team 186				
			9	**Gestaltung von Festen und Feiern** 297	
6	**Mithilfe der Kinderpflegerin bei der Eltern- und Familienarbeit** . 191		9.1	Feste feiern – Übersicht und Bedeutung 297	
6.1	Bedeutung der Elternarbeit 192		9.2	Feste im Jahreskreislauf sozial- pädagogischer Einrichtungen 298	
6.2	Voraussetzungen für gute Elternarbeit 194		9.3	Grundsätzliche Überlegungen zur Gestaltung von Festen 300	
6.3	Formen der Elternarbeit 196		9.4	Einzelne Feste 305	
6.3.1	Das Tür- und Angelgespräch 199		9.4.1	Kindergeburtstag 305	
6.3.2	Der Elternbrief 201		9.4.2	Erntedank 307	
6.3.3	Elternabend 204		9.4.3	St. Martin 309	
6.4	Mitwirkung der Kinderpflegerin bei der Elternarbeit 206		9.4.4	Nikolaus 311	
			9.4.5	Advent und Weihnachten 313	
			9.4.6	Fasching 316	
7	**Umgang der Kinderpflegerin mit verhaltensauffälligen Kindern** . . 211		9.4.7	Sommerfest 318	
7.1	Erziehungsschwierige Kinder in sozialpädagogischen Einrichtungen 213			**Literaturverzeichnis** . . . . 321 **Sachwortverzeichnis** . . . . 323 **Bildquellenverzeichnis** 327	
7.2	Das enthemmte Kind 214				
7.3	Das gehemmte Kind 225				
7.4	Das sprachauffällige Kind 231				
7.5	Das Kind mit Entwicklungs- verzögerungen 234				
7.6	Das Kind mit Behinderungen 237				
7.7	Das Kind aus einem anderen Kulturkreis 240				
7.8	Das Kind in einer schwierigen Lebenssituation 245				

1 Das berufliche Arbeitsfeld der Kinderpflegerin

Treffen der Freundinnen

Erika, Nicole, Melanie und Sandra, vier Freundinnen aus der Ausbildungszeit an der BFS für Kinderpflege, treffen sich drei Jahre nach ihrem Berufsabschluss zum erstenmal wieder. Ihre Berufserfahrungen nehmen einen großen Teil des Gesprächs ein:

Erika und **Nicole** hat es nach München in eine große Kindertagesstätte inmitten eines dicht besiedelten Hochhausviertels verschlagen. Es gibt darin zwei Krippengruppen mit jeweils acht Kindern, zwei gemischte Gruppen mit je acht Kindergarten- und Hortkindern, zwei Hortgruppen mit je zwölf Kindern, Regel-Kiga-Gruppen mit je 25 Kindern und zwei Kiga-Ganztagsgruppen. Erika arbeitet in der Kinderkrippe, Nicole in einer Kiga-Ganztagsgruppe.

Melanie ist in der Kleinstadt geblieben und arbeitet in einem dreigruppigen katholischen Regelkindergarten.

Sandra ist in einem kleinen eingruppigen Gemeindekindergarten ca. 50 km von der nächstgrößeren Stadt untergekommen.

Die Freundinnen erzählen angeregt über ihre unterschiedlichen Erlebnisse und Arbeitserfahrungen.

Aufgaben
1. Welche der drei Einrichtungen kommt der am nächsten, die Sie aus eigener Erfahrung als Kind oder als Praktikantin kennen?
2. Mit welchen Kindern der unterschiedlichen Altersgruppen arbeiten die vier Freundinnen?
3. In welcher Einrichtung würden Sie am liebsten arbeiten? Begründen Sie Ihren Wunsch.

Merke Die Rahmenbedingungen sozialpädagogischer Einrichtungen sind sehr unterschiedlich. Sie hängen von verschiedenen Faktoren ab und bestimmen wesentlich die Arbeitsbedingungen der Mitarbeiter und Mitarbeiterinnen.

Neuerliche gesellschaftliche Veränderungen, an erster Stelle die wachsende Zahl alleinerziehender Elternteile und die Zunahme der Berufstätigkeit von Müttern, haben dazu geführt, dass sozialpädagogische Einrichtungen an Bedeutung gewonnen haben. (Siehe auch Kapitel 8)

Im Zuge dieser Wandlungen entstanden in der jüngsten Vergangenheit neben neuen Einrichtungen auch neue Modelle, Konzepte und Arbeitsweisen.

Die Kinderpflegerin ist vornehmlich in Tageseinrichtungen tätig, die Familien bei der Betreuung, Bildung und Erziehung der Kinder ergänzen und unterstützen und die Eltern der Kinder und Jugendlichen beraten.

Arbeitsinhalte solcher familienergänzenden Einrichtungen stehen daher in diesem Buch im Vordergrund.

1.1 Äußere Rahmenbedingungen für Mitarbeiter in sozialpädagogischen Einrichtungen

In den folgenden Zeitungsanzeigen stellen Arbeitgeber unterschiedliche Anforderungen an ihre Mitarbeiterinnen, die sich aus unterschiedlichen Rahmenbedingungen ergeben:

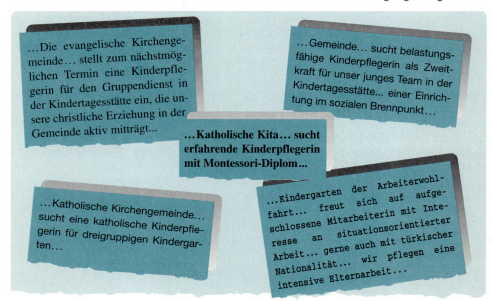

> **Aufgaben**
> 1. Käme für Sie die eine oder andere Stelle in Frage? Wenn nein – warum nicht?
> 2. Welche Anforderungen stellen Arbeitgeber in diesen Anzeigen an die zukünftige Mitarbeiterin?
> 3. Denken Sie an die Einrichtung zurück, die Sie selbst als Kind besucht haben oder in der Sie Ihr Schnupperpraktikum verbracht haben. Durch welche Rahmenbedingungen wurde/wird die Arbeit der dort tätigen Mitarbeiterinnen Ihrer Meinung nach am meisten bestimmt?

Die Anforderungen, die an eine Kinderpflegerin in ihrer Arbeitsstelle gerichtet werden, hängen von äußeren Bedingungen ab, auf die sie keinen unmittelbaren Einfluss hat.

Zu den äußeren Rahmenbedingungen gehören:

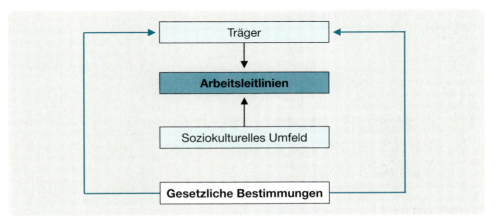

(Zu Träger und gesetzlichen Bestimmungen vgl. das Fach „Berufs- und Rechtskunde")

Leitlinien für die Arbeit in sozialpädagogischen Einrichtungen

Der Träger bzw. sein Vertreter legt die Leitlinien für die pädagogische Arbeit in der Einrichtung fest.

Inhalte solcher Leitlinien sind:
- Aussagen über die Zielgruppe, d.h. über die Kinder, für die diese Einrichtung bestimmt ist, und Kriterien für die Warteliste, wenn weniger Plätze zur Verfügung stehen als gewünscht (Alter, Einzugsgebiet, Familiensituation...);
- Aussagen über den weltanschaulichen Hintergrund oder die Religion als Grundlage für die Zielsetzung der Arbeit;
- Arbeitsweise, Ausstattung, Zusammenarbeit mit Eltern und anderen Stellen je nach Zielsetzung.

Die äußeren Rahmenbedingungen einer sozialpädagogischen Einrichtung sind schriftlich festgelegt.

Beispiel:

Präambel der Kindertagesstätte der evang.-luth. Andreaskirche Neu-Ulm/Ludwigsfeld

2. Präambel

2.1 Geschichtliche Entwicklung

1960 kam die politische Gemeinde Neu-Ulm auf die evang. Kirchengemeinde zu mit dem Wunsch, einen Kindergarten im Gemeindebereich zu bauen. Die politische Gemeinde wollte und hat die Kirchengemeinde sehr unterstützt bei diesem Vorhaben. Allerdings hat auch die Kirchengemeinde eigene Belange und Bedürfnisse zurückgestellt. Der vorgesehene Kirchenbau hat sich um 8 Jahre verschoben auf 1968, um dem Kindergartenbau Vorrang zu geben. Gebaut wurde dann ein 2-gruppiger Kindergarten.

Im Erdgeschoß befanden sich zwei Gruppenräume, Küche, Eingangsbereich mit Garderobe, ein Waschraum, ein Materialraum und das Leitungszimmer.

Im Dachgeschoß wurde eine Wohnung errichtet für die Leiterin und ein Mehrzweckraum. Unterm Dach waren Materialstauräume. Im Keller befand sich neben dem Heizungsraum und zwei Materialräumen ein Gemeinderaum mit Küche, daneben ein Zimmer für die Jugendarbeit, Gang und WC. Die Kelleretage hatte einen separaten Eingang.

Nachdem unser Stadtteil von Jahr zu Jahr gewachsen ist, wuchs der Bedarf an Kindergartenplätzen sprunghaft an. Die kath. Gemeinde baute Ende der 60er Jahre einen 4-gruppigen Kindergarten, die evang. Gemeinde erweiterte um eine Gruppe, die dann in den Gemeinderäumen im Keller untergebracht wurde. Dies war möglich, da die Gemeinde 1977 in ein Gemeindehaus umgezogen war. Ausgewiesen war die dritte Gruppe als Not- und Übergangsgruppe. Aus ihr wurde allerdings eine 16jährige, feste Einrichtung.

Nachdem die Stadt 1990 Untersuchungen angestellt hatte, daß sich in den nächsten 10 Jahren der Bedarf an Kindergartenplätzen auf ca. 200 Plätze einspielt, hat sich, wie im Vorwort bereits dargestellt, unsere Kirchengemeinde bereit erklärt, neu zu bauen und eine Kindertagesstätte zu errichten. Unterdessen hatten wir seit 1992 eine vierte Gruppe als Übergangsgruppe eingerichtet.

Im Laufe unserer Planung und in die Bauphase hinein wurde dann ein Bedarf an Hortplätzen festgestellt. Nachdem unser Kindergarten nachmittags (wie viele Kindergärten) unterbelegt war, machten wir den Aufsichtsbehörden den Vorschlag, eine Hortgruppe in die Einrichtung zu integrieren. Wir verweisen an dieser Stelle nochmals auf das Vorwort.

2.2 Evang. Profil

Unsere Kindertagesstätte mit Hort soll in unserer Kirchengemeinde, im Stadtteil und im Gemeinwesen eine Oase der Erziehung, Bildung, Betreuung und der Begegnung unterschiedlicher Familien sowie ein Ort der Kommunikation für Kinder und Erwachsene sein.

Unsere Einrichtung soll ein Ort der Begegnung mit dem christlichen Glauben sein, das gilt in Bezug auf die Kinder sowie für die Eltern. Besonders auch für die, die zur Kirche noch keinen Bezug haben.

Kinder sollen durch das Personal christliches Zusammenleben erfahren, erleben und in sich aufnehmen, um später als Erwachsene Zugang, in welcher Form auch immer, zur Gemeinde zu haben.

Durch das Vorleben erfahren sie eine Kultur des Vertrauens unseres Glaubens und erleben somit eine unverfügbarere, größere Wirklichkeit.

Die Weiterentwicklung unserer Kindertagesstätte zu einem altersgemischten, integrativen und differenzierten Ort für Kinder in der Kirchengemeinde ist für uns eine Aufgabe auch für die Zukunft. Durch die Integration des Horts sowie die Einrichtung eines Jugendcafés mit Billardraum, Tischtennisräumen und Kickfußball und die geplante Einbindung der Hortkinder in die „Caféarbeit" wird ein wichtiger Schritt gemacht.

Darüber hinaus wird es ab September 1995 in unserer Einrichtung regelmäßig Projektarbeit geben, die Kinder und Jugendliche zu einer Arbeits- und Begegnungsgemeinschaft zusammenschließen wird. Damit ist eine wichtige Voraussetzung für die Vernetzung zwischen Familie und Gemeinwesen schlechthin getan.

Neben dem Prinzip der einladenden und offenen Gemeinde, die sich auszeichnet durch Öffnung für die Bedürfnisse ihrer Kinder und Familien, gilt als Schwerpunkt für unsere Kindertagesstätte mit Hort die Integration von Kindern und Familien mit besonderen Problemlagen.

2.3 Leitlinien unserer Kindertagesstätte mit Hort

Im Zuge unserer Konzeptionserarbeitung haben wir, Kindergartenteam, Kirchenvorsteher, Elternbeirat und Pfarrer, gemeinsame Leitbilder gefunden, die unsere Arbeit in Zukunft charakterisieren. Dabei hat sich für uns folgende Reihenfolge der Prioritäten ergeben:

2.3.1 Bei uns lernen Kinder elementare Spielregeln des Zusammenlebens:

– durch das Erleben von Gemeinschaft von Kindergarten- und Hortkindern, ebenso durch Erwachsene, gemeint ist das pädagogische Personal, sowie Väter, Mütter und Großeltern, die einen Beitrag leisten, sowie Senioren, die zum gemeinsamen Mittagstisch in die Einrichtung kommen.
– durch die Anleitung der Kinder durch das Fachpersonal zur Lebensbewältigung

Dadurch ergänzen wir Familien in ihrer Erziehungsarbeit.

2.3.2 Wir eröffnen Spiel- und Lebensräume für Kinder durch:

– alters- und geschlechtsgemischte Gruppen
– ein großes Angebot an Beschäftigungsmaterial und Räumlichkeiten, in denen Projekte und Aktionen stattfinden
– eine großzügige Außenspielanlage, die von Kindern mitgestaltet wird (Erfahrungs- und Erlebnisgarten)

Über das hauseigene Angebot hinaus soll durch das Mitwirken anderer Einrichtungen, wie z. B. Musikschule, Sprachschule oder Psycholog. Beratungsstelle, das Angebot ergänzt werden.

2.3.3 Wir leisten einen wichtigen Beitrag zur religiösen Sozialisation der Kinder. Wir verweisen auf „Evang. Profil".

2.3.4 Eltern bekommen einen Zugang zum Gemeinwesen und zur Gemeinde durch:

– qualitativ wertvolle Kindergartenarbeit
– Elterngespräche, Gespräche zwischen Tür und Angel
– Elternsprechstunden, offene Nachmittage, Elternstammtische, Elternbeirat, Elternabende usw.

Aufgaben

Finden Sie anhand der Präambel Aussagen über folgende Inhalte:

● Träger, Vertreter des Trägers,
● Zielgruppe der Einrichtung,
● Weltanschauung,
● Ziele der Arbeit,
● Arbeitsweise,
● Zusammenarbeit.

Das soziokulturelle Umfeld der Einrichtung

Beziehen Sie sich auf das Gespräch von Erika, Nicole, Melanie und Sandra und versuchen Sie sich die Kindergruppen der Kinderpflegerinnen vorzustellen. Bedenken Sie folgende Fragestellungen:

– Wodurch unterscheidet sich die natürliche Umwelt der Kinder?
– Welche sozialen Erfahrungen machen die Kinder der verschiedenen Einrichtungen in ihrer Wohnumgebung?
– Wodurch unterscheiden sich die Familiensituationen?

Kinder, die eine sozialpädagogische Tageseinrichtung besuchen, leben i.d.R. in unmittelbarer Umgebung der Einrichtung oder gehören dem Einzugsgebiet der Einrichtung an. Das Wohnumfeld der Einrichtung schafft gleichzeitig die sozialen und kulturellen Bedingungen, unter denen die Kinder aufwachsen.

Das Lebensumfeld jedes Kindes wird zudem bestimmt durch seine Familie, das soziale Umfeld der Familie und durch die Wohnsituation (vgl. Kap. 8.1.3). Die vielfältigen Faktoren, die im einzelnen das soziokulturelle Umfeld ausmachen, sind dem Schaubild zu entnehmen:

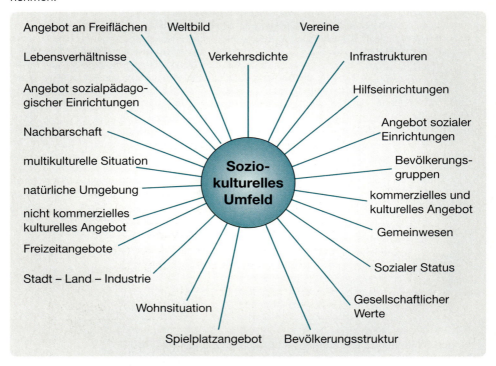

Aufgaben
1. Stellen Sie mit Hilfe des Schaubilds und den Hilfsfragen zur Ermittlung des Lebensumfelds von Kindern (Kap. 8, S. 259) ein Bild für Ihr soziokulturelles Umfeld her. Stellen Sie sich in Kleingruppen gegenseitig Ihre Bilder vor.
2. Glauben Sie, dass Ihre unterschiedlichen Vorerfahrungen Einfluss haben auf Ihre Beziehungen untereinander?
Diskutieren Sie diese Frage in der Klasse.

Zusammenwirkung der verschiedenen Rahmenbedingungen

In der Praxis einer sozialpädagogischen Einrichtung sind die einzelnen Rahmenbedingungen eng miteinander verknüpft und wirken zusammen.
Vom Träger der Einrichtung hängt es ab, nach welchen weltanschaulichen Leitlinien eine sozialpädagogische Einrichtung arbeiten kann.
Diese Leitlinien wiederum bilden die Grundlage für die Erstellung einer pädagogischen Konzeption, die innerhalb der Einrichtung mit Vertretern des Trägers, dem Mitarbeiterteam und evtl. den Elternvertretern gemeinsam erstellt wird. Die Konzeption legt die Arbeitsweise der Einrichtung fest. Bei aller Konzeptionsarbeit von seiten des Trägers und der Mitarbeiter sollten die Kinder mit ihren Bedürfnissen unter Berücksichtigung ihrer familiären Situation und ihres soziokulturellen Umfeldes im Mittelpunkt stehen.

Ein Beispiel für die Verknüpfung einzelner Bedingungen bildet das folgende Schaubild:

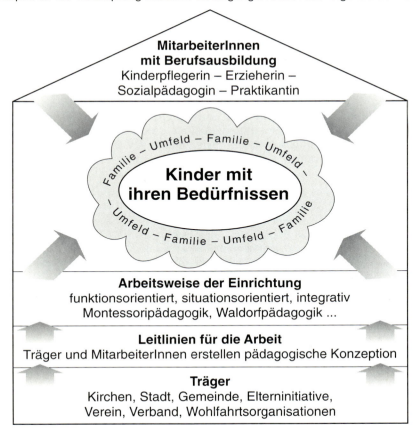

> **Aufgaben**
> 1. Berichten Sie über die Rahmenbedingungen einer Einrichtung in Ihrer Gemeinde.
> 2. Gibt es eine Konzeption für diese Einrichtung? Stellen Sie Vergleiche an.

Jede sozialpädagogische Einrichtung hat unabhängig von der konkreten Trägerschaft, dem soziokulturellen Umfeld und den Arbeitsleitlinien vier Hauptaufgaben zu erfüllen:

Betreuung §§ 1, 3, 9	**Erziehung** § 4, 5, 7, 8	**Bildung** § 6	**Beratung** § 10
– Gesunderhaltung – Unterstützung der Lern- und Leistungsfähigkeit – Erhaltung der Spielfähigkeit – Beaufsichtigung – Versorgung	– Sozialerziehung – Erziehung zur Selbstständigkeit und Verantwortlichkeit – Umwelt- und Naturverständnis – Gesundheitserziehung	– Kommunikationsfähigkeit – Konzentrationsfähigkeit – Reaktionsfähigkeit – Gestaltungsfähigkeit – Orientierungsfähigkeit – Vermittlung von Kulturtechniken – Ausgleich von Defiziten und Benachteiligungen	– der Eltern in Erziehungsfragen – Zusammenarbeit mit Grundschulen – Kooperation mit anderen sozialpädagogischen Einrichtungen

In der Einrichtung steht das einzelne Kind in seiner einmaligen Situation im Mittelpunkt: Für ein Kind mit Sprachschwierigkeiten wird die **Bildung** zeitweilig im Vordergrund stehen. Ein anderes Kind braucht womöglich eine besondere **Erziehung** zur Förderung von sozialen Fähigkeiten. Bei einem weiteren Kind mag eine intensive **Beratung** der Eltern vonnöten sein, weil seine Schwierigkeiten aus der familiären Situation resultieren, und schließlich steht die **Betreuung** im Vordergrund bei einem Kind, das sonst sich selbst überlassen wäre.

Merke Jede sozialpädagogische Einrichtung hat unabhängig von der Trägerschaft, dem soziokulturellen Umfeld und den Arbeitsleitlinien gemäß dem Bayerischen Kindergartengesetz (DV Bay KiG) vier Hauptaufgaben zu erfüllen.

Aufgaben
1. Betrachten Sie die Lebenssituationen folgender drei Kinder:
   – Mira ist 2 1/2 Jahre alt und lebt mit ihrer Mutter, die halbtags als Verkäuferin berufstätig ist, in einer Dreizimmerwohnung in der Großstadt.
   – Thomas, 5 Jahre alt, lebt mit seinen Eltern und zwei älteren Schwestern auf einem Bauernhof in einem kleinen Dorf.
   – Erkan, 8 Jahre alt, ist seit zwei Jahren mit seinen Eltern und dem jüngeren Bruder in Deutschland. Seine Eltern betreiben eine kleine Schneiderei.
2. Welche der vier Hauptaufgaben stehen bei den drei Kindern jeweils im Vordergrund?
   Entwerfen Sie eine Rangliste.

1.2 Rahmenbedingungen innerhalb sozialpädagogischer Einrichtungen

„Was finde ich dahinter?"

Aufgaben

Gehen Sie in einen Kindergarten, eine Kinderkrippe oder einen Kinderhort und befragen Sie die Leitung der Einrichtung:

1. wie viele Gruppen die Einrichtung hat,
2. wie sich die Kindergruppen zusammensetzen,
3. wer die Gruppen betreut,
4. welche Räume den Gruppen zur Verfügung stehen.

1.2.1 Zusammensetzung der Kindergruppen

Die Zusammensetzung der Kindergruppen richtet sich in erster Linie nach den Bedürfnissen und dem Wohl der Kinder.

Die Gruppe, die ein Kind besucht, soll eine sichere Integration ermöglichen, d.h. das Kind soll möglichst regelmäßig seine Kindergartengruppe besuchen können, um Bindungen zu Freunden und zu den Betreuern der Gruppe aufbauen zu können.

Alters- und Geschlechtsverteilung

Sowohl in Kindergärten und Kinderhorten als auch in Kinderheimen und Kinderkrippen werden die Kinder in altersgemischten Gruppen betreut. Man möchte, dass die Kinder von einer möglichst familienähnlichen Lebensform profitieren. Die Erfahrung zeigt, dass jüngere Kinder von den älteren lernen und umgekehrt. Vor allem soziales Verhalten wird durch die Altersmischung positiv beeinflusst.

Die Planung und Gestaltung der pädagogischen Arbeit ist in alters- und geschlechtsgemischten Gruppen aufwendiger und differenzierter zu gestalten, da auf verschiedene Bedürfnisse, Fähigkeiten und Fertigkeiten der Kinder eingegangen werden muss. Da die Kindergruppen inzwischen mit wenigstens einer Erzieherin und einer pädagogischen Hilfskraft besetzt sind, ist dieses Problem verhältnismäßig leicht durch Gruppenteilung, Neigungsgruppen und Projektangebote in der Einrichtung zu lösen.

In einigen Modelleinrichtungen, z.B. in einem „Haus für Kinder", werden 3- bis 14-jährige Kinder unter einem Dach betreut. Geschwister können sich gegenseitig besuchen, miteinander spielen. Soziale Kontakte in der Familie bleiben so aufrechterhalten.

Auch gibt es Bestrebungen, eine Kinderkrippe oder Krabbelstube in eine solche Einrichtung zu integrieren.

Die Kinder sind von klein auf in der gleichen Einrichtung. Sie haben dadurch weniger Ablösungs- und Eingewöhnungsschwierigkeiten, da sie die Einrichtung und teilweise auch das Personal und die Kinder bereits kennen. Die sozialen Kontakte bleiben weitgehend erhalten. Siehe dazu auch das Beispiel der Kindertagesstätte mit Hort der evang.-luth. Andreaskirche Neu-Ulm/Ludwigsfeld (S. 8/9).

Praxisbeispiel Die Kindertagesstätte Am Bach 10 umfasst Kindergarten und Hort. Das Mittagessen wird in der tagesstätteneigenen Küche täglich frisch zubereitet. Im angrenzenden großen Tagesraum können die Hortkinder, wie in einer Mensa, von 11.30 Uhr bis 13.30 Uhr das Mittagessen einnehmen. Die Kindergartenkinder essen je nach Gruppe immer von 11.30 Uhr bis 12.00 Uhr oder von 12.00 Uhr bis 12.30 Uhr gemeinsam zu Mittag. Die Hortkinder können sich zu den Kindergartenkindern an die Tische setzen.

Es ist 12.05 Uhr. Die Kinderpflegerin Sabine teilt gerade den elf Kindern aus ihrer Gruppe, die an drei Tischen verteilt sitzen, das Mittagessen aus. Drei Hortkinder, Susanne, 1. Klasse, Helga, 2. Klasse, Michael, 2. Klasse, kommen dazu. Sie haben sich ihr Mittagessen an der Essensausgabe geholt und setzen sich an die freien Plätze zu den Kindern aus Sabines Gruppe. Helga: „Sabine, heute war ich die Schnellste beim 100-Meter-Lauf. Die Schnellste aus der ganzen Klasse." Sabine: „Im Kindergarten hast du auch immer alle gefangen." Kindergartenkind Leo, 5,9 Jahre alt: „Ich kann auch ganz schnell laufen und am höchsten klettern." Helga: „Das können wir ja nach den Hausaufgaben ausprobieren." Sabine: „Dann solltet ihr euch mit dem Essen beeilen. Ich geh' nach der Schlafwache auch mit hinaus in den Garten." Susanne, Helga, Michael und Leo: „Au, fein. Du spielst auch mit uns!"

Aufgaben zum Praxisbeispiel
1. Überlegen Sie, welche Vorteile es haben kann, wenn der Mittagsbetrieb so offen gestaltet ist in der Kindertagesstätte Am Bach 10.
2. Welche organisatorischen Überlegungen stehen hinter der offenen Gestaltung der Mittagszeit?
3. Wie könnte sich die offene Altersverteilung und Gruppenöffnung auf das soziale Lernen der Kinder auswirken?

Gruppenstärke

Praxisbeispiel

„Ich spiele oft alleine, die Großen sind zu wild."

„Warum werden die Gruppen nicht verkleinert?" klagt eine Mutter, die ihr 3-jähriges Kind vom Kindergarten abholt. „Hansi will gar nicht mehr im Kindergarten bleiben, bei den vielen Kindern, vor allem bei den 6-jährigen Buben. Nie lassen sie ihn in der Bauecke mitspielen."

Aufgaben zum Praxisbeispiel

1. Erkundigen Sie sich bei der Leitung eines Kindergartens danach, wie groß die Gruppen in der Einrichtung sind.
2. Fragen Sie weiter, wonach sich die Stärke der Kindergruppen richtet.
3. Diskutieren Sie die Ergebnisse im Klassengespräch.

Das Bayerische Kindergartengesetz legt fest, dass eine Gruppe höchstens 25 Kinder umfasst, in Schulkindergärten oder in Gruppen vom Schulbesuch zurückgestellter Kinder jeweils nicht mehr als 15 Plätze. § 5 des BayKiG besagt außerdem, dass in einer Kindergartengruppe mindestens 15 Kinder betreut werden müssen, damit der Träger die staatlichen Zuschüsse zur Finanzierung des pädagogischen Personals in voller Höhe erhalten kann.

Im Hort beträgt die Gruppenstärke meist 25 Kinder. In Heimen und in Einrichtungen für Kinder mit besonderen Problemen oder in Einrichtungen mit sehr kleinen Gruppenräumen liegt die Gruppenstärke oft weit unter 25 Kinder.

Merke

Die Gruppenstärke orientiert sich an den Bedürfnissen der Kinder. Sie ist im Kindergartengesetz und in den Heimrichtlinien festgelegt.

In alters- und geschlechtsgemischten Gruppen haben die Kinder erweiterte Möglichkeiten des sozialen Lernens.

In geschlechtsgemischten Gruppen haben die Kinder viele Möglichkeiten, Rollenverhalten zu beobachten, zu trainieren oder zu verändern.

Kinder können Kontakt mit Geschwistern haben oder sich in anderen Gruppen erleben.

1.2.2 Öffnungszeiten

Regelkindergarten
  8.00 - 12.00 Uhr
13.00 - 16.00 Uhr

Kinderkrippe
7.00 - 17.00 Uhr
mit bedürfnisorientierten
Bring- und Holzeiten

Kindergarten mit verlängerten Öffnungszeiten
7.30 - 14.00 Uhr oder
7.00 - 17.30 Uhr mit
bedürfnisorientierten
Bring- und Holzeiten

Hortgruppe
11.00 - 17.30 Uhr

Der Träger stellt sich folgende Fragen:

1. Wie viele Kinder brauchen wie lange Betreuungszeiten?
2. Welche Kinder müssen von 8.00 – 12.00 Uhr betreut werden?
3. Brauchen wir mehr Ganztagsplätze als bisher?

Die Öffnungszeiten der sozialpädagogischen Einrichtungen werden vom Träger und der Leitung der Einrichtung in Absprache mit dem Elternbeirat festgelegt.

Kriterien für die Öffnungszeiten sind:

- der Betreuungsbedarf der Kinder, die die Einrichtung besuchen bzw. besuchen wollen,
- die Finanzkraft des Trägers (Betriebs- und Personalkosten),
- die Bezuschussung durch den Staat.

In der Regel sind Kindergärten von 8.00 Uhr bis 12.00 Uhr, verlängerte Gruppen bis ca. 14.00 Uhr, Nachmittagsgruppen und Ganztagsgruppen bis ca. 16.00 Uhr geöffnet. Je nach Bedarf und Situation besteht in verschiedenen Kindergärten ein Frühdienst (ca. 6.30 Uhr bis 8.00 Uhr) und ein Spätdienst (ca. 16.00 Uhr bis 17.00 Uhr).

In der Hauptferienzeit im Sommer sind viele Kindergärten geschlossen. Für dringenden Bedarf ist in dieser Zeit oft ein Notdienst eingerichtet.

Praxisbeispiel

Maria ist drei Jahre alt. Da ihre Mutter eine Teilzeitbeschäftigung aufnehmen möchte, muss Maria in einer Tageseinrichtung untergebracht werden. Marias Mutter will 25 Stunden pro Woche arbeiten. Die Arbeitszeit ist wie folgt aufgeteilt:

Mo	8.00 - 12.00 Uhr
Di	8.00 - 13.00 Uhr
Mi	8.00 - 12.00 Uhr
Do	7.30 - 16.00 Uhr (incl. 30 Minuten Pause)
Fr	8.00 - 12.00 Uhr

Allein aus der Arbeitszeit der Mutter ergeben sich klare Bedürfnisse für die Unterbringung ihrer Tochter.

Lesen Sie dazu auch das Amtsblatt, das in der Tageszeitung der Stadt Traunstein abgedruckt war.

Übersicht über das Kindergartenangebot in Traunstein

Gruppenöffnungszeiten und vorhandene Plätze

KiGa Haslach	1. Gruppe	7.30 bis 13.30 Uhr	25 Plätze
	2. Gruppe	7.30 bis 13.30 Uhr	25 Plätze
	3. Gruppe	7.30 bis 11.30 Uhr und 13.00 bis 16.00 Uhr	25 Plätze
	4. Gruppe	7.30 bis 11.30 Uhr und 13.00 bis 16.00 Uhr	25 Plätze
KiGa Hl. Kreuz	1. Gruppe	7.00 bis 13.00 Uhr	25 Plätze
	2. Gruppe	7.00 bis 13.30 Uhr	25 Plätze
	3. Gruppe	8.00 bis 14.00 Uhr	25 Plätze
	4. Gruppe	8.00 bis 14.00 Uhr	25 Plätze
KiGa St. Josef	1. Gruppe	7.15 bis 16.30 Uhr	22 Plätze
KiGa St. Oswald	1. Gruppe	7.30 bis 16.30 Uhr	25 Plätze
	davon Mittagsbetreuung		3 Plätze
	2. Gruppe	7.30 bis 16.30 Uhr	25 Plätze
	davon Mittagsbetreuung		8 Plätze
	3. Gruppe	7.30 bis 16.30 Uhr	25 Plätze
	davon Mittagsbetreuung		9 Plätze

Städtischer Kindergarten	1. Gruppe	7.30 bis 11.30 Uhr und 13.30 bis 16.00 Uhr	25 Plätze
	2. Gruppe	7.00 bis 13.00 Uhr	25 Plätze
	3. Gruppe	8.00 bis 14.00 Uhr	25 Plätze
	4. Gruppe	7.30 bis 11.30 Uhr	25 Plätze
	5. Gruppe	8.00 bis 12.00 Uhr	25 Plätze

Gebührenregelung

Gebührenregelung nur für Haslach:

bis	40000,– DM	90,– DM
von	40001,– DM bis 50000,– DM	110,– DM
von	50001,– DM bis 60000,– DM	130,– DM
von	60001,– DM bis 70000,– DM	150,– DM
über	70001,– DM	170,– DM

Das Brutto-Jahresfamilieneinkommen verringert sich

für das 2. Kind der Familie	um 2000,– DM
für das 3. Kind der Familie	um weitere 3000,– DM
für das 4. Kind der Familie	um weitere 4000,– DM
für das 5. Kind jedes weitere Kind um weitere 5000,– DM	

Für weitere Kinder aus der gleichen Familie die den Kindergarten besuchen, wird die Ermäßigung auf $2/3$ bzw. $1/2$ unabhängig vom Einkommen gewährt.

Einheitliche Gebührenregelung für alle anderen Kindergärten:

bis 40000,– DM	vorm. 70,– DM
	ganzt. 80,– DM
von 40001,– DM bis 45000,– DM	vorm. 85,– DM
	ganzt. 100,– DM
von 45001,– DM bis 55000,– DM	vorm. 100,– DM
	ganzt. 120,– DM
von 55001,– DM bis 65000,– DM	vorm. 115,– DM
	ganzt. 140,– DM
von 65001,– DM bis 75000,– DM	vorm. 130,– DM
	ganzt. 160,– DM
von 75001,– DM bis 85000,– DM	vorm. 145,– DM
	ganzt. 180,– DM
von 85001,– DM bis 95000,– DM	vorm. 160,– DM
	ganzt. 200,– DM
über 95001,– DM	vorm. 175,– DM
	ganzt. 220,– DM

Das Brutto-Jahresfamilieneinkommen verringert sich

für das 2. Kind der Familie	um 3000,– DM
für das 3. Kind der Familie	um weitere 4000,– DM
für das 4. Kind der Familie	um weitere 5000,– DM
für das 5. Kind jedes weitere Kind	um weitere 6000,– DM

Aufgaben

1. Suchen Sie aus dem Amtsblatt die Tageseinrichtung heraus, deren Öffnungszeiten sich mit der Arbeitszeit von Marias Mutter vereinbaren lassen.

2. Wie hoch ist der Beitrag, den die Mutter (Monatseinkommen DM 2.600,– brutto) für die Unterbringung ihrer Tochter monatlich zahlen muss?

3. In welcher Gruppe kann eine Mutter ihr Kind sinnvollerweise unterbringen, wenn sie vier Stunden am Vormittag arbeitet?

Merke Die Öffnungszeiten einer Kindertagesstätte richten sich in erster Linie nach dem Betreuungsbedarf der Kinder.

1.2.3 Tagesablauf

Praxisbeispiel In der Kindertagesstätte „Spatzennest" sind um 17.15 Uhr noch sieben Kinder in der Gruppe. Die Kinderpflegerin Martha betreut die Gruppe. Die Spielsachen sind weitgehend aufgeräumt, da die Kindertagesstätte um 17.30 Uhr schließt. Drei Kinder schauen ein Bilderbuch an. Zwei Kinder machen ein Puzzle fertig. Sandra, 5,2 Jahre alt, steht an der Türe und schaut immer wieder hinaus. Felix, 4,3 Jahre alt, weint leise vor sich hin. „Schau mal, Felix, Sandra schaut an der Türe, ob eure Mamas schon kommen", sagt Martha und unterbricht das Abwischen der Tische. Sie geht zu Felix hin, setzt sich auf einen kleinen Stuhl und zieht Felix sacht zu sich hin. „Es dauert dir zu lange, dass deine Mama so lange arbeiten muss. Schau, auf meiner Uhr ist es $1/4$ nach 5 Uhr. Und wenn der Zeiger zwei Striche weitergegangen ist, ist deine Mama da." Martha hat den Arm um Felix gelegt. Felix schnieft. Martha gibt ihm ein Taschentuch. „Schauen wir uns die Fische im Bilderbuch an? Ich kann später saubermachen."

Aufgaben zum Praxisbeispiel
1. Diskutieren Sie im Klassengespräch die Probleme sehr langer Öffnungszeiten für die Kinder.
2. Stellen Sie die Situation im Rollenspiel nach. – Fühlen Sie sich a) in Felix und b) in Martha ein.

Der Tagesablauf in der sozialpädagogischen Einrichtung ist abhängig von den Bedürfnissen der Kinder (und ihren Eltern) und vom Auftrag und der Konzeption der sozialpädagogischen Einrichtung.

In einer Studie des Charlotte-Bühler-Instituts wurde 1994 festgestellt, dass Kinder beispielsweise in der Zeit von 7.00 Uhr bis 9.00 Uhr am ausgeglichensten und zwischen 8.00 Uhr und 11.00 Uhr besonders aktiv sind.

Als problematische Zeiten stellen sich der Morgen, die Mittagszeit und die späten Nachmittagsstunden dar.

In der sozialpädagogischen Einrichtung werden in den frühen Morgenstunden und am späten Nachmittag Sammelgruppen gebildet, die durch wechselnde Erzieherinnen und Kinderpflegerinnen betreut werden. Dies stellt eine besondere Belastung für die Kinder dar, denn die feste Bezugsperson oder auch feste Freunde, die vom Kind in diesen Zeiten besonders gebraucht werden, sich noch nicht oder nicht mehr anwesend.

Ein weiteres Problem ergibt sich durch das gemeinsame Mittagessen, da die Kinder unterschiedliche Essgewohnheiten und -wünsche haben. Außerdem stellt sich für manche Kinder die notwendige Einhaltung der Mittagsruhe als sehr schwierig dar.

Deshalb sollte die Mittagszeit möglichst angenehm gestaltet werden, z. B. kann das Mittagessen in einem freundlich gestalteten Speiseraum eingenommen werden. Der Schlaf- und Ruheraum sollte durch seine Gestaltung auf die Kinder beruhigend und ausgleichend wirken.

In einem Regelkindergarten (8.00 – 12.00 Uhr und 13.00 – 16.00 Uhr) ist ein klar durchstrukturierter und sich häufig wiederholender Rhythmus im Tagesablauf möglich, mit

Bring- und gleichzeitiger Freispielzeit, Übergangszeiten mit Aufräumen und Sich-sammeln, gemeinsamer Beschäftigung mit gezieltem Angebot in Gesamt- oder Teilgruppen, Abholzeit mit gleichzeitiger Freispielzeit oder Spielzeit im Freigelände.

Dagegen ist der Tagesablauf in einer offenen Kindertagesstätte wesentlich flexibler. Ausgleichend muss er für die Kinder einen stabilen Rhythmus mit viel Sicherheit darstellen. Siehe dazu folgendes Beispiel:

Tagesablauf – Beispiel der Kindertagesstätte St. Michael

Öffnungszeiten: Von ca. 6.30 – 17.00 nach Situation des Umfeldes
Kernzeiten: Von ca. 8.00 – 12.00, von ca. 13.00 – 17.00

Zeit	Aktionen, Projekte der Kinder
Ab 6.30 Frühdienst, oft in einem Gruppenraum	Erste Kinder werden gebracht, einige frühstücken, manche ziehen sich in die Kuschelecke zurück, einzelne suchen Nähe zur Kipfl., manche beobachten, „träumen", manche wandern herum, manche spielen
Ab 7.45 – 9.00	Freispielzeit Selbstgewähltes Spiel in verschiedenen Funktionsbereichen, bauen, konstruieren, malen, basteln, schneiden, kleben, falten, modellieren, weben, flechten, sticken, sägen, hämmern, feilen, spielen mit Naturmaterialien, mit Wasser, Sand, kostenlosen Materialien, verkleiden, schminken sich, erproben verschiedene Rollen im Spiel, betrachten Bilderbücher, experimentieren, besuchen Kinder in anderen Gr., ziehen sich zurück, spielen allein, in Kleingruppen, geraten in Konflikte, nehmen sich etwas weg, grenzen aus, kämpfen, lösen sich ab, rivalisieren, vergleichen, necken, ärgern sich, gehen aufeinander zu, schließen Kompromisse, vereinbaren Regeln, planen Vorhaben, treffen Verabredungen, Vereinbarungen, helfen, tauschen, trösten, teilen, nehmen Anteil, warten, zeigen, erklären u. v. m.
Bis 10.30 – 11.00	Freispielzeit Gleitende Brotzeit von Beginn, bis ca. 1 Stunde vor Abholung Nehmen an Angeboten für Teilgruppen in Gruppen- und Nebenräumen teil (turnen, malen, erzählen, Bilderbücher betrachten, Einkauf u.a.m.) Gemeinsames Aufräumen
10.00/11.00	Gemeinsame Brotzeit im Gruppenraum, Garten, wenn keine gleitende Brotzeit besteht Übergangssituation Kinder, die bereits gegessen haben, gehen zum Waschen, Zähneputzen, treffen sich mit Erz. im Mehrzweckraum (Bewegungs-, Kreis-, Sing-, Fingerspiele) Restgruppe kommt hinzu
Ab 10.30/11.00	Teilnahme bei Angeboten der Gesamtgruppe, Teilgruppen, Spaziergänge, Stuhlkreis, Spiel im Garten oder Freispiel in den verschiedenen Funktionsbereichen, aufräumen
Ab 11.30/12.00	Halbtagskinder werden abgeholt
Ab 12.00 Essen findet meist in einem Gruppenraum statt	Kinder, die verlängerte Gruppen besuchen, essen ihre 2. selbstmitgebrachte Brotzeit oder nehmen mit den Ganztagskindern eine warme Mahlzeit ein

Zeit	Aktionen, Projekte der Kinder
Bis 14.00	Verlängerte Gruppen: Kinderspielen frei
Bis 14.00 und bei Bedarf länger	Ganztagsgruppe: Mittagsruhe, meist werden im Turn-Nebenraum für jedes Kind Liegen, Matratzen aufgestellt, viele Kinder haben Spielzeug zum Kuscheln dabei
	Nach der Mittagsruhe
Ab ca. 14.00	Freies Spiel in den Funktionsbereichen, Garten, ggf. Fortsetzung von Spielen, Aktionen, die am Vormittag begonnen wurden, ggf. Angebote für Teilgruppen, Gleitende Brotzeit, oder
Ab ca. 15.00	Gemeinsames Aufräumen, Sammeln im Garten, Gruppenraum zur gemeinsamen Brotzeit, weiter Freispiel, oder Abschlussrunde, Stuhlkreis, (Bewegungs-, Kreis-, Singspiele, Rätsel, Reime, Fingerspiele, Besprechung von Tageserlebnissen, Planung von Vorhaben u.a.m.)
Ab ca. 16.00	Ganztagskinder werden von Eltern abgeholt

Der Tagesablauf in einem Kinderheim, einer Hortgruppe oder einer Heilpädagogischen Tagesstätte orientiert sich

- an den Bedürfnissen und Fähigkeiten der Gruppe und einzelner Kinder,
- an den Konzepten und dem Auftrag der Einrichtung,
- an den Unterrichtszeiten der Kinder und
- an den situativen Bedürfnissen der Kinder.

Heilpädagogische Tagesstätte in ...
(Beispiel einer Praktikantin der BFS Kinderpflege)

Tagesablauf für die Gruppe ...

11.30 – 13.00 Uhr	Die Kinder kommen aus der Schule
	• Wir begrüßen uns und erzählen. • Kleidungsstücke (Jacke, Mütze etc.) werden an der Garderobe abgelegt. • Hausschuhe werden angezogen.
	Kinder, die bereits um 11.30 Uhr da sind: • machen Hausaufgaben • erhalten geführte Einzelförderung • nehmen Dienste (Tisch decken, Essen holen...) wahr • haben Freispiele.
13.00 – 13.15 Uhr	Die Kinder bereiten sich auf das Mittagessen vor. • z.B. durch Hände waschen
13.15 – 14.00 Uhr	Wir lassen uns das Mittagessen schmecken. • Gemeinsamer Auftakt durch Entspannungsübungen, Lied, Gebet, Informationen. • Die Kinder, die Tischdienst haben, bringen das Mittagessen und Vorlegegeschirr und -besteck. • Während des Mittagessens stehen nur Kinder, die Tischdienst haben, vom Tisch auf, es sei denn, eine Erzieherin erlaubt es. • Jedes Kind nimmt sich von jeder Speise nur eine Portion. Das restliche Essen wird zwischen den Kindern/Erzieherinnen aufgeteilt oder in die Küche zurückgegeben.

- Es soll auf Tischmanieren geachtet werden, ebenso auf höflichen Umgang miteinander (nicht mit vollem Mund sprechen, Hände neben den Teller legen, die Hand zum Mund führen, gerade sitzen, mit geschlossenem Mund kauen, bitten und danken).
- Wir stehen gemeinsam vom Tisch auf.
- Kinder, die keinen Dienst haben, gehen zum Zähneputzen.
- Kinder, die Dienst haben, räumen den Tisch ab, spülen, kehren und gehen dann erst zum Zähneputzen.

14.15 – 15.45 Uhr Wir machen Hausaufgaben
- Wir machen gezielte Einzelförderung.
- Therapieangebote (Krankengymnastik, Sprachtherapie, Spieltherapie...) werden wahrgenommen.
- Gruppenübergreifende Angebote finden statt.
- Wir haben Freispielzeit.

15.45 – 16.20 Uhr Wir machen gemeinsam Brotzeit.
- Es gelten die gleichen Essensregeln wie beim Mittagessen.
- Wir können miteinander spielen, Geschichten erzählen/vorlesen, reden.

16.20 – 16.30 Uhr Wir bereiten uns vor, nach Hause zu fahren.
- Wir räumen den Tisch ab und das Geschirr auf.
- Wir stellen die Stühle hoch.
- Wir ziehen Jacken, Mäntel, Mützen... an.
- Wir verabschieden uns persönlich mit Händedruck.
- Wir gehen mit den ErzieherInnen zum Bus.

Aufgaben

1. Schauen Sie sich die Beispiele für Tagesabläufe an und erläutern Sie die Konzepte: Inwiefern ist der Ablauf flexibel und rhythmisch gestaltet? Wo bieten sich Möglichkeiten, den situativen Bedürfnissen, den Bedürfnissen einzelner oder den Bedürfnissen der Gruppe nachzukommen?
2. Beschreiben Sie den Tagesablauf Ihrer Praxisstelle.
3. Vergleichen Sie die Ergebnisse mit denen Ihrer Mitschülerinnen.

Merke Der Tagesablauf wird nach den Bedürfnissen der Kinder gestaltet. Krisenzeiten (Morgen – Mittagszeit – Abendstunden) müssen bei der Gestaltung des Tagesablaufs besonders berücksichtigt werden.

1.2.4 Räumlichkeiten

Aufgaben

Interviewen Sie den Träger des Kindergartens in Ihrer Gemeinde/Ihrem Stadtteil.
1. Welche Räume hat der Kindergarten?
2. Wie sind diese angeordnet?
   Bringen Sie eine Skizze oder einen Plan des Kindergartens mit in den Unterricht.
3. Wie groß sind die Außenanlagen des Kindergartens und wie sind sie gestaltet?
4. Welche Geräte und Spielmöglichkeiten gibt es im Außenbereich?

In anerkannten Kindergärten müssen folgende Räume zur Verfügung stehen:
- für jede Gruppe ein Gruppenraum
- ein Intensivraum für jeweils zwei Gruppen
- ein Leiterinnenzimmer
- Funktionsraum sowie Neben-/Abstellflächen
- in Kindergärten mit drei oder mehr Gruppen ein Mehrzweckraum und ein Personalraum

 Die baulichen Anlagen und Einbauten dürfen die Sicherheit und Gesundheit der Kinder nicht gefährden.

Sind die Räumlichkeiten vorhanden, so müssen sie noch gestaltet werden. Auch die Gestaltung soll sich nach den Bedürfnissen der Kinder richten.
Eine 10. BFS-Klasse hat bei einem Interview in verschiedenen Kindergärten herausgefunden:

Kinder wollen:	Kinder brauchen:
sich bewegen	Turnraum, Freigelände
sich verstecken	Nischen, Häuschen, Podeste
kuscheln	Kuschelecke, -raum
sich ausruhen	Schlaf- und Ruheraum, Kuschelecke
genießen	Brotzeitplatz, Musikraum, Leseecke...
beobachten	Experimentierplatz, Werkbank, Leseecke...
spielen	Puppenecke, Verkleidungsplatz, Bauecke,
toben	Bolzraum, Freigelände
miteinander sprechen	Sitzmulde, Nischen, Ausweichräume

Die Liste, was Kinder wollen und welche Räumlichkeiten sie brauchen, können Sie sicherlich erweitern und ergänzen.

Nicht nur, welche Räume und Funktionsbereiche in einer Einrichtung vorhanden sind, ist wichtig, sondern auch, wie sie ausgestaltet sind. Räume und deren Gestaltung haben großen Einfluss auf das Wohlbefinden des Menschen und damit auf die positive Entwicklung der Kinder.

Praxisbeispiel

Im Kindergarten St. Florian gibt es Nischen, verschiedene Ebenen, Säulen, Treppen; Podeste wurden eingebaut. Nach einer einjährigen Notunterbringung wurde der neue Kindergarten vor vier Wochen bezogen.

Martin, 6 Jahre alt, war immer in Bewegung und störte andere Kinder häufig beim Spiel; oft zerstörte er auch ihre Spiele. Seit zwei Wochen hat er die Säule – sie hat einen Durchmesser von ca. 20 cm – für sich entdeckt. Diese verbindet ein Podest, Sitzmulde und Treppe miteinander. Martin dreht sich mehrere Male am Tag bis zu zehn Minuten in wechselndem Rhythmus um die Säule. Manchmal gibt er dabei brummende oder singende Laute von sich. Seit sieben Minuten dreht sich Martin. Der Kinderpflegerin Simone ist aufgefallen, dass Martin, seit er die Säule für sich entdeckt hat, nicht mehr so viel zerstört und manchmal sogar ruhig am Tisch oder in der Sitzmulde spielt.

Aufgaben zum Praxisbeispiel

1. Überlegen Sie den eventuellen Zusammenhang zwischen der Bewegung von Martin um die Säule und seiner Verhaltensänderung.
2. Könnten andere raumgestalterische Elemente auch einen Einfluss auf Martins Verhalten haben?
3. Bringen Sie sich selbst in eine drehende, schwingende Bewegung und beobachten Sie sich dabei. Diskutieren Sie Ihre Wahrnehmungen in der Klasse.

Wie wichtig die Gestaltung von Räumen unter Berücksichtigung von Fläche und Raum, von Licht und Farbe, von Lautstärke im Raum und von Materialien ist, zeigt Professor Mahlke und sein Team. In Zusammenarbeit mit Kindern, deren Betreuerinnen und auch Eltern wurden Räume neu gestaltet und umgestaltet. Auf folgende vier Punkte wurde besonders geachtet:

Fläche und Raum

Durch Podeste im Raum werden Spiellandschaften geschaffen. Die Raumhöhe wird dadurch unterschiedlich. Die Kinder können Decke und Wände anfassen, ihre Umwelt begreifen. Es eröffnen sich neue Perspektiven für die Kinder.

Durch die Verwendung von Holz wird der Raum weniger hellhörig. Einbauten verändern Lichtverhältnisse, das Gefühl von Geborgenheit wird gefördert und damit die Lust der Kinder am Spielen.

Lautstärke im Raum

Lärm von außen wird durch eine entsprechende Konstruktion von Wänden, Decken, Fenstern, Türen abgehalten. Die Lautstärke im Raum lässt sich durch Einbauten, Teppiche, Vorhänge etc. dämpfen.

Die Kinder können dadurch ungestörter spielen, Gespräche führen, Musik machen...

Materialien

In der Vergangenheit mussten einige Kindergärten wegen der Verwendung gesundheitsgefährdender Baustoffe geschlossen werden. Deshalb sollten künstliche Materialien bei der Gestaltung von Räumen vermieden werden. Ein natürlicher Stoff ist Holz. Es ist leicht handhabbar und leicht einzubauen. Es ist weich, fühlt sich warm an, nimmt Feuchtigkeit auf, riecht gut. Holz knarrt, es ist hörbar. Holz kann die Phantasie der Kinder anregen und Geborgenheit vermitteln. Holz verträgt sich gut mit Stoffen wie Wolle oder Leinen. Holzeinbauten müssen stabil und sicher konstruiert sein, damit das Kind sich wohl und sicher fühlen kann.

Licht und Farbe

Wie man einen Raum und die Dinge im Raum sieht, ist stark abhängig vom Licht. Im Kindergarten ist es wichtig, dass viel natürliches Licht in den Raum kommt. Die Lichtquellen im Raum sollten unterschiedlich sein. Es sollen sich Schatten bilden. Die Farbe im Raum soll einladend sein. Gut ist ein warmes Rotbraun oder Grün.

Durch diese Faktoren werden Sicherheit und Geborgenheit betont.

Beobachtungen in entsprechend umgebauten Einrichtungen haben ergeben, dass
- weniger zerstört wird,
- die Kinder weniger aggressiv sind,
- die Spiele nicht mehr so gewalttätig sind,
- die Kinder sich gegenseitig weniger stören.

Merke Die Größe und auch die Ausstattung der Räume richtet sich nach den gesetzlichen Bestimmungen. Gestaltet sind sie nach den Bedürfnissen der Kinder.

Außenanlagen ermöglichen vielfältige Bewegungs- und Spielmöglichkeiten.

Aufgaben
1. Entwerfen Sie Ihren Traumkindergarten!
2. Beschreiben Sie, wie die Bedürfnisse der Kinder in Ihrem Plan berücksichtigt sind.

Neben der Gestaltung des Innenraumes und des Gebäudes ist für die Kinder vor allem der Platz wichtig, den der **Freibereich** bietet.

Die Außenspielanlagen der Einrichtungen bedürfen einer besonderen Planung und einer sorgfältigen Gestaltung, um die optimale Voraussetzung für eine gesunde Entwicklung der Kinder zu gewährleisten.

Praxisbeispiel

Der Kindergarten St. Hubertus ist nun 20 Jahre alt. Die Erzieherinnen wissen, dass die Spielgeräte nur bedingt den Sicherheitsanforderungen entsprechen. Auch sind die Spielmöglichkeiten an den Geräten eingeschränkt. Der Platz, der zum Spiel im Freien zur Verfügung steht, ist nach Ansicht des Kindergartenteams nicht optimal genutzt.

Wenn die Kinder im Garten an den Geräten spielen, müssen sie häufig ermahnt werden, hier nicht durchzulaufen; heute nicht zu schaukeln, weil eine Schraube festgezogen werden muss... Das Kindergartenpersonal und auch die Kinder finden das sehr verdrießlich.

In der nächsten Teamsitzung sind sich alle einig: „Wir brauchen einen neuen Spielplatz!"

Die verschiedenen Schritte bis zur Fertigstellung des neuen Außenspielgeländes

1. Schritt:
Austausch über Wünsche und Träume

Alle reden von den schönen Geräten, die sie im Nachbarkindergarten gesehen haben, von dem Teich und dem Brunnen in einem anderen Kindergarten, von dem Sandaufzug, von der abgesicherten, aber für die Kinder „gigantisch" hohen Rutschbahn...
Es werden weitere Ideen gesammelt.

Der erste Schritt zur Umgestaltung des Freigeländes im Kindergarten ist getan.

2. Schritt:
Sammeln und Austausch von Infos

Kataloge werden angefordert.
Eine Erzieherin kennt einen Landschaftsarchitekten, der um Rat gefragt werden soll.
Mehrere Kindergärten werden von der Kindergartenleitung und einer Erzieherin besichtigt.

Informationen über Vorschriften werden eingeholt.

Der Träger des Kindergartens wird über die Wünsche, Vorstellungen, gesammelten Materialien und auch nochmals über die Sicherheitsrisiken der alten Geräte informiert und zu Rate gezogen.

3. Schritt:
Besichtigung des Geländes

Die Erzieherinnen, der Träger und der Landschaftsarchitekt besichtigen bei der nächsten Teamsitzung das Freigelände des Kindergartens. Sie beratschlagen, was sie sich wünschen, welche Vorschriften berücksichtigt werden müssen, wieviel Erdarbeiten nötig werden, welche Geräte dringend nötig sind, woher Gelder beschafft werden können, wer evtl. bei den Arbeiten unterstützen kann...

4. Schritt:
Bestandsaufnahme

Die genaue Bestandsaufnahme sieht folgendermaßen aus:

- zur Verfügung steht eine Fläche von ca. 1500 m²
- Das Gelände des Kindergartens steht am Nordrand des Geländes. Auch der Haupteingang zum Kindergarten liegt nördlich.
- Der Garten ist westlich und östlich vom Garten der Nachbarhäuser begrenzt. Im Süden grenzt eine große Wiesenfläche an.
- Das Freigelände ist durch eine nicht mehr dichte, hohe Buchenhecke eingezäunt.
- Die Spielgeräte entsprechen nur noch teilweise den Sicherheits- und Spielbedürfnissen der Kinder.
- Ein alter Kletterbaum mit tiefliegenden Ästen steht in der Nähe der Kletterwand. Der Boden ist mit grobem, nicht bindendem Sand aufgeschüttet.

5. Schritt:
Pläne erstellen

Nach der Bestandsaufnahme werden erste Vorschläge zur Umsetzung der Wünsche und Vorstellungen gemacht.

Der Landschaftsarchitekt misst das Gelände aus und zeichnet mehrere Gestaltungsmöglichkeiten in Absprache mit den Erzieherinnen auf.

Dabei müssen die wesentlichsten Grundsätze zur Spielplatzgestaltung und -ausstattung berücksichtigt werden.

1. Die Kinder brauchen:

– Sicherheit
– Spielmöglichkeiten
– Erfahrungsmöglichkeiten
– Umwelterlebnisse in gesunder Umwelt
– Sinnliche Naturerfahrungen
– Kontaktmöglichkeiten
– Rückzugsmöglichkeiten
– Bewegung
– Körpererfahrungen
– Möglichkeiten, Phantasie und Kreativität zu entwickeln.

2. Gesetzliche Bestimmungen müssen eingehalten werden.

In der Bayerischen Durchführungsverordnung über Bau, Beschaffenheit und Ausstattung anerkannter und sonstiger Kindergärten (6. DV Bay KiG) lauten die Bestimmungen wie folgt:

§ 3 Außenanlagen

(1) Jeder Kindergarten soll über eine ausreichend große Außenspielfläche verfügen. Diese soll den Bedürfnissen der Kinder entsprechend gestaltet sein.

(2) Die Außenspielfläche des Kindergartens oder der mitbenutzten anderweitigen Einrichtung muss so eingefriedet sein, dass die Kinder sie nicht ohne Aufsicht verlassen können.

§ 4 Weitere Anforderungen

Die baulichen Anlagen und Einbauten, einschließlich des Zugangs zum Grundstück, dürfen die Gesundheit und die Sicherheit der Kinder nicht gefährden.

Damit die Vorschriften eingehalten werden, gibt es die staatliche Aufsicht. Art. 21, 5. Abschnitt des BayKiG sagt:

(1) Kindergärten unterstehen der staatlichen Aufsicht.

(2) Die staatliche Aufsicht umfasst die Überwachung der Einhaltung der Rechtsvorschriften sowie die fachliche Beratung und Förderung.

Das bedeutet, Spielplätze und auch Spielgeräte werden z.B. in Bayern durch die Landratsämter überprüft und abgenommen.

Spielplätze und Spielgeräte müssen den DIN-Normen, den Sicherheitsvorschriften entsprechen. Ergänzend müssen die Unfallverhütungsvorschriften und Empfehlungen des Gemeindeunfallversicherungsverbandes beachtet werden.

Z.B. ist in – GUV 16.4 Richtlinien für Kindergärten – Bau und Ausstattung

– GUV 26,14 Merkblatt Spielgeräte in Kindergärten

u. a. geregelt, wie Geräte gebaut sein müssen (Dicke des Holzes, versenkte Schrauben...), was bei der Aufstellung von Geräten zu beachten ist (z. B. Sicherheitsabstände) und welche Beschaffenheit der Untergrund haben muss (z. B. Weichbodenbeläge unter Spielgeräten wie Klettergerüsten, Schaukeln usw.).

3. Gestaltung der Außenspielfläche

Außenspielbereiche sollen als gestalteter Lebensraum verstanden werden und die Kinder in ihrer freien und ungezwungenen Bewegung unterstützen:

Hügel und Täler, Nischen, Gebüsche, Höhlen... ermöglichen laufen, rollen, kugeln, verstecken, sich zurückziehen.

Bäume, große Steine oder liegende Baumstämme... lassen klettern, überwinden, balancieren.

Unterschiedliche Bodenmaterialien (Gras, Kies, Sand, Holz, Erde) sind Erlebnisflächen für alle Sinne.

Kinder können entdecken, beobachten und so ihre Umwelt erleben.

Obstbäume und Beerensträucher lassen hegen, pflegen, naschen, Jahreszeiten begreifen.

6. Schritt:	Nun können von verschiedenen Firmen konkrete Angebote eingeholt und miteinander verglichen werden.
Angebote und Finanzierung	Günstig ist es, wenn Geräte direkt beim Hersteller angeschaut und begutachtet werden können. Möglichst ortsansässige Firmen stehen auch nach der Abnahme durch das Landratsamt für Überprüfungen und Nachbesserungen zur Verfügung. Auch sind Vereinbarungen, Absprachen über notwendige Erdarbeiten, zusätzlichen Einsatz von Handwerkern und ehrenamtliche Mitarbeit von Helfern leichter möglich.
	Bei der Finanzierung muss geklärt werden, wer welche Anteile finanzieren wird – Träger, Verband, Gemeinde, Elternspenden, Sponsoren...
7. Schritt:	Erst dann kann mit dem Bau begonnen werden.
Bau und Überprüfung	Ist der Einbau der Geräte und der Umbau der Außenanlagen fertiggestellt, werden sie von Beauftragten der Aufsichtsbehörde überprüft.
	Das Spiel kann beginnen.

Außenspielbereiche und Spielgeräte ermöglichen den Kindern vielfältige Bewegungs- und Spielmöglichkeiten.

Die Außenspielanlagen müssen den Sicherheitsbedürfnissen der Kinder angepasst sein.

Spielgeräte und Spielflächen werden von den Aufsichtsbehörden überprüft.

Aufgaben zum Praxisbeispiel

1. Skizzieren Sie den Außenspielbereich Ihrer Praxisstelle.
2. Schätzen Sie die Spielmöglichkeiten und die Sicherheit dieses Freigeländes und der Spielgeräte ein.
3. Führen Sie evtl. Veränderungsvorschläge dazu an.

1.3 Mitarbeiter in soziapädagogischen Einrichtungen

1.3.1 Personelle Ausstattung

Jede Kindertagesstätte hat eine Leitung: eine Sozialpädagogin oder eine erfahrene Erzieherin. In der Regel arbeiten pro Gruppe eine Erzieherin als Gruppenleiterin und eine pädagogische Hilfskraft, d.h. eine Kinderpflegerin oder eine Jahrespraktikantin. In einer Einrichtung mit Schichtdienst oder besonderen Aufgaben (z. B. Integration von behinderten oder verhaltensauffälligen Kindern) kann mehr Personal bezuschusst werden.

Das BayKiG (4. DV BayKiG) sagt dazu:

§ 11 Leitung des Kindergartens

Die Leitung des Kindergartens muss von einer pädagogischen Fachkraft wahrgenommen werden, welche die Ausbildung zum Sozialpädagogen oder Erzieher nachweist oder deren Ausbildung gemäß Art. 13 Abs. 2 des Bayerischen Kindergartengesetzes als gleichwertig der Ausbildung einer pädagogischen Fachkraft anerkannt ist, sie soll möglichst Berufserfahrung aufweisen.

§ 12 Personal für die Gruppe

(1) Für die Leitung einer Gruppe ist eine pädagogische Fachkraft erforderlich, welche die Ausbildung zum Sozialpädagogen oder Erzieher nachweist oder deren Ausbildung gemäß Art. 13 Abs. 2 des Bayerischen Kindergartengesetzes der Ausbildung einer pädagogischen Fachkraft als gleichwertig anerkannt ist.

(2) In Kindergärten mit zwei Gruppen ist eine pädagogische Hilfskraft, in Kindergärten mit drei oder vier Gruppen sind zwei, in Kindergärten mit fünf oder sechs Gruppen sind drei pädagogische Hilfskräfte erforderlich. Die pädagogischen Hilfskräfte müssen die Ausbildung zur Kinderpflegerin nachweisen, oder es muss ihre Ausbildung gemäß Art. 13 Abs. 2 des Bayerischen Kindergartengesetzes der Ausbildung einer pädagogischen Hilfskraft als gleichwertig anerkannt sein.

§ 13 Eignung des Personals

Im Kindergarten tätige Personen müssen neben den gemäß §§ 11 und 12 an sie zu stellenden Ausbildungsanforderungen auch:

1. frei von Krankheiten und Behinderungen sein, die sie in der verantwortlichen Tätigkeit im Kindergarten erheblich beeinträchtigen würden. Die Vorschriften des Bundes-Seuchengesetzes und des § 20 dieser Verordnung bleiben unberührt.

2. die für ihre Tätigkeit im Kindergarten erforderliche persönliche Zuverlässigkeit aufweisen.

Aufgaben

Sie erinnern sich an die vier Kinderpflegerinnen, die sich in einem Café treffen und u.a. ihre Berufserfahrungen austauschen.

1. Diskutieren Sie mit einer Mitschülerin, wie die jeweiligen Einrichtungen personell ausgestattet sein müssen.
2. Welche Arbeitsbereiche haben Erika, Nicole, Melanie und Sandra?

Merke   **Jede Kindertagesstätte hat eine pädagogische Fachkraft als Leitung. Pro Kindergruppe arbeiten in der Regel eine Erzieherin als Gruppenleiterin und eine pädagogische Hilfskraft.**

1.3.2 Aufgabenbereiche

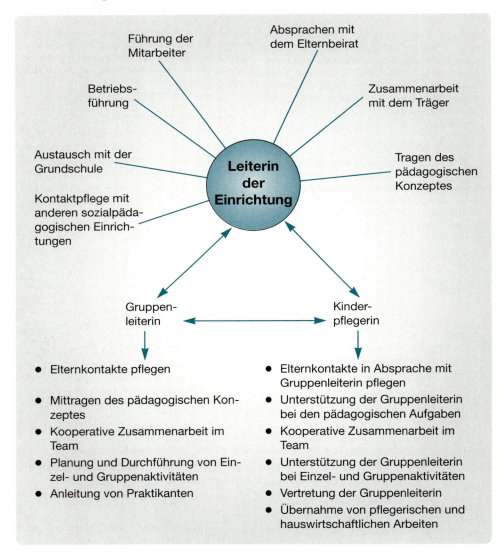

Die Verantwortung für den Betrieb einer Kindertagesstätte trägt die **Kindergartenleitung**. Sie erarbeitet gemeinsam mit dem Team die Konzeption der Einrichtung und vertritt diese nach außen. Dabei hält sie Kontakt zu anderen Institutionen.

Die **Gruppenleiterin** ist für den reibungslosen Tagesablauf in ihrer Gruppe, für die Umsetzung des pädagogischen Konzeptes und die situative Förderung der einzelnen Kinder und Teilgruppen, aber auch für die Zusammenarbeit mit den Eltern der Kinder zuständig.

Die **Kinderpflegerin** unterstützt und ergänzt die Erzieherin bei diesen Aufgaben und vertritt sie, wenn diese nicht in der Gruppe anwesend sein kann.

Ein Auszug aus der Dienstordnung für pädagogische Fach- und Zweitkräfte an Kindergärten in den Katholischen Tagesstätten für Kinder der bayerischen (Erz-) Diözesen konkretisiert die Anforderungen des Art. 13 des BayKiG an die pädagogischen Fach- und Hilfskräfte und die Aufgabenverteilung wie folgt:

§ 2 Aufgaben der Leiterin

(1) Die Leiterin hat die Aufgabe, im Zusammenwirken mit dem Träger unter Beachtung der Vorgaben des Trägers sowie in Zusammenarbeit mit der ständig bestellten stellvertretenden Leiterin und den pädagogischen Mitarbeiterinnen eine den Verhältnissen angepasste Konzeption der Erziehungs-, Bildungs- und Betreuungsarbeit zu erstellen und fortzuschreiben. Sie orientiert sich dabei an die Situation ihrer Einrichtung. Für die Planung und Durchführung der gesamten Arbeit im Kath. Kindergarten ist sie dem Träger verantwortlich; die ständig bestellte stellvertretende Leiterin ist zu informieren.
Die Leiterin hat an regelmäßigen Leiterinnenkonferenzen bzw. Dienstgesprächen teilzunehmen, zu denen der Träger sie verpflichtet.

(2) Die Leiterin hat insbesondere folgende Leitungsaufgaben:
1. Mitarbeiterführung
In der Wahrnehmung ihrer Aufgaben ist die Leiterin weisungs-, und delegationsberechtigt zur:
   a. Koordination der pädagogischen Arbeit und religiösen Erziehung durch alle Mitarbeiterinnen,
   b. Leitung der regelmäßigen Teambesprechung (z. B. Besprechung der Schwerpunkte der Erziehungs-, Bildungs- und Betreuungsarbeit, Planung von gemeinsamen Aktionen...),
   c. fachlichen Beratung der Mitarbeiterinnen; Einführung von neuem Personal,
   d. Information der Mitarbeiterinnen über Fort- und Weiterbildungsmöglichkeiten,
   e. Informationspflicht, insbesondere Weitergabe von Rundschreiben, Zeitschriften,
   f. Verantwortung für die Praktikantenanleitung,
   g. Organisation der hauswirtschaftlichen Dienste.
2. Betriebsführung
   a. Ausübung des Hausrechts
   b. Führung der Aufnahmegespräche mit den Eltern. Die Entscheidung über die Aufnahme des Kindes trifft die Leiterin im Einvernehmen mit dem Träger im Rahmen der festgelegten Aufnahmekriterien,
   c. Aufstellung eines Dienstplanes für alle Mitarbeiterinnen der Einrichtung jährlich zu Beginn des Kindergartenjahres in Zusammenarbeit mit den Mitarbeiterinnen und in Absprache mit dem Träger,
   d. Regelung der Vertretung in Absprache mit dem Träger, insbesondere bei Arbeitsunfähigkeit, Urlaub und Fortbildung, und bei Zeitausgleich für Mehrarbeit,
   e. Abfassung der Jahresmeldung und des Jahresberichtes gem. Art. 16, Nr. 5 und 6 Bayer. Kindergartengesetz,
   f. Mitarbeit bei der Aufstellung des Haushaltsplanes,
   g. Zweckentsprechende Verwendung und Abrechnung der vom Träger zur Verfügung gestellten Gelder,
   h. Mitverantwortung für die gesamte Einrichtung, insbesondere im Hinblick auf Sicherheit, Ordnung, Instandhaltung und Hygiene,
   i. Abfassung von Unfallanzeigen an:
      aa) Staatliche Ausführungsbehörde für Unfallversicherung, gesetzliche Unfallversicherung,
      bb) Dienststelle für Diözesanhaftpflicht- und Unfallversicherung beim (Erz-)bischöflichen Ordinariat.
3. Zusammenarbeit
   a. mit dem Träger
      aa. Absprache der Grundlagen der Erziehungs-, der Bildungs- und der Betreuungsarbeit, auch im Hinblick auf die Einbeziehung in das pfarrliche Leben,
      bb. Abgabe von Stellungnahmen gegenüber dem Träger, insbesondere zu Kindergartenplatzbedarf, Baumaßnahmen, Ausstattung, Öffnungs- und Schließzeiten,
      cc. Gegenseitige Information bei Personalfragen und arbeitsrechtlichen Fragen,

dd. rechtzeitige Information über Veränderungen in den Gruppen, Ausflüge, und andere Aktionen,

ee. Meldung von Schäden und Mängeln an Inventar, Gebäude und Grundstück, besonders auch im Bereich des Spielplatzes sowie Information über erforderliche Instandhaltungsmaßnahmen; bei Gefahr im Verzug ist die Leiterin verpflichtet, eine erforderliche Sofortmaßnahme zur Vermeidung von Gefährdungen einzuleiten und mit dem Träger Absprache zur umgehenden Schadensbehebung zu treffen,

ff. Meldung von Unfällen und Arbeitsunfähigkeit von Mitarbeiterinnen an den Träger.

b. mit Erziehungsberechtigten und Beirat

aa. Vorstellung und Begründung der Arbeit der Einrichtung,

bb. Schaffung von Angeboten entsprechend der Situation des Kindergartens,

cc. Information der Erziehungsberechtigten über Vorkommnisse im Zusammenhang mit ihren Kindern,

dd. Hinweise auf Beratungs- und Hilfsangebote in besonderen Erziehungssituationen,

ee. Beachtung des Informations- und Anhörungsrechtes des Beirates (Art. 12 des Bayer. Kindergartengesetzes),

ff. Teilnahme an Beiratssitzungen.

c. mit Behörden und anderen Institutionen auf Anweisung des Trägers unter Beachtung der gesetzlichen Vorgaben

aa. Aufsichtsbehörden,

bb. Gesundheitsamt (z. B. Meldung übertragbarer Krankheiten nach § 1 bis 5 des Bundesseuchengesetzes und von Behinderungen nach § 124 Bundessozialhilfegesetz).

d. mit dem Diözesancaritasverband/ Fachberatung Referat Kindertagesstätten im Rahmen der kirchlichen Fachberatung und Fortbildung.

e. mit anderen Institutionen nach Absprache mit dem Träger

aa. Kindergartenausschüsse,

bb. Beratungsstellen (z. B. Erziehungs-, Suchtberatungs-, Jugend- und Familienberatungsstellen),

cc. Grundschulen des Einzugsbereiches,

dd. andere Einrichtungen im Einzugsbereich (z. B. Frühfördereinrichtungen, heilpädagogische Tagesstätten, schulvorbereitende Einrichtungen für Behinderte, Schulkindergärten, Sonderschulen).

§ 3 Stellvertretende Leiterin

(1) Die vom Träger ausdrücklich ernannte ständig stellvertretende Leiterin hat die Aufgaben und Tätigkeiten aus dem Bereich des § 2, die ihr vom Träger in Absprache mit der Leiterin übertragen werden, wahrzunehmen.

(2) Bei Abwesenheit der Kindergartenleiterin hat die stellvertretende Leiterin die Leitungsaufgaben entsprechend der Stellenbeschreibung und des erarbeiteten Konzeptes kontinuierlich weiterzuführen. Gegenüber der Leiterin besteht eine Informationspflicht.

§ 4 Aufgaben der Gruppenleiterin

(1) Die Gruppenleiterinnen sind der Leitung oder der von ihr beauftragten Stellvertreterin und dem Träger gegenüber für die pädagogische Arbeit und religiöse Erziehung und organisatorische Arbeit in der Gruppe verantwortlich.
Die Planung, Vorbereitung und Durchführung der Arbeit müssen der Konzeption der Einrichtung entsprechen.

(2) Zu den Aufgaben der Gruppenleiterin gehören insbesondere:

a. Koordination der pädagogischen und organisatorischen Arbeiten mit der pädagogischen Zweitkraft der Gruppe,

b. Regelmäßige Gespräche mit den Erziehungsberechtigten,

c. Planung, Durchführung und Nachbereitung von Veranstaltungen für Erziehungsberechtigte,

d. Teilnahme an den Sitzungen des Beirates, soweit vom Träger angeordnet,

e. Verantwortliche Verwendung und Abrechnung der zur Verfügung gestellten Gelder,

f. Führung der Anwesenheitslisten der Kinder,

g. Verantwortliche Anleitung von Praktikantinnen nach Delegation durch die Leiterin,

h. Kontakte zu Beratungsstellen und zu den Schulen in Absprache mit der Leiterin,

i. Information der Leiterin über gruppeninterne Vorgänge.

§ 5 Aufgaben der pädagogischen Zweitkraft

(1) Die pädagogische Zweitkraft trägt unter Anleitung der Gruppenleiterin Mitverantwortung für die Erziehung, Bildung und Betreuung der Kinder.

Die Aufgaben bestehen insbesondere in:
a. Beteiligung an der Planung, Durchführung und Nachbereitung der pädagogischen Arbeit und religiösen Erziehung im Rahmen der Verfügungszeit,
b. Aushilfsweise Vertretung einer Gruppenleiterin (§ 7 der 3. DVBayGiG)
c. Ausführung pflegerischer und hauswirtschaftlicher Arbeiten, die unmittelbar im Zusammenhang mit der Pflege und Erziehung der Kinder stehen,
d. Mitwirkung an Veranstaltungen für Erziehungsberechtigte auf Anordnung des Trägers.

(Auszüge aus dem Amtsblatt für das Erzbistum München und Freising, Jahrgang 1995, Nr. 15, 10. Nov.)

Die Kinderpflegerin unterstützt die Gruppenleiterin bei der Bildung, Erziehung und Betreuung der Kinder.

Eine Kinderpflegerin muss die Gruppenleiterin in ihrer Abwesenheit vertreten können.

Aufgaben
1. Notieren Sie an einem Praktikumstag alle Aufgaben, die die Leitung der Einrichtung an diesem Tag wahrnimmt.
2. Befragen Sie Ihre Gruppenleitung nach ihrer Ausbildung.
3. Welche Aufgaben muss die pädagogische Zweitkraft in Ihrer Gruppe erledigen?

Zusammenfassung Kapitel 1

Eine Kinderpflegerin arbeitet vor allem in sozialpädagogischen Tageseinrichtungen, wie z. B. in Kindergärten, Kindertagesstätten, Kinderhorten, Kinderheimen; manchmal auch in Familien.

Bei der Einrichtung und der Erstellung einer Konzeption für solche Einrichtungen müssen Familiensituation, soziokulturelles Umfeld, Bedürfnisse und Wünsche der Beteiligten, wissenschaftliche Erkenntnisse und natürlich die gesetzlichen Bestimmungen berücksichtigt werden.

Inzwischen arbeiten Kindergärten, Horte und Kinderkrippen einrichtungs- und gruppenübergreifend und situationsorientiert.

Der Tagesablauf schafft eine stabile Atmosphäre für die Kinder. Verhaltensweisen der Kinder im Tagesrhythmus müssen bei der Gestaltung des Tagesablaufs berücksichtigt werden. Wünsche der Eltern sollen vor allem bezüglich der Öffnungszeiten aufgegriffen werden.

Gebäude, Räumlichkeiten, Ausstattung der Räume und Freiflächen müssen den Aufgaben und der Zielsetzung der Einrichtung entsprechen, damit sich die Kinder wohl fühlen und bestmöglich entwickeln können.

Die Kinder werden in alters- und geschlechtsgemischten Gruppen von pädagogisch ausgebildetem Fachpersonal erzogen, gebildet und betreut.

Weiterführende Aufgaben

1. Diskutieren Sie in Ihrer Klasse den Tagesablauf in unterschiedlichen Praxisstellen (Kindergarten, Hort, Krippe, Heim).

2. Vergleichen Sie bezüglich Ihrer Praxisstellen folgende Aspekte:
   - Öffnungszeiten
   - Mitarbeiterinnen
   - Kindergruppen
   - Gebäude und Räumlichkeiten
   - Einrichtung und Ausstattung
   - Gestaltung des Freigeländes (Skizze).

3. Werten Sie Ihre Ergebnisse aus: Welche Konzepte, welche Aufträge und Zielsetzungen verfolgen die einzelnen sozialpädagogischen Einrichtungen?

4. Welche Aufgabenbereiche übernimmt die Kinderpflegerin bei der Erfüllung des Auftrags und des Konzepts der Einrichtung?

2 Anforderungen an eine Kinderpflegerin

Aufgaben
1. Betrachten Sie das Bild: Kennen Sie Ähnliches aus Ihrem Praktikum?
2. Versetzen Sie sich in die Lage dieser Kinderpflegerin: Was geht in ihrem Inneren vor?
3. Welche Anforderungen an eine Kinderpflegerin fallen Ihnen ein, wenn Sie dieses Bild betrachten?

Eine Kinderpflegerin soll:
- Bedürfnisse der Kinder erkennen,
- den Tagesablauf mit verantworten,
- mit Kindern spielen und gestalten,
- Konflikte bewältigen,
- im Team arbeiten,
- den Überblick über die Gruppe behalten,
- Tagessituationen kindgerecht gestalten,
- Beobachtungen mitteilen,
- sich erzieherisch sinnvoll verhalten,
- die Aufsichtspflicht erfüllen,
- hauswirtschaftliche Arbeiten erledigen.

2.1 Bedeutung des Verhaltens gegenüber Kindern in verschiedenen Situationen

Die Kinderpflegerin setzt ihr Verhalten beispielhaft ein, um die Kinder ihrer Gruppe zu erwünschten Verhaltensweisen anzuleiten. Ruhiges, freundliches, klares, sachliches, eindeutiges, zielgerichtetes Verhalten der Erziehenden lenkt Kinder eher zu ähnlichen Verhaltensweisen.

In dem folgenden Praxisbeispiel wird gezeigt, wie eine Kinderpflegerin durch ihr eigenes Verhalten die Kinder einer Gruppe zu erwünschtem Verhalten anleiten kann:

Praxisbeispiel Kinderpflegerin Sabine geht mit der Kindergruppe in den Garten. Sie hilft den Kindern, Sandspielsachen herbeizutragen, stellt Brotzeitbänke bereit, hilft einem Kind, den verlorenen Strohhalm wiederzufinden. Sabine lächelt dabei Maria an, regt Angelika an, die Kiste für ihr Spiel auszuräumen, schlägt dem unschlüssigen Mark vor, sich gleich eine Bank in den Baumschatten zu stellen. Die Kinder freuen sich, dass sie in den Garten gehen, sie hüpfen fröhlich auf die Kinderpflegerin zu. Die Kinderpflegerin lächelt erfreut über ihre Beobachtungen und lässt sich lustige Bemerkungen einfallen, mit denen sie ihre Anregungen begleitet. Es ist ein Kreislauf gegenseitiger Einflüsse und so, wie das Verhalten der Kinderpflegerin auf die Kinder wirkt, so wirkt auch das Verhalten der Kinder auf die Kinderpflegerin zurück.

Die Kinderpflegerin erfährt im Umgang mit den Kindern, dass ihr eigenes Verhalten das Verhalten der Kinder beeinflusst. Sie ist sich dessen bewusst, dass Sie mit der Gestaltung einer Spielsituation auch Einfluss auf das Spiel der Kinder hat.

2.1.1 Wechselwirkung zwischen eigenen Einstellungen und Verhaltensweisen und denen der Kinder

Zwischen der Kinderpflegerin und den Kindern findet ständig eine gegenseitige Beeinflussung ihrer Einstellungen zueinander und ihres gegenseitigen Verhaltens, d. h. eine Wechselwirkung, statt. Die persönliche Einstellung der Kinderpflegerin gegenüber einem Kind, ihre Gefühle und Gedanken diesem Kind gegenüber, äußert sie in ihrem Verhalten im Umgang mit diesem Kind. Ebenso wirken die Einstellungen und Verhaltensweisen eines Kindes gegenüber der Kinderpflegerin auf diese ein, ohne dass sie sich dessen immer ganz bewusst wird.

Wenn eine Kinderpflegerin zum Beispiel meint, ein Kind sei zwar ungeübt in einer bestimmten Fähigkeit (die Schere oder den Stift zu halten), es bemühe sich aber sehr, sich darin zu üben, so fällt es ihr leichter, diesem Kind gegenüber geduldig zu sein, es zu ermutigen. Hat die Kinderpflegerin hingegen bei einem Kind öfter erlebt, dass es bei einem Misserfolg schnell aufgibt, leicht ablenkbar ist, andere Kinder herabsetzt und damit ärgert, vielleicht sogar mit kleinen Schwindeleien sich den Folgen des eigenen Tuns entziehen möchte, dann wird sie diesem Kind gegenüber eher den Eindruck entwickeln, es könne sich nicht sozial angepasst verhalten. Diesem Kind gegenüber wird sie sich eher verunsichert, vielleicht hilflos fühlen und sich möglicherweise abwartend, streng oder besonders aufmerksam verhalten. Dieses „besondere" Verhalten der Kinderpflegerin löst beim Kind auch „besondere", vielleicht unerwünschte Verhaltensweisen aus, was die Kinderpflegerin wiederum als Beweis für ihre eigenen Annahmen werten kann.

Merke — Das, was eine Kinderpflegerin von einem Kind denkt, wie sie das Verhalten des Kindes erlebt und bewertet, nennt man die Einstellung zu diesem Kind. Oft werden diese Einstellungen nicht offen ausgesprochen, sind dem Betreffenden selbst nicht klar, beeinflussen jedoch um so mehr das eigene Verhalten.

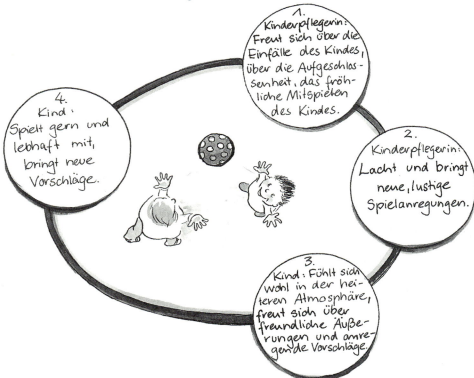

Im Ballspiel erleben die Mitspielerinnen besonders deutlich die Wechselwirkung ihrer Einstellungen und ihres Verhaltens: Sie beeinflussen sich gegenseitig. Wer den Ball seiner Mitspielerin so zuwirft, dass sie ihn leicht fangen kann, beeinflusst die Mitspielerin hinsichtlich der Fortsetzung des fröhlichen Ballspiels.

Aufgaben

1. Überlegen Sie, bei welchen drei Kindern in Ihrer Praxisstelle es Ihnen leicht fällt, sich ermutigend zu verhalten. Bei welchen drei Kindern fällt es Ihnen schwerer, sich freundlich und bestätigend zu verhalten?
2. Welche Erfahrungen mit einem Kind/mit einer Gruppe erleichtern/erschweren Ihnen freundliches, förderliches Verhalten?
3. Beschreiben Sie eine Situation mit einem Kind, in der Sie durch Ihr förderliches Verhalten Ihre Ziele erreichen konnten. Zeigen Sie Ihre eigenen Verhaltensweisen und die darauf folgenden Verhaltensweisen des Kindes auf.

Wechselwirkung bedeutet: Kinderpflegerin und Kind beeinflussen wechselseitig ihr Einstellung zueinander.

In der Praxis der Kinderpflegerin reiht sich eine Wechselwirkung zwischen ihrem Verhalten und dem Verhalten eines oder mehrerer Kinder an die nächste Wechselwirkung. Der gezielte Einsatz ihres eigenen Verhaltens im Umgang mit Kindern, aber auch mit Kolleginnen im Team und im Umgang mit Eltern ist eine der wichtigsten Grundanforderungen an die Kinderpflegerin. Aus diesem Grunde ist es so wichtig, dass die Kinderpflegerin ihr eigenes Verhalten beobachtet. Die Kinderpflegerin sollte das eigene Verhalten deshalb immer bewusst lenken und auf das angestrebte Ziel hin einsetzen. Dazu folgende Beispiele aus der Praxis:

Praxisbeispiel Im Kindergarten St. Martin hat Kinderpflegerin Gabi allein Frühdienst von 7.30 bis 8.00 Uhr. Da wird Sandra, 4,3 Jahre alt, rasch von ihrer Mutter in das Gruppenzimmer geschoben. Die Mutter verabschiedet sich in großer Eile. Sandra blickt unschlüssig umher. Verloren steht sie in dem großen Raum. Gabi geht zu ihr, lächelt sie freundlich an: „Guten Morgen, Sandra! Schön, dass Du da bist. Du bist ja heute die erste!"

Aufgaben zum Praxisbeispiel
1. Überlegen Sie, wie diese Situation sich entwickeln kann. Wie wird Sandra sich verhalten?
2. Erproben Sie im Rollenspiel verschiedene Möglichkeiten.
3. Diskutieren Sie im Klassengespräch, welche Einstellung Kinderpflegerin Gabi gegenüber Sandra in ihrem Verhalten zu erkennen gibt.

Praxisbeispiel Kinderpflegerin Brigitte gestaltet mit sechs Kindern eine Legearbeit: den Adventskranz. Julia, 5 Jahre alt, fordert Christoph, 5,3 Jahre alt, auf, mit seinen Zweigen endlich den Kranz zu schließen. Die Kinderpflegerin fragt Christoph behutsam, ob er sich schon überlegt hat, wie er seine Zweige denn hinlegen möchte. Christoph: „Ich weiß nicht!" Brigitte darauf noch ruhiger: „Schau Christoph, hier ist noch Platz." Er sitzt aber weiter unentschlossen auf dem Stuhl, seine Zweige in der linken Hand. Brigitte versucht es mit ihren eigenen Zweigen, legt einen in den Kranz und fragt Christoph: „Gefällt es dir so?"

Aufgaben zum Praxisbeispiel
1. Überlegen Sie, was Brigitte mit ihren Fragen an Christoph erreichen wollte!
2. Diskutieren Sie im Klassengespräch, welche Vorteile es haben kann, wenn die Kinderpflegerin ein Kind nicht unterstützt, das ein anderes Kind zur Eile auffordert.
3. Welche Einstellungen gegenüber Christoph vermuten Sie bei Brigitte?

Praxisbeispiel Zwölf Uhr mittags. Sieben Kinder sind schon im Hort „Villa Kunterbunt". Kinderpflegerin Susanne hat den Tisch gedeckt. Axel, 8 Jahre alt: „Nudelsuppe mag ich nicht!" Susanne meint, er soll es doch einmal versuchen: „Weil Nudelsuppe so gesund ist!" „Aber mir schmeckt es nicht!" sagt Axel trocken. Susanne: „Aber du hast sie noch gar nicht probiert!" Axel bleibt dabei: „Nudelsuppe mag ich nicht." Susanne schlägt vor: „Einen Löffel voll kannst du schon mal versuchen!" Und sie setzt hinzu: „So viele Kinder gibt es auf der Welt, die froh wären, wenn sie so eine gute Suppe hätten." Und dann: „Komm, den einen

Löffel schaffst du schon." Damit gibt Susanne ihm einen halb gefüllten Schöpflöffel Suppe in den Teller. Axel schiebt den Teller zur Seite: „Ich habe heute keinen Hunger!"

Aufgaben zum Praxisbeispiel

1. Diskutieren Sie im Klassengespräch, (a) wie Susanne und (b) wie Axel diese Situation erleben mag.
2. Überlegen Sie, durch welches Verhalten von Susanne die Ablehnung von Axel entstanden und verstärkt worden sein kann.
3. Erproben Sie mögliche Lösungen dieser Situation im Rollenspiel: Wie soll Kinderpflegerin Susanne sich jetzt gegenüber Axel verhalten? Welche Einstellung kann ihr dabei helfen?

Bei gezieltem Einsatz der Wechselwirkung zwischen Kinderpflegerin und Kind ist es wichtig, die persönliche Eigenart des Kindes, seine Vorlieben und Bedürfnisse zu kennen, zu respektieren und in ihrer Entfaltung zu unterstützen. Denn in der Wechselwirkung zwischen den eigenen Einstellungen und Verhaltensweisen und den Einstellungen und Verhaltensweisen des Kindes liegt auch die erzieherische Verantwortung der Kinderpflegerin begründet: nicht über das Kind bestimmen zu wollen, sondern es zu eigenen Entscheidungen zu befähigen.

2.1.2 Kindgerechte Gestaltung von Tagessituationen

Tagessituationen sind alltäglich wiederkehrende Situationen, die eine Kinderpflegerin mit einzelnen Kindern oder der Gruppe erlebt. In ihrem täglichen Wiedererleben bieten sie den Kindern Sicherheit und Orientierung durch die Bekanntheit des Ablaufs und der einzelnen Elemente dieser Situation. Bei dieser täglichen Arbeit werden Einstellungen der Beteiligten geprägt, wird deren Verhalten aufeinander abgestimmt und das Miteinander gelebt. Hier finden Förderung und Erziehung konkret statt.

In der folgenden Übersicht sind Tagessituationen, wie sie in Kindergarten, Hort oder Heim täglich wiederkehren, aufgeführt:

Tagessituationen in Kindergarten, Hort und Heim	
1. Eintreffen	8. Ruhezeiten
2. Begrüßen	9. Spiel im Garten/Außengelände
3. Orientieren	10. Angebote
4. Freispiel	11. Projekte
5. Aufräumen	12. Persönliche Feste/Feiern im Jahreskreis
6. Stuhlkreis/Morgenkreis	13. Abholzeit
7. Mahlzeiten	14. Abschied
Außerdem im Hort	
15. Hausaufgabenbetreuung	16. Ferien-/Freizeitangebote
Außerdem im Heim	
17. Wecken	20. Feriengestaltung
18. Waschen/Ankleiden	21. Besuche
19. Abend-/Wochenendgestaltung	22. Heimfahrten

> **Aufgaben**
>
> 1. Notieren Sie Tagessituationen, die Sie in Ihrer Praxisstelle erlebt haben.
> 2. Beschreiben Sie von drei Tagessituationen den genauen Ablauf.
> 3. Welche Aufgaben hatte die Kinderpflegerin nach Ihrer Beobachtung in der Tagessituation zu übernehmen?

Die Tagessituationen kehren im alltäglichen Arbeitsablauf einer Kinderpflegerin immer wieder. Bei genauerer Betrachtung unterscheiden sich die wiederkehrenden Tagessituationen jedoch erheblich voneinander. Die Kinderpflegerin kann diese Unterschiede beachten und ihr Arbeitsverhalten danach immer wieder neu ausrichten.

Tagessituation: Aufräumen

Tagessituation: Eintreffen

Tagessituation: Freispiel

Tagessituation: Angebote

Tagessituationen unterscheiden sich durch:
- die beteiligten Personen
- deren unterschiedliche Einstellungen
- deren unterschiedliche Verhaltensweisen

Praxisbeispiel

Die Tagessituation „Hausaufgabenbetreuung" im Hort Hasenbergl wird sich erheblich verändern, wenn Kinderpflegerin Moni ab morgen acht Kinder intensiv betreuen muss, statt wie bisher nur die sechs ihr vertrauten Hauptschülerinnen. Es kann erschwerend hinzukommen, dass zwei der Kinder eine negative Einstellung zueinander haben und miteinander um die Unterstützung der Kinderpflegerin rivalisieren.

Aufgabe zum Praxisbeispiel
Besprechen Sie in einer Arbeitsgruppe, was Moni ab morgen anders machen wird.

Tagessituationen unterscheiden sich durch:
- das Thema
- die Zielsetzung
- den methodischen Ablauf

Praxisbeispiel

Kinderpflegerin Elfi führt mit einer Gruppe von zwölf Kindern ein Gespräch über das Projektthema „Wir sind Freunde". Die Situation gestaltet sich gänzlich anders als während der Anschauung zum Thema „Herbstfrüchte" vor zwei Tagen. Ziel des Gesprächs zum Projektthema ist für Elfi heute, neue Ideen zu finden und auszuwählen. Bei der Anschauung hingegen war es ihr Ziel, die Kinder zu möglichst genauer Wahrnehmung anzuregen. Der methodische Ablauf des Gesprächs zum Thema „Freunde" wird von Elfi durch ein Brainstorming mit den Kindern unterstützt. Bei der Anschauung wählte Elfi eine kleine Meditation.

Aufgabe zum Praxisbeispiel
Besprechen Sie in einer Arbeitsgruppe, welche Unterschiede in den Arbeitsformen von Elfi in den Tagessituationen „Gespräch über Freunde" und „Herbstfrüchte" hervortreten.

Merke — Gleiche Tagessituationen können unter verschiedenartigen Bedingungen sehr unterschiedlich ablaufen. Es werden daher unterschiedliche Verhaltensweisen von einer Kinderpflegerin verlangt, um Tagessituationen immer wieder kindgerecht und situationsangemessen zu gestalten.

Gegebenheiten der Räume, z. B. durch die Raumgröße, durch die Raumgestaltung, durch das Mobiliar

Materialien z. B. durch Verbrauchsmaterialien, durch Werkzeuge, durch Hilfsmittel

Umfeld: Was erleben die Kinder vorher, was nachher? Was findet zur gleichen Zeit im Nebenraum statt?

Bedeutung für die Kinder: Wie wichtig ist diese Situation für die Kinder im Tagesablauf, im ganzen Jahr, in der gegenwärtigen Lebenssituation?

Zeitbedingungen, z. B. durch den Zeitpunkt (wann ereignet sich die Tagessituation?), durch die Dauer und durch den zeitlichen Ablauf

Aufgaben

1. Überlegen Sie, welche Auswirkungen die Größe und die Ausstattung des Turn- und Bewegungsraumes im Kindergarten St. Blasius bei der Durchführung einer Bewegungseinheit auf die Spiele und Übungen der Kinder haben können.
2. Beschreiben Sie die Situation eines Hortkindes, das um 13.00 Uhr im Hort „Rosengarten" ankommt. Wie kann sich das Erleben des Schultages, der hinter ihm liegt, auf seine Ankunft in der Hortgruppe auswirken? Was beachtet die Kinderpflegerin dabei?
3. Jedes Kind erlebt in einer sozialpädagogischen Einrichtung täglich viele aufeinanderfolgende Tagessituationen. Versetzen Sie sich in die Erlebniswelt eines Kindes, das Sie gut kennen: Welche Wünsche fallen Ihnen spontan ein, bestimmte Tagessituationen anders zu gestalten?

Wenn eine Kinderpflegerin die in ihrer Gruppe regelmäßig wiederkehrenden Tagessituationen kindgerecht gestalten will, so verlangt das von ihr, auf die Grundbedürfnisse der Kinder in ihrer Gruppe eingehen zu können. Erst wenn eine möglichst große Anzahl von Grundbedürfnissen möglichst vieler Kinder ihrer Gruppe berücksichtigt werden, fühlen sich die Kinder wohl, können sie sich in dieser Gruppe gesund entfalten und das gegebene Förderangebot für sich nutzen.

In der folgenden Übersicht finden sich wichtige Bereiche kindlicher Bedürfnisse, die eine Kinderpflegerin bei der Gestaltung der Tagessituationen in ihrer Gruppe berücksichtigen sollte:

Bewegungsbedürfnis	Sich freuen an spontanen Bewegungen des ganzen Körpers und einzelner Körperteile.
Kontaktbedürfnis	Mit anderen zusammen sein, Gemeinsamkeit finden, Erlebnisse teilen, sich mitteilen.
Bindungsbedürfnis	Jemanden gut kennen, sich mit ihm verbunden fühlen.
Schutzbedürfnis	Gegen Gefährdung, gegen Beeinträchtigung beschützt, behütet sein.
Spielbedürfnis	Eigenständig entdecken, probieren, gestalten, imaginieren, träumen – einfach spielen.
Anerkennungs- bedürfnis	Als eigenständige Person von anderen Menschen beachtet werden.
Vertrautheits- bedürfnis	Menschen, Orte, Räume, Dinge, Ereignisse immer wieder erleben.
Rückzugsbedürfnis	Sich auf sich selbst zurückziehen, sich dem Einfluss anderer Menschen und der Situation entziehen.
Selbstbestimmungs- bedürfnis	Eigene Entscheidungen treffen.

Aufgaben

Sammeln Sie Bedürnisse von Kindern, die Sie in der Gruppe Ihrer Praxisstelle näher kennengelernt haben. Ordnen Sie nach

a) körperlichen Bedürfnissen, zum Beispiel Bewegungsbedürfnis, Ruhebedürfnis usw.;
b) geistigen Bedürfnissen, zum Beispiel Interessen, Neugierde usw.;
c) sozial-emotionalen Bedürfnissen, zum Beispiel Freundschaften, Vorliebe für Gruppen- oder für Einzelspiele usw.

Im folgenden Praxisbeispiel zeigt sich, wie eine Kinderpflegerin in der Tagessituation „Freispiel" auf die Bedürfnisse von Kindern eingehen, diese Situation also kindgerecht gestalten kann:

Praxisbeispiel Markus hat sein liebstes Geburtstagsgeschenk, einen Kran, mit in den Kindergarten gebracht. Stolz und voll Freude zeigt Markus der Kinderpflegerin seinen Besitz. Beobachtend stehen Stefan und Michael, die Freunde von Markus, daneben. Kinderpflegerin Silvia gibt den drei Buben einen Impuls zum gemeinsamen Spiel. Die drei Freunde spielen „Baustelle Feuerwehrhaus", das ist Stefan eingefallen. Silvia geht mit ihnen hinüber in die Bauecke. Michael baut die Zufahrtsstraße für die Baufahrzeuge. Stefan fährt den Kies (Muggelsteine) heran. Markus besorgt den Erdaushub (Bausteine) mit seinem Kran. Mit ihren Baufahrzeugen holen sie immer mehr Material heran, aus der Malecke brauchen sie Papier, um den Bauplan zu zeichnen, Arbeitshandschuhe finden sie in der Kleiderschachtel. Silvia muss helfen, die Baustelle mit Schnüren abzusichern. Die beladenen Baufahrzeuge müssen manchmal einen weiten Weg fahren, um das Bücherregal herum, am Kaufladen vorbei und wieder zurück zur Baustelle.

Die *Tagessituation Freispiel* gestaltet Kinderpflegerin Silvia mit, indem sie die *Grundbedürfnisse der Kinder* auf kindgerechte Art und Weise berücksichtigt:

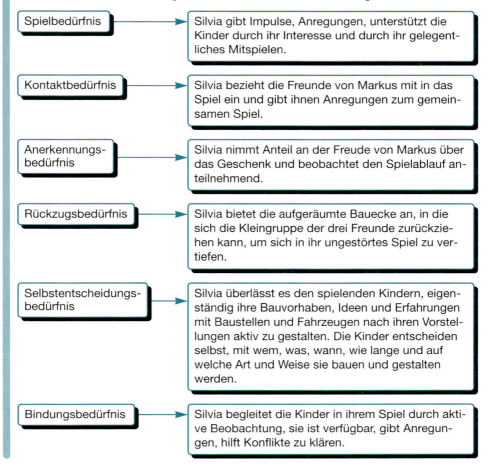

43

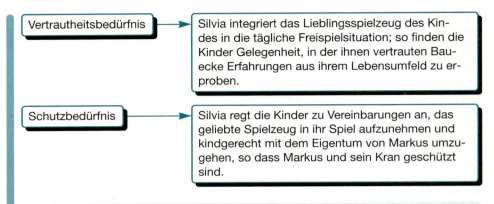

Aufgaben zum Praxisbeispiel
1. Überlegen Sie in Untergruppen, wie Sie eine Aufräumsituation kindgerecht und bedürfnisorientiert gestalten können. Berücksichtigen Sie dabei:
   a) den Umfang der Aufräumarbeit,
   b) die rechtzeitige Ankündigung des Aufräumens,
   c) das gegenseitige Unterstützen der Kinder beim Aufräumen,
   d) Ihre Hilfestellung für die Kinder beim Aufräumen.
2. Schreiben Sie einen Beobachtungsbericht darüber, wie die Kinder in Ihrer Praxisstelle bei Aufräumarbeiten unterstützt werden. Vergleichen Sie Ihre Berichte im Klassengespräch.
3. Stellen Sie in einem Rollenspiel eine Brotzeit-/Mahlzeit-Situation dar.
   a) Diskutieren Sie im Klassengespräch, welche Bedürfnisse der Kinder in dieser Situation berücksichtigt werden.
   b) Notieren Sie Ihre Gestaltungsvorschläge für den Ablauf dieser Tagessituation je nach ihrer Bedeutung für die Gesamtsituation.
4. Schreiben Sie einen Bericht über den Ablauf der Hausaufgabenbetreuung im Hort, Tagesheim, Kinderzentrum. Wählen Sie sieben Bedürfnisse des Kindes aus und beschreiben Sie, wie diesen Bedürfnissen entsprochen worden ist.

 Die Kinderpflegerin wirkt auf Kinder ein durch ihr Verhalten und durch die Art und Weise, wie sie Tagessituationen kindgerecht mitgestaltet, also
- **die Situation genau beobachtet,**
- **auf die Bedürfnisse der Kinder eingeht.**

2.1.3 Bewältigung von Konflikten unter Berücksichtigung der Bedürfnisse von Kindern

In allen Tagessituationen in sozialpädagogischen Einrichtungen erleben Kinder und Kinderpflegerin eine große Anzahl von Konflikten. Wenn ein Kind morgens keinen Platz am Maltisch findet und die übrigen Kinder nicht bereit sind, näher zusammenzurücken, dann kann daraus ein Konflikt entstehen. Das gleiche geschieht, wenn die Kinder sich nicht einigen können, wer den Tee ausschenken darf, wo der Leimtopf zu stehen hat oder ob erst die Straße und dann die Auffahrt in der Bauecke zu bauen ist.

Konflikte entstehen auch, wenn der dreijährige Jakob in der Puppenecke anstatt der Rolle des Hundes die Rolle des Vaters spielen will. Auch die Kinderpflegerin ist häufig in Konflikte einbezogen. Wenn ein Kind trotz mehrmaliger Erinnerung die Gruppenregeln übertritt und andere Kinder deshalb streiten, kann es zu konfliktgeladenen Situationen kommen.

Vorbeugende Maßnahmen, wie zum Beispiel das Treffen eindeutiger Absprachen zwischen der Kinderpflegerin und den Kindern, können zwar Konflikte vermeiden helfen, jedoch nicht ausschließen. Konflikte sind ein fester Bestandteil im Zusammenleben von Kindern und Erwachsenen.

Obwohl Konflikte so häufig auftreten, verunsichern und ängstigen sie doch immer wieder Kinder und auch Erwachsene. Aus dieser Verunsicherung können oft unbedachte Verhaltensweisen entstehen, die einzelne Kinder, die ganze Gruppe und die Kinderpflegerin sehr belasten, in einzelnen Fällen auch Kinder in Ihrer ganzen Entwicklung behindern. Deshalb ist es so wichtig, dass die Kinderpflegerin über ihre eigene Einstellung, ihr Verhalten in alltäglichen Konfliktsituationen nachdenkt.

Das Verhalten der Kinderpflegerin nimmt unmittelbar Einfluss auf das Konfliktgeschehen in der Gruppe. Die Kinderpflegerin wird durch ihr Verhalten zum Vorbild dafür, wie Kinder untereinander Konflikte lösen lernen.

Zum Nachdenken über das eigene Konfliktverhalten:

> Wie habe ich mich selbst in Konfliktsituationen der Kinder in den letzten Tagen in meiner Praxisstelle verhalten? War ich ärgerlich? War ich ängstlich? War ich zornig? Habe ich versucht, wegzusehen? Habe ich dazu beigetragen, dass der Konflikt sich erweiterte? Habe ich dazu beigetragen, dass der Konflikt gelöst werden konnte? Was habe ich unternommen? Wie habe ich mich verhalten gegenüber Kindern, die am Konflikt beteiligt gewesen sind? Konnte ich innerlich ruhig bleiben? Wie konnte ich meine innere Gelassenheit wiederfinden? Habe ich den Kindern, die am Konflikt beteiligt waren, Vorschläge gemacht? Habe ich als gutes Vorbild gewirkt? Bin ich mit gutem Beispiel vorangegangen? Was habe ich dabei gelernt?

Konflikte gehören zum alltäglichen Leben und Erleben, sie gehen oft wichtigen Entscheidungen voraus.

Die eigene Einstellung zu Konflikten und das Verhalten der Kinderpflegerin beeinflussen das Verhalten der Kinder in Konfliktsituationen.

Kinder erleben von Geburt an täglich viele Konflikte. Kleinstkinder versuchen bei unterschiedlichen Interessenlagen Konflikte untereinander dadurch zu lösen, dass sie zum Beispiel dem anderen Kind das Stofftier wegreißen, das andere Kind umstoßen, es an den Haaren zerren oder kräftig und langanhaltend schreien. Im Laufe ihrer Entwicklung erlernen Kinder sozial besser akzeptierte Verhaltensweisen, um Konflikte zu bewältigen. Die erzieherische Aufgabe der Kinderpflegerin besteht nun darin, Kinder in unterschiedlichen Tagessituationen zu unterstützen, sich auf sozial verträgliche Weise zu einigen.

Im folgenden Schaubild finden Sie Anregungen, wie Kinder bei der Lösung von Konflikten unterstützt werden können:

Einstellung und Verhalten der Kinderpflegerin	kann bewirken,	kann dazu führen,
1. Positive Einstellung: Konflikte sind alltäglich, „normal"	...dass Kinder und Kinderpflegerin weniger Angst, Unsicherheit verspüren	...dass alle Beteiligten entlastet werden und damit freier für vielfältige Lösungen
2. Besonnenes, überlegtes Verhalten: Erst denken, „durchatmen", dann handeln	...dass weniger Zeitdruck, weniger Erfolgsdruck besteht	...dass einseitige, „schnelle" Lösungen vermieden werden, die nur neue Konflikte produzieren
3. Trösten, ermutigen, abwarten: Ärger „verrauchen" lassen	...dass Kinder Enttäuschung mitteilen, sich entspannen und erleben, daß sie nicht verlieren, unterliegen müssen	...dass alle Beteiligten sich besser verstanden fühlen und eher bereit sind, aufeinander einzugehen
4. Impulse für Lösungen setzen: „Was könntet ihr jetzt tun, damit...?"	...dass Kinder selbst nach Lösungen suchen und Vorgehensweisen abwägen	...dass Kinder Lösungen besser akzeptieren, selbstständiger, unabhängiger werden
5. Vereinbarungen herbeiführen: „Wer will jetzt was wie tun?"	...dass Kinder sich auf Lösungen, Vorgehensweisen einigen, neue Verhaltensweisen erproben	...dass Kinder Verantwortung für ihr Verhalten übernehmen, das Positive an alternativen Verhaltensweisen erleben: „verhandeln statt schlagen"
6. Eigenes Vorbildverhalten: Geduldig erklären, was mir wichtig ist; auf andere hören, eingehen; kompromißbereit sein: „Was ist für dich wichtig?"	...dass Kinder neue Verhaltensweisen kennenlernen, übernehmen, nachahmen, in ähnlichen Situationen erproben	dass Konflikte in der Gruppe weniger gewaltsam ausgetragen werden, ängstliche Kinder sich mehr zutrauen, selbstbezogene Kinder im Miteinander sinnvolle Grenzen erfahren

Aufgaben

1. Lesen Sie das Schaubild gemeinsam. Diskutieren Sie im Klassengespräch die Erfahrungen, die Sie in Ihrer Praxisstelle in Konfliktsituationen gemacht haben.

2. Notieren Sie Konfliktsituationen und die Lösungsansätze nach folgendem Muster:

Situation	Konflikt	Lösungsansatz
Freispiel	Evi und Ria malen. Sie wollen nicht aufräumen. Steffi zieht ihnen die Maldecke weg. Ria...	Anleiterin: „Seid ihr fertig? Willst du aufräumen?"
Garderobe, beim Heimgehen	Lisa versteckt die Tasche von Mark. Sie gibt es nicht zu. Marks bester Freund mischt sich ein, indem er...	...
Brotzeit	1. ... 2. ...	1. ... 2. ...
Stuhlkreis	...	...
Hausaufgaben	1. ... 2. ...	1. ... 2. ...
Spiel im Garten	1. ... 2. ... 3. ...	1. ... 2. ... 3. ...
Beim Turnen	1. ... 2. ...	1. ... 2. ...

3. Erläutern Sie, wie Ihre Praxisanleiterin in drei verschiedenen Situationen die Kinder zu eigenständigem Konfliktlösungsverhalten angehalten hat.

Viele Menschen neigen dazu, Konflikte einfach zu „übersehen" oder im Konflikt einfach über die anderen Beteiligten hinweg zu bestimmen, was nun zu machen sei. Häufig entstehen gerade daraus aber neue Konflikte. Hilfreicheres Verhalten in Konfliktsituationen kann jedoch ge- und erprobt werden. Beobachtung und wohlwollende Rückmeldung helfen dabei, das eigene Verhalten zu erkennen und schrittweise zu verbessern.

Die folgenden Praxisbeispiele können Ihnen helfen, unterschiedliche Verhaltensweisen im Schonraum zu erfahren und zu erproben:

Praxisbeispiel 1 Ines, Christin und Sandra spielen seit zehn Minuten in der Puppenecke. Ines schreit plötzlich Christin an: „Das ist meine Krone, gib sie her!" Christin ärgerlich: „Ich hab sie aber zuerst gehabt!" Ines versucht, Christin die Krone vom Kopf zu reißen. Christin hält sie fest. Die Goldfolie zerreißt. Ines weinend zur Kinderpflegerin Julia: „Christin hat meine Krone zerrissen!"

Praxisbeispiel 2 Kinderpflegerin Maria sitzt mit zwölf Kindern in der Garderobe. Sie warten auf den Bus. Fabian steht immer wieder von seinem Platz auf, schwingt seine Brotzeittasche durch die Luft. Der Henkel entgleitet ihm. Die Tasche trifft Miriam am Kopf. Wütend springt Miriam auf, reißt Fabian die Mütze vom Kopf, verpasst ihm mit dem Fuß einen Tritt!

Praxisbeispiel 3 Christof baut im Freispiel einen Bomber. Brummend rennt er damit durch das Gruppenzimmer. Christof stolpert, der Bomber kracht auf die Ritterburg von Hannelore und Michael. Laut schimpfend stößt Michael den erschrockenen Christof zu Boden. Hannelore zu Kinderpflegerin Monika: „Christof hat schon wieder unsere Burg kaputtgemacht!"

Aufgaben zum Praxisbeispiel
1. Stellen Sie diese Situationen im Rollenspiel dar.
2. Beantworten Sie folgende Fragen:
    a) Durch welche Einstellung zum Konflikt konnten Sie im Rollenspiel dazu beitragen, dass die beteiligten Kinder durch die Konfliktlösung zum Lernen angeregt worden sind?
    b) Welche persönlichen und welche sozialen Lernerfahrungen haben die am Konflikt beteiligten Kinder gemacht?
    c) Durch welches Verhalten haben Sie in Ihrem Rollenspiel vermieden, dass es „Gewinner" und „Verlierer" gab?

Merke In Konfliktsituationen ist es hilfreich, ruhig und besonnen zu bleiben; sich selbst Zeit zum Nachdenken zu verschaffen; Kindern Gelegenheit zu geben, ihre Enttäuschung, ihren Ärger mitzuteilen; Kinder nach Lösungen zu fragen; Kinder zu Vereinbarungen zu motivieren; sich der Vorbildwirkung des eigenen Verhaltens bewusst zu sein.

2.1.4 Absprache von Verhaltensbeobachtungen mit der Erzieherin

Die Kinderpflegerin erlebt mit den Kindern ihrer Gruppe eine ständige Wechselwirkung zwischen ihrem Verhalten und dem Verhalten der Kinder. Sie entwickelt bestimmte Erwartungen an das Verhalten jedes Kindes, das ihr vertraut ist. Die Kinderpflegerin beobachtet erwartetes, vertrautes Verhalten, aber auch unerwartetes Verhalten eines Kindes. Das unerwartete Verhalten des Kindes kann einem plötzlichen Einfall, einer Laune entspringen, es kann aber auch ein akutes Problem des Kindes zum Ausdruck bringen. Eine Aufgabe der Kinderpflegerin ist es daher, unerwartetes, unübliches Verhalten eines Kindes festzustellen und mit der Gruppenleiterin zu besprechen.

Monika ist heute lustlos und ärgerlich.

Eine Kinderpflegerin wird besonders aufmerksam, wenn sie eine der folgenden Verhaltensweisen unerwartet bei einem Kind beobachtet:

Ein Kind ist leicht weinerlich, weint oft.
Ein Kind ist lustlos, wirkt hilflos.
Ein Kind ist ungewohnt anhänglich, klammernd.
Ein Kind ist gelangweilt, antriebsarm.
Ein Kind will nicht spielen.
Ein Kind kann sich überhaupt nicht entscheiden.
Ein Kind hat keinen Appetit, keinen Durst.
Ein Kind ist besonders reizbar, aggressiv.
Ein Kind ist besonders still, sitzt, steht still da.
Ein Kind scheint innerlich unbeteiligt an dem, was geschieht, was es tut.
Ein Kind träumt vor sich hin.
Ein Kind ist schnell ermüdet.
Ein Kind ist besonders unruhig, umtriebig.
Ein Kind ist abwehrend, vermeidet Kontakt.
Ein Kind ist sehr ungeschickt, tapsig, quengelnd.
Ein Kind ist schreckhaft, fährt oft zusammen.
Ein Kind gähnt häufig, reibt sich oft die Augen.
Ein Kind legt den Kopf oft auf den Tisch, lehnt sich oft an.
Ein Kind legt sich oft hin.

Jede dieser Verhaltensweisen eines Kindes kann ein Hinweis auf ein Unwohlsein, eine Erkrankung des Kindes sein, kann aber auch zufällig und aus ganz anderer Ursache auftreten. Immer sollte die Kinderpflegerin daher ihre Beobachtung mit der Erzieherin besprechen.

> **Aufgaben**
> 1. Beobachten Sie die Kinder in Ihrer Praxisstelle in diesen Tagen besonders gründlich. Notieren Sie an einem Tag alle für Sie unüblichen, unerwarteten Verhaltensweisen der Kinder: beim Ankommen, beim Spielen, im Garten, beim Schlafen, bei den Hausaufgaben usw.
> 2. Stellen Sie Überlegungen über mögliche Ursachen dieser Verhaltensweisen an: Was vermuten Sie?
> 3. Diskutieren Sie im Klassengespräch Ihre Beobachtungen, Ihre Vermutungen.

**Unerwartetes, unübliches Verhalten der Kinder sollte besonders sorgfältig beobachtet werden.
Vorsichtig mit dem beobachteten Kind Kontakt aufnehmen.
Beobachtungen und Vermutungen der Gruppenerzieherin mitteilen.**

2.2 Die Leitung einer Kindergruppe für begrenzte Zeit

Eine Kinderpflegerin arbeitet in der Regel als Zweitkraft neben einer Erzieherin in einer Kindergruppe. In der Praxis ist jedoch häufig festzustellen, dass es viele Situationen gibt, in denen Kinderpflegerinnen spontan für kurze oder auch für längere Zeit die Kindergruppe allein leiten müssen. Kinderpflegerinnen sind daher häufiger für begrenzte Zeit mit einem Teil der Kindergruppe allein. In dieser Zeit trägt die Kinderpflegerin nach der Übertragung von Aufgaben Verantwortung für das Gruppengeschehen.

Verantwortung für die Gruppe übernehmen.

In der Praxis führen unterschiedliche Anlässe dazu, dass eine Kinderpflegerin für begrenzte Zeit eine Gruppe leitet:

Spontane Übernahme der Gruppe
- Erzieherin telefoniert
- Erzieherin spricht mit Eltern
- Erzieherin betreut erkranktes Kind

Alleinige Betreuungszeiten, die sich durch die Arbeitsorganisation ergeben
- Erzieherin ist auf Fortbildung
- Kinderpflegerin hat nach Dienstplan Früh-, Mittags-, Spätdienst allein
- Erzieherin betreut einzelne Kinder / Teilgruppen, z. B. Hausaufgaben
- Teilgruppenangebote

Länger dauernde Abwesenheit der Erzieherin
- Erzieherin ist erkrankt
- Gruppenleiterin scheidet aus: Übergangszeiten werden überbrückt

---

Aufgaben

Sprechen Sie mit der Kinderpflegerin in Ihrer Praxisstelle:

a) Wann musste die Kinderpflegerin die Gruppe für eine begrenzte Zeit leiten und aus welchem Anlass?
b) Was hat sie dabei als besonders schwierig erlebt?
c) Welche Hinweise kann Ihnen die erfahrene Kinderpflegerin geben, um Kinder gezielt zu beobachten?
d) Wie ergeht es Ihnen, wenn Ihre Praxisanleiterin für kurze Zeit aus der Gruppe geht? Welche Aufgaben müssen Sie in diesem Fall spontan übernehmen?

Gerade dann, wenn die Kinderpflegerin in ihrer Arbeit auf sich allein gestellt ist, findet sie Anlass zu einigen grundsätzlichen Überlegungen, die sie in einem ruhigen Augenblick reflektiert:

> Die Zufriedenheit der Kinderpflegerin in ihrem Beruf wird mitbedingt durch ihre eigene Arbeitsweise. Ihre Kenntnisse und Erfahrungen bilden die Grundlage ihrer Leistungsfähigkeit. Ihr berufliches Können sichert das Ansehen der Kinderpflegerin im Team. Ihr Aufgabenbewußtsein und ihr Arbeitserfolg begründen ihre berufliche Selbstsicherheit, mit der sie den Kindern in ihrer Gruppe und ihren Kolleginnen in der Einrichtung gegenübertritt. Wechselnden Tagessituationen begegnet sie einfallsreich, spontan, flexibel und vorausplanend. Zu ihren Aufgaben entwickelt sie eine positive Grundhaltung. Ihre positive Einstellung jedem Kind gegenüber hilft ihr, einen persönlichen Arbeitsstil, ihre individuelle Arbeitsweise zu entwickeln.

 Bei stellvertretender Gruppenleitung ist es wichtig, Aufgabenschwerpunkte zu erkennen, Fähigkeiten zu bündeln, Teilziele zu setzen.

2.2.1 Gezielte Beobachtung und Reflexion im Team

Eine Kindergruppe für begrenzte Zeit zu leiten setzt voraus, dass die Kinderpflegerin gelernt hat, einzelne Kinder, eine Teilgruppe und die Gesamtgruppe gezielt zu beobachten. Genaues Beobachten ermöglicht es der Kinderpflegerin, auf jedes Kind individuell einzugehen, das Kind anzuregen, Hilfestellung zu geben, notwendige Grenzen aufzuzeigen.
Wichtige Beobachtungen teilt die Kinderpflegerin der Gruppenleiterin mit, wiederholt Beobachtungen von Verhaltensweisen der Kinder und reflektiert sie mit Kolleginnen im Team.
Gezielte Beobachtungen helfen der Kinderpflegerin, die ihr übertragenen Aufgaben verantwortungsbewusst zu erfüllen, somit jedem einzelnen Kind und der ganzen Gruppe gerecht zu werden: Die Kinderpflegerin kann das Gruppengeschehen der jeweiligen Situation entsprechend behutsam lenken.

Die Fähigkeit der Kinderpflegerin, mehrere Kinder einer Gruppe gezielt zu beobachten, setzt sich zusammen aus:

1. Erfahrungen bei der Beobachtung eines Kindes in verschiedenen Situationen:	2. Erfahrungen, die sie mit jedem einzelnen Kind der Gruppe gesammelt hat:
Die Kinderpflegerin lernt dabei • Wie kann ich ein Kind beobachten? • Wie kann ich meine Beobachtungen von meinen Vermutungen unterscheiden? • Wie kann ich meine Beobachtungen überprüfen?	**Die Kinderpflegerin lernt dabei** • Aus vielen Einzelbeobachtungen sich einen Gesamteindruck zu verschaffen. • Möglichst viele Kinder gleichzeitig im Blick zu behalten. • Die gegenwärtige Situation eines Kindes/mehrerer Kinder zu erkennen.

Können Sie mehrere Kinder gleichzeitig gezielt beobachten?

Zum Nach-	Wie gut gelingt es Ihnen, ein Kind gezielt zu beobachten?
denken:	Wiederholen Sie Ihre gezielten Beobachtungen eines Kindes in unterschiedlichen Situationen?
	Gelingt es Ihnen, mehrere Kinder gleichzeitig gezielt zu beobachten?
	Welche Erfahrungen haben Sie dabei gesammelt? Was fiel Ihnen eher leicht? Was ist Ihnen besonders schwer gefallen?
	Sprechen Sie mit Ihrer Praxisanleiterin öfter über Ihre Beobachtungen?

Beobachtungen sind die Grundlage dafür, dass die Kinderpflegerin unterschiedliche Situationen mit einem oder mit mehreren Kindern richtig einzuschätzen lernt, daraus eigenständig für sich Aufgaben ableitet und aus eigenem Antrieb aktiv wird.

Im folgenden Praxisbeispiel zeigt sich, wie eine Kinderpflegerin Kinder beobachtet, dadurch individuell auf diese Kinder eingehen kann, die verschiedensten Situationen behutsam leiten kann:

Praxisbeispiel

Kindergarten St. Josef
Freispiel: Gruppe 1
Datum:
Uhrzeit:
Beobachterin: Sandra

Auf dem Weg in die Puppenecke bittet Sandra Markus, die drei Puzzleteile aufzuheben, sie wirft einen kurzen Blick auf die Maus von Silvia und hilft Monika, die verstopfte Klebstoffflasche in Gang zu setzen.

Andrea isst ihr Pausenbrot nicht, will keinen Tee trinken, sie legt ihren Kopf auf den Tisch, spielt nicht.

Sandra zeigt Sebastian, dass er seine Schuhe wieder verkehrt angezogen hat, Miriam erinnert sie daran, dass sie ihren Brotzeitteller spülen wollte, mit Klaus und Thomas überlegt sie, wie Gespenster aussehen und ob die nachts auch schlafen,

sie kostet die Spaghetti aus Perlen und Muggelsteinen, die Christian und Raffaela kochen,

sie sieht kurz auf der Kindertoilette nach, weil Thomas und Claudia noch nicht zurück sind,

im Gruppenzimmer hilft sie Melanie, die Nägel des Hammerspiels vom Boden aufzusammeln,

mit Suzan überlegt sie, wie eine Katze aussieht, so dass Suzan sie malen kann, und Eric, der schon längere Zeit unschlüssig herumsteht, fragt sie, ob er im Kinderlexikon ein Katzenbild suchen mag.

Sie zeigt Björn, der mit dem Flieger zwischen die Spieltische saust, wie er im Flur sausen kann,

und Markus flüstert sie ins Ohr, nicht vom Maltisch in die Puppenecke zu schreien,

mit Gerold überlegt sie, wie eine Zugbrücke geht

und hilft ihm, eine „Kette" vom Wollknäuel abzuschneiden.

Inzwischen sind zwei Stunden vergangen. Die Gruppenleiterin kommt zurück und fragt Sandra: „Alles in Ordnung?"

Aufgaben zum Praxisbeispiel

Lesen Sie diesen Text der Kurzschilderung aus dem Freispiel gemeinsam.

a) Überlegen Sie in Untergruppen, welche gezielten Beobachtungen Kinderpflegerin Sandra bei jedem einzelnen Kind der Gruppe macht.

b) Diskutieren Sie im Gruppengespräch Sandras Beobachtungen.

c) Gibt es Beobachtungen, die an die Gruppenleiterin weitergeleitet werden müssen?

Eine Kinderpflegerin beobachtet viele Verhaltensabläufe. Die meisten wird sie registrieren und sich nicht weiter damit beschäftigen. Einige Beobachtungen wird sie in einem spontanen Informationsgespräch mit der Gruppenleiterin besprechen. Für andere, insbesondere wiederkehrende Beobachtungen werden sich Gruppenleiterin und Kinderpflegerin gesondert Zeit nehmen, um in Ruhe ihre Beobachtungen zu vergleichen, Vermutungen zu äußern und das weitere Vorgehen zu planen. In schwierigen Situationen sind die Beobachtungsnotizen der Gruppenleiterin und der Kinderpflegerin Grundlage für ein Teamgespräch. Kolleginnen aus anderen Gruppen teilen ihre Meinungen mit, regen durch gezielte Fragen an, berichten von eigenen Erfahrungen. Durch gezielte Verhaltensbeobachtungen können Kolleginnen Einblick gewinnen und mithelfen, Lösungswege zu finden. Durch die Reflexion im Team erhält die Kinderpflegerin Anregungen, Korrekturen, Anleitung und Unterstützung.

Wer erfahrene Kinderpflegerinnen in der Praxis beobachtet, kann feststellen, dass sie bei gezielten Beobachten viele ähnliche Verhaltensweisen entwickelt haben. Viele dieser Beobachtungsweisen sind feste Verhaltensregeln für Kinderpflegerinnen geworden:

Regeln   für die gezielte Beobachtung von Kindern:

- Wählen Sie einen Platz im Raum, von dem aus Sie möglichst viele Kinder sehen können.
- Nehmen Sie häufig wechselnde Kurzkontakte zu einzelnen Kindern und zu Teilgruppen auf.
- Eröffnen Sie den Kontakt zu einem Kind über das Thema, das dieses Kind gerade beschäftigt.
- Vertiefen Sie den Kontakt durch ein Lächeln, eine Hilfestellung, eine sanfte Berührung.
- Halten Sie gleichzeitig Blickkontakt zu möglichst vielen anderen Kindern.
- Lassen Sie sich nicht ablenken von Ihrer gezielten Beobachtung aller Kinder.
- Bewegen Sie sich frei und ruhig im Raum, um Ihren Standort oft zu wechseln.
- Beobachten Sie mit Ihren Ohren ebenso wie mit Ihren Augen.
- Wenden Sie Ihren Kopf nach allen Richtungen.
- Sprechen Sie mit Gesten und Mimik ebenso wie mit Wörtern.
- Sammeln Sie wichtige Beobachtungen in Ihrem Gedächtnis oder auf Papier.
- Wiederholen Sie Beobachtungen, die Ihnen wichtig erscheinen, die Fragen aufwerfen.

Merke   **Beobachtungen der Kinder sollten in unterschiedlichen Situationen wiederholt werden.**

Wichtige Beobachtungen müssen der Gruppenleiterin mitgeteilt werden. Gründliche Beobachtungen helfen, zielgerechte Unterstützung aus dem Team zu erhalten.

Die folgenden Fragen helfen, die eigene Beobachtungsfähigkeit ständig zu verbessern und die Beobachtungsergebnisse im Team zu reflektieren:
- Wann tritt dieses Verhalten des Kindes auf? Gibt es Wiederholungen? Haben Kolleginnen ähnliche Beobachtungen gemacht?
- Was ging dem beobachteten Verhalten des Kindes voraus? Was folgte darauf? Welche Kollegin weiß mehr darüber?
- Beobachteten Kolleginnen andere, entgegengesetzte Verhaltensweisen des Kindes?
- Verhält sich dieses Kind bei Kolleginnen ganz anders? Wie verhält es sich dann?
- Wie habe ich bisher auf dieses Verhalten des Kindes reagiert? Wie haben Kolleginnen darauf reagiert?
- Wie können Kolleginnen aus dem Team mich unterstützen, so dass ich eventuell andere Verhaltensweisen gegenüber dem Kind entwickeln kann?

2.2.2 Überblick über die Gesamtgruppe

Wenn eine Kinderpflegerin für begrenzte Zeit eine Gruppe leitet, so muss sie vor allem einen Überblick über die Gesamtgruppe entwickeln. Sie steht einer Gruppe als Ganzem gegenüber, anstatt einzelnen Kindern oder einer Teilgruppe. Zeitintensive Kontakte zu einzelnen Kindern müssen in den Hintergrund treten. Statt dessen ist die Kinderpflegerin gefordert, die Gesamtsituation aller Kinder in ihren Beziehungen zueinander zu beachten.

Abgewogene Zuwendung gegenüber der ganzen Gruppe wie zu jedem einzelnen Kind: die Kinderpflegerin entscheidet, was in jeder Situation wichtiger ist.

Wenn eine Kinderpflegerin eine Gruppe lebhafter, ganz unterschiedlich veranlagter, vielfältig motivierter und ganz verschiedenen Zielen nachstrebender Kinder, die ein Bündel von Beziehungen untereinander verknüpft, gleichzeitig überblicken und verantwortlich lenken will, dann benötigt sie bestimmte Fähigkeiten, um die Anforderungen, die an die Leitung einer Gruppe für begrenzte Zeit gestellt werden, zu erfüllen:

Die Schautafel gibt Ihnen eine Orientierungshilfe für das folgende Praxisbeispiel, in dem es um die Freispielsituation geht. Hier ist es für die Kinderpflegerin besonders schwierig, den Überblick zu behalten und die Gesamtgruppe förderlich zu lenken:

Praxisbeispiel

Barbara: „Alle Mitglieder einer Kindergruppe zu kennen heißt, dass ich den Namen jedes Kindes kenne, persönlich Kontakt zu ihm habe, seine vorwiegenden Verhaltensweisen und üblichen Reaktionsweisen gut einschätzen kann."

Kinderpflegerin Barbara weiß, dass Michael, 4,2 Jahre alt, immer erst eine Weile beobachtend im Gruppenraum umhergeht, bevor er sich für eine Spielsituation entscheidet. Sebastian, 4,7 Jahre alt, erwartet eine kleine Anregung, eine Aufgabe von Barbara, bevor er zu spielen beginnt. Sigi, 4,10 Jahre alt, möchte Barbara erst etwas von sich erzählen, am besten dabei ganz dicht neben Barbara sitzen. Dann verabschiedet er sich in die Bauecke. Barbara weiß auch, bei welchen Kindern sie rasch nachschauen muss, wenn sie den Gruppenraum verlässt. Angelika, 3,8 Jahre alt, und Elfi, 4,4 Jahre alt, gehören zu ihnen: Am liebsten lassen sie das Wasser in der Toilette laufen, spielen mit den Schuhen in der Garderobe oder necken den Hamster Erich. Andere Kinder erinnert Barbara kurz an die Vereinbarungen und überlässt sie ihren eigenständigen Entdeckungen im Bewegungsraum. Ein kurzer Blick von Zeit zu Zeit, und die Kinder wissen, dass Kinderpflegerin Barbara immer für sie da ist.

Barbara erleichtert sich den Überblick dadurch, dass sie genau beachtet, welche Untergruppen sich in den einzelnen Funktionsbereichen des Gruppenraumes gebildet haben. Sie fragt sich, ob alle Kinder ihre Spielsituation selbst regeln können oder ob ein Kind einen Hinweis, ein anderes eine Anregung, eine Kleingruppe helfende Klärung der Rollen und Positionen für die mitspielenden Kinder braucht, so dass ihr Spiel befriedigend für alle Mitspielerinnen weiter verlaufen kann. Barbara beachtet auch, ob einzelne Kinder oder Untergruppen einander stören. Sie vereinbart deshalb mit Christa und Jens, dass sie ihr Puzzle besser an dem Tisch zusammenlegen, an dem keine anderen Kinder malen, dass Katharina ihre Schere auf dem Tisch von Barbara ablegt, bevor sie am Kegelspiel teilnimmt: Barbara vereinbart Veränderungen mit Kindern, bevor Störungen, Behinderungen, Gefährdungen anderer Kinder eingetreten sind.

„Wer ist wo und wer tut was?"

Die erfahrene Kinderpflegerin weiß, dass Übergangssituationen, in denen sich neue Untergruppen bilden, besonders konfliktträchtig und mit innerer und äußerer Unruhe der Kinder verbunden sind. Barbara hält sich gern in der Nähe dieser verhandelnden und räumenden Kinder auf, um vermitteln und unterstützen zu können, wo es nötig ist. Je mehr Untergruppen und einzelne Kinder die Kinderpflegerin gleichzeitig aktiv beobachten kann, um so besser ist ihr Überblick über das Geschehen in der Gesamtgruppe und um so leichter kann sie einschätzen, wann Zeiten der Ruhe, der Entspannung oder Zeiten der Anregung, der Bewegung und gemeinsamer Aktivitäten für die Gesamtgruppe eintreten.

Mit den räumlichen Gegebenheiten ist Kinderpflegerin Barbara gut vertraut: Sie weiß genau, wo was wie aufbewahrt wird, sie weiß, welche Räume sich am besten für die einzelnen Tätigkeiten und Spiele eignen, kennt die bestehenden Gefahrenquellen.

(Vgl. hierzu Kap. 2.2.3 „Die Aufsichtspflicht der Kinderpflegerin", S. 59)

Aufgaben zum Praxisbeispiel
1. Ordnen Sie Barbaras Verhaltensweisen den im Schaubild dargestellten Aufgabenbereichen zu, die die Kinderpflegerin bei der Leitung der Gesamtgruppe beachten muss.
2. Beobachten Sie in Ihrer Praxisstelle:
    a) Welche Gruppenregeln bestehen? Wie werden die Regeln eingehalten?
    b) Welche Schwierigkeiten ergeben sich gelegentlich?
    c) Welche Rollen nehmen die Kinder ein: Wer ist Anführer, Mitläufer, Einzelgänger?
    d) Welche Untergruppen bilden sich häufig? Welche Kinder, welche Spiele/Beschäftigungen?
3. Besprechen Sie Ihre Beobachtungen mit Ihrer Praxisanleiterin.
4. Diskutieren Sie die Ergebnisse Ihrer Beobachtungen und Ihrer Gespräche mit der Praxisanleiterin im Klassengespräch.

Aufgaben

1. Wählen Sie in Ihrer Praxisstelle verschiedene Plätze im Gruppenraum und notieren Sie, welche Bereiche Sie jeweils überblicken können.
2. Überlegen Sie, welche unüblichen Situationen und welche unüblichen Reaktionen der Kinder in Ihrer Praxisstelle Sie bisher beobachtet haben.
3. Notieren Sie, wie oft Sie an einem Tag in Ihrer Praxisstelle die ganze Gruppe überblickt haben („Rundblick"!).
4. Üben Sie in Ihrer Praxisstelle Kurzkontakte mit einzelnen Kindern, mit Untergruppen.
5. Beobachten Sie in Ihrer Praxisstelle, bei welchen Anlässen Ihre Anleiterin eine Änderung der Gesamtsituation (Tagesablauf!) herbeiführt.

2.2.3 Die Aufsichtspflicht der Kinderpflegerin

Mit Ihrem Arbeitsvertrag übernimmt die Kinderpflegerin die gesetzliche Aufsichtspflicht gegenüber den ihr anvertrauten Kindern und Jugendlichen:

Die Aufsichtspflicht soll die Eigen- und Fremdgefährdung der Kinder verhindern sowie Sachbeschädigung durch die Kinder. Wenn die Kinderpflegerin eine Kindergruppe für begrenzte Zeit allein führt, wird diese Aufgabe für sie besonders wichtig.

In allen Einrichtungen, die Betreuung, Erziehung und Bildung von Kindern und Jugendlichen zum Inhalt haben, ist die sorgfältige Ausübung der Aufsichtspflicht durch die verantwortlichen Mitarbeiterinnen und Mitarbeiter besonders wichtig und schwierig zugleich. Denn nach der Zielsetzung dieser sozialpädagogischen Einrichtungen soll den betreuten Kindern und Jugendlichen ein möglichst großer Erfahrungsspielraum geboten werden. Im außerschulischen Lernen sollen Kinder und Jugendliche ihre Umgebung, also ihre soziale Situation, sowie Materialien und Werkzeuge handelnd erfahren und begreifen. Kinder und Jugendliche sollen ihrem Alter und ihren Fähigkeiten entsprechend zu möglichst großer Eigenständigkeit und zu eigener Verantwortung erzogen werden. Kinder und Jugendliche können jedoch aufgrund ihres Alters, ihrer persönlichen Erfahrungen, ihrer Reife nicht immer alle Folgen ihres Handelns realistisch einschätzen oder Gefahren erkennen. Gerade der Umgang mit Werkzeug, Materialien, Turn- und Sportgeräten, das freie Handhaben und das Experimentieren damit bergen Gefahren in sich. Der unsachgemäße Gebrauch ist oft Bestandteil des Lern- und Erfahrungsprozesses. Das Geschehen zwischen Kindern und Jugendlichen, Konflikte und Misserfolge beim Spielen, Lernen und Üben führen zu erhöhter Gefährdung.

Zum Nachdenken: Überlegen Sie und diskutieren Sie im Klassengespräch, welche Gefährdungen durch folgende typisch kindlichen Verhaltensmerkmale in unterschiedlichen Spiel- und Experimentiersituationen entstehen können:

- Spontaneität
- Bewegungsbedürfnis
- Erfahrungsmangel
- Neugierverhalten
- Zeiterleben
- Wetteifer

Unterscheiden Sie bei Ihren Überlegungen zwischen
- Gefährdung des eigenen Wohles = Selbstgefährdung des Kindes,
- Gefährdung des Wohles anderer Kinder und Erwachsener = Fremdgefährdung durch das Kind,
- Gefahr der Beschädigung von Gegenständen = Sachgefährdung durch das Kind.

Merke **Aufsichtspflicht ausüben heißt:**
Überblick über die Gruppe haben;
Gefahren und Gefährdungen rechtzeitig erkennen;
Gefahren und Gefährdungen vermeiden durch vorbeugendes Handeln;
Gefahren und Gefährdungen mindern.

Aufsichtspflicht bedeutet für die Kinderpflegerin, ein erhöhtes Bewusstsein für Gefahren und Gefährdungen bezüglich Kindern, Situationen, Räumen und Spiel- und Arbeitsmaterialien zu entwickeln.

Praxisbeispiel Situation: Im Kindergarten St. Michael ist eine Erzieherin erkrankt. Kinderpflegerin Elisabeth muss deshalb die Gruppe stellvertretend für begrenzte Zeit leiten. Um 10.30 Uhr geht sie mit der Kindergruppe in den Garten, eine großflächige, L-förmige mit vielen Büschen und Bäumen bewachsene Anlage. Im Garten sind mehrere Spielbereiche abgegrenzt, in denen sich Schaukeln, Wippen, zwei Klettergerüste, eine Rutschbahn, ein Sandkasten sowie eine große Terrasse zum Befahren mit Spielfahrzeugen befinden. Elisabeth zählt die Kinder, alle freuen sich über das herrliche Wetter und im Nu hat jedes Kind seinen Lieblingsplatz gefunden.

Aufsichtspflicht im Garten stellt erhöhte Anforderungen an die Kinderpflegerin.

Aufgaben zum Praxisbeispiel

1. Zeichnen Sie einen Lageplan des Gartens.
2. Überlegen Sie, welche Vorkehrungen Kinderpflegerin Elisabeth im Hinblick auf ihre Aufsichtspflicht treffen muss:
   a) bevor sie mit den Kindern in den Garten geht;
   b) auf dem Weg in den Garten;
   c) im Garten.
3. Überlegen Sie, wie sich die Kinderpflegerin verhält, damit sie
   a) alle Kinder im Garten beobachten kann;
   b) Gefährdungen der Kinder an den Spielgeräten verhindert.
4. Überlegen Sie, welche Vorkehrungen und besonderen Verhaltensweisen der Kinderpflegerin erforderlich sind, wenn sie mit einer Kindergruppe zu Bewegungsspielen in den Mehrzweckraum im Keller des Kindergartens geht.
5. Diskutieren Sie die Ergebnisse im Klassengespräch.

Die Aufsichtspflicht besteht für die Kinderpflegerin während ihrer Arbeitszeit ständig und in jeder einzelnen Situation. Jede Kinderpflegerin erfüllt ihre Aufsichtspflicht dadurch, dass sie alle Aufgaben in sieben Arbeitsschritten durchführt:

In folgendem Praxisbeispiel erfahren Sie, wie Kinderpflegerin Marion beim Einkauf für den Obstsalat ihre Aufsichtspflicht in sieben Arbeitsschritten ausübt.

Praxisbeispiel

Praktikantin Ursula hat ihre Prüfung bestanden. Die Kinder der Gruppe „Sonnenblume" werden für die Abschiedsfeier einen großen frischen Obstsalat zubereiten. Kinderpflegerin Marion geht mit einigen Kindern in das Geschäft von Frau Kremer in der Pippinstraße, gleich hinter dem Kindergarten. Sie wollen Äpfel und Orangen, Kiwis, Nektarinen und Bananen einkaufen.

1. Eigeninformation
   – Marion kennt den Weg vom Kindergarten in die Pippinstraße, geht ihn jedoch noch einmal allein: ob es keine Baugrube inzwischen gibt?
   – Marion hat sich genau informiert, wo sie die Karlstraße und die Pippinstraße am Besten mit den Kindern überqueren kann.
   – Marion kennt alle Kinder gut, kann ihr Verhalten einschätzen.

2. Beobachtung
   – Marion beobachtet alle Kinder schon vor dem Weggehen genau, ob sie unübliche Verhaltensweisen feststellen kann.
   – Marion achtet besonders darauf, ob es Konflikte zwischen den Kindern gibt.

3. Aufklärung
   – Marion teilt den Kindern mit, dass sie jetzt zum Kremer-Markt gehen wollen.
   – Marion erklärt den Kindern genau den Weg, wo und wie die Karlstraße und die Pippinstraße überquert werden sollen.
   – Marion weist auf Gefahren hin: Eine Familie zieht um, dort steht ein Möbelwagen vor dem Haus. Und die Büsche auf dem Rondell vor dem Kremer-Markt sind ganz dicht, so dass man die Straße dort schlecht einsehen kann.
   – Marion legt verbindliche Regeln für den Weg und für den Einkauf fest. „Die gelten auch für dich, Hubertus!" fügt sie noch hinzu.

4. Anleitung
   – Sie gehen los. Marion beobachtet jedes Kind ganz genau. Sie leitet an, wo die Kinder gehen sollen.
   – Marion hält ein einheitliches Tempo während des ganzen Weges ein, bleibt zweimal stehen, um auf Evi und Hubertus zu warten.
   – Vor dem vereinbarten Haus der Karlstraße und gegenüber von Frau Kremer in der Pippinstraße bleibt Marion mit allen Kindern wieder stehen: Sie gibt klare Anweisung: „Jetzt gehen wir über die Straße!" und sie handelt unmittelbar, eindeutig für alle Kinder.

5. Kontrolle
   – Marion beobachtet alle Kinder ständig während des ganzen Einkaufes, bei einigen schaut sie mehrmals hin: Sind alle beisammen?
   – Marion zählt die Kinder mehrmals, um ganz sicher zu sein.
   – Marion achtet besonders darauf, dass kein Kind die Straße betritt und dass kein Kind ein anderes zerrt oder stößt.
   – Marion achtet darauf, dass alle Regeln von jedem Kind eingehalten werden.

6. Erneute Aufklärung
   – Marion klärt die Kinder erneut über Gefährdungen auf, wenn es nötig wird: Ein Radler kommt ihnen auf dem Gehsteig entgegen!
   – Marion erinnert an die Regeln und wiederholt sie für Evi und Ali.

7. Erneute Anleitung
   – Marion wiederholt die Anleitung beim Möbelwagen, so dass wirklich niemand stehen bleibt.
   – Marion beobachtet drei besonders gefährdete Kinder aufmerksam. Hubertus nimmt sie schließlich wieder mal an die Hand.

Frau Kremer hat sich über die zahlreichen Kundinnen und Kunden sehr gefreut, alle Kinder waren begeistert, der Obstsalat hat allen sehr gut geschmeckt. Ursula fand den Abschied „hinreißend" und Marion war hinterher sehr erleichtert, dass alles so gut abgelaufen ist.

Aufsichtspflicht im Straßenverkehr: Mehrere Kolleginnen teilen sich die Aufgaben.

Aufgabe zum Praxisbeispiel
Überlegen Sie, wie Sie der Aufsichtspflicht in einer bestimmten Situation (z.B. Ausflug zum Tierpark) nachkommen können.

Besondere Sorgfalt bei der Ausübung ihrer Aufsichtspflicht hat die Kindepflegerin aufzuwenden, wenn Kinder in ihrer Gruppe einen erhöhten Betreuungsbedarf haben. Hierbei handelt es sich zum Beispiel um:
- Kinder mit Verhaltensauffälligkeiten
- Kinder kurz vor, während oder kurz nach einer Erkrankung
- Kinder mit Behinderungen

Aufgabe
Beobachten Sie Kinder in Ihrer Praxisstelle. Notieren Sie besondere Anforderungen bei der Ausübung der Aufsichtspflicht gegenüber Kindern, die einer der genannten drei Gruppen angehören.

Die Kinderpflegerin kann ihre Aufsichtspflicht in manchen Tagessituationen und in unüblichen Situationen oft nur erschwert ausüben. Hierbei handelt es sich um:
- Bring- und Abholsituationen
- Feste und Feiern
- Aufenthalte im Freien (Garten, Spielplatz)
- Beobachtungsgänge, Ausflüge
- Sportsituationen (Turnen, Schwimmen)

Aufgabe
Beobachten Sie, welche besonderen Vorkehrungen zur Ausübung der Aufsichtspflicht Ihre Praxisanleiterin bei diesen Situationen trifft.

> **Regeln** zur Aufsichtspflicht für die Kinderpflegerin:
> 1. Zählen Sie wiederholt die Anzahl der Kinder.
> 2. Bleiben Sie im Aufenthaltsbereich der Kindergruppe.
> 3. Halten Sie sich dort auf, wo Sie Überblick über die Gesamtgruppe haben (Rundblick).
> 4. Erwirken Sie die Einhaltung bestehender Regeln.
> 5. Schätzen Sie alle Situationen auf mögliche Gefährdungen ein.
> 6. Wenn Gefahr droht: Sofort handeln, statt abwarten.
> 7. Allgemeine Gefahren kennen und erkennen.
> 8. Achten Sie auf ordnungsgemäßen Zustand der Einrichtung, Räume, Geräte, Werkzeuge.
> 9. Beachten Sie wiederkehrende Gefährdungen im Verhalten von Kindern.
> 10. Beherrschen und üben Sie stets die Maßnahmen der Ersten Hilfe.

2.2.4 Mitverantwortung für den Tagesablauf

Eine Kindergruppe für bestimmte Zeit zu leiten heißt für die Kinderpflegerin auch, den Tagesablauf dieser Gruppe für begrenzte Zeit mitverantwortlich zu gestalten. Die Kinderpflegerin orientiert sich an dem Tagesablauf, den die Kinder gewohnt sind, beobachtet das Geschehen in der Kindergruppe eigenständig, entscheidet situationsgerecht und trifft eindeutige Absprachen im Team. Das setzt voraus, dass die Kinderpflegerin mit dem wiederkehrenden Tagesrhythmus in dieser Kindergruppe vertraut ist. Sie kennt die Situationen in diesem Tagesablauf gründlich und kann abschätzen, welche Themen, Probleme, Konflikte in diesen Situationen von den Kindern und von ihr selbst zu bewältigen sind. Die Kinderpflegerin benötigt eine große Anzahl persönlicher Fähigkeiten, um diese Aufgabe jederzeit sicher zu erfüllen. Diese Fähigkeiten erwirbt sie sowohl in ihrer Grundausbildung als auch im Laufe ihrer eigenen beruflichen Praxis.

Im folgenden Schaubild sind die täglich wiederkehrenden Situationen in einem Kindergarten dargestellt, verbunden mit den Arbeitsaufgaben, die sich daraus für die Kinderpflegerin ergeben. Situation und Aufgabe sind bezogen auf die persönlichen Fähigkeiten der Kinderpflegerin, die sie zur Bewältigung ihrer Aufgaben benötigt:

Situation in der Tagesstätte	Aufgaben der Kinderpflegerin	Fähigkeiten der Kinderpflegerin
Ankommen	Aufeinander zugehen, begrüßen, Informationen mit Eltern austauschen, Aufsichtspflicht übernehmen	Wahrnehmen Kontaktfähigkeit Verantwortung übernehmen
Annähern	Abschied von Eltern, Kindern Zeit und Raum geben, Bedürfnisse erkennen	Sich in das Kind hineinversetzen, das Kind annehmen
Einsteigen	Motivieren, Angebote, Impulse setzen, Anreize schaffen, den Gruppenbezug herstellen, in das Geschehen eingliedern	Beobachten, Situationen erkennen, Einfallsreichtum, Methodenvielfalt
Intensivieren	Überblick gewinnen, Spielanreize geben, „Anspielen", Mitspielen, Planen, Vorbereiten, Themen herausfinden, Einzel-/Gruppenbeobachtung, Probleme/Konflikte erkennen	Gesamtbeobachtung, „Rundblick", sich abgrenzen, Spielfreude erleben, Organisieren, Schwerpunkte erkennen, Regeln einhalten, Konfliktwahrnehmung
Herausgehen	Spielverläufe/Spielabschlüsse erkennen, Zeitdauer beurteilen, Kinder auf Verlauf/Abschluss aufmerksam machen	Zeitgefühl, Strukturierungsfähigkeit, Einfühlungsvermögen
Abschließen	Überblick behalten, Aufräumen: anleiten, mittun und abkürzen, Kinder beim Loslassen unterstützen, Spiele beenden, Ausblick	Grenzen setzen, Spontaneität, Helfen können
Überbrücken	Ruhepunkte setzen, ordnen, gliedern, Brotzeit vorbereiten	Sicher und eindeutig verhalten, die ganze Gruppe anleiten
„Mahlzeiten"	Hygienemaßnahmen durchführen, Sitzordnung schaffen, Tisch decken, Ablauf organisieren, gemeinsames Essen und Unterhalten anleiten, individuelle Bedürfnisse der Kinder bemerken, unterstützen und berücksichtigen	Pflegerische und hauswirtschaftliche Fähigkeiten, Gesprächsgewandtheit, Verhaltensvorbild bieten, Ordnungssinn, Rücksichtnahme
Abschließen	Ende herbeiführen, Geschirrspülen und Aufräumen anleiten, Hygienemaßnahmen	Organisieren, motivieren, anleiten
Überbrücken	Zu Gemeinschafts-, Teilgruppenarbeit überleiten, Raum- und Sitzordnung organisieren, Material anbieten, Kinder innerlich abholen und einführen	Gezielt begleiten, Ziele setzen und anstreben, Gruppengeschehen beobachten und lenken
Anbieten	Themen aufgreifen, hinführen, durchführen, abschließen, Gruppengeschehen leiten, Konflikte bearbeiten, Erlebnisse aufgreifen und einbeziehen, Erfahrungen ermöglichen	Auf Bedürfnisse einzelner/der Gruppe einstellen, Einfallsreichtum, Methoden kreativ einsetzen, zuhören können, anregen – aktivieren – begeistern

Abschließen	Tag ausklingen lassen, Abschlussge-spräche führen, Kinder zu sich selbst zurückführen, Ausblick geben, Abschied vorbereiten	Situationswahrnehmung, Einfühlungsvermögen, Zeit beachten und einhalten, be-enden können
Verabschieden	Gruppe überblicken, einzelne Kinder gelei-ten, Kinder aus der Gruppe entlassen, Weggehen vorbereiten, helfen beim Um- und Ankleiden, Kinder einstimmen auf den Heimweg	Sich lösen von Kindern und Situationen, beruhigen, Ge-samtsituation überblicken, zielorientiert handeln
Weggehen	Sich verabschieden, Kinder übergeben in die Verantwortung der Eltern, Informatio-nen austauschen	Mitteilungen formulieren, vieles gleichzeitig beachten, Aufsichtspflicht erfüllen
Nacharbeiten	Raum, Einrichtung, Materialien ordnen und überprüfen, Vorbereitungen für die nächste Gruppe/den nächsten Tag, Tagesereignis-se reflektieren, Eintragungen, Informatio-nen für Kolleginnen/Team vorbereiten/aus-tauschen	Organisieren, eigene Klärun-gen herbeiführen, Klärungen im Team unterstützen, handwerkliche und haus-wirtschaftliche Fähigkeiten

Die folgenden Praxisbeispiele veranschaulichen drei Situationen aus diesem Schaubild:

Praxisbeispiele

Abschließen: Der Kindergartentag geht zu Ende, Kinder und Kinderpflegerin schließen die letzte Beschäftigung ab, sie bereiten sich vor auf den täglichen Abschied.

In der Kindertagesstätte Bogenhausen ist es lauter geworden: 11.30 Uhr, Kinderpfle-gerin Alexandra kommt mit den Kindern der Gruppe „Sonnenstrahlkinder" aus dem Bewegungsraum. Sie sind heute allein, die Gruppenleiterin Susi Süßmund ist krank. Alexandra bittet die Kinder, sich in der Sitzmulde noch zusammenzusetzen. Sie erin-nert die Kinder, dass nun gleich die Eltern kommen werden.

Thomas wählt heute das Abschlussspiel aus, sein „Trostpflaster" für das Missge-schick, dass er vorhin mit dem Tretroller nicht rechtzeitig bremsen konnte. Sie spielen den „Prinzenhut" und Thomas strahlt. Alexandra beobachtet alle Kinder ihrer Gruppe ganz genau, hört, sieht und spürt ganz offen Anliegen, die einzelne Kinder noch zu er-kennen geben, und geht bereitwillig darauf ein, dass die dreijährige Michaela noch ein-mal ihren Puppenschuh herzeigt, dem eine Schließe fehlt, hört auf Benedikt, der sei-nen Flieger im Turnraum liegen ließ, und beachtet, dass Lydia ihren Overall öffnet, weil sie zur Toilette will. Alexandra hört auch die Klage von Michael und Jürgen an, „dass wir heute schon wieder nicht in die Bauecke konnten, weil Anita und Roland und Regi-na und Daniela da immer sooo lange spielen!" Alexandra überlegt mit den Kindern, wie sie das morgen regeln können. Und dann erinnert Alexandra alle Kinder daran, dass sie morgen eine Kerze mitbringen, damit ihr Wachsbild fertig wird.

Verabschieden: Der tägliche Abschied im Kindergarten. Kinder und Kinderpflegerin trennen sich voneinander aus den vertrauten gemeinsamen Erlebnissen dieses Tages. Sie freuen sich auf ihren eigenen Tag – und auf morgen.

Alexandra schließt die Unterhaltung in der Sitzmulde: „Miriam, Deine Mami ist schon da – ich schlage vor, wir gehen alle zum Anziehen!" und alle hüpfen, springen, trollen sich allein, zu zweit und in der kleinen Gruppe fester Freunde in die Garderobe.

„Mit neun Köpfen und mit 17 Händen" versucht Alexandra, das drängende Verlangen aller Kinder möglichst gleichzeitig zu erfüllen: das Anziehen an einem Wintertag. Alexandra bemerkt, wie sie angestrengt versucht, immer schneller zu arbeiten. Sie spürt die Ungeduld der Kinder und dann auch die eigene Ungeduld in sich aufkeimen, als gerade jetzt bereits der dritte Knoten nicht zu lösen ist, ein ausgefranstes Schuhband auch bei ihr nicht gleich in die Öse will. Alexandra atmet tief durch, fordert energisch, dass nun alle hüpfenden, umhersausenden, einander im Weg stehenden Kinder auf ihren Garderobenplätzen bleiben, damit sie ihnen schneller helfen kann. Zum großen Glück helfen dann die beiden großen Mädchen Martina und Claudia, den Mantel von Michaela umzudrehen, die Brotzeittasche von Toni zu suchen.

Sehnsüchtig denkt Alexandra in diesem Augenblick an den Sommer, wenn die Kinder selbstständiger sein werden und wenn das Ankleiden ohne verknotete Schaftschnürstiefel, ohne klemmende Anorakreißverschlüsse, ohne umgestülpte Fingerhandschuhe ein Spiel sein wird! Aber bis jetzt 23 Kinder warm verpackt, die eigenen Schuhe am richtigen Fuß, Anorak geschlossen, mit Mütze, Schal, beiden Handschuhen und Brotzeittasche ausgerüstet sind – das dauert eine ganz Weile! Von Alexandra verlangt diese Arbeitssituation Überblick, beruhigendes Vorgehen, Geschick und viel Geduld, von den spielmüden Kindern auch Geduld und Toleranz. Da bemerkt Alexandra gerade noch, wie Andi fast seinen wassernassen Schuh auf den liebevoll gebastelten Stern von Klara gesetzt hätte, als er seine Mütze von der Ablage herabziehen will. Und Sabine erinnert sie daran, dass sie noch ein wenig spielen kann, weil ihre Mutti heute später kommen wird. So, nun sind wirklich alle Kinder fertig, abholbereit – da fällt Sebastian ein, dass er schnell zur Toilette muss. Während Alexandra ihm hilft, gerade noch rechtzeitig Jacke, Pullover und Latzhose wieder auszuziehen, entfährt ihr die verständliche, doch wenig zielführende Frage: „Und warum ist dir das nicht vorher eingefallen?" Zuletzt erinnert Alexandra alle Kinder noch einmal daran, dass sie in der Vorhalle bleiben, bis die Muttis kommen.

Weggehen: Kinder und Kinderpflegerin verabschieden sich, die Kinderpflegerin übergibt die Kinder zurück in die Aufsichtspflicht ihrer Eltern. Der Kindergartentag ist nun zu Ende.

Ein erleichterter Seufzer: „So, jetzt haben wir es geschafft!" Dann öffnet Alexandra pünktlich die Eingangstüre. Mit „Wiedersehn!", „Servus!" und „Bis morgen!" verabschiedet sie jedes Kind und beobachtet dabei ganz genau, zu wem es geht und hüpft und rennt. Vielen Eltern lächelt und nickt sie zu, winkt ihnen nach. Die Mutti von Thomas bittet sie noch auf ein Wort zu bleiben, um ihr zu erklären, wie es dazu kam, dass ihr Bub eine kleine Hautabschürfung rechts auf der Stirn hat. Dann verabschiedet sie sich erleichtert und geschafft und geht zurück in den Gruppenraum, um nachzuarbeiten.

Diese Praxisbeispiele geben Ihnen Einblick in die Vielfalt der Anforderungen an eine Kinderpflegerin. Ein sehr kurzer Ausschnitt aus einem ganz alltäglichen Arbeitstag.

Aufgaben zum Praxisbeispiel

1. Lesen Sie die Praxisbeispiele und vergleichen Sie Ihre eigenen Praxiserfahrungen mit diesen Schilderungen. Ergänzen Sie diese Texte im Klassengespräch mit Ihren Beobachtungen.
2. Besprechen Sie mit Ihrer Praxisanleiterin, welche Aufgabenbereiche die Kinderpflegerin (a) regelmäßig, (b) in Vertretungssituationen übernimmt.
3. Besprechen Sie mit der Kinderpflegerin in Ihrer Praxisstelle, welche Aufgabenbereiche besonders schwierig zu bewältigen sind und um welche Schwierigkeiten es sich dabei handelt.
4. Beobachten Sie die Kinderpflegerin in Ihrer Praxisstelle in einzelnen Aufgabenstellungen und reflektieren Sie gemeinsam mit ihr, welche Arbeitsschwerpunkte sich ergeben und was die Kinderpflegerin dabei besonders beachtet.
5. Was erleichtert und was erschwert der Kinderpflegerin die Arbeit in den einzelnen Aufgabenbereichen? Beobachten und reflektieren Sie anschließend mit Ihrer Praxisanleiterin Ihre Beobachtungen.
6. Finden Sie heraus, welche Unterstützung die Kinderpflegerin Ihrer Praxisstelle vom Team für bestimmte Aufgabenbereiche erhält. Reflektieren Sie Ihre Beobachtungen im Gespräch mit Ihrer Praxisanleiterin und mit der Kinderpflegerin.

Merke — Bei der Mitgestaltung des Tagesablaufes ist es für die Kinderpflegerin sinnvoll, Arbeitsschwerpunkte zu setzen, eigene Fähigkeiten und deren Grenzen zu kennen, Verantwortungsbereiche und Aufgaben im Team abzuklären.

2.2.5 Eingehen auf die individuellen Bedürfnisse der Kinder

Die Kinderpflegerin hat gegenüber jedem Kind, das sie betreut, eine Sorgfaltspflicht, die es ihr zur Aufgabe macht, die ganz persönliche Eigenart dieses Kindes herauszufinden und sie in ihrem Verhalten diesem Kind gegenüber zu berücksichtigen und zu schützen. Übernimmt die Kinderpflegerin die verantwortliche Betreuung einer Kindergruppe für einen begrenzten Zeitraum, so übernimmt sie zugleich damit auch die Aufgabe, dafür Sorge zu tragen, dass sie nach Möglichkeit jedem einzelnen Kind dieser Gruppe Wertschätzung, Schutz und Hilfe nach seinen ganz persönlichen Bedürfnissen gewährt – die Gruppe als Ganzes aber sehr wohl auch bedenkt und Gruppenbedürfnisse nicht aus dem Blick verliert.

Eingehen auf die individuellen Bedürfnisse der Kinder bedeutet für die Kinderpflegerin:
- Jedes Kind beobachten und aus seiner Person heraus verstehen.
- Besonderheiten erkennen und akzeptieren.
- Die Belastbarkeit jedes Kindes einschätzen und sich danach richten.
- Individuelle Bedürfnisse, Wünsche, Eigenheiten, Vorlieben und Abneigungen des Kindes achten und berücksichtigen.
- Die emotionale Abhängigkeit besonders jüngerer Kinder berücksichtigen.
- Jedes Kind vor Manipulationen durch andere Menschen, durch andere Kinder wie durch Erwachsene schützen.

In den folgenden kurzen Praxisbeispielen erkennen Sie, wie die Kinderpflegerin in ihrer Arbeit die individuellen Bedürfnisse der Kinder berücksichtigen kann:

Praxisbeispiele

1. Ein Kind beobachten und aus seiner Person heraus verstehen:

Beispiel: Joschi liebt Pferde, Hunde und Katzen, weil zu seiner Familie die große Berhardinerhündin Lola gehört.

Kinderpflegerin Marianne hört Joschi oft zu und erkundigt sich: „Was bekommt Lola heute zu fressen?" „Wie wird Lola gekämmt?" „Wo gehst Du am liebsten mit Lola spazieren?" Marianne schaut oft mit Joschi Bilderbücher von Tieren, vom Bauernhof an.

Beispiel: Elfi hat Angst vor dem Wasser, weil sie im letzten Sommer aus dem Tretboot gefallen ist.

Kinderpflegerin Martina hilft Elfi häufig, die selbstgebauten Schilfrohrboote mit dem Nasenzwickermännchen im Waschbecken fahren zu lassen. Sie schaut geduldig zu, wenn Elfi immer wieder das Boot umkippen lässt. Beim Schwimmen darf Elfi immer ganz nahe bei Martina bleiben.

2. Besonderheiten eines Kindes erkennen und annehmen:

Beispiel: Maria trägt stets ihre Lieblingspuppe Olga mit sich.

Kinderpflegerin Brigitte unterstützt Maria, wenn sie ihre Puppe anderen Kindern gegenüber nicht allein verteidigen kann. Maria lässt ihre Olga beim Turnen, beim Ballspielen, beim Kasperltheater zusehen.

Beispiel: Gabi bemalt jedes Blatt Papier mit bunten Blumen.

Kinderpflegerin Roswitha wirft auch auf die zwölfte Zeichnung noch einen Blick und lächelt Gabi zu.

3. Die Belastbarkeit des einzelnen Kindes einschätzen und das eigene Verhalten danach ausrichten:

Beispiel: Sabrina kann beim Turnen nie genug kriegen: „Weil es einfach lustig ist", sagt sie.

Kinderpflegerin Gudrun lässt Sabrina häufig im Bewegungsraum hüpfen. Bei manchen Übungen darf sie vorweg und ein wenig länger spielen.

Beispiel: Christian gähnt viel, weil er nicht spielen mag.

Kinderpflegerin Irmi zeigt ihm ein stilles Plätzchen.

4. Individuelle Bedürfnisse, Wünsche, Eigenheiten, Vorlieben und Abneigungen eines Kindes achten und berücksichtigen:

Beispiel: Beim Kreisspiel bleibt Robert immer sitzen, weil er nicht in die Mitte gehen mag.

Kinderpflegerin Josefa lässt Robert sitzen und nickt ihm oft freundlich zu. Zum Ende spielt er dafür den Schaffner – an der Hand von Josefa.

Beispiel: Jessica und Anna sitzen immer beieinander, denn sie sind dicke Freundinnen.

Kinderpflegerin Ramona achtet darauf, dass zwei Stühle nebeneinander frei bleiben.

5. Die emotionale Abhängigkeit besonders jüngerer Kinder berücksichtigen:

Beispiel: Andreas wartet immer, bis sein Bruder Anton kommt.	Kinderpflegerin Anne beobachtet ihn, lächelt ihm zu und wartet auch, bis Anton kommt.
Beispiel: Verena weint leicht, wenn ihr Schmusetuch versteckt worden ist.	Kinderpflegerin Rosa lässt nicht zu, dass die größeren Kinder Verena auslachen, spricht mit ihnen darüber, was für Verena ihr Schmusetuch bedeutet. Gemeinsam betrachten sie das Bilderbuch „Warum kleine Kinder ihre Wagen nach sich ziehen".

6. Kinder vor Manipulationen durch andere Menschen schützen:

Beispiel: Doris sagt in diesen Tagen zu allem „Nein!"	Kinderpflegerin Conny respektiert das seit einer Woche, wann immer es geht.
Beispiel: Ines mag nicht mehr mitspielen, obwohl alle Kinder sie dazu drängen.	Kinderpflegerin Ria ermutigt Ines, den Kindern klar und eindeutig mitzuteilen, dass sie nicht mehr spielen mag.

Aufgaben zum Praxisbeispiel
1. Ergänzen Sie die Beispiele mit Ihren Beobachtungen aus der Praxisstelle.
2. Diskutieren Sie im Klassengespräch die Beispiele des Textes und Ihre eigenen Beobachtungen.

Merke   **Jedes Kind ist ein Individuum, einzigartig und unverwechselbar. Die Kinderpflegerin begegnet ihm liebevoll und wertschätzend und hilft ihm bei der Entfaltung seiner persönlichen Eigenart sowie bei der Integration in die Gemeinschaft.**

2.2.6 Gezielter Einsatz pädagogischer Interventionen

Die Kinderpflegerin übt pädagogischen Einfluss auf Kinder aus, insbesondere wenn sie für begrenzte Zeit die Leitung einer Kindergruppe übernimmt. Sie richtet deshalb ihr Verhalten nach pädagogischen Zielen aus. In jeder Situation, ob beim Malen, Singen, Tanzen, Vokabeln abfragen oder Schuhe binden, wirkt das Verhalten der Kinderpflegerin erziehend auf jedes einzelne Kind, auf die ganze Kindergruppe. Durch ihr eigenes Verhalten schafft die Kinderpflegerin die gegenwärtige Wirklichkeit der Kinder.

Die Kinderpflegerin trägt Verantwortung für ihre erzieherische Einflussnahme gegenüber den Kindern ihrer Gruppe. Sie richtet deshalb ihr gezieltes und ihr nichtgezieltes Verhalten nach entwicklungsfördernden Grundsätzen aus, die Kindern helfen statt zu schaden. Das bewusste, auf ein bestimmtes Verhalten des Kindes gerichtete Verhalten der Kinderpflegerin (= ihre pädagogischen Interventionen) wie Lob und Tadel, Anregung, Motivation, Bestätigung, Trost, Unterstützung und viele andere mehr bemisst sie daran, ob es dem Kind in seinem gegenwärtigen Verhalten, in seiner künftigen Entwicklung hilft.

Im folgenden Schaubild sind Grundsätze aufgeführt, nach denen die Kinderpflegerin ihren erzieherischen Einfluss, ihre pädagogischen Interventionen einem Kind und der Kindergruppe gegenüber ausrichtet, um ihre erzieherische Verantwortung allen Kindern ihrer Gruppe gegenüber zu erfüllen.

Zehn erzieherische Grundsätze

Entwicklungsfördernder erzieherischer Grundsatz	Fragen, die sich die Kinderpflegerin stellt
Helfen statt strafen.	Wie kann ich den Lernprozess des Kindes fördern? Welche Erfahrungen ermutigen das Kind zu neuem Lernen?
Mehr Beziehung statt Erziehung.	Wie kann ich das Vertrauen des Kindes stärken, so dass es sich mehr zutraut?
Anteilnehmen statt verurteilen.	Wie kann ich das Kind in seinem Verhalten verstehen, Ungereimtheiten aushalten, das Kind aus unerwünschtem Verhalten herausführen?
Störungen haben Vorrang.	Wie kann ich auf Störungen so eingehen, dass sie nicht mehr behindern, der Prozess wieder in Fluss kommt?
Ermutigen statt bloßstellen.	Wie kann ich das Kind bestärken, seine Schwächen anzunehmen und dadurch seine Stärke zu erleben?
Positives Verhalten verstärken, negatives übergehen.	Wie kann ich Freude ausdrücken und wie das Negative nicht oder anders sehen?
Erst das einzelne Kind, dann die ganze Gruppe.	Wie kann ich das einzelne Kind berücksichtigen und seine Eigenart in die Gruppe integrieren?
Vorbeugen ist besser als heilen.	Wie kann ich vorhersehen und was kann ich durch Eindeutigkeit vermeiden?
Hilf mir, es selbst zu tun.	Wie kann ich so planen, dass Kinder ermutigt werden, eigenständig zu erfahren und zu lernen?
Das gute Vorbild hilft mehr als tausend Worte.	Wie kann ich selbst offen, hilfsbereit, nachsichtig und doch eindeutig sein, so dass jedes Kind sich auf mich beziehen kann?

Das erzieherische Verhalten der Kinderpflegerin gegenüber dem Kind, ob es gezielt und bewusst eingesetzt wird oder eher unbewusst und unüberlegt geschieht, soll für das Kind verstehbar, nachvollziehbar sein. Das Kind soll verstehen können, was die Kinderpflegerin von ihm erwartet und weshalb ihr das wichtig ist.

Gezielte erzieherische Einflussnahme der Kinderpflegerin gegenüber dem Kind soll in zeitlichem und inhaltlichem Zusammenhang mit dem Verhalten des Kindes stehen. Wenn zum Beispiel ein Kind „vergessen" hat, aufzuräumen, dann ist es sinnvoll, wenn die Kinderpflegerin zusammen mit dem Kind überlegt, wie es das Aufräumen rasch nachholen kann, statt dass das Kind nicht mit zum Schwimmen gehen darf.

Tadel soll klar zum Ausdruck bringen, was der Kinderpflegerin missfällt und gleichzeitig auch erwünschtes Verhalten benennen. Es hilft dem Kind, wenn die Kinderpflegerin von sich selbst spricht, was sie zum Beispiel gestört hat und was sie statt dessen vom Kind erwartet. Kleinste Ansätze des kindlichen Verhaltens, die dem Gewünschten näher kommen, soll sie sofort lobend, anerkennend aufgreifen.

Aufgaben

1. Lesen Sie im Kapitel 2.2.4 nochmals das Schaubildl auf den Seiten 64, 65. Überlegen Sie zu jeder Situation, wie Sie dort die zehn erzieherischen Grundsätze verwirklichen können.
2. Sammeln Sie an jedem Praxistag ein Beispiel für eine pädagogische Intervention nach diesen Grundsätzen. Beobachten Sie Ihre Praxisanleiterin im Umgang mit den Kindern in folgenden Situationen: Ankleiden, Brotzeit, Aufräumen, Hausaufgabenbetreuung, Beschäftigungen, Spiel im Freien u. a. Welche pädagogischen Interventionen haben Sie an Ihrem letzten Praxistag angewandt?
3. Beobachten Sie die pädagogischen Interventionen Ihrer Praxisanleiterin gegenüber Kindern, die folgende Rollen spielen: der Anführer („Boss"), der Clown, das Nesthäkchen, die Altkluge, der Furchtsame. Diskutieren Sie Ihre Beobachtungen im Klassengespräch. Erproben Sie im Rollenspiel unterschiedliche Interventionen.

 Jedes Verhalten wirkt sich aus, schafft Wirklichkeiten.
Eindeutigkeit und Ermutigung schaffen Vertrauen.
Offene, klare Mitteilungen bewirken Verständnis und geben Sicherheit.

Zusammenfassung Kapitel 2

Die Kinderpflegerin trägt als Zweitkraft das pädagogische Konzept der Einrichtung mit. Sie beteiligt sich an der Betreuung, Erziehung und Bildung der Kinder. Sie vermag Aufgaben eigenständig zu erkennen, zu übernehmen und situationsangemessen zu reagieren.

Die Kinderpflegerin beobachtet einzelne Kinder, Teilgruppen und verschafft sich einen Überblick über die Gesamtgruppe. Sie nimmt Lebenssituationen der Kinder, ihre Bedürfnisse und Besonderheiten wahr. Beobachtungen setzt sie in situationsbezogenes Arbeiten um, bespricht sich mit der Gruppenleiterin, dem Team. Sie ist sich dessen bewusst, dass ihr Verhalten direkten Einfluss auf das Verhalten der Kinder hat. Die sorgfältige Ausübung der Aufsichtspflicht ergibt sich aus ihrem Arbeitsvertrag und aus der wertschätzenden Einstellung dem einzelnen Kind gegenüber. Ihr pädagogisches Handeln basiert auf der Grundlage des Respekts und der Achtung vor dem einzelnen Kind und fördert das Zusammenleben aller Kinder in der Gruppe.

Weiterführende Aufgaben

1. Diskutieren Sie im Klassengespräch, welche Fähigkeiten eine Kinderpflegerin entwickeln soll, um ihren beruflichen Anforderungen gewachsen zu sein.
2. Überlegen Sie, welche Schwierigkeiten sich daraus ergeben, dass die Kinderpflegerin häufig wechseln muss zwischen den Aufgabenbereichen einer Zweitkraft und der Leitung einer Gruppe für begrenzte Zeit.
3. Ordnen Sie Ihre eigenen pädagogischen Interventionen in eine Tabelle ein:
   Verhalten des Kindes   Pädagogische   Verhalten des Kindes
   (vorher)   Intervention   (nachher)
4. In der Praxis erweisen sich fünf Faktoren als besonders wichtig für den beruflichen Erfolg der Kinderpflegerin:
   a) Persönlichkeit
   b) Berufserfahrung
   c) Reflexionsbereitschaft
   d) Teamfähigkeit
   e) Fortbildungsinteresse

   Überlegen Sie im Klassengespräch die Inhalte dieser Bereiche. Finden Sie heraus, wodurch Ihre Entwicklung in jedem dieser Bereiche gefördert wird.

3 Spielpflege und Spielführung

3.1 Die Bedeutung des Spiels

Testen Sie: **Welcher Spieltyp sind Sie?**

1. **Haben Sie ein Hobby?**
   a) Ja, ich sammle gerne Dinge, die mir wichtig sind
   b) Nein, das hatte ich eigentlich nie
   c) Alles, was man draußen machen kann, macht mir Spaß
   d) Ich habe kein richtiges Hobby, aber viele Dinge, die ich gerne tue

2. **Tanzen Sie gerne?**
   a) Nein, in der Öffentlichkeit geniere ich mich
   b) Ja, zur Musik muss ich mich einfach bewegen
   c) Wenn es sich bei einer Geselligkeit so ergibt
   d) Ja, aber nur die Tänze, die ich gut kenne

3. **Wenn Sie mit Erwachsenen spielen, was macht Ihnen dann am meisten Spaß?**
   a) Das Gewinnen
   b) Das Fröhlich- und Albern-Sein
   c) Das gemeinsame Tun
   d) Erwachsenenspiele machen mir wenig Spaß

4. **Haben Sie noch Ihr Lieblingsspielzeug aus der Kindheit?**
   a) Leider nein, aber ich hätte es gerne noch
   b) Ich weiß gar nicht mehr genau, was das war
   c) Ja, das hebe ich für meine Kinder auf
   d) Ja, und ich spiele auch noch manchmal damit

5. **Was tun Sie, wenn ein kleines Kind quengelt?**
   a) Ich trage es herum und versuche, es mit dem Schnuller oder einem Keks zu beruhigen
   b) Ich denke mir ein interessantes Spiel aus, das wir zusammen tun können
   c) Wahrscheinlich ist es übermüdet und muss ins Bettchen
   d) Das kann man so nicht sagen, das kommt auf den Grund an

6. **Spielen und Aufräumen – wie sehen Sie das?**
   a) Mich stört die Unordnung der Kinder nicht
   b) Ordnung halten muss ein Kind schon möglichst früh lernen, sonst lernt es dies nie
   c) Es geht einfach schneller, wenn ich selbst von Zeit zu Zeit aufräume
   d) Wir machen aus dem Aufräumen ein gemeinsames Spiel

7. **Wenn es beim Spielen Streit gibt. Was tun Sie?**
   a) Meistens nichts: die müssen sich selbst auseinanderraufen
   b) Ich schütze das Kleinere vor dem Größeren
   c) Ich setze mich dazu und versuche, das Spiel in neue Bahnen zu lenken
   d) Ich gebe den Kindern ein neues, interessantes Spiel, um sie abzulenken

8. **Eine gute Spielatmosphäre schaffe ich, wenn**
   a) ich in der Nähe bin, aber nicht reinrede
   b) ich mich nicht so oft blicken lasse
   c) wenn ich dem Kind helfe
   d) wenn ich dafür sorge, dass sich das Kind konzentrieren kann

9. Wenn ich Kindern ein neues Spielzeug gebe,
   a) zeige ich ihnen, was man alles damit machen kann
   b) lasse ich sie selbst herausfinden, was sie damit machen können
   c) zeige ich ihnen die eine oder andere Möglichkeit, damit ein Spiel in Gang kommt
   d) achte ich darauf, dass es etwas Neues dabei lernen kann

10. Wenn ein Kleinkind sein Spielzeug immer wieder vom Kinderstuhl herunterwirft, heißt das,
   a) dass es raus möchte
   b) dass es werfen übt
   c) dass es die Kinderpflegerin provozieren will
   d) kommt darauf an

Aufgabe

Notieren Sie Ihre Antworten auf einem gesonderten Blatt und lesen Sie dann die Auflösung.

In welcher Spalte haben Sie die meisten Kreuzchen?

Frage	Typ 1	Typ 2	Typ 3	Typ 4
1	c	d	a	b
2	b	c	d	a
3	b	c	a	d
4	a	d	c	b
5	c	d	b	a
6	a	d	b	c
7	a	c	d	b
8	b	a	d	c
9	b	c	d	a
10	a	d	b	c

Typ 1:
Gewähren- und Wachsenlassen ist bei Ihnen oberstes Erziehungsprinzip. Sie haben Vertrauen in die spontane Entwicklung des Kindes und lassen es wachsen und gedeihen, wie die Natur es möchte.
Es würde Ihnen nicht einfallen, in sein Spiel lenkend oder auch nur mit eigenen Vorschlägen einzugreifen.
Das Kind könnte sich aber dadurch alleingelassen fühlen und etwas mehr Unterstützung auch im Spiel brauchen.

Typ 2
Anregen und unterstützen

Ihr Erziehungsstil ist von Großzügigkeit und Wärme geprägt, so dass die Kinder sich beim Spielen frei und sicher fühlen können. Sie reden nicht rein, engen nicht ein, aber spüren die Bedürfnisse des Kindes und spielen mit, wenn dieses es will.
Träume, Phantasien, Kreativität sind für Sie wichtig. Wahrscheinlich können Sie in diesem Kapitel nicht sehr viel Neues lernen – zusätzliche Anregungen wird es Ihnen aber sicher bringen.

Typ 3
Fördern und Lenken

Für Sie ist das Kind der Mittelpunkt. Alle Gedanken kreisen um es und Sie überlegen sich ständig, was Sie ihm an neuen Dingen anbieten können, wo Sie sein Spiel fördernd unterstützen können. Machen Sie sich nicht manchmal zuviel Gedanken um die Zukunft des Kindes? Spielen Sie doch mal einfach so mit dem Kind! Lachen Sie! Seien Sie albern! Es wird Ihnen gut tun und dem Kind auch.

> Typ 4
> Behüten und Beschützen
> Sie wünschen sich nichts sehnlicher, als dass das Kind gesund und sicher durchs Leben kommt. Ihr Erziehungsstil ist warm und herzlich. Sie sollten versuchen, Ihre eigene Ängstlichkeit und Besorgtheit nicht zu sehr auf das Kind zu übertragen.
> Kinder müssen auch mal etwas wagen dürfen, ohne dass die Kinderpflegerin sich sogleich einmischt. So wachsen seelische und körperliche Kräfte, so lernen sie selbst, mit Gefahren umzugehen.

(aus: Kinderspiele, Anregungen zur gesunden Entwicklung von Kleinkindern, Bundeszentrale für gesundheitliche Aufklärung, Köln)

> **Aufgaben**
> 1. Sind Sie mit dem Ergebnis zufrieden? Hätten Sie sich ein anderes Ergebnis gewünscht?
> 2. Diskutieren Sie den Sinn solcher Tests in der Klasse.

Das Spiel ist die Lebensform des Kindes, die kindliche Form von Lebensbewältigung.

Im Alltag bedeutet Erziehung Anleitung, Führung und Orientierung. Dazu gehört es, Grenzen zu setzen, Ziele und Forderungen aufzustellen. Im Alltag kann es dem Kind nicht immer gestattet werden, seine Ideen in die Tat umzusetzen.

Die Spielsituation unterscheidet sich jedoch vom Alltag.

Es **muss** nichts geleistet werden, es gibt keine festen Ziele und Vorgaben. Das Kind ist sein eigener Regisseur.

Will die Kinderpflegerin die Bedeutung des kindlichen Spiels in seiner Ganzheit erfassen, ist es notwendig, sich an eigene Spielerfahrungen zu erinnern, die eigene Spielwelt zu erforschen.

Wenn im folgenden Kapitel die kindliche Spielwelt und entsprechende methodische Überlegungen dargestellt und erarbeitet werden, dann ist der Ausgangspunkt dazu immer die Erinnerung an die eigene Spielzeit.

 Das Spiel ist die Lebensform des Kindes und beeinflusst seine Entwicklung.

3.1.1 Einfluss auf die emotionale Entwicklung des Kindes

Aufgaben

1. Bringen Sie Ihr Kuscheltier von zu Hause mit.
2. Leben Sie sich bequem auf den Boden und setzen Sie Ihr Kuscheltier auf den Bauch.
   - Sie hören ruhige Meditationsmusik.
   - Sie atmen ruhig und spüren Ihr Kuscheltier auf Ihrem Bauch, wie es sich bewegt.
   - Sie entspannen sich.
   - Sie strecken sich, wachen wieder auf.
   - Sie treffen sich im Gesprächskreis.
   - Sie geben Ihrem Kuscheltier einen besonderen Platz in der Kreismitte.
   - Sie tauschen Ihre Erfahrungen mit Ihrem Partner aus.
   - Sie finden gemeinsame Erfahrungen in der Gruppe.
3. Entdecken Sie in Ihrer Praxiseinrichtung Spielorte und Spielmaterialien, die besonders die Gefühle der Kinder ansprechen!
4. Sammeln Sie in den Spielecken Aussagen der Kinder, die als Gefühlsreaktionen eingestuft werden können, z. B. Wut, Trauer, Eifersucht, Rivalität, Freude, Zuneigung, Stolz...

Das Kind drückt im Spiel Bedürfnisse und Gefühle aus. So ein Kuscheltier, z.B. ein Teddy, ist ganz zuverlässig. Wenn Freunde, Brüder, Eltern keine Zeit haben, dann ist der Teddy da. Er ist der Trost, er wird gehätschelt, ganz fest gehalten. Ein Kuscheltier ist zuverlässig, ist da, wenn es gebraucht wird. Der Teddy geht nicht weg. Er ist ein Spielkamerad, dem man alles erzählen kann, der schweigsam ist, der Stillschweigen hält.

 Zieht ein Kind mit einem Schmusetier herum, dann ist das ein Zeichen, dass es Nähe braucht und Zärtlichkeit, am besten gleich.

Im Spiel sind alle Gefühle erlaubt

C. Rogers geht davon aus, dass Menschen in sich große Hilfsquellen haben, um ihre Probleme und Nöte selbst zu lösen.

Diese inneren Entwicklungsmöglichkeiten und Heilkräfte können sich umso besser entfalten, wenn sich der Hilfesuchende in einer bestimmten Atmosphäre, in einem hilfreichen zwischenmenschlichen Klima befindet. Dann kann sich, so Rogers, die geheimnisvolle Tür zur inneren Welt des Menschen öffnen. Er kann über sich selbst nachdenken und Ideen schöpfen, um sich in der für ihn angemessenen und richtigen Form mit seinen ganz persönlichen Möglichkeiten und Grenzen selbst zu helfen und zu verwirklichen.

Spiel ist die Erprobung von Wirklichkeit

Im Spiel stellt das Kind seine Erfahrungen aus der Wirklichkeit dar.

Diese Erfahrungen werden immer und immer wiederholt, mit dem einzigen Ziel, sie zu verstehen und sie zu bewältigen.

Das Kind probiert im Spiel alles aus, es will dahinterkommen, wie sich ein Vorgang in Wirklichkeit genau abgespielt hat.

Beobachtungsort: Kinderzimmer von Christian, 5 Jahre
Beobachtungszeit: 18. März, 16.05 – 16.15 Uhr

Nachrichten im Verkehrsfunk:
„Gefährlicher Auffahrunfall auf der Autobahn. Autos sind ineinander verkeilt."
Wenige Zeit später nach diesen Nachrichten spielt Christian, 5 Jahre, in seinem Kinderzimmer diesen Autounfall nach.

Er probiert alles aus, er will dahinterkommen, wie sich das genau a b g e s p i e l t hat. Mit Stimme, Mimik und Gestik drückt er aus, mit welcher Art von Fahrer man es hier zu tun hat. Mit lautem, gleichmäßigem Summen nähert sich der Wagen. Ein Stau kommt in Sicht. Das Summen steigert sich dramatisch. Das Gesicht zeigt Angst, die Haltung ist angespannt. Christian quietscht, legt sich zurück, weil er eine Vollbremsung macht. Er reißt das Steuer herum.

Anschließend spielt er einen alten Herrn, der über die Autobahn fährt. Das Schauspiel wiederholt sich in einer anderen Tonlage. Unendlich viele Möglichkeiten ergeben sich.

Nur Christian kann das Spiel verstehen. Er weiß nach dem Spiel, was auf der Autobahn los war, wie sich das abgespielt hat. Er kann fühlen, wie es ist, im Auto zu sitzen, in eine gefährliche Situation zu geraten. Er kennt nach dem Spiel vielleicht auch schon die Lösung. Er hat sie im Spiel ausprobiert. Er hat die Angst, die ihm diese Verkehrsnachrichten eingeflößt haben, bewältigt. Er hat es geschafft. Er ist geschafft.

Im Spiel kann das Kind schöpferisch tätig sein

Im Spiel kann das Kind gestalten, darstellen, erleben.
Es erlebt im Spiel aus dem eigenen Antrieb heraus das Gefühl von Kraft und Freude.
Die Kinderpflegerin kann das beobachten und in Äußerungen der Kinder hören:
„Oh, ich kann das!" „Ich will das können!" „Ich bin das und das!"
„Das werde ich bald oder später einmal sein."

Die laute und stille Freude an der Spielhandlung, die ermutigende Erfahrung, so, wie man ist, in Ordnung zu sein, lässt weitere Schritte wagen.

Beispiel:
Laura, 4 Jahre alt, sitzt im Sandkasten und schaufelt Sand auf einen Stein.
Sie läuft zehnmal, zwanzigmal zwischen Sandkasten und Stein hin und her, klopft den Sand fest und holt wieder neuen.
„Was machst du denn da?" fragt die Kinderpflegerin.
Lauras Antwort: „Meine Arbeit! Schokoladenkuchen. Ganz viele."
Dann werden kleine Steine in den Sand gedrückt: Streusel!
Laura hält der Kinderpflegerin die Schaufel mit Sand vors Gesicht, sie soll essen.
Die Kinderpflegerin macht entzückte Kaubewegungen, „Mmh, schmeckt gut!"
Und auch Laura kaut hingerissen, wischt den restlichen Sand vom Stein, und es geht weiter mit der „Arbeit", bis sie abgeholt wird.
Im Spiel erfährt Laura, dass sie Kuchen backen kann.
Vielleicht hat sie zu Hause der Mutter helfen wollen beim Kuchenbacken.
Vielleicht hat sie ihre Mutter abgewiesen mit den Worten: „Da bist du noch zu klein."
Vielleicht war diese Mutter im Stress, weil Besuch kam. Vielleicht hätte Laura gerne das Kompliment vom Besuch, z. B. der Oma gehört, dass ihr Kuchen, den sie gern gebacken hätte, wirklich wunderbar sei.
Im Spiel kann Laura diese Arbeit nachholen, ihre Arbeit tun und beweisen, dass sie eine gute Kuchenbäckerin ist. Die Kinderpflegerin versteht sie. Sie bestärkt Laura in ihren Mühen und Fähigkeiten.

Im Spiel kann das Kind angstbesetzte Situationen vorwegnehmen

Das Kind kann beängstigende Situationen im voraus spielen; es kann erproben, was auf es zukommt.
Spiele wie „Krankenhaus", „beim Arzt", „beim Zahnarzt", „in der Schule" oder „der Nikolaus kommt" bereiten das Kind auf kommende Situationen vor. Es kann die aktive Rolle übernehmen, es kann der Arzt, die Krankenschwester, der Lehrer oder der Nikolaus sein. Es probiert im Spiel, was am Operationstisch geschieht. Es hantiert mit Nadel und Faden, mit Spritze und Verbandszeug.

So wird das Kind in Wirklichkeit die passive Rolle leichter erleben können. Es hat sich innerlich vorbereitet, es ist vorbereitet.

Im Spiel finden die Kinder Lösungen

Der Wunsch, stark und mächtig zu sein, ist Inhalt vieler Kinderspiele.
Er ist abhängig von den Erwartungen, die an die Kinder gestellt werden.
Macht und Stärke zu zeigen, ist vor allem Spielthema bei Jungen.

Sie beweisen Mut und Tapferkeit in der Identifikation mit Personen, denen sie in der realen Wirklichkeit diese Eigenschaften zuschreiben, z. B. Polizei, Kapitän, Lokführer, oder in der Identifikation mit Personen aus der heutigen TV-Welt. Meist hat die Spielzeugindustrie auch gleich die entsprechenden Plastikmonster für die entsprechenden Fernsehserien bereitgestellt: He-man, Dinos, Cowboys, Power Rangers...

Wird es in der Spielsituation brenzlig, treten Probleme auf, dann werden „Erlöser-Figuren" in das Spiel eingeführt, wie Feuerwehr, Sanitäter oder Zauberer und Feen.

Spielsituationen können einerseits Angst auslösen, andererseits können die Ängste mit Aggressionen abgewehrt werden. Der Widerspruch von Angst und Aggression kann in Phantasiespielen einen seelischen Ausgleich finden.

Das Spiel hat eine reinigende, heilende Wirkung

Das Spiel bietet dem Kind eine Möglichkeit, die Wirklichkeit so umzudeuten, dass sie seinen Wünschen und Vorstellungen entspricht.
Kinder spielen Themen, die sie aufgrund ihrer Entwicklung beschäftigen.
Im Beispiel 1 kann sich Christian von seiner Angst lösen. Er kann sich spielend von seiner Angst befreien.

Jedes Kind erfährt absichtlich oder unabsichtlich Verletzungen.
Diese Erfahrungen können ein Kind aus der Fassung bringen.
Durch das Spiel bekommt das Kind die Möglichkeit, Bedrohungen abzuschwächen und Verletzungen zu verarbeiten.

Bei wiederholten Spielszenen mit grausamen Phantasien können seelische Verletzungen vorliegen.
Eine Beratung durch kinderpsychiatrische und kinderpsychologische Fachkräfte kann eine Möglichkeit der kindertherapeutischen Behandlung eröffnen.
Hier kann z. B. in einer Spieltherapie das Kind unter fachkundiger Anleitung eine Heilung seiner seelischen Wunden erfahren.

Bei intensiver Beobachtung und Einfühlung kann die Kinderpflegerin den Tätigkeitsformen, Spielbewegungen und dem Gesichtsausdruck eines Kindes entnehmen, ob es Spannung oder Entspannung erlebt.
Sie kann diese Beobachtungen verantwortungsvoll auswerten und darauf achten, was sich im Inneren des Kindes abspielt. Zeigt das Kind im Spiel Wünsche, erprobt es Zukunft, ist es schöpferisch tätig oder hat es Probleme?

Das kann vor allem bei oft wiederkehrenden Spielsituationen der Fall sein.

Die Kinderpflegerin beobachtet das Spiel der Kinder und bietet je nach Bedürfnissen und Entwicklungsschritten entsprechendes Spielmaterial an.

Wenn sie glaubt, dass sich im Kind Probleme abspielen, mit denen das Kind nicht mehr spielend fertig wird, wird sie ihre Beobachtungen der Erzieherin mitteilen. Im Team mit der Kindergartenleitung kann dann besprochen werden, ob nicht ein Elterngespräch und die Empfehlung fachkundiger Beratung notwendig werden.

Beim Verhalten der Kinderpflegerin während des Kinderspiels können Erfahrungen aus der Spieltherapie hilfreich sein.

Virginia Axline entwickelte die „nicht-direkte Spieltherapie" zur Behandlung seelisch be-einträchtigter Kinder: Sie will das Spiel der Kinder nicht lenken, sondern es akzeptieren und einfühlendes Verständnis zeigen.

Michael (7 Jahre) wurde für die Spieltherapie überwiesen, weil er nach dem Bericht der Heimleiterin eines Kinderheimes unreif war, viel weinte und Wutanfälle bekam. Außerdem war er Bettnässer.

Seine Mutter besuchte ihn nur selten. Sie hatte sich nach der Scheidung von Michaels Vater wieder verheiratet. Der Stiefvater wollte durch Michael nicht belästigt werden, deshalb die Unterbringung im Kinderheim. Sein Vater besuchte ihn nie. Er hatte Michaels Mutter verlassen, als das Kind 5 Jahre alt war. Michael war das einzige Kind. Eine alte Dame passte auf ihn auf, während die Mutter zur Arbeit ging. Zu anderen Kindern hatte er keine Kontakte. Bevor er ins Heim kam, konnte er so ziemlich alles tun, was er wollte, solange er sich ruhig verhielt.

Als er dann plötzlich in Kontakt mit vielen anderen Kindern kam und sich Verboten und Geboten zu unterwerfen hatte, sich verlassen und unsicher fühlte, flüchtete Michael in ein sehr unreifes Benehmen; gelegentlich machte er sich Luft in Wutanfällen, wenn jemand ihm in die Quere kam.

Die Spielsituation:

Michael und die Therapeutin sind im Spielzimmer.
Michael holt sich Ton, er setzt sich der Therapeutin gegenüber an den Tisch.
M: „Lass uns hier was machen."
Therapeutin: „Du willst etwas aus Ton machen."
M: „Ich sagte: Lass uns, du sollst auch was machen."
T: „Was soll ich machen?"
M: „Ich möchte, dass du eine Katze machst.

Du sollst sie hinter einem großen Felsen verstecken."
T: (fängt an, eine Katze zu kneten und auch einen Felsen, um sie dahinter zu verstecken): „Du kommandierst mich gern ein bisschen rum?"
M: „Tu, was ich dir gesagt habe."
(T. und M. machen Tonfiguren, M. knetet ein Kaninchen und einen Felsen, um es dahinter zu verstecken.
„Jetzt komm heraus und kämpfe!"
(Die Therapeutin rückt mit ihrer Katze gegen das Kaninchen vor. Er fällt sofort mit dem Kaninchen über die Katze her und zerquetscht sie.)
„Da hast Du's. Das ist das Ende der alten Katze. Mach noch eine Katze!"
T. (macht eine neue Katze): „Du hast meine erste Katze kaputtgemacht, und nun willst du, dass ich eine neue mache."
M: „Ja" (Die Katze der Therapeutin erleidet dasselbe Schicksal).
„Mach noch eine! Und diesmal lass ich deine Katze auf mein Kaninchen springen."
(Die Therapeutin tut das, aber genau im richtigen Augenblick schlägt Michaels Kaninchen der Katze den Kopf ab.)
T: „Du möchtest meine Katze unterkriegen?"
M: „Klar, ich kämpfe gerne."
T: „Du kämpfst auch gerne."
M: „Klar, und ich siege gern im Kampf. Jetzt mach mal 'ne Schlange!"
Am Ende dieser Therapiestunde möchte Michael aus der Babyflasche trinken und fragt die Therapeutin, ob er wiederkommen darf:
M: „Du hast gesagt, ich dürfte so spielen, wie ich will. Ich kann zu dir sagen, was ich will? Und wenn ich wollte, dürfte ich hier auch fluchen? Wann kann ich wiederkommen? Jeden Tag?"

Beispiel eines Gesprächsverlaufs in einer Spieltherapie (aus: Flittner, Kinderspiel, Mü 1973, S. 226 – 230)

Aufgabe
1. Welches Verhalten zeigt Michael? Können Sie sich dieses Verhalten erklären?"
2. Welches Verhalten zeigt die Therapeutin?
3. Können Sie sich erklären, was die Therapeutin mit ihrem Verhalten bei Michael erreichen möchte?

Die Kinderpflegerin lenkt das Spiel des Kindes nicht.

Sie lässt das Kind gewähren und nimmt die eigenen Impulse und Ideen zugunsten des Kindes zurück.

Sie überlässt die Führung dem Kind. Das Kind entscheidet, was und wie gespielt wird. Es gewinnt ein Gefühl für den eigenen Wert.

Die Kinderpflegerin akzeptiert das Spiel des Kindes.

Sie verzichtet auf eine Wertung der Handlungen und Gefühle der Kinder.
Beim Spiel mit dem Kind bedeutet dies:

Sie respektiert die Einfälle des Kindes, seine Gefühle, seine Ausdrucks- und Leistungsmöglichkeiten, sie achtet sein Entwicklungsniveau mit all seinen schon vorhandenen Fertigkeiten und Unvollkommenheiten.

Das Kind gewinnt an Selbstvertrauen.

Die Kinderpflegerin fühlt sich in das Spiel des Kindes ein.

Sie versucht zu verstehen, um was es dem Kind beim Spiel eigentlich geht, welches sein Spielthema, sein Spielziel ist. Durch Einfühlung wird die Kinderpflegerin für das Kind ein vertrauensvoller Gefährte in seiner inneren Welt. Dem Kind erwächst durch dieses Verstandenwerden ein Gefühl der inneren Nähe zum Erwachsenen, von Geborgenheit und Sicherheit.

3.1.2 Einfluss auf die soziale Entwicklung des Kindes

Aufgaben

1. Welche Spiele haben Sie als Kind mit wem und wo gespielt?

	Drinnen	Draußen
Allein	z.B. Puppenspiel, Lego Indianer-Cowboy, Kampf	z.B. Ball, Sandkasten Kochen mit Gras
Zusammen	Z.B. Puppen, Lego, Brettspiele Tischtennis, Tier	z.B. Räuber und Gendarm Fangen, Verstecken

2. An welche Spiele erinnern Sie sich besonders gerne?
   a) Welche der Spielerfahrungen möchten Sie auch an Kinder weitergeben? Warum?
   b) Welche Ihrer Spielerfahrungen können heute nicht mehr an die Kinder weitergegeben werden? Warum?
   c) Gibt es eigene Spielerfahrungen, die heute nicht mehr möglich sind?

Beispiel

„Ich bin ein Räuber, ich bin der Chef von den Räubern, und ich suche mir jetzt eine Bande."
Eine Bande ist schwer aufzutreiben. Heute ist Dienstag, und da hat Monika Kinderchor in der Musikschule, Martin muss zum Zwergerl-Schwimmkurs, Claudia fährt mit ihrer Mutter zum Ballett, und Sabine geht zur Atemgymnastik. Ist das Nachmittagsprogramm beendet, bleibt kaum mehr Zeit zum Spielen:
Keine Zeit für Fußball, für Basketball, für Kettcar-Fahren und Lagerbauen auf einem verwilderten Grundstück.
Keine Zeit für Kasterlhüpfen und Indianergeheul.
Keine Zeit für Räuber- und Gendarm-Spielen, Versteckspielen oder Halli Hallo.
Keine Zeit für...
Kinderspiele lassen sich nicht auf später verschieben.
Hier haben Kindergarten und Hort eine familienergänzende Aufgabe:
Kindern Spielräume zu verschaffen und Spielerfahrungen zu ermöglichen.

 Die sozialen Erfahrungen im Spiel werden vom Lebensumfeld geprägt.

Aufgaben

1. Entdecken Sie in Ihrer Praxiseinrichtung Spielorte und Spielmaterialien, die besonders das Sozialverhalten der Kinder ansprechen.
2. Notieren Sie kindliche Äußerungen in Ihrer Kindergruppe, die auf soziale Lernerfahrungen hinweisen.

Spielort	Äußerung	Wer zu zu wem?	im Spiel	Wann?	Wie kommt es zu dieser Äußerung?
Puppenecke	z.B. „Gibst du mir mal deine Einkaufstasche!"	Lisa zu Moni	Kaufladen	9.12 Uhr	Claudia nahm Lisa die Einkaufstasche weg.

3. a) Erstellen Sie nach dem untenstehenden Muster ein Soziogramm von Ihrer Kindergruppe:
    Wer spielt mit wem, wann, was?
    Geben Sie den genauen Zeitraum und das Datum Ihrer Beobachtung an.

Soziogramm
21.11.199., 9.00 – 9.10 Uhr im Freispiel der Schneckengruppe im Kindergarten Rieden

Spieler/ Spieler	Susi	Uschi	Hansi	Peter	Seppi	Maxi	Andi	Beate
Susi	Puzzle							
Uschi								Puppenecke
Hansi					Bauecke	Bauecke		
Peter				Power Rangers				
Seppi			Bauecke		Bauecke	Bauecke		
Maxi			Bauecke		Bauecke	Bauecke		
Andi							schaut in Bauecke zu	
Beate		Puppenecke						

b) Beobachten Sie ein Kind, das alleine spielt; zwei Kinder, die zusammen spielen; mehr als zwei Kinder, die zusammen spielen. Beachten Sie dabei das Alter.
    Mögliche Tätigkeiten, die Sie beobachten können:
    Rollenspiele, Bauen, Formen, Malen, Bewegungsspiele. Zuschauen beim Spiel anderer...
    Mögliche Beobachtungsorte drinnen und draußen können in Ihrer Einrichtung Spieltische, Bauecke, Puppenecke, Maltisch, Puppenhaus, Gang, Garten oder Spielplatz, Kinderspielstraßen sein.

c) Werten Sie das Soziogramm aus:
    Überdenken Sie mögliche pädagogische Zielsetzungen und Handlungsschritte für Ihre weitere Arbeit in der Gruppe.

    Aufwertungsgesichtspunkte:
    Auffälligkeiten, Ähnlichkeiten, Rollenverteilung (z. B. der Star, der Abgelehnte, der Außenseiter, der Vergessene, der Mitläufer), Untergruppierungen (z. B. Cliquen, Paarbildungen, Dreiecksbeziehungen), Beobachtungsergebnisse zur Gruppensituation.

- Was ist Ihnen aufgefallen?
- Welche Erfahrungen machen die Kinder im Spiel zusammen?
- Haben Sie Konflikte beobachtet?
- Welchen Einfluss hat Ihrer Meinung nach das Alter des Kindes auf das Spiel?
- Vergleichen Sie Ihre Kinderbeobachtungen mit Ihren eigenen Spielerfahrungen:
- Ähnlichkeiten, Unterschiede, Auffälligkeiten.

Früh übt sich...

Schon beim Säugling finden sich erste Ansätze zum sozialen Spielen: Agieren und Reagieren, Geben und Nehmen. Daraus entwickeln sich durch Zuwendung, z. B. der Eltern, und durch Nachahmung Rollenspiele mit Spielpartnern und die Regelspiele.

Spielen und Zusammenspiel müssen gelernt werden.

Kinder, die gut und phantasievoll spielen können, gewinnen leichter sozialen Anschluss und erhalten ihrerseits im Kreis der Mitspieler wieder Anregungen für die eigene Entwicklung.

Sie können als Erwachsene leichter ihr Leben in den Griff bekommen, sie können leichter über ihr Leben nachdenken.

Merke ——— **Jedes Alter hat seine soziale Entwicklungsaufgabe.**

Im Spiel werden neue Verhaltensmuster ausprobiert und erprobt

Im Spiel zum Martinsfest spielen die Kinder sehr gerne Martin, den Reitersmann, bekleidet mit einem Mantel. Martin hat auch ein Schwert, mit dem er den Mantel für den Bettler teilen darf. Der Bettler kniet am Wegesrand und friert. Er bekommt die Hälfte des Mantels von Sankt Martin. Hier kann im Spiel über Rollenübernahme und Rollentausch erfahren werden, wie es dem Martin und dem Bettler ergeht. Erfahrungen im Geben und Nehmen werden gewonnen.

Es gibt zahlreiche Geschichten und Bilderbücher, die Kinder gerne im Rollenspiel ausleben und ausspielen möchten. Zahlreiche Szenen beim Puppenspiel beweisen immer wieder, wie einfühlsam die Kinder in ihrer Rolle als Mutter, als Vater dem Kind gegenüber sind. Auch das Kind, das Lust hat, das kleine Baby zu sein, hat die Chance zu spüren, wie das ist. Vielleicht kann dieses Kind zu Hause dann leichter mit seiner Eifersucht dem kleinen Geschwisterchen gegenüber fertig werden.

Soziale Sensibilität wird gewonnen. Das Kind kann sich in die Gefühle anderer Personen hineinversetzen, die Bedürfnisse des anderen erkennen und sie im eigenen Verhalten berücksichtigen. Es lernt, die Wünsche anderer zu erkennen.

Spielen verbindet und schafft Kontakte (Integrationsfunktion des Spiels)

Aufgaben

Führen Sie ein Gespräch mit Ihrer Praxisanleiterin.

1. Wie beeinflusst die Praxisanleiterin die sozialen Lernerfahrungen anhand von Raumgestaltung, Spielangebot, Auswahl des Spielmaterials, Organisation des Freispiels?

2. Welche sozialen Erfahrungen ermöglicht die Praxisanleiterin den verschiedenen Gruppenphasen im Spiel:
Spielförderung bei der Orientierung und dem Kennenlernen der Gruppe.
Spielmöglichkeiten beim Machtkampf und in der Auseinandersetzung um die Rollen in der Gruppe.
Spielförderung, wenn Untergruppierungen entstehen.
Spielförderung, wenn die Gruppe in der Lage ist, Aktivitäten zu entwickeln.
Spielmöglichkeiten, um Abschluss und Auflösung der Gruppe am Ende des Jahres zu begleiten und zu unterstützen.

3. Spielen Sie selber mit in der Bauecke, Puppenecke.
Wie geht es Ihnen dabei? Was ist der Unterschied zu Ihren Spielerfahrungen aus Ihrer Kindheit?

Im Spiel werden Beziehungen zu anderen aufgenommen, die anderen Kinder werden als Mitspieler anerkannt. Im Spiel wird geholfen und auch Hilfe angefordert. Gemeinsam werden Aufgaben gelöst. Jedes Kind drückt im Spiel die eigenen Gefühle von Spannung oder Entspannung, Erleichterung aus und teilt sich anderen mit.

Im Spiel erfahren die Kinder ihre Namen, stehen im Mittelpunkt, helfen einander, setzen sich auseinander und nehmen Rücksicht aufeinander.

Im Spiel werden sie aufmerksam auf die Besonderheiten der Mitspieler, ihre Schwächen und Stärken.

Sie sind abwechselnd Anführer und Mitspieler.

Im Spiel werden neue Kinder in die Gruppe integriert

Praxisbeispiel Christian sitzt mit Florian im Kinderbüro vor zwei Telefonen. Christian nimmt den Hörer des Telefons in die rechte Hand und führt es zum Ohr. Er sagt zu Florian: „Du musst auch den Hörer abnehmen!" Florian nimmt ihn auch ab. Jetzt sagt Christian: „Grüß Gott, wie heißen Sie denn?" Florian: „Ich heiße Florian und bin fünf Jahre alt. Ich bin vor vier Monaten hergezogen" (in Wirklichkeit vor zwei Monaten). Christian: „Ich wohne in Pfaffenhausen und bin fünf Jahre alt, aber werde bald sechs." Florian: „Hast du Geschwister? Ich schon, eine kleine Schwester. Sie heißt Laura." Christian: „Ja, ich habe zwei größere Brüder und eine kleinere Schwester. Was spielst du am liebsten?"

Florian: „Lego, Fußball und Basteln mache ich gerne". Christian: „Ich auch, aber am liebsten Fußball!"

Christian sagt schnell „Tschüss", legt den Hörer auf und Florian auch. Sie schauen sich an und fangen an laut zu lachen, etwa zwei Minuten. Christian fragt dann Florian: „Darfst du heute zu mir kommen und Fußball spielen?" Florian: „Ich weiß noch nicht, ich muss erst meine Mama fragen."

Jetzt gehen sie aus dem Büro zur Legoecke.

Aufgaben zum Praxisbeispiel
1. Wie ist die Ausgangssituation dieses Telefongesprächs?
2. Warum hat Christian mit Florian telefoniert? Was wollte er damit erreichen? Was hat er erreicht?
3. Wann ging das Telefongespräch zu Ende? Was ist danach geschehen?

Spielen verbindet. Es integriert neue Kinder in die Gruppe. Christian hat einen spielerischen Weg gefunden, sich mit Florian zu unterhalten über Alter, Familienhintergrund und Vorlieben. Sie haben eine gemeinsame Vorliebe entdeckt: Fußball.

Sie haben eine Gemeinsamkeit: eine kleine Schwester, was immer das auch für jeden von ihnen beiden bedeutet.

Sie unterhalten sich über einen gemeinsamen Besuch und spielen dann zusammen Lego.

Nicht immer geht die Integration neuer Kinder so glücklich und reibungslos vor sich.

Wenn die Kinderpflegerin beobachtet, dass ein neues Kind keinen Anschluss an die Gruppe bekommt, ist sie gefordert. Sie spielt mit diesem Kind und lädt dann allmählich andere Kinder dazu ein, von denen sie meint, die könnten zu dem neuen Kind passen, die könnten etwas Gemeinsames haben.

Sicherheit gibt den neuen Kindern eine Kugelbahn, ein Legespiel, wo Muster erfunden werden können, wo das „alleine spielen" möglich ist, wo das Kind seine Individualität zeigen kann.

Das Kind kann Blickkontakt herstellen oder auch nicht, es kann sich helfen lassen oder alleine spielen.

Kettenfädeln zeigt die eigenen Stärken, es kann sich damit schmücken und hat eine Chance, beachtet zu werden.

Im Spiel werden Außenseiter in die Gruppe integriert

Aufgaben

1. Lesen Sie das Beispiel von Murat auf Seite 268.
   Überlegen Sie, ob es in Ihrer Einrichtung in der Gruppe Kinder gibt, die mehr die Außenseiterrolle in der Gruppe einnehmen!
2. Beobachten Sie, wie sich dieses Kind in seiner Position in der Gruppe wohl fühlt! Welche Integrationshilfen könnten Sie anbieten?
   Gibt es Spiele, die diesem Kind eine Chance geben, aus seiner Außenseiterrolle herauszukommen?
   Lesen Sie dazu auch im Kapitel 7.1.

Im Spiel werden Kinder mit besonderen Problemen in die Gruppe integriert

Aufgaben

1. Haben Sie in Ihrer Einrichtung Kinder, die einer besonderen Förderung bedürfen? Welche Gründe gibt es dafür?
2. Beobachten Sie die Spiele dieser Kinder! Gibt es Lieblingsspiele? Wer spielt noch mit?
3. Wie gehen die anderen Kinder mit ihm/ihnen um? Was spielen sie gemeinsam?

Kinder mit Entwicklungsverzögerungen, Kinder mit körperlicher oder geistiger Behinderung können sich im Spiel leichter mit anderen Kindern verständigen.

Im Spiel nehmen die Kinder Rücksicht auf andere, auch Schwächere. Sie tolerieren die Bedürfnisse des anderen und lassen sich im Spiel darauf ein.

Im Spiel werden Kinder aus anderen Kulturen in die Gruppe integriert

Aufgaben

1. Gibt es in Ihrer Praxiseinrichtung Kinder aus anderen Kulturen? Aus welchen Ländern stammen sie oder ihre Eltern? Warum sind sie in Deutschland? Welche Erwartungen haben ihre Eltern wohl an die Kinder und an Sie?
2. „Die Kinder dieser Welt haben vieles gemeinsam."
   Ergründen Sie die Lieblingsspiele der ausländischen Kinder in Ihrer Praxiseinrichtung!

Ausländische Kinder bringen Spontaneität, Phantasie und Fähigkeiten zum Spiel mit.

Bei Sprachproblemen bietet die Kinderpflegerin Stützen im Tagesablauf an:
Sie schafft Situationen und Gewohnheiten, an denen sich das Kind orientieren kann.
Sie spielt rhythmische Spiele, Sprachspiele, Fingerspiele.

Zum ersten Sprechen in der neuen Sprache werden Kinder leicht verführt mit Spielen wie Schnipp-Schnapp, Memory oder Kontaktspielen im Kreis: Mein rechter Platz ist leer...

Merke Der Respekt vor der freien Gewissensentscheidung des anderen hat Vorrang.

Lesen Sie dazu auch das Kapitel 7.4!

Spielen beeinflusst die soziale Entwicklung des Kindes

1. Spielen fördert die soziale Sensibilität:
- Gefühle anderer wahrnehmen
- sich in die Lage des anderen versetzen
- die Bedürfnisse anderer erkennen und im eigenen Verhalten berücksichtigen
- die Wünsche anderer erkennen

2. Spielen fördert das Regelverständnis:
- Gruppenspiele mit einfachen Regeln spielen
- vereinbarte Regeln verstehen und einhalten
- selber einfache Regeln aufstellen

3. Spielen fördert die Kontaktbereitschaft:
- im Spiel Beziehungen zu anderen aufnehmen
- andere als Mitspieler anerkennen
- Hilfe annehmen und anfordern
- miteinander spielen
- gemeinsame Aufgaben lösen
- anderen helfen
- eigene Gefühle ausdrücken und anderen mitteilen
- sich mit anderen auseinandersetzen mit Worten

4. Spielen fördert die Rücksichtnahme:
- die Leistungen der anderen anerkennen
- die Andersartigkeit anderer anerkennen
- die Bedürfnisse anderer tolerieren und sich im Spiel darauf einlassen
- Schwächere ins Spiel integrieren, mit hineinnehmen
- auf schwächere Mitspieler Rücksicht nehmen

5. Im Spiel werden eigene Wünsche zurückgesteckt:
- Bedürfnisse aufschieben zugunsten anderer
- nicht immer im Mittelpunkt stehen müssen
- mit Misserfolgen umgehen lernen
- sich in die Gruppe einordnen können

Die Kinderpflegerin schafft für Kinder Spielräume und ermöglicht Spielerfahrungen in familienergänzenden Einrichtungen.

Das Kind bedarf der Zuwendung der Kinderpflegerin, die mit ihm spielt und die Anregungen und Gelegenheit zum Spielen gibt.

 Merke Im Spiel stellt sich der Entwicklungsstand der Gruppe, der Gruppenprozess dar (Diagnostische Bedeutung).
Dieser Gruppenprozess kann wiederum durch Spiel beeinflusst werden (Pädagogische Bedeutung).

Beispiel: Das Kindergartenjahr, dargestellt anhand der Gruppenphasen von Bernstein/Lowy (1975)

Der Gruppenanfang

Zu Beginn eines Jahres kennen sich die Kinder kaum. Die Neuen betreten den Gruppenraum nur zögerlich und oft nur unter Mithilfe der Mutter oder unter Schreien und Weinen.

Das Spiel der Kinder läuft nebeneinander und parallel. Es gibt Untergruppen mit den Kindern, die schon letztes Jahr in der Gruppe waren. Die Aufgabe der Kinderpflegerin besteht darin, dass sich die Kinder kennenlernen. Sie kann die älteren Kinder als „Patenkinder" einsetzen.

Am Anfang einer Gruppe wird die Kinderpflegerin Integrationsspiele und Namensspiele anbieten.

Der Machtkampf in der Gruppe

Die Kinde haben sich kennengelernt. Jetzt geht es darum, sich einen festen Platz in der Gruppe zu sichern.

Nicht alle Kinder können mithalten in der Auseinandersetzung um einen festen Platz. Sie brauchen die Unterstützung der Kinderpflegerin.

In der Machtkampfphase können Rollenspiele, besonderes Baumaterial, Aktivitäten draußen, vermehrte Bewegungsangebote und Brettspiele den eigenen Platz, die eigene Rolle in der Gruppe klären helfen. Das Aufstellen von Spielregeln und der Schutz der Erzieherin gewinnen an Bedeutung.

Kinder lieben Brettspiele. Hier gibt es klare Bedingungen. Wiederholungen, Rivalitäten, Kampf, Neid und Bewunderung, Triumph und Niederlage geschehen in gelenkten Bahnen.

Regeln geben den Kindern Sicherheit. Sie bilden Orientierung und Struktur für die Beziehungen untereinander. Gut verlieren und großzügig gewinnen will gekonnt sein.

Die Phase der Intimität

Nach harten Auseinandersetzungen und einem hohen Lärmpegel in der Gruppe wird es ruhiger. Es entsteht ein Wir-Gefühl.

Wenn die Kinder in der Gruppe ihren Freund und ihren Platz gefunden haben, können sie in wechselnden Gruppen in Ruhe im Spiel Erfahrungen machen. Das Spiel wird ruhiger und ausgeglichener.

Die Kinderpflegerin kann als Kontaktperson einen Wechsel von Spielpartnern ermöglichen.

Sie trägt in der Auswahl von Spielmaterial der Tatsache Rechnung, dass die Kinder Geborgenheit und Nähe erfahren. In Absprache mit der Erzieherin und dem Kindergartenteam schafft sie Nischen und Winkel zum Kuscheln, Leseecken mit Matratzen, erweiterte Spielräume, z. B. eine Rollenspielecke im Flur mit einer Verkleidungskiste, gemeinsames Frühstück, offene Angebote, Öffnung des Kindergartens nach innen und außen.

Die Phase der Differenzierung

Es besteht ein großer Zusammenhang in der Gruppe. Die Spielecken sind aufgeteilt. Jeder kennt die Vorlieben des anderen. Die Kleingruppen haben sich stabilisiert. Hier wird die Kinderpflegerin beobachten, welches Kind mit seinem Platz in der Gruppe noch nicht zufrieden ist. Sie wird als Vermittler die Spielvorlieben der Kinder erkennen und Kinder mit ähnlichen Spielinteressen oder ähnlichen Problemen im Spiel zusammenführen.

Sie wird das Spiel bestärken und die Spielideen der Kinder hilfreich unterstützen.

Die Phase der Auflösung der Gruppe

Am Ende des Jahres ist es vor allem notwendig, die „Schulkinder" gut zu beobachten und ihnen entsprechende pädagogische Unterstützung anzubieten. Wichtig für diese Kinder sind Spielmaterialien, die die Koordination von Auge und Hand fördern. Webrahmen, Stickkarten und Perlen sind anspruchsvolle Anreize für die Vorschulkinder. Die Vorschulkinder können im Tauziehen von den „Zurückgebliebenen" spielerisch aus dem Kindergarten gezogen werden. Diese Gruppe ist aufgelöst.
Im September geht es wieder von vorne los...

3.1.3 Einfluss auf die motorische Entwicklung des Kindes

Aufgaben

1. Sammeln Sie Bewegungsspiele (Kreisspiele, Singspiele, Tanzspiele), die Sie selbst als Kind gespielt haben. Stimmen Sie sich in der Klasse ab, welches Bewegungsspiel Sie aus Ihrer Kindheit zusammen spielen möchten (im Raum, im Freien...).
2. An welches Bewegungsspiel erinnern Sie sich besonders gerne?
   a) Wo haben Sie das gespielt?
   b) Welche der Spielerfahrungen möchten Sie auch an Kinder weitergeben? Warum?
   c) Welche Spielerfahrungen könnten heute nicht mehr an Kinder weitergegeben werden? Warum?
3. Nennen Sie aus Ihrem Kindergarten Möglichkeiten, dem Bewegungsdrang der Kinder im Spiel gerecht zu werden (im räumlichen Angebot drinnen und draußen, im pädagogischen Spielangebot, in der Auswahl von Spielmaterial, in der Aufteilung des Gruppenraumes).

4. Notieren Sie kindliche Äußerungen bei oder nach intensiven Bewegungserfahrungen. Was drücken diese Äußerungen aus?
5. Sammeln Sie Ideen, wie Bewegungs- und Spielmöglichkeiten mit einfachen Materialien umgesetzt werden können. Erproben Sie die Umsetzung.
6. Schneiden Sie aus Spielzeugkatalogen und Kindergartenkatalogen Spielmaterial aus, das dem Bewegungsbedürfnis der Kinder in verschiedenen Altersgruppen entspricht.

 Wer sich nicht bewegt, kann nicht bewegt werden.

Jedes Alter hat seine motorische Entwicklungsaufgabe.

Im Spiel **greift** das Kind zum ersten Mal nach einer Rassel, **steckt später** Bauklötze **zusammen, zieht** der Puppe die Kleider **an**, bedient Reißverschluss und Knöpfe, **klettert** auf Stühle und Tische, **fährt** mit dem Dreirad, macht dabei die Erfahrung von **Gleichgewicht** und **Schwerkraft, baut** aus Decken und Möbeln ein Zelt oder Haus und **fängt** den Ball, benutzt Hammer und Nagel und lernt **Seilspringen**.

Kinder rennen, springen, toben und lernen dabei sich selbst und ihren Körper, ihre Umwelt und ihre Mitmenschen kennen. Sie erwerben feinmotorische und grobmotorische Fähigkeiten.

Erst konzentriert sich das Kind auf seinen Körper und macht sensorische und motorische Erfahrungen. Dann handhabt es kleine Spieldinge seiner näheren Umwelt. Es gewinnt Freude daran, sie zu beherrschen, zu begreifen. Später stößt es in ein weites Umfeld vor, in eine Welt, die es mit anderen teilen muss.

Motorische Erfahrungen im Spiel werden vom Lebensumfeld geprägt.

Spiel und Bewegungsgelegenheiten finden Kinder immer, oft zum Unmut der Erwachsenen: Gräben zum Springen, Mauern zum Balancieren, Pfützen zum Drüberspringen, Straßengeländer als Reckstangen, Denkmäler als Klettergerüste...

Schon ein Seil verlockt zum Pferdchenspielen im Garten, wenn genügend Freiraum und ein Spielpartner vorhanden sind.

Einfache Materialien fördern die Kreativität.

Es ist schwer für das Kind, wenn es wegen mangelnder Geschicklichkeit unbeholfen ist, Dinge kaputtmacht oder zerbricht. Im Spiel kann es Dinge wiedergutmachen, gebaute

Türme umwerfen und wieder aufbauen. Es kann mit wertlosem, einfachen Material sich bewegen, balancieren, klettern, rutschen, schleudern, werfen. Diese Dinge dürfen kaputtgehen, sie sind ersetzbar. Der Einsatz von Schachteln, Autoreifen, Joghurtbechern ist nicht vorgegeben. Das Kind wird erfinderisch, kreativ und es erfährt die Befriedigung seiner kindlichen Bewegungsbedürfnisse.

Bewegung macht gesund und fit fürs Leben.

Vorschulkinder haben ein natürliches Bewegungsbedürfnis. Sie sammeln grundlegende Erfahrungen mit sich und ihrer Umwelt hauptsächlich durch Bewegung.

Eine Einengung ihrer Bewegungsfreiheit hat vielfach gesundheitliche, psychische und motorische Schäden zur Folge, die im späteren Leben kaum wieder ausgeglichen werden können.

Bei einer 1992 durchgeführten Untersuchung von Kindergartenkindern durch die Gesundheitsämter in NRW wurden 13,6 % Haltungs- und Fußschwächen, 7,8 % Koordinationsstörungen, 15,7 % Sprachstörungen festgestellt (Institut für Dokumentation und Information, Sozialmedizin und öffentlichen Gesundheitswesen IDIS 1992). Erheblich mehr Jungen als Mädchen zeigten auffällige Befunde.

Die Entwicklung des Kindes ist ein ganzheitlicher Prozess, in dem die Bewegung, wie auch die Sprache, ein wesentlicher Bestandteil ist.

Das Kind reagiert auf Spiel- und Bewegungssituationen zumeist mit Freude, Lust und Befriedigung.

Es erprobt Möglichkeiten von Stärken und Schwächen, lernt sich einzuschätzen und zu bewerten.

Es setzt sich mit anderen auseinander und gebraucht dabei seinen Körper als Ausdrucksmittel.

Motorische Fertigkeiten wie Kraft, Ausdauer, Schnelligkeit, Koordinationsfähigkeit, Geschicklichkeit und **motorische Fähigkeiten** wie Laufen, Springen, Klettern, Rollen, Schaukeln, Fangen, Balancieren und Schwimmen entwickeln sich. Muskeln, Herz und Kreislauf werden belastet. Das Kind bleibt gesund.

Heilende Kräfte im kindlichen Bewegungsspiel.

Bewegung hilft, Trennungsängsten zu begegnen.

Manche Kinder wiederholen bestimmte Bewegungsabläufe, z.B. einen Ball wegwerfen und immer wieder holen (viele Male). Sie erleben und verarbeiten dabei ihre Trennungsängste.

Kinder sind auf der Suche nach **Rückendeckung**:

Andere Kinder suchen Schlupfwinkel, Höhlen und Rückendeckung, die ihnen genügend Schutz und Sicherheit bieten.

Bewegungsspiele bieten Hilfen für enthemmte Kinder und gehemmte Kinder:

Gerade Kinder mit Problemen schaffen sich ihre eigene Scheinwelt. Die Kinderpflegerin hat die Aufgabe zu beobachten, ihre Beobachtungen der Erzieherin mitzuteilen und psychomotorische Bewegungs- und Spielsituationen zu schaffen.

Bewegungs- und Agressionsbedüfnisse werden im Spiel erfüllt.

Oft liegt bei Kindern ein großer Nachholbedarf an wilden Bewegungsstürmen vor. Ungestüme, ungezügelte Bewegungsentladungen sind anfangs notwendig. Sie dürfen nicht zu früh abgeblockt werden. Die Kinder empfinden ihre Bewegungsfreude und Bewegungen möglicherweise als „schuldhaft".

Dem Beobachter werden dabei die Probleme und Schwierigkeiten der Kinder offenbar.

Welches Material die Kinderpflegerin bereitstellt, ist von untergeordneter Bedeutung. Wichtig ist, dass das Spielmaterial attraktiv ist und großen Aufforderungscharakter für das Kind besitzt:

Bälle in verschiedenen Größen, mit unterschiedlicher Beschaffenheit, Joghurtbecher, Zeitungspapier, Schuhschachteln.

Gehemmte und antriebsblockierte Kinder lernen in der Bewegung, Ideen zu verwirklichen und eigene Gefühle spielerisch auszuagieren.

Verspannungen und Atemstörungen können durch Tierlaute und Tierbewegungen, durch Rhythmik und Entspannungsübungen abgebaut werden.

Sehr viel schwieriger gestaltet sich das Spiel mit antriebsgestörten, entwicklungsverzögerten oder behinderten Kindern. (Vgl. hierzu Kap. 7)

Beobachtungen von Eisele und Pechstein (1981) zeigen aber, dass nichtbehinderte Kinder schon im Kindergarten ein ganz natürliches Interesse am Anderssein ihrer behinderten Spielkameraden haben.

Alle Bewegungsspiele sind zugleich Sprachspiele.

Zum Beispiel regen Fingerspiele das Sprechen an, denn die menschliche Sprache ist in erster Linie ein Bewegungsvorgang.

Das Hervorbringen von menschlichen Sprachlauten, Lautverbindungen, Silben, Wörtern und Sätzen ist eine motorische Leistung zahlreicher Muskeln der Lippen, der Zunge, des Kehlkopfes und der Stimmbänder.

Motorische Förderung bedeutet also auch Sprachförderung. Im menschlichen Gehirn sind die Zentralen für Handmotorik und Sprache in so enger Nachbarschaft, dass eine gegenseitige Beeinflussung möglich ist.

Die Kinderpflegerin beobachtet die Kinder in ihrer motorischen Entwicklung.

Sie stellt fest,

- wenn sich ein Kind im Vergleich zum anderen ungeschickt anstellt,
- wenn es den Malstift im Kindergarten noch mit der Faust packt,
- wenn es Schwierigkeiten beim Basteln hat,
- wenn es öfters hinfällt und überall aneckt,
- wenn es nicht die Kraft hat, sein Stühlchen hochzuheben,
- wenn es Sprachschwierigkeiten hat.

Die Kinderpflegerin schafft die Voraussetzungen für Bewegungsfreude.

Voraussetzung für Bewegungsfreude ist die Atmosphäre des Vertrauens und der Freiwilligkeit.

Kinder haben manchmal Angst vor Bewegungssituationen:

- wenn diese neu und unbekannt sind und sie nicht wissen, was sie erwartet,
- wenn sie in ähnlichen Situationen schmerzhafte Erlebnisse hatten oder Verletzungen erlitten haben,
- wenn die Schwierigkeiten der Bewältigung der Situation ihnen zu groß erscheint und sie sich davor fürchten, z. B. zu versagen.

Kinder äußern diese Ängste nicht, sondern sie verweigern die Teilnahme:

- sie weinen,
- sie sind verkrampft,
- sie stören und ärgern die anderen,
- sie flüchten in Bauchschmerzen etc.

Die Kinderpflegerin ermöglicht ganzheitliche Bewegungserfahrungen.

In unseren „Sitzeinrichtungen" für Kinder wie Kindergarten, Hort usw. sind kaum ganzheitliche Bewegungserfahrungen möglich. Die Gelegenheiten zum Balancieren, Klettern, Springen, Fahren, Bauen, Graben und zu kreativer Bewegung sind denkbar gering.

Ein Stück Natur, eine Sandmulde, ein steiler Hang, ein kleiner Tümpel u. a. m. sind mit Hilfe der Eltern vielleicht dem Gelände der Einrichtung abzuringen.

Die Kinderpflegerin regt an und ermutigt.

Sie hält sich offen, ist auf „Empfang" geschaltet den Kindern gegenüber, ihren Ideen, Äußerungen und Reaktionen. Sie ermutigt unmissverständlich die Leistungsstärkeren, dem Schwachen beizustehen und zu helfen, statt ihn zu verspotten. Dabei kann ein Appell an den Beschützerinstinkt der leistungsstärkeren Kinder Wunder wirken.

Die Kinderpflegerin erstellt mit den Kindern zusammen Grundregeln bei der Bewegungserziehung.

Du darfst niemandem wehtun und niemanden verletzen.
Die darfst niemandem das Spiel zerstören.
Die darfst niemanden zu etwas zwingen.

Aufgaben

Benennen Sie bei folgenden Stichworten

1. mögliche Spielgeräte,
2. mögliche Spielideen und
3. möglichen Spielraum.

    „**A**utobahn", „**A**ffenkäfig", „**B**odenschaukel", „**B**ootsfahrt", „**E**xpedition in den Weltraum", „**E**isenbahn", „**E**xpedition ins Tierreich", „**F**euerwehr", „**O**mnibus", „**P**aketdienst", „**R**iesenschlange", „**R**oboterwelt", „**S**eenotrettung", „**S**umpfüberquerung", „**V**ampirjagd", „der **Z**auberer kommt", „**Z**irkus".

3.1.4 Förderung der kognitiven Entwicklung des Kindes

Aufgaben

1. Welche Lern- und Gedächtnisspiele kennen Sie?
    a) Stimmen Sie sich mit der Klasse ab, welches der Lern- oder Gedächtnisspiele Sie zusammen spielen.
    b) Welche Erfahrungen machen Sie dabei?
    c) Welche der Erfahrungen möchten Sie an Kinder weitergeben? Warum?
    d) Welche der Erfahrungen möchten Sie auf keinen Fall an Kinder weitergeben? Warum?

2. Fragen Sie Ihre Praxisanleiterin, welche Lernspiele in Ihrer Einrichtung verwendet werden.

3. Beurteilen Sie in der Gruppe Spiele, die für Kinder bis zu sechs Jahren geeignet sind, hinsichtlich der Möglichkeit zur Sprach- und Denkförderung.

4. Besuchen Sie ein Spielwarengeschäft, und erkundigen Sie sich nach Denkspielen für Kinder verschiedener Altersstufen.

5. Besorgen Sie sich einen Katalog für Kindergartenbedarf.
   a) Welche Lernspiele werden angeboten?
   b) Welche Bereiche sollen laut Katalog damit besonders gefördert werden?

6. Lesen Sie das folgende Beispiel:
   Was hat Lena bei ihrem Spiel für kognitive Leistungen erbracht?
   Die vierjährige Lena schneidet aus einseitig buntem Papier Schnipsel zurecht: grün, weiß, rot und lila.
   Sie sagt zur Kinderpflegerin: „Komm, Karten spielen!" Kinderpflegerin: „Wie denn?"
   Lena dreht alle Karten so um, dass die Farbe nicht erkennbar ist.
   Sie sagt zur Kinderpflegerin: „Jetzt zieh ich vier, und wenn ich vier rote habe, bin ich Sieger. Welche Farbe nimmst du?" Kinderpflegerin: „Ich wähle lila."
   Nun nimmt Lena Schnipsel vom Haufen. Sie hat mit Nachschauen vier rote gezogen. Lena: „Und jetzt ziehst du vier." In ihrem Eifer sucht sie gleich selbst für die Kinderpflegerin vier lila Schnipsel aus dem Haufen hervor, nicht passende werden wieder zurückgelegt.
   „So, nun hast du auch gewonnen." meint sie. „Jetzt musst du dir ein Spiel ausdenken."
   Die Kinderpflegerin schlägt vor, jeder zieht abwechselnd, und wer seine Farbe gezogen hat, hat jeweils gewonnen. Lena ist nicht einverstanden: „Nein, viermal ziehen!" „Warum müssen wir viermal ziehen?" fragt die Kinderpflegerin. Lena: „Naja, ich bin doch vier Jahre alt. Wann werde ich endlich fünf?"

Denken – ein Kinderspiel

Im Spiel lernen Kinder spielerisch den Umgang mit Sprache, Zahlen, Farben, Formen. Sie sind schöpferisch tätig, bringen ihre Sicht, ihre kindliche Sicht der Zusammenhänge zum Tragen.

Learning by doing

Im Spiel **begreift** das Kind durch Greifen, Ausprobieren, Erfinden, Zählen, Muster legen, Hinzufügen, Wegnehmen, Unterscheiden, Vergleichen und vor allem durch das Benennen, das Sprechen.

Alles, was das Kind begriffen hat, hat seinen Namen.

Die freie Spielsituation ermöglicht dem Kind seine eigene Phantasie; es verknüpft Ideen, Wahrnehmung und Handeln nach einem eigenen Plan. Die schöpferischen Fähigkeiten werden herausgefordert. Es gebraucht seine geistigen Fähigkeiten, übt und entwickelt sie.

Jedes Alter entwickelt andere kognitive Fähigkeiten und Spielinteressen:

Beispiel: In der Erzählung P. Tschechow „Die Kinderschar" spielen Kinder Lotto.

Der vierjährige Aljoscha und die sechsjährige Sonja spielen allein um des Spielens willen. Aljoscha kennt noch keine Zahlen, eigentlich spielt er gar nicht, sondern freut sich darüber, dass er am Spiel der Großen teilnehmen darf. Die übernehmen für ihn die Spielzüge.

Sonja hat den Sinn des Spiels begriffen, sie hat Freude am Verlauf. Anja (8 Jahre) und Grischa (9 Jahre) interessieren sich nicht für den Verlauf, sondern für das Ziel und das Ergebnis. Beide bemühen sich um ein Spielerlebnis. Anja will gewinnen. Sie spielt ehrlich und hält alle Regeln genauestens ein. Grischa will gewinnen, um zu dem Geld zu kommen. Er mogelt und verletzt die Spielregeln. (Didaktische Spiele, S. 30)

Bei **Kleinkindern** geht es um das Begreifen, um das Handeln und die Sinneswahrnehmmung: rauh – glatt, schwer – leicht, warm – kalt...

Das Kind braucht Dinge, an denen es die Unterschiedlichkeit der Dinge erfahren kann: Steine, Sand, Wasser, Papier, Stoffe, Bälle, Würfel, Stäbe.

Bei **Vorschulkindern** wird der Umgang mit den Dingen zu sinnvollen kleinen Handlungsabläufen gestaltet: Werfen, gießen, auspacken, einpacken usw.

Spiele zum Kennenlernen von Größenunterschieden, Geschicklichkeitsspiele, Farbspiele, Formauffassungsspiele und Sprachspiele sind für die Vorschulkinder eine Herausforderung.

Zum Sprechen und Lachen:
Zungenbrecher
Zwanzig zierliche Zwerge zwicken zwei zwackige und zappelige Zwickelkrebse.
Es klapperten die Klapperschlangen, bis ihre Klappern schlapper klangen.
Kleine Nussknacker knacken knackig. Knackiger knacken große Nussknacker.
Zwischen zwei spitzen Steinen schlängeln sich zwei zischelnde Schlangen.

Die Kinderpflegerin achtet auf das kindliche Entwicklungsniveau.

Kinder entwickeln sich schneller oder langsamer, deshalb sollte sich die Kinderpflegerin auf das kindliche Entwicklungsniveau einstellen.

Sie verhält sich abwartend, beobachtet das Kind, um Spielthemen und Spielideen einfühlsam zu begreifen. Sie übernimmt (vielleicht auf Aufforderung des Kindes hin) die Spielidee, macht mit und zeigt dem Kind, dass sie verstanden hat, worum es geht.

Durch das Mitspielen gibt sie dem Kind zu verstehen, dass sie die Spielidee des Kindes interessant findet, dass sie die Spielidee akzeptiert und bestätigt damit das Kind in seinen Einfällen und in seiner Phantasie.

Die Kinderpflegerin ermutigt und unterstützt Kinder bei deren Spielideen.

Die Kinderpflegerin ist Begleiterin, die das Kind in seinem Vorhaben unterstützt und bestätigt.

Sie freut sich über Aha-Erlebnisse des Kindes und sieht, wie das Kind an Geschicklichkeit zunimmt.

Schon aus Wickel- und Esssituationen können sich oft nette Spiele ergeben.

Beim Mitspielen zeigt die Kinderpflegerin Geduld.

Das Mitspielen der Erwachsenen erfordert eine Menge Geduld.

Viele Wiederholungen und Spielvariationen nehmen im Prozess des Begreifens **Wochen** in Anspruch.

Die Kinderpflegerin lässt dem entwicklungsverzögerten Kind mehr Zeit.

Bei **verzögerter geistiger Entwicklung** soll der Erzieher nicht übersehen, dass das Kind wie alle anderen ein Potential an Spielfreude, Kreativität und Entdeckerlust in sich trägt, das angesprochen werden will.

Das Spielniveau, die Spielinhalte, die Interessen sind mit denjenigen von jüngeren Kindern vergleichbar.

Kreative Prozesse, Einsichten, Aha-Erlebnisse brauchen mehr Zeit.

Das geistig entwicklungsverzögerte Kind braucht Raum, um Fragen selbst entwickeln zu können.

Solche Kinder werden zu oft und zu schnell mit Lernmaterialien und Lernspielen versorgt.

Ist das Kind traurig, dass es langsamer, weniger klug, weniger geachtet ist, kann der Erzieher das Kind im Spiel in seiner Trauer begleiten, annehmen und erfahren lassen, dass seine persönliche Bedeutung unabhängig ist von intellektueller Leistungsfähigkeit und seiner Geschicklichkeit.

Bei **sprachlichen Entwicklungsstörungen** erfährt das Kind oft Unverständnis, wenn es sich in Worten mitteilen will. Es wird ihm mit Ungeduld, Ablehnung und Ärger begegnet.

Es erfährt: Sprechen lohnt sich nicht.
Es meidet seine Schwäche.

Merke Kinder sind auf konkrete Anschauung und praktisches Tun angewiesen.

Spielen fördert die kognitive Entwicklung des Kindes.

Bei **Lern- und Gedächtnisspielen** werden folgende Fähigkeiten und Fertigkeiten besonders gefördert:

nachdenken

mit anderen diskutieren

andere Meinungen anerkennen

Zusammenhänge erkennen

Folgerungen ziehen

Fragen stellen

Vermutungen äußern

Lösungen finden und sie miteinander vergleichen

Unterschiede feststellen

logisch denken

Im Spiel kann das Kind logische Zusammenhänge der Welt erfahren und erfassen.
Es lernt, wie sich die Dinge im Leben abspielen.

Aufgaben

Obstkerne nicht wegwerfen, sondern sammeln und damit spielen

Sehen: Vier verschiedene Obstkerne werden angeordnet, die Reihe wird verändert, ein Muster wird gelegt.

Tasten: Aus einem Körbchen oder Säckchen werden die Kerne herausgeholt, die beschrieben werden oder dessen Frucht gezeigt wird.

Hören: Die Kinder lassen Kerne fallen, sie schütteln Kerne in unterschiedlichen Behältern.

Würfeln: Die Anzahl der Kerne wird durch den Würfel bestimmt. Diese Anzahl darf aus der Mitte genommen werden.

Erfinden Sie weitere Kern-Spiele.

3.2 Überblick über ausgewähltes Spielmaterial

Aufgaben

1. Bringen Sie von zu Hause Fotografien mit, auf denen Sie als Kind mit Spielmaterial abgebildet sind. Womit haben Sie am liebsten gespielt?

2. Fragen Sie Ihre Eltern und Großeltern nach ihrem Lieblingsspielmaterial.
   Anna Wimschneider schreibt in ihrem Buch „Herbstmilch":
   „Im Frühling lag draußen vor der Hofeinfahrt ein großer Wied(Reisig)haufen, den die Mutter mit dem Hackl im Bündl hackte. Da spielten wir Kinder, krabbelten in dem Haufen herum, da wimmelte es nur so von Kindern. Die Zapfen von den Fichten, das waren unsere Rosse, die Reigerl von den Föhren unsere Kühe, Eicheln die Schweine. Aus den großen Rindenstücken wurde dann ein Hof gebaut. Rindenstücke waren auch unsere Wagen, an die mit einem Faden oder einer leichten Schnur unsere Tiere eingespannt wurden.
   Als Getreide nahmen wir Spitzwegerich, Breitwegerich war unser Geld, und alle möglichen Gräser hatten ihre Bedeutung und machten unseren Spielzeugbauernhof reich."

3. Vergleichen Sie Ihre Spielerfahrungen mit denen Ihrer Eltern und Großeltern.

4. Beobachten Sie Kinder verschiedener Altersstufen. Womit spielen diese Kinder? Stellen Sie Ähnlichkeiten und Unterschiede zu Ihrem Spielmaterial fest.

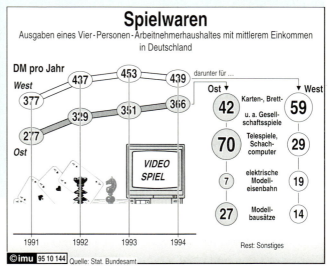

Nach verlässlichen Schätzungen werden in Deutschland jährlich mehr als eine Milliarde DM für Spielzeug ausgegeben. Mit „Spielzeug" wird meistens das bezeichnet, was Erwachsene eigens für Kinder entworfen und ausgesucht haben, um Kinder zu beschäftigen.

In diesem Kapitel ist deshalb von **„Spielmaterial"** statt **„Spielzeug"** die Rede.

Für Kinder ist Spielmaterial eine Brücke zur Welt: Was lässt sich alles mit diesen Spieldingen machen? Kinder probieren aus und fragen nicht lange.

3.2.1 Altersgerechtes Spielmaterial

Spielfahrplan

Im **ersten Lebensjahr** macht sich das Baby mit seinem Körper und mit seiner Umgebung vertraut.

Es begreift die Welt mit seinen Sinnen: sehen, hören, tasten, greifen und vor allem schmecken. Es steckt alles in den Mund. Spielzeug muss deshalb besonders sicher sein, groß genug, dass das Baby es nicht verschlucken kann. Mögliche Spielmaterialien sind Rassel, Beißring, Klangspiele, Schlaftier aus Plüsch, Schwimmtiere für die Badewanne, Hampelmann, Musikspieldose, Kugelketten, bunte Holzklötze, Spiegel.

Mit **ein bis zwei Jahren** lernt das Kind laufen und sprechen.

In diesem Alter braucht das Kind Spielzeug zum Liebhaben, es braucht Dinge, die die Geschicklichkeit seiner Hände fördern. Es bekommt die Dinge des Lebens in den „Griff", es begreift.

Mögliche Spielmaterialien sind Sand, Steine, Blätter, Gräser, Kastanien, wertloses Material (Schachteln, Dosen, alte Zeitungen, Garnrollen), Nachziehspielzeug, einfache Fahrzeuge, Sandspielzeug, Steckspielzeug, Schaukelpferd, Plüschtiere, Holzbausteine, Bilderbücher.

Im Alter von **zwei bis drei Jahren** ist die Sprachentwicklung des Kindes sehr intensiv. Bewegungsfreude und Trotz spielen eine große Rolle. Diese Kinder bauen gerne.

Mein und Dein und das Bedürfnis nach Ordnung entwickeln sich.

Mögliche Spielmaterialien sind Dreirad, Wachsmalstifte, Fahrzeuge aus Holz, einfaches Bastelmaterial, Legespiele, Holzwerkzeug, Knetmaterial, Gartenschaukel, Schubkarre, Puppenwagen, Fingerfarben, Vorlesebücher.

Im Alter von **drei bis vier Jahren** spielen Kinder gerne das nach, was sie selbst erleben: Familie, Doktor, Polizist. Diese Rollenübernahme hilft dem Kind, Erlebnisse zu verarbeiten und soziale Spielregeln zu begreifen. Sie entwickeln eine blühende Phantasie und sind sehr neugierig.

Die **Vierjährigen** sind sehr lebhaft, energisch und wirken oft kess und großspurig. Sie spielen gern mit Worten.

Diese Kinder sind geistig sehr beweglich. Sie stellen viele Fragen und experimentieren gerne.

Alles, was sie erleben, wollen sie sofort nachspielen. Sie können dabei sehr konzentriert sein.

Auf dem Spielplatz zeigen sie oft sehr viel Beweglichkeit, und manche sind kleine Akrobaten.

96

Die **Fünfjährigen** werden leicht überschätzt und überfordert, weil sie so vernünftig wirken. Gut sind in diesem Alter Spiele, die die Sinne und die Konzentration fördern. Fünfjährige kommen mit sich und ihrer Umgebung meist gut aus. Sie sind sozial schon stabil. Der Kontakt zu Gleichaltrigen ist besonders gut, und sie sind faire Spielgefährten und Partner.

Spielmaterial für die vier- bis sechsjährigen könnte sein: Puppenkleider, Buntpapier, Kreide, Kinderschere, Kleber, Perlen, Aufstellspielzeug, Bilderlotto, Memory, einfache Musikinstrumente, Holzeisenbahn, Handspielpuppen, Puzzles, Roller, wertloses Material und eine Verkleidungskiste.

Das Alter zwischen **sechs und sieben Jahren** ist ein bewegtes Jahr:
Schuleintritt, Zahnwechsel, neue Tagesrhythmen bringen Kinder oft in innerliche Spannungen.
Sie werden empfindlich, aufbrausend und versuchen so ihre Unsicherheit zu überspielen.
Mit Gleichaltrigen gibt es oft Schwierigkeiten, weil jeder tonangebend sein möchte.
Sie können schlecht verlieren. Am liebsten toben sie draußen herum.
Dann ziehen sie sich gerne wieder zurück und bleiben gerne allein.
Wichtig ist in diesem Alter, besonders die Sinneswahrnehmung zu steigern.

Im Alter von **acht bis zehn Jahren** gibt es die wenigsten Probleme. Die Kinder sind tolerant, sie interessieren sich für ihre soziale Umwelt und sind bereit zu helfen.
Ihre Wissbegierde kennt keine Grenzen. Sie interessieren sich für Tiere, andere Länder, für Sport, Autos, sie lesen viel und gern. Sie spielen gerne in der Gruppe. Sie sind kameradschaftlich. Sie sind leidenschaftliche Sammler, tauschen und handeln gerne untereinander.
Spielmaterial für die sieben- bis elfjährigen: Handarbeitszubehör, Druckkasten, Baumaterial, Fahrrad, Drachen, Rollschuhe, Modellfahrzeug, Konstruktionsmaterial, Webrahmen, Bastel- und Werkmaterial, Gesellschaftsspiele, elektrische Eisenbahn, Kaufladen, Brett-, Würfel-, Quartettspiele, Fußball, Bücher, Sportspiele.

Das Gefühlsleben der **Elf- bis Zwölfjährigen** ist intensiv. Sie betrachten die Erwachsenen schon sehr kritisch. Widerspruch und Schimpfwörter, Kraftausdrücke gehören zum Alltag. Mit Gleichaltrigen gibt es viel Zank und rasche herzliche Versöhnung. Die wechselnden Stimmungen weisen auf die kommende Pubertät hin.
Geld und Besitz spielen eine wichtige Rolle. Wichtig ist auch die Ähnlichkeit mit Gleichaltrigen. Spiele werden dann gespielt, wenn sie gerade in Mode sind, und alles ist gut, wofür sich die Freunde begeistern können.
Spielmaterial: Modellbau, Bastelmaterial, Experimentierkästen, Gesellschaftsspiele, Zauberkästen, Sportzubehör.

Aufgaben
1. Sammeln Sie Bau- und Konstruktionsmaterialien, Material zum Verzieren, vielleicht sogar Stoffe und Naturmaterialien.
2. Begeben Sie sich in kleine Gruppen und bauen Sie zusammen etwas.
3. Überdenken Sie Ihre Erfahrungen und Beobachtungen: Gefühle, Einfühlung, Beziehungen, Bedürfnisse und Wünsche.

3.2.2 Anforderungen an das Spielmaterial

Der „Arbeitsausschuss für Gutes Spielzeug" hat zehn Beurteilungspunkte zusammengestellt, die die Anforderungen an Spielgegenstände darstellen:

1. Das Spielmaterial soll die Phantasie anregen.
2. Je vielfältiger die Spielmöglichkeiten, desto anregender ist das Spielmaterial und desto länger bleibt es interessant.
3. Spielgegenstände folgen den aktuellen Umwelteindrücken und Erlebnissen des Kindes.
4. Die Größe der Spielgegenstände soll dem Alter entsprechen.
5. Die Menge der Spielgegenstände kann über den Spielerfolg entscheiden.
6. Material und Haltbarkeit sollen dem Spielzweck und dem Alter des Kindes entsprechen.
7. Form und Farbe beeinflussen die Geschmacksbildung, die Spielmöglichkeiten und die Vorstellungswelt des Kindes.
8. Konstruktion und Mechanik sollen einfach und verständlich sein.
9. Ernsthafte Gefahren müssen ausgeschaltet sein.
10. Der Preis soll den Spielmöglichkeiten und der Lebensdauer entsprechen.

Waffen im Kinderzimmer: Ja oder nein?

Aufgaben

1. Sammeln Sie Spielregeln aus Ihrer Praxiseinrichtung zum Thema Waffen bauen, Waffen benützen im Gruppenraum, Waffen von zu Hause mitbringen, Waffen im Fasching...
2. Vergleichen Sie Ihre Ergebnisse, und nehmen Sie zu den verschiedenen Lösungen in den pädagogischen Einrichtungen Stellung.

Wer die Waffe in der Hand hält, fühlt sich mächtig und stark. Und dieses Gefühl scheint den Jungen zu gefallen. Mädchen sind meistens erstaunlich immun dagegen.

Über die Regeln beim Herumknallen muss man nicht reden. Sie sind denkbar einfach. Jeder kapiert sie auf Anhieb. Weil die Regeln so simpel sind, lässt sich das Spiel mit etwas Phantasie wunderbar aufmöbeln.

Wer kann da nicht alles gegen wen antreten: Gute Seemänner gegen böse Piraten, gute Indianer gegen böse Cowboys oder umgekehrt, gute Sheriffs gegen böse Banditen. Hier ist alles ganz einfach: Schwarz oder weiß? Da kann man sich als Pistolenheld schnell zurechtfinden. Bei diesen Schießereien ist alles in Bewegung: Alle rennen, alle schreien, alle fuchteln mit den Armen. Hier ist was los. Und hinterher sind **alle** total **e r s c h o s s e n**.

Untersuchungen haben gezeigt, dass es kein Spielzeug gibt, das aggressiv macht.

Spielmaterial ist ein Hilfsmittel, um Wut, Angst, Zorn auszudrücken.

Es besteht allerdings die Gefahr, dass die ständige Wiederholung von Waffen- und Kriegsspielen als Verstärker wirken und das Kind in einen Teufelskreis gerät.

Wenn ein Kind **lange** mit Waffen spielt, weist das auf starke innere Spannungen und Kränkungen hin.

Die Kinderpflegerin, die so etwas beobachtet, bespricht dies mit der Erzieherin. Unter Umständen kann im Team der Einrichtung besprochen werden, wie diesem Kind geholfen werden kann.

Solange sich die Werte der Erwachsenen nicht ändern und Krieg und Gewalt als Konfliktlösungsmittel nicht geächtet werden, setzt ein Verbot bei Kindern am falschen Ende an.

Computer- und Videospiele

> **Aufgaben**
> 1. Welche Erfahrungen haben Sie mit Computer- und Videospielen gemacht?
> 2. Welche Erfahrungen möchten Sie an Kinder weitergeben? Warum?
> 3. Welche Erfahrungen möchten Sie Kindern ersparen? Warum?

Computer und elektronische Unterhaltungsgeräte bestimmen immer mehr das Spiel der Kinder.

Es gibt viele Gründe, warum diese Spiele sich so großer Beliebtheit erfreuen:

- Das Kind braucht keinen Spielpartner.
- Die Leistung wird sofort belohnt.
- Reaktion, Konzentration, Ausdauer und das Zusammenspiel von Wahrnehmen, Denken und Handeln (Sensomotorik) werden trainiert.
- Der Umgang mit moderner Elektronik macht Spaß.
- Spannung und Unterhaltung gibt es durch immer wechselnde Spielverläufe, wechselnde Spielebenen (andere Welten der Levels), unterschiedliche Schwierigkeitsgrade, Bilder und sogar Musik.
- Sie können überall mit hingenommen werden.

Viele Gründe sprechen aber auch gegen Video- und Computerspiele:

- Die eigene Kreativität bleibt auf der Strecke.
- Soziale Beziehungen erfolgen höchstens beim Spieletausch oder bei der Spielebeschaffung.
- Es erfolgt oft eine gedankenlose Identifikation mit den handelnden Spielfiguren.
- Differenzierte und individuelle Lösungswege sind oft nicht möglich.
- Das lange Sitzen vor dem Bildschirm löst oft Bewegungsmangel und Unruhe aus.
- Der Wunsch nach immer neuen Spielen fördert das Konsumdenken.
- Und das ergibt oft genug Familienstreit.

 Die Auswahl des Spielmaterials ist abhängig von den Bedürfnissen der einzelnen Kinder und der Gruppe, von den sozialen Erfahrungen der Kinder und von der Jahreszeit.

Alle Spielgegenstände sind so auszuwählen, dass sie pädagogisch sinnvoll sind zu diesem Zeitpunkt.

Die Anforderungen an das Spielmaterial sind zu Beginn eines Kindergartenjahres andere als am Ende.

Aufgaben

1. a) Stellen Sie einen Elternbrief zusammen zum Thema „Waffen im Kinderzimmer".
   Mögliche Hinweise könnten sein:
   „Schenken Sie kein Kriegsspielzeug." „Versuchen Sie herauszufinden, was Ihr
   Kind am Kriegsspielzeug so anzieht."
   „Reden Sie mit Ihrem Kind über diese Faszination von Waffen und deren tödli-
   che Folgen." „Bieten Sie Ihrem Kind gutes, phantasieförderndes Spielzeug an
   und spielen Sie öfters mit ihren Kindern."„Prüfen Sie sich, ob Sie nur im Kinder-
   zimmer abrüsten wollen."
   b) Erstellen Sie einen Elternbrief zum Thema: „Unser Kind möchte ein Computer-
   spiel zu Weihnachten." Geben Sie darin Hilfestellungen zur Spielauswahl, zur
   Geldausgabe, zum Entwicklungsstand des Kindes, zu gewaltverherrlichenden
   Spielinhalten, zu Anforderungen wie Reaktion, Geschicklichkeit, Denkvermö-
   gen, der Dauer, zu den sonstigen kindlichen Aktivitäten.
2. Brainstorming zum Thema: Spielmaterial (nach den Spielregeln von Stadt, Land,
   Fluss)
   Ein Mitspieler sagt A und sagt innerlich das ABC, der Spielpartner sagt „Halt".
   Mit diesem Buchstaben wird dann das Spielmaterial in die Liste eingetragen.
   Die Punkteverteilung kann abgesprochen werden, z. B. bei gleichen Nennungen
   statt 10 nur 5 Punkte.
   Sieger ist, wer die meisten Punkte gesammelt hat.
   Beispiel eines möglichen Spielplans:

	Spielmaterial			
	zum Bewegen	**zum Konstruieren**	**zum Rollenspiel**	**Regelspiel**
A			Anziehsachen	Angelspiel
B	Basketball	Bauklötze	Babypuppe	Bärenspiel
D	Dreirad	Duplo-Steine		Domino
E		Eisenbahn	Eimer	

Ein weiteres Spiel könnte sein:

Sich den Ball zuwerfen und einen Verwendungszweck nennen, z. B. Spielmaterial
zum Rollen. Der Mitspieler nennt das gewünschte Spielmaterial, z. B. Kugel. Fällt
ihm keines ein, kann sich die Klasse aussuchen, was er dann tun soll.

3.2.3 Methodischer Umgang mit Tischspielen

Aufgaben

1. Bringen Sie Ihr Lieblingstischspiel mit und spielen Sie es mit Mitschülerinnen.
   a) Welche Erfahrungen machen Sie dabei?
   b) Welche Erfahrungen möchten Sie an Kinder weitergeben? Warum?
   c) Welche Erfahrungen möchten Sie Kindern ersparen? Warum?
2. Welche Tischspiele gibt es für welches Alter in Ihrer Einrichtung?
3. Nennen Sie mögliche Ziele bei Tischspielen.
4. Welche Tischspiele gibt es für verschiedene Jahreszeiten?

Tischspiele sind Spiele mit Regeln

Regeln geben Sicherheit.

Rivalitäten, Neid, Triumph und Niederlage vollziehen sich in überschaubaren Bahnen.

Die **Spielregeln** klären die Beziehungen untereinander. Gut verlieren und großzügig gewinnen will gekonnt sein. Regelspiele sind Übungsfelder für den Umgang mit dem Siegen- und Verlierenkönnen.

Es hängt nicht alles vom eigenen Einsatz ab, sondern von unabhängigen Kräften wie Zufall, Glück und Strategien des anderen.

Praxisbeispiel

Gewinnen und Verlieren
Beobachtung im Kindergarten, im Freispiel
9.15 Uhr
Tischspiel: „Mausefalle"

Ziel: Mäuse sind auf dem Weg zum Käse, können aber unterwegs in schwierige Situationen geraten und müssen dann einmal aussetzen. Gewinner ist der, der als erster beim Käse angelangt ist.

Es spielen die Kinderpflegerin, Dominik (5 Jahre), Sabine (5 Jahre) und Bernhard (5 Jahre).
Als Dominik behauptet, er sei dran, stellt die Kinderpflegerin klar, dass dem nicht so ist.
Dominik sagt, wenn er nicht dran komme, dann werfe er das ganze Spielfeld um.
Dabei zittert er und wirkt sehr nervös.
Die Kinderpflegerin kann ihn überzeugen, das Spiel geht weiter.
Dominik gewinnt und soll den anderen helfen, auch zum Käse zu kommen. Als alle beim Käse sind, nimmt Dominik seine Maus und will die Siegerreihenfolge aufstellen.
Die Kinderpflegerin nimmt ihre Maus und sagt, dass ihre Maus jetzt in die Speisekammer gehen wolle. Die anderen Kinder verteilen auch ihre Mäuse. Sie kochen und essen und gehen auf dem Spielfeld spazieren. Es entsteht ein Rollenspiel, bei dem die Kinder viel Spaß haben.

Auswertung:
Die Siegerreihenfolge und Dominik in seiner Siegerrolle werden abgeschwächt. Dominik reiht sich in das Spiel mit den Mäusen in die Gruppe mit ein.
Er lernt, dass Miteinanderspielen schöner ist, als sich als Sieger in Pose zu stellen.
Die Kinderpflegerin hat während des Tischspiels für Dominik ein klares Ziel.

Aufgaben zum Praxisbeispiel

1. Nennen Sie den Grund, warum die Kinderpflegerin nicht auf die Reihenfolge der Sieger eingeht.
2. Nennen Sie für Dominik Ziele aufgrund dieser Beobachtung.
3. Gibt es weitere Tischspiele, die Dominik fördern könnten?
4. Welche Tischspiele sind für Dominik zunächst wenig geeignet? Warum?

Tischspiele stellen hohe Anforderungen an den einzelnen in der Gruppe:

„Verlieren kann schrecklich weh tun." (Sabine, 4 Jahre)
„Nie wieder spiele ich mit euch, das ist das bescheuertste Spiel, das ich kenne!" (Florian, 5 Jahre)
„Ich bin der Sieger!" (Maxi, 5 Jahre), *ich bin der Verlierer!"* (Claudia, 5 Jahre)

Bei Tischspielen lernen die Spieler:

1. das Verhalten des anderen vorauszuahnen,
2. ihre Schach-Züge in die eigene Strategie miteinzubeziehen,
3. mit Schwierigkeiten umzugehen und sie zu beseitigen,
4. Risiken eingehen zu können oder auch nicht,
5. Herausforderungen bestehen zu können.

Nach Regeln spielen zu lernen, ist einer der wichtigsten Schritte bei der Sozialisierung. Sie erfordern die Fähigkeit der Selbstbeherrschung und die Beherrschung und Steuerung von Aggressionen.

Gerade die Jüngeren tun sich oft schwer beim Verlieren. Sie können die Wirklichkeit des Spiels noch nicht von der Wirklichkeit des Lebens unterscheiden. Es geht bei ihnen um Kopf und Kragen. Immer hinken sie nach, sind den Älteren unterlegen. Wieder gewinnt im Spiel der Mächtigste, der Große. Das ist zum Verzweifeln.

Wie schön ist es da, einen gutmütigen erwachsenen Mitspieler zu haben, der dann sagt: „Komm, wir fangen noch mal von vorne an!" Ein neues Spiel, ein neues Glück, eine neue Chance.

Es gibt Tischspiele, bei denen alle Mitspieler zusammen helfen.

Bei diesen Spielen geht es um ein Miteinander. Das Spiel selbst verkörpert den Gegenspieler, den es gemeinsam zu besiegen gilt.

Merke   **Die Kinderpflegerin ist Vorbild in der Spielfreude und im Spielverhalten.**

1. Wichtig ist es, **offen** zu sein für alle Impulse und Spielideen, die vom Kind ausgehen. Eigene Spielideen steckt die Kinderpflegerin zurück.

2. Bei Regelspielen sollte die Kinderpflegerin daran denken, dass die Spielregeln für Kinder längst nicht so klar sind wie für Erwachsene, besonders wenn die Kinder noch jünger sind und das Spiel ihnen relativ neu ist.

3. Wichtig ist vor allem der **Inhalt des Spiels**, das Thema.
   Hier können die Erfahrungsbereiche mit den Kindern spielerisch gewonnen werden.
   Tiere, Häuser, Spielfiguren lassen sich zunächst ohne Spielregeln in ein phantasievolles Hantieren einbeziehen.
   Erfahrungen der Kinder zum Spielthema können vertieft werden.

4. Die Kinderpflegerin sollte darauf achten, welche Regelvorstellungen **das Kind** an das Spiel heranträgt:
   „Wie sollen wir das jetzt spielen, was meinst Du?"
   Wenn sich die Kinderpflegerin für Regeländerungen offen zeigt, ergeben sich Mitteilungsmöglichkeiten auf der Gefühlsebene zwischen den Spielpartnern, jenseits der Spielprinzipien von Gewinnen und Verlieren.

5. Am **Anfang des Kindergartenjahres** sollte der Einsatz des Tischspiels wohl überlegt sein.
   Die Kinderpflegerin sollte in erster Linie darauf achten, dass **die neuen Kinder** in der Gruppe klar kommen.
   Wenn sie bei Tischspielen mitspielt, kann sie sich kaum auf beide Aufgaben konzentrieren: die Gruppe im Überblick zu haben und echter Spielpartner beim Tischspiel ein.
   Bei den „Kleinen" ist es ratsam, darauf zu achten, welches Tischspiel sie auswählen.
   Oft ist das Tischspiel nur für Größere geeignet, und Misserfolgerlebnisse sind vorprogrammiert.

Schnell wird das Material wieder eingeräumt und ein neues geholt.

Die Kinderpflegerin geht mit dem jüngeren Kind zum Regal und überlegt mit den Kind gemeinsam, welches Spiel wohl schon geeignet ist für den Anfang.

Eine weitere Möglichkeit wäre es, das Tischspiel in seiner Regelhaftigkeit zu verändern; es könnte bei geeigneten Figuren oder Bildern (Memory) durchaus zuerst mit den Figuren ein Tischtheater oder Rollenspiel gespielt werden oder mit den Memorykärtchen ein Erzähl- und Sprachspiel gestaltet werden.

6. Tischspiele werden oft auf ihre Regelhaftigkeit verkürzt.

Sie enthalten **mehr Spielwert** als in der Gebrauchsanleitung steht. Dieser Spielwert kann im gemeinsamen Spiel mit dem Kind (zunächst ohne Spielregeln) gefunden werden.

Spielregeln können methodisch auch durchaus erweitert werden, z. B. dadurch, dass man ein Kärtchen schenken darf, wenn man es selber nicht braucht.

7. Vor dem Spiel mit Regeln sollte das **Spielmaterial** genau angeschaut werden. Die Kinder dürfen dazu erzählen und das Material selbst erst spielerisch ausprobieren.

Dadurch wird geklärt,

ob den Kindern alle Begriffe und Bilder bekannt sind, z. B. die Getreidesorten und deren Nutzen beim Spiel „Bauer Klaus und die Maus",

und welche Erfahrungen die Kinder mit diesem Spielthema haben, z. B. Dinosaurier und deren Namen beim Spiel „Pronto Bronto".

Jedes Tischspiel hat ein Thema.

Bei Erklärungen und Spiel kann das Thema immer wieder angesprochen werden, die Spielfiguren können lebendig gemacht werden.

8. Die Spielschritte und Spielregeln sollten **sinnvoll** und **kindgemäß** erklärt werden.

Beispiel: „Bauer schnell, sonst wird es hell"

Warum schieben wir den Schubkarren zum Feld?

Nicht nur, weil die Spielregel das besagt, sondern weil dort das wichtige Futter für den Hasen ist, der ja sonst verhungern würde.

9. Die Kinderpflegerin achtet auf die **Vollständigkeit des Spielmaterials**. Für Kinder ist es ärgerlich, wenn ein Spiel nur deshalb misslingt, weil z. B. ein wichtiges Kärtchen fehlt.

10. Die Kinderpflegerin kann durchaus aus methodischen Gründen **auf einen Teil des Spielmaterials zunächst verzichten**.

Zum Beispiel kann sie aus den Memorykärtchen nur die Kärtchen auswählen, die zum gemeinsamen Thema in der Gruppe oder zur Jahreszeit passen.

Oder sie kann auf einen Teil des Spielmaterials, methodisch begründet, verzichten, um beim ersten Mal die Spieldauer zu begrenzen oder jüngeren Kindern den Einstieg ins Spiel zu erleichtern.

11. Das Spiel sollte von der Thematik zu den Kindern passen, d. h. es sollte **zielgerichtet** eingesetzt werden, z. B. als Sprachspiel.

Die Zielsetzung des Spiels sollte die Kinderpflegerin deutlich zu Beginn des Regelspiels sagen:

Worauf kommt es an?

Sie sollte auch taktische Hinweise geben, wie dieses Ziel am besten erreicht werden kann.

Zu langwierige Erklärungen sollten dabei vermieden werden.

„Müssen" sollte in den Erklärungen vermieden werden. Das widerspricht der Zielsetzung von Spielen, da „muss" man nicht.

12. Die Kinderpflegerin hat zu jeder Zeit den **Überblick**, wer welche Spielfigur hat, wer dran ist.

Sie erkennt aufgrund von Beobachtung, welches Kind Hilfe braucht, welches Kind unter Leistungsdruck steht und welches Kind sie gar stützen muss, indem sie ihm einen Vorsprung verschafft, z. B. ihm ein Kärtchen schenkt.

13. Es geht ihr auf keinen Fall darum, das Spiel zu gewinnen, sondern Kindern ein Erfolgserlebnis und Spielfreude zu vermitteln. So kann sie dem Kind, das ein Spiel verloren hat, ein anderes anbieten, bei dem das Kind echte Gewinnchancen hat, z. B. Memory, Domino, Quartett oder Bilderlotto.

14. Die Kinderpflegerin achtet darauf, wie der **Abschluss** gestaltet werden kann, z. B. wenn die Tiere gefüttert sind, können sie schlafen gelegt werden.

Dabei kann der Spielplan durchaus durch Bauklötze oder Legematerial ausgeweitet werden.

Wenn das Spiel aufgeräumt wird, kann das spielerisch gemeinsam geschehen, z. B. „Die Tiere werden jetzt schlafen gelegt…"

Aufgaben

Diskutieren Sie den Einsatz folgender Tischspiele bei Kindern:

1. „Schützt unseren Teich", ein Gemeinschaftsspiel für Kinder ab 4 Jahren, in dem gegen den herannahenden Bagger gespielt wird, der den Teich zuschütten wird.

2. „Ene, mene Müll", ein Gemeinschaftsspiel für Kinder ab 5 Jahren.
   (Müll wird sortiert und vor das Haus gestellt, bevor das Müllauto zum ersten Haus kommt.)

3. „Entenrennen", ein Spiel für Kinder ab 4 Jahren. Wer die meisten Eier ins Nest bringt, hat gewonnen.

4. „Pronto, Bronto", ein Gemeinschaftsspiel gegen den fleischfressenden Dinosaurier für Kinder ab 5 Jahren.

5. „Regentropfenspiel", ein Spiel mit Regentropfen, die das Wachsen der Pflanzen ermöglichen, für Kinder ab 5 Jahren.

6. Tischspiele haben ihren Preis.
   Gibt es für die Kinderpflegerin Möglichkeiten, selber Tischspiele und Regeln alleine oder mit den Kindern gemeinsam zu erfinden oder herzustellen?
   Beachten Sie dabei, dass z. B. der Herbst und seine Früchte viele Möglichkeiten erschließen: Kastanien können gespickt mit Zahnstochern zu Igeln werden, die auf einem gestalteten Spielfeld um die Wette laufen.
   Spiele wie „Waldmemory" oder „Waldgerüche erraten" ermöglichen einen neuen Zugang zu Natur und Spiel (Duft von Tannenzapfen, frischem Reisig, von Moos und Erde).
   Zuordnungsspiele im Herbst: Welche Frucht zu welchem Blatt, zu welchem Baum…?
   Betrachten Sie selbst das Naturmaterial im Herbst, und überlegen Sie, welche der Ihnen bekannten Tischspiele auch mit diesen Materialien gespielt werden können.
   Erfinden Sie gemeinsam Wald- und Herbstspiele.

3.3 Ausgewählte Spielformen und ihre Einsatzmöglichkeiten

3.3.1 Übersicht über die Spielformen

Spielformen im Laufe der kindlichen Entwicklung

1. **Das Funktionsspiel und Bewegungsspiel:** Ausprobieren, geben und nehmen.
   Der Säugling und die sehr kleinen Kinder zeigen viel Ausdauer und Konzentration, wenn sie die Erwachsenen nicht daran hindern, z. B. wenn sie einen Ball wegwerfen und sich freuen, wenn man ihn zurückbringt. Kinder krähen da vor Vergnügen und wollen gar nicht aufhören. Sie üben Augen und Hände zu koordinieren, zu steuern. Sinneserfahrungen sind möglich: Der Ball ist rund, rollt, ist glatt.
   Das Funktionsspiel gibt Antwort auf die Frage: Was kann ich alles damit machen?

2. **Phantasiespiele und Konstruktionsspiele:** „Ich kann es selbst"
   Im Alter von etwa **zwei Jahren** kann sich das Kind bereits Tätigkeiten vorstellen, seine Phantasie beginnt zu erwachen. Das Kind greift in die Umwelt ein. Es baut und gestaltet.
   Logische Gesetzmäßigkeiten wie Statik, Maßverhältnisse und Schwere werden erfasst. Im Zusammenspiel mit anderen kommen bei der Verständigung Sprache und soziale Verhaltensweisen zum Tragen.
   Hier lernt das Kind, sich durchzusetzen, zurückzustecken, mit anderen zurechtzukommen, wenn seinem Bedürfnis nach Wiederholung über Wochen nachgegeben wird.

3. **Rollenspiele:** „Wie spielt sich die Wirklichkeit ab?"
   Hier braucht das Kind nur wenig Material, um zu erproben, wie die Wirklichkeit ist.
   Hier ist weit mehr an sprachlicher Verständigung notwendig als bei den vorhergehenden Spielformen.
   Spannungen, Konflikte und Ängste können abgebaut und Einsicht in das Verhalten anderer gewonnen werden.
   Dabei ist die Phantasie so in Bewegung, dass es sinnlos ist, Kinder im Alter von 5 Jahren nach der Bedeutung z. B. eines ihrer Bauwerke zu fragen. Dies kann sich im nächsten Augenblick ändern.

4. **Regelspiele:** Gewinnen, verlieren, Strategien entwickeln und zusammenhalten.
   Dazu gehören Gesellschaftsspiele, Kartenspiele, Brettspiele und Wettspiele.
   Dazu sind gefühlsmäßige Sicherheit und Stabilität erforderlich. Im Spiel und im Eifer des Gefechts lernt das Kind: zu verlieren, Spielpartner zu sein, die Reihenfolge beim Spiel einzuhalten, kein Spielverderber zu sein, Strategien zu entwickeln, sich gegenseitig zu beschenken und zusammenzuhalten.
   Kindergartenkinder brauchen für die Regelspiele anfangs einen erwachsenen Mitspieler. Schulkinder sind begeisterte Regelspieler.

5. **Wettspiele:** „Wer ist der Beste, Schnellste, Größte, Stärkste...?"
   Wettspiele sind Spiele, in denen Können unter Zeitdruck bewiesen werden muss.
   Das Kind setzt sich mit seiner Leistungsfähigkeit und seinen Grenzen auseinander in einer Gruppe von Gleichaltrigen. Dabei ist viel innere Sicherheit notwendig, und deshalb sind Wettspiele erst ab 6 Jahren sinnvoll.

Spielformen und Spielphasen, die das Kind im Laufe seiner Entwicklung durchläuft

Spielformen	Spielerfahrungen	Spielematerial
Funktionsspiel ab 1 Jahr	Ausprobieren, Geben und Nehmen	Windel, Puppe, Kuscheltier
Konstruktionsspiel ab 2 Jahren	Erfahrungen, selbst etwas tun	Bausteine, Baumaterial
Imitationsspiel ab 3 Jahren	Ergründen, was sich abspielt	Rollenspielzubehör Verkleidungskiste Puppentheater
Rollenspiel Phantasiespiel ab 4 Jahren	Ergründen, **wie** es sich bei den Erwachsenen abspielt	Rollenspielzubehör Arztkoffer Kaufmannsladen Telefone Autos, Pferdeleinen, Kasperl-, Fingerpuppen Kinderpost Zeug zum Spielen aus Natur und Umwelt
Regelspiel ab 4 Jahren	Gewinnen und verlieren; Strategien entwickeln; helfen und beschenken; zusammenhalten	Tischspiele
Wettspiel ab 6 Jahren	Auseinandersetzung in der Gruppe der Gleichaltrigen Loslösung von Eltern	Sportgeräte Gesellschaftsspiele Baukästen Konstruktionsmaterial

3.3.2 Ausgewählte Spielformen

Fingerspiele und ihre Einsatzmöglichkeiten

Aufgaben
1. Welche Fingerspiele kennen Sie?
2. Welche Erfahrungen können Sie bei Fingerspielen sammeln?
3. Welche Fingerspiele werden in den verschiedenen Jahreszeiten in Ihrer Kindergruppe gespielt?
4. Nennen Sie Gelegenheiten, bei denen Fingerspiele eingesetzt werden.
5. Welche wichtigen Lernerfahrungen beobachten Sie dabei?

Sprache wird beim Menschen mit Gesten unterstrichen. Körpersprache kann das gesprochene Wort ersetzen. Mit seinen Händen, seinen Fingern kann der Mensch Abwehr, Macht, Bitten, Kontakt, Geheimsprache, Aufmerksamkeit oder Beharrlichkeit ausdrücken.

Das erste Spielzeug des Kindes sind die Finger.

Voraussetzung für aktives Entdecken und Beobachten ist die eigene Körperwahrnehmung. Das Kind beobachtet und konzentriert sich auf das, was die Hände, die Finger spielen. Dadurch werden Vorstellungskraft und Geschicklichkeit gefördert. Es lernt, Bewegungen zu steuern und Berührungen einzuordnen.

Mit den Fingern kann Erlebtes erzählt und in Bewegung umgesetzt werden.

Schon das Kleinkind versucht, durch Fingerspiele die Umwelt darzustellen. Es macht die Erfahrung, dass von der Sprache Bewegungsimpulse ausgehen. Es lernt, Sprache und Körper zu koordinieren.

Das Sprachzentrum und das Zentrum der Handmotorik liegen im Gehirn nebeneinander.

Ein Finger-Schattenspiel

Hinter fünf Hecken
da spielen fünf Hasen
Verstecken!
Der erste ist weg,
der zweite ist weg,
der dritte ist weg,
der vierte ist weg,
und der Kleinste?
Der muss wieder mal alle suchen!

Ein sonniges Fenster, ein weißes Taschentuch an eine Schnur gespannt – und schon können zwei Hände ein lustiges Schattenspiel zaubern. Die eine Hand wird mit fünf Papierhasen besteckt. Sie werden aus schwarzem Papier ausgeschnitten und an einem Papierring auf die Finger gesetzt. Die andere Hand bekommt Bäume und Büsche aufgesteckt, hinter denen sich die Hasen verstecken können. Jetzt kann der kleine Vers gespielt werden. – Und wenn die Finger-Schauspieler nach mehreren Wiederholungen noch nicht müde sind, spielen sie einfach weiter. Sie erfinden einen neuen Vers, eine neue Geschichte.

Fingerspiel für „zappelige" Situationen und Übergänge:

Zehn kleine Zappelmänner zappeln hin und her.
Zehn kleinen Zappelmännern fällt das gar nicht schwer.
Zehn kleine Zappelmänner zappeln auf und zappeln nieder.
Zehn kleine Zappelmänner tun das immer wieder.
Zehn kleine Zappelmänner zappeln rundherum.
Zehn kleine Zappelmänner, die sind gar nicht dumm.
Zehn kleine Zappelmänner, spielen mal Versteck.
Zehn kleine Zappelmänner sind auf einmal weg.

Fingerspiele bedeuten Nähe, Trost, Beruhigung und Ablenkung in schwierigen Situationen.

Fingerspiele bedeuten meist die Erfahrung der Nähe eines lieben Erwachsenen und wirken somit beruhigend auf das Kind. Viele Situationen (Arztbesuch usw.) können lustbetonter gestaltet werden. Der Singsang der vertrauten Stimme, die gleichförmige Bewegung und die körperliche Geborgenheit trösten das Kind und beruhigen seinen Schmerz. Beliebt sind bei Kindern Fingerspiele, die Ähnlichkeit zur Familie aufweisen (Rollenspiele). Fingerreime können selbst erfunden werden: Dabei kann die Kinderpflegerin die persönlichen Erlebnisse des Kindes aufgreifen. Mit Fingerspielen hat sich schon manches Kindergartenkind trösten lassen.

Fingerspiele können in Übergangssituationen, z. B. vom Freispiel zur Beschäftigung, zur Ablenkung von Schmerz und Kummer, vor einem Fest oder zu besonderen jahreszeitlichen Festen eingesetzt werden.

Fingerspiel für jahreszeitliche Anlässe:

„Eins, zwei, drei, die Henne legt ein Ei.
Und gibt die Henne nicht gut acht, dann bricht das Ei entzwei."
Spielbeschreibung:
Zeile 1: Beide Hände werden zu leichten Fäusten geballt.
Eins, zwei, drei, die beiden Daumen, die beiden Zeigefinger und die beiden Mittelfinger ausstrecken;
Zeile 2: mit beiden Händen ein Ei formen;
Zeile 3: die Hände von der Eiform in eine Nestform drehen;
Zeile 4: die Hände mit einem Ruck auseinandernehmen, das Nest ist kaputt.
Bei dem Wort „entzwei" wird in die Hände geklatscht.

Fingerspiele als Abzählreime sind oft Ausgangspunkt für Regelspiele.

Fingerspiele besonderer Art sind die Auszählreime. Von ihnen geht eine magische Kraft aus.

Oft werden sie nur dort gehört, wo Kinder Platz und Gelegenheit haben, in Gruppen zu spielen.

Die Anzahl verschiedenster Abzählreime beweist die Vielfalt der kindlichen Phantasie.

Fingerspiele sind Sprechanregung.

„Ein Forscherteam fand heraus, dass das isolierte Bewegen einzelner Finger nur von sprechenden Kindern geleistet werden kann. Die Finger der noch nicht sprechenden Krippenkinder waren im Gegensatz dazu unbeweglich, steif, manchmal aber auch schlaff. Freie Einzelbewegungen der Finger waren ihnen nicht möglich. Fomina bewies in ihren Untersuchungsreihen, dass ein tägliches, 20 Minuten dauerndes Finger- und Handgeschicklichkeitstraining die Sprachentwicklung bedeutend anzuregen und zu fördern vermag." (Mototherapie, Teil II, S. 228 f).

Methodische Hinweise für die Kinderpflegerin:

Bei der Einführung eines Fingerspiels hat es sich als praktisch erwiesen, die Fingergeschichte zunächst mit der Hand zu erzählen. Die Hand wird dabei noch einmal in den Mittelpunkt gerückt. Meine Hand hat fünf Finger. Alle Finger haben einen Namen. Und hier wird bereits die Funktion der verschiedenen Finger erfahren. Wir öffnen unsere Hand, die Finger der Reihe nach.

Zwei kleine Krabbelhände denken sich was aus.
Zwei kleine Krabbelhände bau'n ein Fingerhaus.

Alles, was es in diesem Lied zu spielen gibt, steht bereits im Text. Wenn sich zwei Kinder gegenübersitzen, wird es ihnen ein Leichtes sein, Hände und Stimme gleichzeitig „zur Sprache" kommen zu lassen.

Aufgaben
1. Sammeln Sie Fingerspiele für die verschiedenen Jahreszeiten.
   Sammeln Sie Fingerspiele für unterschiedliche Gefühlssituationen beim Kind.
   Sammeln Sie Fingerspiele, die zu jeder Gelegenheit möglich sind.
2. Wählen Sie ein Fingerspiel für eine von Ihnen genannte Auswahlgruppe aus.
   Begründen Sie die Auswahl der Kinder und die Auswahl des Fingerspiels.
   Zeichen Sie die methodischen Schritte auf, wie Sie das Fingerspiel mit den Kindern spielen.
   Reflektieren Sie den tatsächlichen Verlauf.

Kreis- und Singspiele und ihre Einsatzmöglichkeiten

Aufgaben
1. Welche Kreis- und Singspiele kennen Sie aus Ihrer Kindheit?
2. Spielen Sie zusammen Ihnen bekannte Kreis- oder Singspiele.
3. Erzählen Sie von Ihren Erfahrungen bei den Spielen:
   a) Wie ist das, wenn Sie dran kommen, wenn Sie gewählt werden?
   b) Wie ist das, wenn Sie ziemlich spät oder als letzter gewählt werden?
   c) Wie ist das, wenn Sie alleine im Mittelpunkt sind, wenn Sie einen in der Gruppe wählen dürfen?
4. Welche Kreis- oder Singspiele sind momentan in Ihrer Einrichtung beliebt?
   a) Gibt es eine Erklärung dafür?
   b) Welche Kreis- und Singspiele sind Ihrer Kindergruppe bekannt?

Kreis- und Singspiele sind Rollenspiele und Regelspiele. Sie sind so einfach und durchsichtig, dass Kinder sie bald selbstständig spielen können. Der Spaß am Spiel wird bestimmt durch die Spielregeln, durch soziale Beziehungen und durch Erfolgserlebnisse.

Einsatzmöglichkeiten von Kreis- und Singspielen im Entwicklungsprozess der Gruppe

1. Orientierungsphase: Die Gruppe lernt sich kennen.

a) Ich habe einen Namen:

- Ein Kind wirft oder rollt einem anderen Kind einen Ball zu und sagt: „Ich heiße ... und wie heißt du?"

- Hatschi Patschi
  Ein Kind geht in den Nebenraum. In dieser Zeit bestimmt die Gruppe, wer der Hatschi Patschi sein darf. Das Kind, das vom Nebenraum kommt, fragt die Gruppenmitglieder: „Bist du der Hatschi Patschi?" Das Kind antwortet: „Nein, ich bin nicht der Hatschi Patschi. Ich bin (es nennt seinen Namen) und wohne in (es nennt seinen Wohnort und die Straße mit Hausnummer). Kommt das fragende Kind an den ausgewählten Hatschi Patschi, so wechseln die Kinder blitzschnell den Platz. Ein Stuhl ist zu wenig. Ein Kind bleibt übrig. Das geht wieder in den Nebenraum, und das Spiel beginnt von vorne.

b) Ich kenne deinen Namen schon:

- Mein rechter, rechter Platz ist leer.

c) Ich schaue dich genau an:

- Polizist, finde mein Kind:
  Ein Kind ist die Mutter und beschreibt einem anderen Kind (Polizist) unauffällig ein Kind aus dem Stuhlkreis. Der Polizist soll das Kind finden.

- Zauberer:
  Alle erhalten einen Zettel. Ein Kind erhält dabei einen gekennzeichneten Zettel. Dieses Kind ist der Zauberer. Er kann unauffällig durch intensiven Blickkontakt ein Kind nach dem anderen verzaubern. Dieses Kind ist versteinert. Die anderen Kinder erraten durch Beobachten, wer der Zauberer ist.
  Erschwerte Spielregel: Wer rät und nicht recht hat, ist auch versteinert.

2. Machtkampfphase in der Gruppe: Jeder sucht sich in der Gruppe seinen Platz.

a) Ich bin stark und schnell:

- Katz und Maus
- Bello, dein Knochen ist weg (für Kinder, die gerne petzen).
- Schau nicht um, der Fuchs geht um!

b) Ich kann Macht auf die Gruppe ausüben:

- Ich bin in den Brunnen gefallen. Wie tief? Wer soll dich herausholen? Wer am besten ... kann.

- Kennt ihr meine Tante Jo?
  „Stellt euch vor, jeder von euch hat zu Hause eine Tante, die lauter verrückte Sachen macht!"
  Beispiel: Ein Kind beginnt zu fragen: „Kennt ihr meine Tante Jo?" Alle: „Nein."
  Kind: „Meine Tante Jo, die macht immer sooo."
  Kind macht eine verrückte Bewegung vor. Alle machen sie so lange nach, bis das Kind „stop" sagt.

- Großer Tinizong:
  Ein Kind steht in der Mitte mit dem Zaubergong. Die Kinder außen im Kreis sind die Bediensteten. Sie fragen: „Großer Tinizong, mit dem großen Zaubergong, bitte sag uns nun, was soll'n wir heute für dich tun?" Das Kind in der Mitte schlägt

auf den Zaubergong und sagt z. B.: „Schuhe putzen" oder Tätigkeiten und Bewegungen, die ihm einfallen.
Die Kinder tun das so lange, bis der Tinizong wieder auf seinen Gong schlägt.

3. **Vertrautheitsphase: „Wir gehören zusammen."**
   Lied: Hier sitzt ein kleiner Bär

2. Wir sind zwei kleine Bären.
   die gern zu dreien wären ... usw.

Ich gehöre zur Gruppe, wir sind eine Gruppe.
- Zublinzeln, Deckengeist, Armer Schwarzer Kater, Dornröschen, Bingo, Hier sitzt ein kleiner Bär, Klingeling, Die Post ist da...

4. **Sachbezogene Lernspiele zur Wahrnehmungssicherung:**
   Lied: Hören, sehen, riechen, schmecken

Unsre Augen können sehen,
was um uns herum geschieht,
unsre Ohren gut verstehen
dich und mich und dieses Lied.

Ja, da sind noch unsre Zungen,
schmecken salzig, süß heraus.
Und bei Alten wie bei Jungen
fühlt die Haut, was glatt und kraus.

- Spiele zum Hören
- Spiele zum Tasten
- Spiele zum genauen Schauen, Erkennen, Wiedererkennen, Suchen und Finden...

5. Spiele zum Abschied: Das Jahr geht zu Ende

Ich kann das schon:
Alle Geschicklichkeitsspiele wie z. B. Kartoffellauf, Sackhüpfen, Wasser tragen, Wasserschöpfen, Dreibeinlauf, Wurfbude, Ball ins Kasperltheater oder in ein vorbereitetes Krokodilsmaul treffen...

Eine Vielzahl von Kreis- und Singspielen finden Sie in der im Anhang aufgeführten Literatur.

Was sollte die Kinderpflegerin beachten, wenn sie mit Kindern in der Gruppe Kreis- und Singspiele durchführt?

Loben, ermuntern

Sicheres Auftreten

Klare Vorstellung haben von den Spielregeln

Den Inhalt des Spiels in eine kleine Geschichte einkleiden

Spielschluss vorher ankündigen: „Jetzt spielen wir das noch einmal."

Das Spiel mit einer kleinen Vorübung einstimmen, z. B. Markieren der rechten Hand (Mein rechter Platz ist frei)

Sich bei jedem Spiel im klaren sein:

Wann ist Schluss?

Wann kommt welches Kind dran?

Was ist, wenn ein Kind die Aufgabe gelöst oder nicht gelöst hat?

Das Kind, das beim vorhergehenden Spiel drangekommen wäre, beginnt unter Umständen das nächste Spiel.

Die Auswahl und Reihenfolge der Spiele überlegen

Text und Lied selber gut einüben

Wenn ein Kind den Text, das Lied nicht kann, Hilfestellung geben

Vielleicht zum Schluss wiederholen, welches Spiel am besten gefallen hat

Kinder immer wieder zur Ruhe kommen lassen

Erklärungen in kleine Schritte einteilen

Schwierigkeitsgrad langsam erhöhen

Darauf achten, dass bei manchen Spielen die Kinder unbedingt die Namen untereinanderkennen sollten

(z.B. Esel, streck dein Bein heraus)

Jedes Kind war am Ende einer Spielrunde einmal dran

Kinder aufmerksam machen, worauf es beim Spiel ankommt,

z. B. „Ihr müsst ganz leise sein, sonst erkennt dich der ..."

Erst nach der Spielerklärung das Kind auswählen, das drankommt

Sieger werden beklatscht, gelobt

Sicherheitsmaßnahmen beachten

Pfänder- und Wettspiele im Kindergarten möglichst meiden

Wie kann Kindern Erfolgserlebnis vermittelt werden?

(Blamage vermeiden!)

In welcher Form kennen die Kinder das Spiel?
Viel Zeit beim Erklären lassen
Augenverbinden ist kein Zwang
Auf Gefühlsäußerungen der Kinder achten
Hygiene: Bei Augenverbinden ein Papiertaschentuch dazwischengeben
Einsatz von Süßigkeiten reiflich überlegen
Prüfen, ob die Spielregeln Streit auslösen!

Aufgaben
1. Erstellen Sie für Ihre Kindergruppe eine Spieleinführung.
   Begründen Sie den Einsatz dieses Spiels gerade für diese Gruppe.
   Was wollen Sie bei einzelnen Kindern bewirken?
2. Gibt es Kreis- und Singspiele, die für bestimmte Jahreszeiten eingesetzt werden können?

Bewegungsspiele und ihre Einsatzmöglichkeiten

Aufgaben
1. Dieses Bild erinnert Sie möglicherweise an eigene Bewegungserfahrungen in Ihrer Kindheit?
2. Betrachten Sie das Bild und überlegen Sie, was wohl in dem Kind vorgeht?
3. Welche Sinne nimmt das Kind in Anspruch, um die Aufgabe meistern zu können?
4. Lesen Sie zur Erinnerung nochmals die Seiten 105 und 106 nach.

Mehr Bewegung ins Spiel

Jede Kinderpflegerin stellt Spielmaterial zur Verfügung, das der motorischen Entwicklung des Kindes entspricht. Jedes Spielzeug ist auch Bewegungsspielzeug.

Im ersten Lebensjahr, in der Phase des Funktionsspiels, bietet sie dem Säugling Luftballon, Mobile, Klangspiel, Rassel, Greifspielzeug, Badewannenspielzeug, Ball, Werfpuppe oder Werftier an. Mit diesem Spielmaterial begreift das Kind seine Umwelt, macht Sinneserfahrungen und erkundet die Bewegungsmöglichkeiten.

Zwischen einem und drei Jahren erfährt das Kind im Phantasie- und Konstruktionsspiel, dass es vieles schon selber kann. Die Kinderpflegerin bietet Spielmaterial für vielfältige Bewegungserfahrungen an wie Nachzieh- und Schiebespielzeug, unterschiedliche

Bälle, einfache Fahrzeuge, eine Holzeisenbahn, einen Sandwagen, oder gar einen Last-wagen zum Draufsitzen.

Dreirad, Schlitten, Schaukelpferd, Bodenschaukel, Kletterpyramide ermöglichen Bewe-gungserfahrungen mit dem eigenen Körper, schulen das Gleichgewicht und vermitteln Er-folgserlebnisse, aber auch schmerzliche Erfahrungen.

Zwischen drei und sechs Jahren erweitert das Kind seine Umwelt und spielt gerne Rol-lenspiele mit Fahrzeugen ohne Antrieb, aber mit verschiedenen Funktionen. Bagger, Kran, Traktor mit Zubehör, ein Feuerwehrauto oder Polizeiauto ermöglichen dem Kind Rollen-spiele zur Erkundung, was sich in seiner Umwelt wirklich abspielt.

Mit Handwagen, Schubkarre, Schaukelpferd, Roller, Go-Kart, Fahrrad oder Rollschuhen lernt das Kind, seinen Körper zu beherrschen. Die Kinderpflegerin unterstützt das Kind in seinen Bemühungen durch Zuspruch und Hilfestellung.

Sie bietet den Kindern auch an, Körpererfahrungen mit Stelzen, Springseil, Gummi-Twist, Kreisel, Bällen, Wurfspielen und Wasserspielzeug zu machen.

Nach einer längeren Phase konzentrierter Arbeit im Gruppenraum werden die Kinder un-ruhig.

Daher ist es erforderlich, neben der wöchentlichen Turnstunde täglich Gelegenheit zu ge-ben, sich die Umwelt mit Hilfe von Bewegung zu erschließen.

Mit Schulkindern zwischen sechs und zehn Jahren übt die Kinderpflegerin bewusst und ausdauernd bestimmte Bewegungen. Sie erfindet immer schwierigere Bewegungsabläu-fe mit den Kindern. In Gruppen- und Wettspielen werden die neuen Fähigkeiten angewen-det.

Die Kinderpflegerin stellt diesen Kindern Bälle, Wurfspiele, Sportspiele, Tischtennis, Fe-derball, Fußball, Boccia, Krocket, Schlittschuhe oder Stelzen zur Verfügung.

Wichtig ist, dass die Kinder ihr Gerät, ihr Material selbst wählen und wechseln dürfen.

Weil entwicklungsgemäße Bewegungsabläufe so wichtig sind, werden Sie in einem ge-sonderten Unterrichtsfach „Bewegungserziehung" gezielte Angebote für Kinder kennen-lernen und erproben.

Offene Bewegungsangebote im Turn- oder Rhythmikraum oder auf den Spielgängen in der Einrichtung bieten eine gute Gewähr dafür, dass die individuellen Bedürfnisse der Kinder berücksichtigt werden.

Die Bewegungsspiele sollen alle Grundbewegungsarten ermöglichen: Kriechen, Stützen, Hängen, Rollen, Wälzen, Hüpfen, Ziehen, Schieben usw.

Spiele im Freien

Aufgaben
1. An welche Kinderspiele im Freien erinnern Sie sich besonders gern?
2. Tauschen Sie diese Erinnerungen in der Klasse aus.
3. Fragen Sie Ihre Eltern und Großeltern, was sie als Kinder gerne im Freien gespielt haben.
4. Fragen Sie den Bürgermeister Ihrer Gemeinde, welche Spielflächen es für Kinder gibt.
5. Erstellen Sie in Ihrer Klasse eine Rangliste der kinderfreundlichsten Gemeinden.

Spielplatzgestaltung und Spielen im Freien ermöglichen vielfältige Bewegungserfahrungen.

Dabei steht die Sicherheit der Kinder an oberster Stelle.

Für die Kinder im Kindergarten und Hort sollte das Erzieherteam in Zusammenarbeit mit dem Träger und dem Elternbeirat folgende Bereiche anbieten:

- einen Bereich für Sand und Sandmatsch,
- einen Bereich mit Spielgeräten mit unterschiedlichsten Funktionen, z. B. Klettergeräte, Balanciergeräte, Hangelgeräte, Kriechtiere, Schaukeln, Rutsche usw.
- einen Bereich mit Spielhäusern,
- einen Bereich für Ballspiele und freie Bewegungsaktivitäten,
- einen Bereich für handwerkliche Aktivitäten,
- einen Bereich für sportliche Aktivitäten,
- einen Bereich für Aktivitäten mit, im und am Wasser,
- einen Bereich für Kreisspiele im Freien.

Dabei gilt es zu beobachten, welche Spiele die Kinder verwirklichen, wie die einzelnen Bereiche von den Kindern angenommen werden, welche Gefahrenmomente sie in sich bergen und welche Kontaktmöglichkeiten bei der Umsetzung von Spielideen gegeben sind.

Bei trockenem Wetter sollten die Außenanlagen des Kindergartens sowie angrenzende Spielplätze, Wiese- und Waldflächen täglich – auch im Winter – zu Bewegung und Spiel genutzt werden.

Gerade unterschiedliche Geländeformen wie Wiese, Hügel, Graben und Gruben bieten viele Bewegungsmöglichkeiten.

Bei einem Waldspaziergang sammelt die Kinderpflegerin mit den Kindern Naturmaterial, das auch zur Bewegung herausfordert.

Stockzielwerfen (wer wirft einen Stock mit einem Stein als erster um) oder Zapfenkicken (ein Tannenzapfen wird in die Mitte eines Kreises gekickt) sind Spielmöglichkeiten, die die Kinderpflegerin mit den Kindern erfinden kann. Sie spielt Schmugglerspiele, Räuber- und Gendarmspiele, Kirschkernweitspucken, Kartoffeln schleppen oder eine Schatzsuche mit Schatzkarte. Sie macht mit beim Suchen, Verstecken, Fangen und Befreien.

Einmal im Jahr dürfen fast alle Kinder eine Nacht in ihrer Einrichtung verbringen. Hier gibt es unterschiedliche Ansätze, Nachtgeländespiele mit Taschenlampen für die „Indianer" zu erfinden.

Als Helfer können auch die Eltern mit einbezogen werden.

Aufgaben

1. Beobachten Sie die motorischen Fähigkeiten und Stärken bei Ihren Kindern in der Kindergartengruppe!
2. Erfinden Sie Bewegungsspiele, mit denen Sie einzelne Kinder fördern können.
3. Stellen Sie sich vor, Sie dürften im Team ein Spielgelände für Ihre Einrichtung planen.

   Wählen Sie dazu aus den Angeboten in Spielzeugkatalogen für die oben angegebenen Bereiche im Freien Ausstattungselemente aus, die zum Bewegen auffordern.
4. Suchen Sie in geeigneten Spielbüchern Spiele im Freien aus nach folgenden Gesichtspunkten: Hüpfspiele, Wurfspiele, Fangspiele, Laufspiele, Wasserspiele, Singspiele, Kreisspiele, Geländespiele im Winter und im Sommer, Murmelspiele, Sandspiele, Mannschaftsspiele und Spiele mit Naturmaterial. Geben Sie dabei den geeigneten Spielbereich im Freien an.

3.4 Das Freispiel

3.4.1 Die Bedeutung des Freispiels

Aufgabe

Überdenken Sie die Ziele der Erzieherinnen im Freispiel, die diesen Elternbrief verfasst haben.

Elternbrief aus einem Kindergarten im Landkreis Rosenheim:

„Das Spiel ist die Arbeit des Kindes!"

Das Freispiel oder „wir spielen nicht nur"

Stellen Sie sich folgende Situation vor:

Sie betreten einen unserer Gruppenräume zur Freispielzeit.

Einige Kinder sitzen in einem Berg von Bausteinen in der Bauecke, ein paar kriechen auf dem Boden mit imaginären Feuerwehrautos, andere sind beim Basteln, einer liegt in der Leseecke und rührt sich nicht, zwei Kinder unterhalten sich etwas lauter über das Problem „Ich hatte es aber zuerst".

Ein Kind plätschert in der Puppenecke mit Spülwasser, und zwei „dicke Freunde" rennen an ihnen vorbei auf die Toilette.

„Welch ein Chaos!" werden Sie denken. Und hier soll mein Kind etwas für sein Leben lernen???

„Garantiert!" werden wir antworten. Auch wenn wir bei dem nach außen hin als Durcheinander erscheinenden Freispiel ganz gelassen in der Ecke sitzen und gar nichts oder wenig tun.

Dieses Nichts nämlich nennt sich Praxis der Beobachtung.

Und ist von großer Wichtigkeit.

Wir sind dann in der Lage, in Konfliktfällen helfend einzugreifen, sollte das Kind nicht mehr weiterwissen. (Es wäre ein Leichtes, Streitigkeiten sofort aus der Welt zu schaffen, allerdings nehmen wir den Kindern dann Möglichkeit, sie selbst lösen zu lernen!)

Durch Beobachten sehen wir Fortschritte, die z. B. ein schüchternes Kind im Umgang mit anderen macht; wir erkennen, in welchen Bereichen ein Kind Schwierigkeiten hat, und versuchen dann gezielt, diese Schwächen zu fördern.

Ein weiser Mann sagte einmal: „Das Spiel ist die Arbeit des Kindes!"

Es ist die ihm entsprechende Lernmöglichkeit.

Und es dient in vielfältiger Weise der Vorbereitung auf das spätere Leben des Kindes.

Im Freispiel z. B. wählt das Kind selbst, mit wem und was es spielen möchte, lernt Entscheidungen zu treffen.

Das Kind gestaltet dabei, ist also schöpferisch tätig.

Es kann sich aktiv mit einem Stück realer Umwelt auseinandersetzen, seien es Dinge, Räume oder Personen. In diesem tätigen Umgang mit der Umwelt gelangen geistige, körperliche und seelische Kräfte zur Entwicklung und vielerlei Fertigkeiten werden geübt und ausgebildet.

Im Zusammenspiel mit anderen Kindern kommt es zur Ausbildung sozialer Verhaltensweisen – von Kommunikation bis hin zur Rücksichtnahme.

Die Liste der bildungsfördernden Elemente des Freispiels ist lang und müsste eigentlich noch seitenweise fortgeführt werden.

Zusammenfassend gesagt:

Es ist uns wichtig, den Kindern diesen „Spielraum" zu verschaffen und durch Raumgestaltung, Materialangebot und Unterstützung diesem Spielbedürfnis der Kinder gerecht zu werden."

Freispiel bedeutet Freiraum

Spielen ist Voraussetzung für die Entwicklung der Kreativität.
Im Spiel gibt es keine Grenzen. Die Phantasie kann sich über alle hinwegsetzen.
Das Spiel vollzieht sich im Wechsel von körperlicher Anspannung und Entspannung.
Die Triebfedern sind Neugier, Spannung und Anregung.
Besonders zwischen dem 4. und 10. Lebensjahr benötigen Kinder für ihre Entwicklung viel **Frei**raum.
Das Freispiel orientiert sich an den Bedürfnissen der Kindergruppe. Das Interesse des Kindes steht im Mittelpunkt.
Freispiel ist Zusammenspiel, Beziehungen werden aufgebaut.
Um spielen zu können, braucht das Kind Ruhe und Zeit.
Die Kinder entwerfen Schritt für Schritt einen immer genaueren Spielablauf.
Die Kinder gestalten ihren Tag in der Einrichtung altersgemäß selbstständig.

Aufgrund von Beobachtungen kann die Kinderpflegerin feststellen, wovon die Kinder berichten, worüber sie sich unterhalten, was sie bewegt und wovor sie Angst haben, und auf das Spielbedürfnis des einzelnen Kindes eingehen. Sie fragt sich: „Was braucht das Kind?"

Kinder in einer verkehrsreichen Wohngegend brauchen z. B. Verkehrserziehung, ein Kind, dessen Hund gestorben ist, braucht eine Kinderpflegerin, die es tröstet und ein Kind, das neu in den Kindergarten kommt, braucht ihren Schoß.

 Im Freispiel wählen die Kinder Spielort, Spielmaterial, Spielpartner und Spieldauer selbst.

Freispiel bedeutet Persönlichkeitsentwicklung

Die Auswirkungen des Spiels auf das Kind sind vielseitig und beeinflussen seine ganze Persönlichkeit.

Beispiel 1: Drei vierjährige Mädchen spielen gerade in der Puppenecke, wie sie mit dem Boot nach Italien fahren. Dazu brauchen sie aus der Kuschelecke eine Decke. Die Erzieherin stellt sie ihnen zur Verfügung.
Es ist ein sehr lebendiges und ausdauerndes Spiel.
Die drei Mädchen lernen

a) **im sozialen Bereich:**
Sie unternehmen diese Urlaubsfahrt gemeinsam. Dabei kann jedes der Mädchen ihre Erfahrungen einbringen.

b) **im emotionalen Bereich:**
Die Mädchen kuscheln und fühlen sich wohl. Sie erleben eine Urlaubsfahrt, die sie selbst inszeniert haben. Sie freuen sich über das, was sie dabei erleben.

c) **im psychomotorischen Bereich:**
Sie bauen in der Puppenecke ein Boot und richten sich mit Decken ein. Das Hantieren mit den großen Decken macht viel Mühe. Sie schaffen es.

d) **im schöpferischen Bereich:**
Sie unternehmen eine Bootsfahrt. Sie fahren nach Italien. Sie bringen Ideen ein. Ihre Phantasie und Vorstellungskraft ermöglichen es ihnen, sich von der Gruppe und den anderen Kindern zu entfernen und eigene Erlebnisse zu haben.

e) **im kognitiven Bereich:**
Sie tauschen ihr Wissen über Bootsfahrten und Italien aus. Sie sprechen miteinander und geben sich Ratschläge.

Freispiel bedeutet, einen Platz in der Gruppe zu finden.

> **Aufgabe**
> Welche Fähigkeiten, Vorlieben und Probleme werden bei den einzelnen Kindern in der folgenden Beobachtung erkennbar?

> **Beispiel 2:** Maxi geht im Zimmer herum. Andreas kommt ihm mit dem Auto entgegen und schreit: „Tütütüt!"
>
> Maxi haut mit dem Fuß auf das Auto und läuft zur Türe. Er macht die Türe auf. Er hört, wie Andreas und die Kinderpflegerin Erika über ihn reden, weil er das Auto von Andreas kaputtgemacht hat. Er macht die Tür wieder zu und geht zu ihnen. Erika sagt zu Maxi: „Hilf dem Andreas das Auto zu richten, wenn du es schon kaputtgemacht hast!" Andreas sagt: „Das kann ich besser alleine" und fährt davon.
>
> Maxi geht zu Claudia und Sabine, die „Schnipp Schnapp" spielen. Er nimmt ihnen die Karten weg. Sabine sagt: „Nein, Maxi, lass unsere Karten stehen, sonst sagen wir's!"
>
> Maxi läuft in die Kuschelecke. Dort nimmt er Christian das Auto weg und schreit: „Das ist meins, das ist mein Auto." Die beiden streiten und raufen. Dabei legt sich Christian auf Maxi drauf, und Maxi versucht, Christian in den Arm zu beißen. Christian schreit: „Das ist nicht dein Auto, dein Auto steht doch da hinten, du Dummkopf."
>
> Maxi lässt ihn los. Er holt sein Auto und fährt davon.
>
> Erika überlegt sich möglicherweise für Maxi:
>
> Kann er Kontakt zu Kindern aufnehmen ohne Gewalt und Aggression?
> Kann er Kontakt zu anderen Kindern mit Worten aufnehmen und Spielwünsche den Kindern gegenüber äußern?
>
> Erikas Überlegungen zur Gruppe:
> Können sie den Kontaktwunsch von Maxi überhaupt erkennen?
> Können sie sich in die Situation von Maxi einfühlen?
> Wie kann ein gemeinsames Spiel zustandekommen?

 Durch Beobachtung lernt die Kinderpflegerin das Kind kennen, seine Fähigkeiten, seine Vorlieben und seine Probleme in der Gruppe.

3.4.2 Die Organisation des Freispiels

> **Praxisbeispiel** Die Praktikantin Melanie berichtet:
> „Ab 7.45 Uhr können die Kinder kommen.
> Um 8.30 Uhr machen wir den Morgenkreis, der bis 8.45 Uhr dauert.
> Die Erzieherin redet mit den Kindern, erzählt ihnen, was heute alles sein wird.
> Kurz vor 9.00 Uhr richte ich den Brotzeittisch, ab 9.00 Uhr können die Kinder Brotzeit machen, immer 6 Kinder gemeinsam. **Die anderen Kinder spielen im Freispiel.** Brotzeit ist bis 10.20 Uhr möglich.
> Dann räumen wir den Gruppenraum auf. Dazu darf ein Kind klingeln und sagen: ‚Alle Kinder räumen auf und setzen sich auf einen Stuhl'."

> **Aufgabe zum Praxisbeispiel**
> Beschreiben Sie den Tagesablauf in Ihrer Einrichtung.

Freispiel bedeutet nicht Freizeit für die Kinderpflegerin. Diese Spielzeit muss gut durchdacht und organisiert sein. **Die Kinderpflegerin gewährt im Freispiel genügend Spielzeit.**

> **Aufgabe**
> Erkunden Sie in Ihrer Praxiseinrichtung, wie die „Freispielzeit" zeitlich begrenzt wird. Vergleichen Sie die Ergebnisse in der Klasse.

Im Freispiel wählen die Kinder die Spieldauer selbst.

Diese Forderung muss die Kinderpflegerin in Einklang bringen mit dem geregelten Tagesablauf. Kinder brauchen Fixpunkte im Tagesablauf. Sie geben ihnen das Gefühl von Zuverlässigkeit und Sicherheit. Eine offene Zeitplanung für das Spiel des Kindes sollte jedoch möglich sein. Außerdem muss das Ende der Freispielzeit rechtzeitig durch ein bekanntes Signal angekündigt werden. So können die Kinder in aller Ruhe zum Ende kommen.

Die Kinderpflegerin verschafft den Kindern im Freispiel „Spielraum" durch Material- und Raumangebot.

Das Spielmaterial

(Vgl. hierzu Kap. 3.2)

Das Angebot ist:
- reichhaltig
- unterschiedlich
- interessant
- für unterschiedliche Altersstufen
- für unterschiedliche Entwicklungsstufen

Das Material wird ausgetauscht je nach:
- Schwierigkeitsgrad
- Erlebnisinhalten
- aktuellen Situationen
- Beliebtheit

Der Gruppenraum

> **Aufgabe**
> Erstellen Sie eine Skizze vom Gruppenraum Ihrer Einrichtung und vergleichen Sie in der Klasse.

Der Gruppenraum bietet Geborgenheit und Ruhemöglichkeit.

Alles Laute, Aufdringliche (Farbe, Formen und Ausmaße) wird vermieden oder ausgeglichen.

Um ein ungestörtes Spiel aller Kinder zu ermöglichen, werden „laute" und „leise" Zonen gestaltet.

Der Raum wird durch bewegliche Ständer und Paravents gegliedert („Raumteilverfahren").

Um dem natürlichen Bewegungsdrang der Kinder gerecht zu werden, sollen Gänge und Bewegungsräume in den Tagesablauf mit eingeplant werden.

Der Gruppenraum wird mit den Arbeiten der Kinder ausgestaltet. Lichteinflüsse werden berücksichtigt, z. B. befindet sich die Leseecke am Fenster.

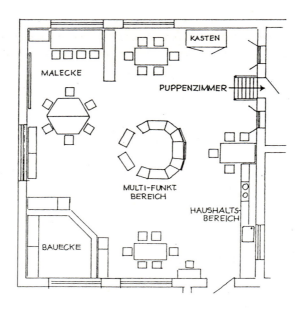

Beispiel:

Die Praktikantin Christiane beschreibt ihre räumliche Situation im Freispiel.

„Brotzeittisch:

Die Kinder entscheiden selbst, wann sie essen.
Am Brotzeittisch werden Gespräche geführt, die beim Spielen in der Form nicht möglich sind. Da sprechen sogar Kinder, die sich sonst wenig äußern.
Deshalb ist auch die Beobachtung am Brotzeittisch (oft Stammtisch in geregelter Besetzung) wichtig.

Maltisch:

Die Kinder entscheiden, was und ob sie malen.
Hier können Kinder ihre künstlerische Ader beweisen, indem sie malen, basteln oder kneten. Durch diese Tätigkeiten können Probleme verarbeitet werden.

Bauecke:

Sie kann ein extra Zimmer sein. Die Türe ist offen, damit die Aufsicht möglich ist.
Es dürfen unbegrenzt viele Kinder rein.
Es sind Eisenbahnschienen, Holzbauklötze, Legosteine und große Duplosteine in der Bauecke mit Holztieren und anderem Belebungsmaterial.
Hier können die Kinder ihre Kreativität und Fingergeschicklichkeit zeigen.
Es werden hier auch Machtkämpfe ausgeführt: Wer am besten bauen kann, wer mit wem zusammen bauen darf...

Kuschelecke:

Sie ist über der Puppenecke. Da sind Kissen und Matratzen und ein Bücherregal. Vier Kinder dürfen sie immer benützen. Die Kinder können sich hier ausruhen, Kassetten hören und kuscheln. Der Vorhang kann zugezogen werden, damit man nicht so abgelenkt ist. Auch Probleme können hier gut besprochen werden.
Sie ist für Ruhepausen, gegenseitiges Erzählen, wenn etwas bedrückt oder belastet. Bilderbücher werden angeschaut und mit Stofftieren gespielt.
Sie bietet die Möglichkeit des Rückzugs und des Nichtstuns, aber auch die Möglichkeit der Auseinandersetzung.

Leseecke:
Hier finden Kinder Bilderbücher ohne Text, die leicht zu verstehen sind, oder Sachbilderbücher. Die Bücher werden von Zeit zu Zeit ausgetauscht, ja nach Interessen und Vorlieben der Kinder.

Puppenecke:
Sie ist geschlossen, man kann sie kaum einsehen.
Dort können Kinder ihre Erlebnisse im Rollenspiel verarbeiten. Vier Kinder können sie benützen. Wenn sie fragen und das Spiel ruhig verläuft, können es auch mehr Kinder sein. Hier können die Kinder in verschiedene Rollen schlüpfen und durch das Rollenspiel verschiedene Probleme teilweise verarbeiten.
Im **Gang** ist ein Teppich, dort dürfen einige Kinder raus und Kassetten hören und spielen."

Der Gruppenraum und die Auswirkung auf das soziale Verhalten der Kinder im Freispiel

Untersuchungsergebnisse zum Sozialverhalten in einem Kindergarten:

R. F. Bales hat **Beobachtungsgesichtspunkte** zusammengestellt, die das Sozialverhalten der Kinder beobachten und einordnen lassen:

1. Zeigt Solidarität, bestärkt die anderen, hilft, belohnt.
2. Entspannte Atmosphäre, scherzt, lacht, zeigt Befriedigung.
3. Stimmt zu, nimmt passiv hin, versteht, stimmt überein, gibt nach.
4. Macht Vorschläge, gibt Anleitungen.
5. Äußert Meinung, bewertet, drückt Gefühle aus oder auch Wünsche.
6. Orientiert, informiert, klärt, wiederholt, bestätigt.
7. Erfragt Orientierung, Information, Wiederholung, Bestätigung.
8. Fragt nach Meinungen, Stellungnahmen, Bewertungen, Gefühlen.
9. Erbittet Vorschläge, Anleitungen, mögliche Wege des Vorgehens.
10. Stimmt nicht zu, zeigt passive Ablehnung, gibt keine Hilfe.
11. Zeigt Spannung, bittet um Hilfe, zieht sich zurück.
12. Setzt andere herab, verteidigt oder behauptet sich.

Nach diesen Gesichtspunkten wurde jedes Kind in einem Kindergarten beobachtet.

Die Untersuchung hat ergeben:

- Es besteht ein Zusammenhang zwischen der Gliederung des Gruppenraums und dem Sozialverhalten der Kinder.
- Geschützte Nischen und Ecken werden von den Kindern bevorzugt aufgesucht.
- Das Spiel in kleinen Gruppen zu zweit oder zu dritt dominiert.
- In weniger gut gegliederten Gruppenräumen herrscht das Alleinspiel vor oder das Parallelspiel: Kinder sitzen zwar gemeinsam am Tisch, spielen aber nebeneinander.
- Kinder in gut gegliederten Gruppenräumen haben im Laufe der Zeit mehr Kontakt miteinander.
- In gut gegliederten Gruppenräumen haben die Kinder mehr positive soziale Kontakte zueinander.

Merke — **Ein gut gegliederter Gruppenraum ersetzt nicht das verantwortungsbewusste Handeln der Kinderpflegerin.**

3.4.3 Die Freispielführung

Die Kinderpflegerin beobachtet die Kinder und wertet diese Beobachtungen verantwortungsvoll aus.

Sie beobachtet z. B.

- Ein Kind während der Freispielzeit,
- das Gruppenverhalten einer kleinen Gruppe,
- das Geschehen an einem bestimmten Ort (z. B. Kuschelecke, Spielgang usw.),
- den Umgang mit bestimmten Materialien oder
- die Reaktionen der Kinder auf ein bestimmtes Erzieherverhalten.

Sie setzt Ziele aufgrund ihrer Beobachtung fest und ergreift Maßnahmen, die für die Kinder förderlich sind.

Beispiel 1:

die Praktikantin Sabine beobachtet, dass vier Jungen, die sonst wenig mit Malen und Basteln im Sinn haben, am Basteltisch Klorollen mit Tesa zu Flugzeugen zusammenkleben. Sie nehmen sie und fliegen damit im Raum umher.

1. Wie kommt es wohl zu dem ungewöhnlichen Verhalten der Jungen?
2. Wie könnte Sabine dieses Tun und Spiel unterstützen?
3. Welches Material könnte sie den Kindern anbieten (z. B. Schnüre, Wasserfarben...)?

Beispiel 2:

Die Praktikantin Rita beobachtet in der Kuschelecke im Nebenraum, dass drei Vorschulkinder (zwei Mädchen und ein Junge) Familie spielen.
Ein Mädchen stopft gerade in ihre Latzhose eine Puppe und viele Tücher.

1. Wo liegt das Interesse der Kinder? Welche Überlegungen könnte Rita anstellen?
2. Welche Ziele setzt sie für die Kinder?
3. Welches pädagogische Angebot könnte sie für diese Kinder vorbereiten?

Beispiel 3:

Ein Mädchen bringt im Mai eine Raupe in einem Glas mit in den Kindergarten.

Wie können Sie als Kinderpflegerin im Freispiel dieses Mädchen und andere interessierte Kinder fördern?

Beispiel 4:

Nach dem Nikolaustag geht Bernhard, ein von der Gruppe isoliertes Kind, als Nikolaus verkleidet spazieren. Im Arm trägt er das Bilderbuch: „Wie Nikolaus einen Gehilfen fand".

1. Beurteilen Sie diese Freispielbeobachtung.
2. Setzen Sie Ziel und Methode fest, wie Sie Bernhard helfen können.

Beispiel 5:

Sonja spielt sehr oft mit Monika, auch mit Tanja. Sie ist oft am Maltisch, in der Puppenecke und spielt oft Puzzle. Das kann sie sehr gut.
Wenn Monika nicht da ist, hat sie Kontaktschwierigkeiten. Sie langweilt sich dann und steht rum.
Sie ist eifersüchtig, wenn Monika mit Thomas spielt.

1. Beurteilen Sie diese Freispielbeobachtung.
2. Setzen Sie Ziel und Methode fest, wie Sie Sonja helfen können.

Beispiel 6:

Florian spielt mit Eva-Maria, Katrin, Christian und Thomas.
Er ist sehr sensibel. Ihm kommen schnell die Tränen. Manchmal möchte er mit Thomas alleine spielen.

Beispiel 7:

Christian spielt mit Florian und Thomas. Er möchte gerne in die andere Jungengruppe zu Stefan, Andi und Dani, schafft es aber nicht. Er hat wenig Selbstvertrauen und ist bei Florian und Thomas der Mitläufer.
Formulieren Sie eigene Aufgaben für die Beispiele 6 – 7 und stellen Sie diese Ihren Mitschülerinnen vor.

Beispiel 8:

Beurteilen Sie folgende Überlegungen der Kinderpflegerin Melanie für ihre Kindergruppe:
„Meine Ziele bei **Veronika** sind, dass sie sich in der Gruppe besser zurechtfindet, dass andere Kinder auf sie zugehen und dass sie offener sprechen kann.
Dazu werde ich zu den Tischspielen andere Kinder hinzuziehen und ihnen durch meine Anwesenheit zeigen, dass Veronika auch was wert ist.
Mit **Seppi** werde ich Spiele spielen, damit sein Sprechen besser wird (z. B. Communicate).
Damit Seppi, Johannes und Josef ruhiger werden, werde ich mit ihnen öfter an den Tischen spielen. Ich werde ihnen erklären, dass Probleme auch anders gelöst werden können als mit Gewalt, und zusammen mit ihnen Lösungen finden.
Für **Cornelias** Feinmotorik ist es gut, wenn am Basteltisch in der Freispielzeit Bastelmaterial zur Verfügung steht.
Wenn etwas gebastelt wird, ist Einzelförderung bei Cornelia am besten. Ich werde mir dafür Zeit nehmen. Sie macht alles mit Hektik und alles ohne Ruhe und Muße.
Bei **Sascha und Andreas** werde ich aufpassen, dass die nicht andauernd zusammen sind, z. B. nehme ich sie beim Turnen auch mal getrennt mit.
Wenn die Kinder gebracht werden, nehme ich sie in Empfang, um ihnen den Anfang zu erleichtern.
Wenn Kinder im Raum stehen, spiele ich mit ihnen oder versuche, sie zusammenzubringen.
Wenn ein Kind Hilfe braucht, werde ich mit ihm zusammen das Problem lösen.
Bei der Freispielbetreuung werde ich von Zeit zu Zeit in die verschiedenen Ecken schauen und beobachten, wer was, wo und mit wem spielt.
Konfliktsituationen versuche ich rechtzeitig zu erkennen und entsprechend zu handeln. Ich werde die Anwesenheitsliste führen und schauen, dass der Brotzeittisch versorgt ist mit Getränken und dass alle Brotzeit gemacht haben. Brotzeit ist möglich von 8.30 bis 10.00 Uhr.“

Beispiel 9:

Beurteilen Sie folgende Überlegungen der Praktikantin Brigitte in einer anderen Einrichtung:
„Ich versuche, dass beim Freispiel keine Kinder alleine sind, so alleine im Zimmer stehen. Als erstes sehe ich ihnen eine Weile zu, vielleicht machen sie ja von sich aus etwas, aber dann frage ich sie, was sie gerne machen möchten. Da fällt ihnen oft etwas ein. Ich möchte alle Kinder in die Gruppe integrieren.
Ich werde mit den Kindern reden, ihnen auch viel zuhören. Ich habe dabei das Ziel, dass die Kinder lernen zu sprechen und dass sie auch Sprechmanieren lernen.
Ich kann die Konflikte heraushören und darauf reagieren.

Ich versuche, bei Tischspielen mitzuspielen. Wenn ich die gesamte Aufsichtspflicht habe, werde ich keine Tischspiele wie Memory oder große Puzzle mitspielen, da ich mich weder auf das Kind noch auf die Gesamtgruppe konzentrieren kann.
Ich muss die ganze Gruppe im Blick haben, wenn ich mit den Kindern alleine bin.
Ich setze mich immer so hin, dass ich alle Kinder sehe, also mit dem Rücken zur Wand.
Ich gehe auch mal herum und schaue nach allen Kindern, sehe mal überall hin, so dass die Kinder das Gefühl haben, dass ich für sie da bin und dass ich sie sehe.
Wenn ich mit den Kindern rede, gehe ich auf ihre Augenhöhe, so dass die Kinder mich als Ansprechpartner haben und nicht hochschauen müssen. Das erleichtert den Kontakt.
Wenn ein Kind lange alleine herumsteht, frage ich es: „Was willst du gerne machen?"
Wenn zwei vereinzelt sind, frage ich sie, ob sie nicht zusammen etwas machen wollen.
Wenn einer bloß Quatsch macht und die anderen Kinder stört, rede ich erst mal mit ihm. Wenn das nichts nützt, setze ich ihn eine Weile neben mich auf den Stuhl.
Ich versuche möglichst viel Kontakt zu den Kindern aufzunehmen. Selber werde ich versuchen, meine Hektik in Schach zu halten."

 **Im Freispiel hat die Kinderpflegerin einen Überblick über die Gesamtgruppe und beaufsichtigt dabei alle Kinder.**

Die Kinderpflegerin spielt mit.

Die Kinderpflegerin stellt sich auf das Tempo des Kindes ein.
Sie stellt ihre eigenen Ideen, die ihr beim Spiel in den Sinn kommen, zugunsten des Kindes zurück.
Sie ist, wenn gewünscht, in der Nähe und begleitet mit ihrer Aufmerksamkeit das Spiel.
Sie greift ein, wenn sie wirklich verstanden hat, worum es dem Kind oder den Kindern geht.
Sie versucht, sich in die Vorstellungswelt des Kindes einzufühlen.
Sie achtet darauf, was das Kind äußert, wie es sich verhält, um diesen Vorstellungen nachspüren zu können.
Wenn sie verstanden hat, was das eigentliche Anliegen des Kindes ist, kann sie es dabei unterstützen, seine Ideen umzusetzen in konkrete Gestaltungen und Spielhandlungen.
Dabei wird das Kind um so leichter seine Phantasien entwickeln können, wenn es das Gefühl gewinnt, dass seine Ideen begrüßt und bejaht werden.
Anregungen und Vorschläge von Erwachsenen sind eine zweischneidige Angelegenheit.
Kinder können davon fasziniert sein und viel Spaß dabei haben.
Es kann aber schnell geschehen, dass der Erwachsene das Spiel bestimmt und dabei das Kind mit dessen Einfällen an die Wand drückt.
Gerade das etwas weniger selbstbewusste Kind könnte das Gefühl bekommen, dass seine eigenen Ideen nichts wert sind.
Die Kinderpflegerin gibt die Hilfe am besten erst, wenn das Kind sie darum bittet.
Sie trägt keine eigenen Perfektionsansprüche an das Kind heran.

 Die Kinderpflegerin unterstützt die Spielbedürfnisse der Kinder.

Die Kinderpflegerin berücksichtigt die wechselnden Phasen im Tagesablauf.

In der Bringzeit brauchen die Kinder nach dem Ankommen meist einige Zeit, um sich zurechtzufinden. Sie verschaffen sich dabei einen Überblick über mögliche Spielpartner und Spielangebote. Sie wandern herum. Die Kinderpflegerin widmet sich den Neuankömmlingen, begrüßt sie und erleichtert ihnen den Übergang von der Familie zur Einrichtung. Ihr Platz ist an der Tür.

Darauf folgt meist die Phase der Konzentration, eine Zeit intensiver Tätigkeit. Spielgruppen bilden sich. Die Kinderpflegerin hat nun die Möglichkeit, sich einer Kleingruppe oder einem einzelnen Kind zu widmen. Sie kann die Kinder je nach Bedarf fördern.

In der notwendigen Erholungsphase sollen entspannende Tätigkeiten möglich sein. Die Kinder halten sich in der Kuschelecke auf oder nehmen gerne ein freies Bewegungsangebot auf den Spielgängen, auf der Terrasse oder im Bewegungsraum an. Auch Brotzeit ist Entspannungszeit.

In der Abholzeit wird den Kindern der Übergang von der Gruppe zur Familie erleichtert. Die Kinder beenden in Ruhe ihr Spiel. Das Aufräumen wird nicht zum Drama, sondern am besten in ein Ritual eingebunden, z. B. eine Spieluhr erklingt, ein Triangelton oder ein Lied kündigen das Aufräumen an.

Vielleicht trifft sich die Gruppe auch nochmals im Stuhlkreis zu einem gemeinsamen Abschluss.

Danach widmet sich die Kinderpflegerin wieder dem einzelnen Kind, das abgeholt wird.

Die Kinderpflegerin berücksichtigt im Freispiel den Gruppenprozess.

Am **Anfang** der Gruppenbildung spielt sie in einzelnen Bereichen mit.

Die Kinder fühlen sich wohl und beachtet. Es entsteht eine gute Atmosphäre. Die Neulinge lernen, sich im Raum zurechtzufinden. Sie wachsen in die Ordnung der Einrichtung hinein. Sie finden die einzelnen Spielmaterialien. Sie erlangen Sicherheit.

Am Anfang des Gruppenprozesses setzt die Kinderpflegerin die **„großen"** Kinder als Hilfe, als Patenkinder ein: Sie kennen die Regeln von Gesellschaftsspielen. Sie wissen, wie das Spielmaterial gehandhabt wird.

Dadurch wird auch deren Selbstbewusstsein gestärkt.

Im **Laufe des Jahres** sind die Kinder mit dem gegebenen Material und den Spielregeln vertraut.

Neue Techniken und Spiele können eingeführt werden.

Auch wenn die Kinder sicherer geworden sind, sollten sie das Gefühl haben, dass die Kinderpflegerin für sie da ist.

Die Kinderpflegerin erkennt Spielstörungen.

Sie erkennt,

- wenn ein Kind lange und auffallend oft untätig im Raum sitzt oder herumgeht,
- wenn ein Kind unbeteiligt und wiederholt immer die gleichen Handgriffe mechanisch wiederholt,
- wenn das Kind auffallend oft fragt, was es denn spielen soll,
- wenn es oft Spiele anfängt und bei der geringsten Schwierigkeit aufgibt,
- wenn es hektisch und chaotisch mit Dingen wirft, Dinge zerstört oder gar ein aggressiver Spielpartner ist.

Diese Beobachtungen gibt die Kinderpflegerin an die Gruppenleiterin weiter. Im Team kann die weitere Vorgehensweise überlegt werden.

Die Kinderpflegerin achtet die Rechte des Kindes.

- Das Kind hat ein Recht auf Achtung seines Körpers, seines Besitzes und seiner Werke.
- Das Kind hat ein Recht auf Achtung seiner Handlungen und Entscheidungen.

- Das Kind hat ein Recht auf Achtung seiner Stimmungen und Gefühle.
- Das Kind hat ein Recht auf gleiche (gerechte) und individuelle Behandlung.

(nach: M. Caiati, freies Spiel, Inhaltsangabe)

Aufgaben

1. Welche Spielregeln gibt es im Freispiel in Ihrer Einrichtung?
   Tauschen Sie diese Spielregeln in der Gruppe aus.
   Stellen Sie Unterschiede und Gemeinsamkeiten fest.
2. Nehmen Sie Stellung zu folgendem Zeitungsartikel.
   Überlegen Sie die Aufgaben der Kinderpflegerin im „Spielzeugfreien Kindergarten".

Kissenschlachten gegen die Suchtgefahr

Von Karin Finkenzeller

KELHEIM – Der evangelische Kindergarten in Kelheim ist seit kurzem ungewöhnlich leer. Kein Schaukelpferd, auf dem sich wild reiten ließe, keine Bauklötze, die sich in der Ecke türmen, auch das Puppenhaus und die Kuscheltiere sind ordentlich in Kisten verpackt und gut verstaut. Für die Dauer von drei Monaten sind die 25 Kinder sich und ihrer Phantasie selbst überlassen. Sie sollen lernen, mit wenigen Mitteln zu improvisieren und sich wieder mehr miteinander zu beschäftigen. Das Projekt „Spielzeugfreier Kindergarten" hat ein ehrgeiziges Ziel: Schon im Kindesalter wollen die Erzieherinnen gegen die Gefahr einer späteren Drogensucht kämpfen.

Eigene Phantasie ist gefragt: Spielzeuge sind nicht mehr vorhanden.

Langweilig ist es den 25 Knirpsen zwischen drei und sechs Jahren trotz der fehlenden Spielsachen nicht. Michelle und Simon haben sich in der „Katzenhöhle" verkrochen, die sie aus Tischen und ein paar alten Vorhängen gebaut haben. Soner und Christian liefern sich eine ausgelassene Kissenschlacht, Judith, Johannes und Marco werben für ihre Achterbahn aus aneinandergereihten Holzstühlen: „Alles einsteigen, gleich geht's los."

Früher, sagt Josefine Bilek, die Leiterin des Kindergartens an der Kelheimer Nelkenstraße, hätten sich „die Kleinen oft hinter ihren Spielsachen versteckt. Für eigene Vorschläge oder das notwendige Miteinander in der Gemeinschaft war da kaum Platz". Die Kinder, die in ihrer Freizeit häufig ohnehin mit Ballett-, Turn- oder Musikunterricht „verplant" seien, würden durch vorgegebene Aktivitäten zusätzlich in ein Schema gepreßt.

Genau das soll sich jetzt ändern. „Wir wollen den Mut und das Selbstbewußtsein der Kinder stärken. Wer seine Freizeit auch ohne Hilfsmittel sinnvoll gestalten kann und lernt, Konflikte auszutragen, braucht später auch nicht in eine drogenmanipulierte Welt zu flüchten", erklärt die Erzieherin die Idee des Projekts.

Erste Veränderungen an den Kindern haben die Erzieherinnen schon nach zwei Wochen bemerkt. Der fünfjährige Türke Soner, der kaum ein Wort Deutsch spricht, habe sich früher oft zurückgezogen oder gar den Kindergarten geschwänzt. „Jetzt sucht der mit einem Mal den Kontakt zu den anderen Kindern und versucht, sich zu verständigen", erzählt Bilek. Er und der gleichaltrige Christian stecken fast ständig zusammen. Die Eltern der 25 Schützlinge, die das Projekt ungeteilt befürworten, berichten, daß ihre Kinder auch zu Hause plötzlich engeren Kontakt zur Familie suchten. „Das macht uns Mut", sagt Bilek.

Schwierigkeiten erwartet die Erzieherin trotzdem. „Bis jetzt sind die Kinder noch begeistert, weil alles so neu ist. Aber wenn die Ideen in ein paar Wochen ausgeschöpft sind, müssen sie an sich arbeiten, wenn sie nicht in ein dunkles Loch fallen wollen."

SZ, 13.03.1996, Nr. 86, S. 49

3.5 Das Rollenspiel

Aufgaben

1. Bereiten Sie in der Kleingruppe für folgende Themen Rollenspiele vor und spielen Sie diese: Familie, Einkaufen, Verwandte besuchen, Friseur, Gasthaus, Krankenhaus.
2. Welche Gegenstände verwenden Sie?
3. Welche Erfahrungen machen Sie im Spiel?
4. Welche Erfahrungen möchten Sie davon Kindern ermöglichen? Warum?
5. Wo finden bei Ihnen in der Einrichtung Rollenspiele statt?
6. Welche Themen herrschen im Rollenspiel zur Zeit in der Gruppe vor?
7. Welche Themen sind im Laufe des Jahres gespielt worden?
8. Was ist das Lieblingsthema der Kinder?
9. Spielt die Praxisanleiterin beim freien Rollenspiel mit?

3.5.1 Die Bedeutung des Rollenspiels für die Entwicklung des Kindes

Aufgabe
Wiederholen Sie die Spielformen von Kapitel 3.3.

Das Rollenspiel ist vom Alter des Kindes abhängig.

Beim *Kleinkind* geht es um das Begreifen der Dingwelt, um eigenes Handeln und um Sinneswahrnehmung.
Erwachsene oder ältere Kinder sind selten echte Spielpartner für sie.
Der Erwachsene ist der Begleiter, der das Kind in seinem Vorhaben unterstützt.

Die Bedeutung des Rollenspiels für 3- bis 4-jährige Kinder

Die ersten Ansätze zum Rollenspiel sind zu beobachten.
Das Hantieren mit den Dingen orientiert sich am Vorbild der Erwachsenen und wird zum Imitationsspiel. Im Imitationsspiel versucht das Kind, den Sinn und Zweck von Alltagshandlungen zu begreifen. Durch die Phantasie des Kindes bekommen die Dinge eine neue, von ihm selbst geschaffene Lebendigkeit.

Die Bedeutung des Rollenspiels für Kinder im Vorschulalter

Beim Vorschulkind geht es darum, die Logik von Alltagshandlungen der Erwachsenen von außen her durch genaue Nachahmung zu verstehen, z. B. Sinn und Funktion des Einkaufens, der Post, des Arztbesuches. Lassen Sie die Fragen beim Kind entstehen!

Die Bedeutung des Rollenspiels für Hortkinder

Phantasiespiele führen im Hortalter dazu, Rollen und Handlungen von innen her zu begreifen und die Handlungsmotive nachvollziehen zu können. Die Spiele gewinnen an Dramatik und Lebendigkeit. Es folgen emotional besetzte Themen: Liebe, Angst, Trauer, Aggression, Schuld.

In Phantasie-Rollenspielen nähert sich das Kind oft nebeneinanderstehenden, gegensätzlichen Gefühlen:

„Jetzt musst du tot sein!"

„Jetzt bist du aus Spaß nicht mehr tot und musst wieder wegrennen."

Kinder dieser Altersstufe werden sich der Normen und Werte, der Bedeutung sozialer Beziehungen und des Stellenwerts ihrer eigenen Gefühle sowie der Gefühle der anderen bewusst.

Sie begreifen, dass die Geschehnisse des Alltags und Handlungen von Personen stark von diesen Gefühlen her bestimmt werden, und versuchen, diese bei sich und anderen genauer zu fassen.

Durch wechselnde Rollenübernahme fühlen sie sich in den Sozialpartner ein und begreifen dessen Handlungsantriebe besser.

In der Gruppe der Gleichaltrigen im Hort festigt sich das Gefühl für das unverwechselbare Selbst.

Hier bilden sich eigene Regeln und Werte aus.

Hier rückt der Wettbewerb um Geschicklichkeit, Können und Einfallsreichtum in den Vordergrund.

Der Spielverlauf ist nicht immer für die Ohren der Erwachsenen bestimmt.

Hier wird die Unabhängigkeit von den Eltern erfahren und das stärkt wiederum das Selbstvertrauen.

In dieser Zeit sollte die Beziehung zu Gleichaltrigen unterstützt werden.

Jedes Rollenspiel hat seine Regeln.

„Sollen wir Tierklinik, Familie oder Schule spielen?"

Die Kinder einigen sich, Familie zu spielen. Dazu haben alle Lust. Die Großen stimmen zu, weil sie das Sagen haben in der Gruppe, die Kleinen, weil sie endlich einmal mittun dürfen.

Zuerst werden die Rollen verteilt. Das geht demokratisch über die Bühne. Es wird viel diskutiert und abgestimmt, wer hier welche Rollen übernimmt.

Das Spiel beginnt. Das Spiel hat seine Regeln:

Beim Spiel versuchen die Kinder hinter den Sinn bestimmter Regeln zu kommen, zu prüfen, ob das stimmt, was sie beobachtet haben:

„Frauen trinken immer Kaffee, Männer immer Tee!" behauptet ein Kind beim Rollenspiel „Familie beim Frühstück." Die anderen erheben Einspruch und geben ihre Erfahrungen wieder.

Rollenspiele sind ein wichtiges soziales Training.

Kinder müssen im Rollenspiel miteinander zurechtkommen, sich aufeinander abstimmen, sie geben ihre eigene Meinung wieder und versuchen, sie auch durchzusetzen. Sie lassen die Meinung anderer gelten und ordnen sich unter. Sie geben ab und teilen.

Die Mitspieler übernehmen im Spiel eine wichtige Funktion. Sie loben und kritisieren, sie diskutieren und helfen.

Rollenspiele sind gekennzeichnet durch zahllose Wiederholungen, die die Spielabläufe beherrschen.

Die sichtbaren Handlungen des Kindes, z. B. das Schaufeln, das Formen, das Kauen, machen nicht die gesamte Handlung aus.

Die wichtigsten Bestandteile sind dabei die inneren Bilder, Vorstellungen und Phantasien des Kindes, die die sichtbare Handlung begleiten und ihr den wahren Sinn geben.

Beispiel: Während des Kuchenbackens im Sandkasten sieht Laura aus dem Beispiel von Kapitel 3.1.1 vielleicht innerlich die Mutter in der Küche den Teig kneten und Obst auf den Kuchen verteilen. Sie sieht, wie Besuch kommt und der Kuchen serviert wird.

Sie sieht innerlich, wie die Mutter sagt: „Ich muss jetzt arbeiten."

Laura durfte beim Backen vielleicht nicht das Obst auf den Kuchen verteilen oder „nur ein bisschen".

Sie durfte nicht den Kuchen auf den Tisch stellen und reihum Oma oder Tante füttern, was sie so gerne getan hätte. Sie begreift zunächst nur Bruchstücke, sie versteht aber auch, dass mehr dahintersteckt, und möchte dieses Mehr gerne verstehen.

Im Rollenspiel können alle Impulse, alle Wünsche und Vorstellungen ausgelebt, ausgekostet, erfahren werden, an deren Verwirklichung das Kind im Alltag oft gehindert wird.

Das Kind kann sich in der Spielphantasie den Geheimnissen der Erwachsenenwelt nähern und an all den interessanten Geschehnissen teilhaben, die Mama, Papa oder die älteren Geschwister sonst so unerreichbar umgeben. Es kann den Alltag nach seiner Idealvorstellung nachleben und auch versuchen, sich in die Personen seiner Umgebung einzufühlen.

Im Phantasiespiel können Kinder sich auch den ängstigenden oder problematischen Themen nähern, ohne wirklichen Gefahren ausgesetzt zu sein.

Im geschützten Rahmen des Spiels können neue Entdeckungen gemacht und neue Lösungen gefunden werden.

Das Kind ist der Regisseur im Geschehen. Die kleine Welt läuft nach seinen Wünschen.

In Wirklichkeit ist die Mutter die Regisseurin, und das Kind funktioniert mehr oder weniger.

Im Spiel ist das Kind die Mutter und lernt, dass es viele Verhaltensmöglichkeiten gibt.

In Familienspielen können verblüffende Gefühlsreaktionen beobachtet werden.

Das Gefühl des „Alles dürfens" und die Sicherheit, der Abstand, die Übertragung auf die Puppe bieten ein Ventil, Verdrängtes zuzulassen und Spannungen abzubauen.

Das Rollenspiel erhält dadurch eine heilende, eine therapeutische Wirkung.

Im Rollenspiel ergeben sich viele Möglichkeiten, die Rollen zu wechseln.

Lesen Sie dazu das Beispiel 3.1.1 (Christian hört den Verkehrsfunk).

Kinder können auf der Vorstellungsebene des Spiels neue Sichtweisen, ein anderes Verständnis oder Lösungen für schwierige Situationen entwickeln. Phantasien schaffen Wirklichkeiten.

Für das Kind können Dinge aus der Umgebung wie beseelt sein, ein Eigenleben und Eigenaktivität haben.

Rollenspiel heißt Verwandlung.

Kleider machen Leute.

Das Rollenspiel macht es möglich, in andere Rollen zu schlüpfen, sie phantasievoll zu gestalten, Rollen auszuprobieren, Spaß an Veränderungen zu haben und zu spüren, worin man sich wohl fühlt.

Es gibt unterschiedliche Arten des Rollenspiels, z. B. das freie und das gelenkte Rollenspiel.

Im freien Rollenspiel entwickeln die Kinder die Spielidee. Das Spiel wird nicht von der Kinderpflegerin gelenkt.

Im angeleiteten Rollenspiel bringt die Kinderpflegerin die Spielidee ein und lenkt das Rollenspiel.

3.5.2 Anregungen zum freien Rollenspiel

Die Kinderpflegerin schafft die Voraussetzungen für das freie Rollenspiel.

Räume, Ausstattung und Material beeinflussen die Phantasie des Kindes beim Rollenspiel.
Die Kinderpflegerin stellt den Kindern Spielmaterial für Rollenspiele und Kleine-Welt-Spiele zur Verfügung.

Raumbedingungen

Für fast alle Rollenspiele ist eine Verwandlung des Raumes notwendig. Spielräume können sein: Kaufmannsladen, Kasperltheater, Puppenecke, Puppenhaus, Bauecke, Spielgang usw.
Der Gruppenraum wird spontan zum Klassenzimmer, zur Arztpraxis oder zum Restaurant.
Höhlen, Häuser, Zelte ergeben abgegrenzte Bereiche. Abgrenzungen sind auch möglich durch kleine Teppiche oder gemalte Spielflächen.

Ausstattung und Materialangebote

Aufgaben

1. Wie ist die Puppenecke in Ihrer Einrichtung gestaltet?
   (Größe, Wohnmöbel, Küchenmöbel, Zubehör, Puppenkleider, Aufbewahrung von Kleidern, Geschirr usw.)
2. Welche Puppenkleidung hat sich in Ihrer Einrichtung bewährt?
3. Wie sind Wohnbereich, Küchenbereich und Schlafbereich gestaltet?
   Erstellen Sie eine Liste und eine Skizze.

Sorgfältig überlegte Ausstattung, z. B. für das Wohn- und Familienspiel, sind wichtige Auslöser für kindliche soziale Lernprozesse. Die Puppenecke gleicht einer Wohnung.

Die Größe der **Spielwohnung** soll nach Angaben von Experten ein Ausmaß von 7 – 10 Quadratmetern haben.
Der Grundriss soll möglichst quadratisch sein.
Der Spielbereich soll gut abgegrenzt sein. Er soll nicht allzu sehr eingesehen werden können.
Die Intimität soll trotz der Aufsichtspflicht und Beobachtungsaufgaben gewährleistet sein.
Der Wohnungscharakter kann verstärkt werden durch Anbringen von Fenstern, Türen, Treppen...
Vorteilhaft hat sich in der Praxis das „Raumgerüst", das Spielhaus, erwiesen.
Die Verbindung mit einer Treppe nach oben gestattet zusätzliche Spielmöglichkeiten.
Die **Ausstattung** soll in etwa unserem Kulturkreis entsprechen:
Kleider und Wäsche in Schränken, Geschirr in Regalen, zum Schlafen ein Bett...
Die **Puppe** ist der Partner des Kindes: Sie verkörpert verschiedene Rollen.
Stofftiere sind eher in geringerer Anzahl vorhanden.
Sie sollten als Haustiere ins Familien- und Wohnspiel einzuplanen sein.
Die **Puppengarderobe** stellt für das Kind einen hohen Spielanreiz dar.
Sie soll den Puppen passen und gut zum An- und Ausziehen sein.

Als Spielmaterial für freies Rollenspiel können auch Handpuppen, Kasperlfiguren, eine Verkleidungskiste, Spiegel, Decken, Kissen oder Vorhänge zur Verfügung gestellt werden.

Sogar einige Tischspiele eignen sich mit ihren kindlichen, anregenden Figuren. Belebungsmaterial in der Bauecke regt auch Jungen zum gemeinsamen Rollenspiel an: Autos, Verkehrszeichen, Bäume, Häuser, Tiere und Männchen.

Die Kinderpflegerin beobachtet die Kinder beim freien Rollenspiel und wertet diese Beobachtungen verantwortungsvoll aus (diagnostische Funktion des Rollenspiels).

Rollenspiele geben Aufschluss darüber, was das Kind besonders beeindruckt, was es bewegt oder interessiert. Das Ausspielen von inneren Schwierigkeiten, von Konflikten und Problemen ist für eine harmonische Gefühlslage sehr wichtig.

Spannung wie Angst, Aggressivität, Eifersucht können abreagiert werden auf spielerische Art und Weise.

(Vgl. hierzu Kap. 3.1.2: Im Spiel werden neue Kinder in die Gruppe integriert).

Die Kinderpflegerin unterstützt das freie Rollenspiel des Kindes.

> **Aufgaben**
> 1. Lesen Sie die Beispiele aus dem Kapitel 3.4.3 (Beispiele 1, 2, 3...) nochmals durch. Womit können Sie das Rollenspiel dieser Kinder unterstützen?
> 2. Beobachten Sie Kinder beim freien Rollenspiel in Ihrer Einrichtung, und stellen Sie fest, ob die Kinder Hilfe und Unterstützung von Ihnen brauchen.

Die Kinderpflegerin akzeptiert die Lösung des Kindes.

Das Kind möchte seine Ziele selbst setzen, seine eigenen Ideen verwirklichen.

Bei Auseinandersetzungen in der Kindergruppe fällt der Kinderpflegerin die Rolle zu, die Werte von Gerechtigkeit und Fairness in die Diskussion zu bringen.

Die Kinder sollen selbst ihre Vorstellungen formulieren und sie miteinander aushandeln können.

Die Kinderpflegerin greift in das Rollenspiel ein, wenn ein Kind durch das Spiel geängstigt, vom Spiel ständig ausgeschlossen oder zum Sündenbock gemacht wird. Bei akuten Gefahren nimmt sie ihre Aufsichtspflicht wahr.

3.5.3 Anregungen zum angeleiteten Rollenspiel

Im angeleiteten Rollenspiel bringt die Kinderpflegerin die Spielidee ein und führt und leitet das Rollenspiel von Anfang an.

Sie beachtet folgende methodischen Schritte:

- Motivation der Kinder
- Vorbereitung des Rollenspiels
- Durchführung des Rollenspiels
- Reflexion des Rollenspiels mit den Kindern

Ausgangspunkte für angeleitetes Rollenspiel können sein:

- Aktuelle Erlebnisse der Kinder, z. B. Zahnarztbesuch, Friseur, Familie, bevorstehende Ereignisse wie Schulbeginn, Verkehrserziehung usw.
- Märchen und Geschichten, die im Spiel nachvollzogen werden
- Lieder, Verse, Bilderbuchgeschichten

Die Kinderpflegerin erstellt eine Übersicht und plant.

Beispiel:

2. Wenn die Frühlingssonne lacht
und die Fledermaus erwacht,
ist der Winterschlaf vorbei,
juchhei, juchhei!

3. Wenn die Frühlingssonne lacht
und das Igelchen erwacht,
ist der Winterschlaf vorbei,
juchhei, juchhei!

4. Wenn die Frühlingssonne lacht
und das Springmäuschen erwacht,
ist der Winterschlaf vorbei,
juchhei, juchhei!

Aufgabe

Erstellen Sie einen vollständigen Rollenspielplan für dieses Frühlingslied.

Thema: Frühlingslied „Wenn die Frühlingssonne lacht"

Schriftlicher Organisationsplan

Personen	Ort	Handlungsmuster	Sprachmuster	Verkleidung	Requisiten	Meth. Hinweise
Murmeltier	Höhle	schläft streckt sich, begrüßt Sonne	gähnt	braune Decke	Futter Decken für Höhle	
Igel	Laubhaufen			Pappkarton mit Stacheln mit Gummiband	Stühle	
Sonne						Rolle für stilles Kind

Die Kinderpflegerin führt das Rollenspiel mit den Kindern durch.

1. Motivationsphase

Hier wird der Inhalt des Rollenspiels angeboten, also z. B. das Lied.
Das Lied wird so eingeführt, dass bereits die Handlungs- und Sprachmuster mit den Kindern erarbeitet werden, das Lebensumfeld der Handlung und die Vorstellung davon gebildet werden.

2. Vorbereitung des Rollenspiels

Als nächster Schritt erfolgt die Besichtigung der Verkleidung und die Gestaltung des Handlungsortes.
Die Kinder erforschen die Verkleidung und erproben damit schon, welche Rolle sie nachher spielen möchten.
Es ist für jedes Kind eine Verkleidung dabei. Jedes Kind spielt mit.
Der Handlungsort wird mit den Kindern zusammen gestaltet:
Der Wald, die Wiese, das Haus...
Anhand von Verkleidung und Requisiten kann die Kinderpflegerin nochmals die Handlungs- und Sprachmuster erarbeiten.
Erst wenn die Kinder wissen, was auf sie zukommt, werden die Rollen verteilt.
Dabei ist unbedingt darauf zu achten, dass die Kinder die Rollen freiwillig wählen können. Es wird niemand dazu gezwungen.
Alle Kinder sollten Rollen bekommen.
Wenn alle Kinder ihre Rolle haben, kommt die Spielphase.

3. Die Durchführung des Rollenspiels

Dabei können zwei methodische Wege gewählt werden:

1. Die Kinderpflegerin erzählt die Geschichte, singt das Lied, und die Kinder spielen danach.
2. Wenn Ereignisse gewählt werden, spielen die Kinder frei, sprechen selbst dazu. Hierbei kann die Kinderpflegerin evtl. in einer geeigneten Rolle mitspielen, um das Spiel wieder in Gang zu bringen.

4. Reflexion des Rollenspiels mit den Kindern

Nach dem Spiel drückt die Kinderpflegerin Freude über das Spiel aus und spricht mit den Kindern darüber, wie es ihnen in dieser Rolle ergangen ist.
Sie können dann bei genügend Zeit die Rollen tauschen und nochmals spielen. Vielleicht haben die Kinder auch eine andere Idee, das Spiel zu gestalten.

Aufgaben

1. Wählen Sie aufgrund ihrer Beobachtungen in Ihrer Einrichtung ein Thema für ein angeleitetes Rollenspiel aus. Begründen Sie die Auswahl der Kinder, die Zielsetzung und die Auswahl von Thema und Methode.
2. Erstellen Sie eine Reflexion zu Ihren Vorbereitungen, Ihrer Durchführung und zum Verhalten der einzelnen Kinder im Spiel.

3.6 Darstellendes Spiel

3.6.1 Die Bedeutung des darstellenden Spiels

Aufgaben

1. Erinnern Sie sich zurück:
   Wann haben Sie das letzte Mal ein Kasperltheater gesehen?
   Welches Stück haben Sie gesehen?
   Welches war Ihre Lieblingsfigur?
   Haben Sie Lust, selbst ein Kasperltheater zu spielen?
   Was würde Sie daran hindern?

2. Erinnern Sie sich zurück:
   Wann haben Sie sich das letzte Mal verkleidet?
   Als was haben Sie sich verkleidet? Warum?
   Zu welcher Gelegenheit haben Sie sich verkleidet?
   Was haben Sie in dieser Verkleidung erlebt?

3. Masken:
   Was fällt Ihnen dazu ein?
   Haben Sie selbst schon einmal eine Maske getragen?
   Haben Sie selbst vielleicht eine Maske hergestellt?
   Was hat Sie an der Maske besonders angesprochen?

4. Schattenspiel:
   Haben Sie schon einmal ein Schattenspiel gesehen?
   Wenn ja, welches Stück haben Sie gesehen?
   Was hat Ihnen dabei gefallen, nicht gefallen?
   Hätten Sie Lust, selbst ein Schattenspiel zu spielen?
   Wenn ja, warum?
   Wenn nein, was würde Sie davon abhalten?

5. Beobachten Sie Kinder, wie sie mit Handpuppen, Masken (z. B. Tiermasken) oder Stabpuppen spielen!
   Spielt das Kind dabei alleine oder hat es Spielpartner?
   Wie bewegen sich diese Kinder? Was sprechen sie miteinander?

„Ein altes Spiel des Menschen ist's das Spiel, sich zu verändern.
Man schlüpft in Masken, Witz und List und tanzt in fremd' Gewändern."

(Wolfgang Longardt)

Darstellung ist Spiel, wenn der Darsteller so tut, „als ob", sich aber dabei der Unwirklichkeit innerhalb dieser Wirklichkeit bewusst ist. Im darstellenden Spiel wird etwas verwirklicht: eine Handlung, eine Situation, ein Lied. Alle Mitspieler sind an diese Absicht des Spiels gebunden.

Darstellendes Spiel erfordert stets den Einsatz des ganzen Menschen, der durch sein Denken, Fühlen und Handeln aus einer Situation heraus Leben gestaltet durch Sprache, Mienenspiel und Gebärde.

Darstellendes Spiel ist möglich als Menschentheater und Puppentheater.
In diesem Kapitel wird vor allem auf die Möglichkeit des Puppentheaters, vor allem des Handpuppentheaters hingewiesen.

Die Spielmöglichkeiten sind:

Spiele mit Puppen, die das Kind selbst erfindet
Spiele, in die das Kind als Zuschauer aktiv eingreifen kann
Spiele, die ein Angebot und Vorbild zur Problemlösung bedeuten.

Die heilenden Möglichkeiten des darstellenden Spiels sind vor allem in der Psychoanalyse und Heilpädagogik genutzt worden.

Heute gibt es zahlreiche Puppenbühnen mit Aufführungen für Kinder und Puppenwanderbühnen, die die sozialpädagogischen Einrichtungen aufsuchen.

In der Literatur (Anhang) gibt es vielfältige Vorschläge, Spielfiguren selbst herzustellen, z. B. Stabpuppen, Handpuppen, Marionetten oder Kasperlfiguren.

Die Bedeutung der Handpuppe: Das Kasperltheater als Welttheater

> „Kasperls Begrüßung
> Ich grüße die schönen Herrn und Damen
> Die her zu meiner Bude kamen
> Hab noch meine lange Nas' im Gesicht
> Und bin vergnügt und fürcht' mich nicht
> Wenn's anfängt, bitte ich nicht mehr zu plappern
> Nachher wird da hinten etwas klimpern und klappern
> Ich bitt' schön, laufens da nicht so fix
> Es ist nur ein Teller, der tut Ihnen nix"   (Victor Blüthgen)

Die Typen im Handpuppenspiel leben von der Klarheit ihrer Aussage, wer gut und böse ist.
Der Kasperl, der Seppl, die Gretel, die Prinzessin, die Großmutter und der Polizist sind gut.
Der Teufel, der Räuber, die Hexe, der Zauberer und das Krokodil sind böse.
Alle Figuren im Kasperltheater bedeuten zusammen Erfahrungsmöglichkeiten des menschlichen Lebens, an dessen Spielende immer der Sieg des Helden steht. Held und Widersacher und entsprechende Hindernisse und Probleme bestimmen den Handlungsverlauf.

Der Kasperl ist die beliebteste Figur der Kinder im Vor- und Grundschulalter. Er kann die Welt nicht aus eigener Kraft verbessern. Er hat dauernd mit Überraschungen zu kämpfen, die ihn nicht zur Ruhe kommen lassen. Die Kinder erleben, wie er durch seinen Leichtsinn immer wieder in Gefahr gerät. Sie wollen ihm helfen, doch ganz kann ihnen das nie gelingen. Wird der Kasperl gestoßen oder stößt er auf Schwierigkeiten, so entwickelt er praktischen Verstand. Er hat das Glück und die Zuschauer auf seiner Seite.

Solange er zu essen und zu trinken hat und hoffen kann, dass er zur Gretel oder Großmutter zurückfinden kann, ist er recht unbekümmert. Er ist leichtsinnig. Fröhlich singend, manchmal zu übermütig, zu sorglos, müssen ihn die Kinder wecken, damit er die Gefahr erkennt.

Der Kasperl in seiner gefährlichen Selbstüberschätzung würde ohne hilfreiche Geister verloren sein. Das gleicht der Situation der Kinder. Teufel und Zauberer, König und Prinzessin und ein Kasperl, der sich unbekümmert in dieser Gesellschaft bewegt, können Kinder ermutigen. Für den Puppenspieler, die Kinderpflegerin, bedeutet diese Tatsache eine hohe Verantwortung im Umgang mit der kindlichen Seele.

Der Widersacher des Kasperls ist der Teufel. Er ist der böse Gegenspieler, aber am Schluss immer auch der Betrogene, der Verlierer. Er ist die Symbolfigur für schlechtes Gewissen. Er behindert den Kasperl in seiner Entwicklung.
Der Teufel ist ein Egoist, aber keiner, der erbarmungslos Karriere machen will. Ihn plagt nur der Neid, wenn er andere glücklich und zufrieden sieht. Dieser Neid macht ihn blind für Gefahren und Fehlhandlungen, durch die man ihn immer wieder zu Fall bringen kann.

Seppl und Gretel lieben ihren Kasperl. Sie sind seine Freunde und Spielkameraden. Der Seppl ist Begleiter, Gesprächspartner und in seinem Wesen oft begriffsstutzig und dumm.
Er stiftet durch seine Torheit oft genug Verwirrung. Die Gretel verkörpert die Mutterliebe.

König, Königin und die Prinzessin vertreten im Puppenspiel die Rollen der Eltern und ihres oft verwöhnten Kindes. Das königliche Bestimmen der Eltern wird im Puppenspiel geschmälert durch Sorgen, die den König oder die königliche Familie selber treffen. Dadurch treten Kinder spontan als Zuschauer aus ihrer untergeordneten Rolle in der Familie heraus und hoffen auf ein gutes Ende.

Der Räuber hat wenig kriminelle Energie.

Natürlich stiehlt er, aber eher als Gelegenheitsdieb. Er ist auch gewalttätig, macht aber auch da eher große Sprüche. Er liebt das Dunkel. Seine Gefährlichkeit ist entschärft durch seine Faulheit und seinen schwachen Verstand.

Der Polizist ist im Puppenspiel der Inbegriff des versteinerten Befehlsempfängers. Er erfreut sich an der Macht, die ihm übertragen wurde. Er stolpert über alles, was nicht in seine eingefahrene Vorstellungswelt passt.

Auseinandersetzungen mit Geboten und Verboten der Eltern und der Kampf gegen eigene, verbotene Wünsche ermöglichen in der Figur des Polizisten eine Auseinandersetzung mit dem Gewissen.

Der Zauberer ist Materialist. Er verlässt sich zu sehr auf sein Verständnis der Naturgesetze, durch die er andere beherrschen will. Darin liegt seine Schwäche. In seinen Ansprüchen wirkt er hochmütig. Aber Hochmut kommt auch bei ihm leicht zu Fall, weil er zu abergläubisch an seinen Zaubersprüchen hängt.

Die Hexe ist sein Gegenüber. Sie übernimmt die Rolle der Mächte, die den Menschen überraschen und ängstigen, weil sie ihn oft gegen seinen Willen verändern. Sie ist von der Leidenschaft, andere zu verzaubern, besessen und daher nicht umsichtig genug. An dieser Schwäche ist sie im Spiel zu packen.

Uhu, Rabe, die Vögel sind beim Puppenspiel durch ihr geheimnisvolles Wissen über die Zukunft unentbehrliche Helfer. Wo die Handlung kompliziert wird, erklären sie, wo und wie es weitergehen soll. Sie sind beweglicher als wir, haben Nachtaugen und wissen daher mehr, verraten aber nicht jedem alles, was sie gesehen haben.

Das Krokodil, Sinnbild der Gefräßigkeit, wird zum Schoßhündchen degradiert. Es muss in seiner wahllosen Gier dressiert werden, damit es eine Rolle in der Handlung übernehmen kann. Weil es sich aber einer veränderten Situation nicht anpassen kann, sorgt es für kurzweilige, oft spaßige, manchmal auch gefährliche Verwechslungen im Spiel.

(aus: Spickhoff M., Der Kasperl kommt aus Butzlabee, Auer, 1992)

3.6.2 Planung und Durchführung des darstellenden Spiels am Beispiel des Kasperltheaters

Die Kinderpflegerin erlernt das Führen der Spielfiguren.

Die Handpuppe:

Das Puppenkleid sollte wie ein gut sitzender Handschuh sein.
Der Zeigefinger der Spielhand sitzt gut passend bis zum zweiten Fingerglied im Puppenhals. Der Daumen und der Mittelfinger stellen die beiden Arme und Hände der Puppe dar. Die Kinderpflegerin sollte beim Spielen nicht nach oben zur Puppe schauen, sondern mit dem Mitspieler Kontakt halten, denn mit ihm und seinen Puppen spielt sie ja letztendlich auch.

Die Bewegung:

Die Kinderpflegerin spricht mit der Figur den Text durch. Sie schlüpft in die Puppe, dreht ihr Gesicht zu sich und beobachtet die Bewegungen, die sie dabei machen kann.
Langsame Bewegungen sind wirkungsvoller als wilde Zuckungen und Verrenkungen.
Sie wird als erstes die Hände der Puppe bewegen.
Dann versucht sie, den Kopf zu beteiligen.
Sie erprobt die Wirkung einer langsamen und schnellen Drehung des Körpers.
Die ganze Figur wird nur bewegt, wenn die Handlung es erfordert, z. B. beim Nachdenken hin- und hergehen und stehenbleiben.
Die Kinderpflegerin sollte Bewegung, Mimik und Gestik der Puppe auch selbst zum Ausdruck bringen.
Auch sie läuft, schreit, humpelt... Sie braucht Platz hinter der Bühne.
Beim Spielen soll der Spieler zwei Figuren übernehmen können.
Es braucht Zeit, um in die verschiedenen Rollen zu schlüpfen.

Das Erscheinen auf der Bühne:

Sie lässt nie die Puppe abrupt aus der Versenkung auftauchen und verschwinden.
Am besten ist es, durch eine Tür, einen Zwischenraum in der Kulisse mit der Puppe von der Seite hereinzukommen.
Beim Handpuppenspiel ermüdet leicht der Arm. Die Figur versinkt während des Spiels.
Ein schmales, glatte Brett, auf das der Spieler seinen Ellenbogen stützen kann, hilft, dieses zu vermeiden.

Lautes und deutliches Sprechen:

Die Kinderpflegerin spricht lauf und deutlich. Pausen werden bewusst geübt.
Geübte Spieler sprechen erst dann, wenn sich aus ihrer Bewegung erraten lässt, was sie sagen werden.
Stumme Pantomimen können eingebaut werden. Das Sprechtempo soll so oft wie möglich wechseln.
Ausrufe in mehreren Variationen sollen geübt werden.

Die Kinderpflegerin plant im Team eine Aufführung, ein Kasperltheater.
(Vgl. hierzu Kap. 8.3.3: Projektplanung und Projektverlauf sowie Kap. 9.3 Überlegungen zur Gestaltung von Festen)

Zur Vorbereitung werden folgende Fragen im Team beantwortet:
- Warum soll das Kasperltheater durchgeführt werden?
- Was muss dabei genau gemacht werden?
- Wie soll vorgegangen werden?
- Wo wird gearbeitet?
- Wer ist an der Durchführung beteiligt?
- Wann fangen die Arbeiten an, wenn sollen sie beendet werden.
- Wieviel darf das kosten?
- Wie gut muss das Ergebnis sein?

Warum soll das Kasperltheater durchgeführt werden?
Anlässe dazu können sein: Eine Aufführung für die eigene Gruppe, in der Kinderpflegerin und Erzieherin gemeinsam den Kinder ein Stück vorführen; in der Einrichtung soll ein Stück allen Kindern gezeigt werden;

ein Elternnachmittag soll gestaltet werden; Eltern spielen Kindern ein Stück vor; ein Sommerfest oder ein Tag der offenen Tür sind geplant. Sollen Spenden gesammelt werden, soll Eintritt verlangt werden? Wird für einen guten Zweck gespielt?

Was muss dabei genau gemacht werden?

Figuren erstellen, Bühne auf Funktionstüchtigkeit hin überprüfen, Spielstücke aussuchen oder selbst schreiben, Spieler bestimmen, zeitliche Planung, Absprachen mit beteiligten Personen treffen, z. B. mit dem Elternbeirat oder dem Träger...
Die Kinderpflegerin wählt geeignete Stücke aus.
„Was soll ich denn spielen?" ist eine der häufigsten Fragen von Kinderpflegerinnen.
Beispiele für ein Kasperltheater kommen aus dem Alltag der Kinder:

- Einkaufen gehen: Der Kasperl geht mit seinem Hund Bello einkaufen, z. B. zum Metzger...
- Geburtstag: Die Prinzessin bekommt zu ihrem Geburtstag eine Zauberkugel geschenkt, die ihr gestohlen wird. Der Kasperl bringt sie zurück...
- Kuchen backen: Der Geburtstagskuchen der Großmutter wird vom Räuber gestohlen...
- Zirkus: Das Krokodil ist dem Zirkusdirektor entlaufen. Es frisst die Blumen der Großmutter, es schnappt die neue Puppe der Gretel. Kasperl und der Polizist Dimpflmoser fangen es und bringen es dem Zirkusdirektor wieder...
- Schule: Der Kasperl will nicht in die Schule. Er kann nicht lesen und deswegen den Steckbrief nicht entziffern. Der Räuber wird gesucht, der die Prinzessin entführt hat. Kasperl lernt lesen und befreit die Prinzessin...

Die Kinderpflegerin kennt die wichtigsten Gesichtspunkte der Planung.
Bei der Planung sind folgende Gesichtspunkte zu berücksichtigen:

- Figuren
- Requisiten
- Hintergrundbilder
- Beleuchtung
- Musik/Instrumente
- Melodien

Wie soll vorgegangen werden?

Erarbeiten der Geschichte, Spielfiguren erarbeiten oder auswählen, Texte schreiben und erlernen, Üben mit den Puppen, geeigneten Raum organisieren, gemeinsam einen Terminplan für die Proben erstellen, Plakate erstellen, Verständigung der Presse, Einladungen anfertigen und verteilen, Verpflegung organisieren, das Puppenspiel mit geeigneter Musik umrahmen?

Beim Szenenwechsel und möglichst nach Abschluss einer Szene darf Musik nicht fehlen. Auch Kinder können hinter den Kulissen Musik machen. Sie vergessen die Hemmung und entdecken den Reiz von Gesang und Spiel neu.

Wo wird gearbeitet?

Wer sind die Zuschauer? Wie viele sind es? Welcher Raum ist dazu notwendig? Kann die Bühne zum Proben aufgestellt werden? Kann sie stehen bleiben? Wird der Raum noch anderweitig benötigt?

Wer ist an der Durchführung beteiligt?

Die Kinderpflegerin, die Praktikantin, die Erzieherin, andere Mitarbeiter, Eltern, Elternbeirat; Elektriker für die Beleuchtung, Hausmeister, Putzfrauen oder Träger?

Wann fangen die Arbeiten an, wann sollen sie beendet werden?

Wieviel Zeit braucht die Spielgruppe, bis sie sicher ist? Wann soll das Spiel aufgeführt werden? Wieviel Zeit kann jeder zum Proben aufbringen? Wieviel Zeit soll zwischen Proben und Aufführung liegen?

Wieviel darf es kosten?

Entstehen Unkosten (Herstellung der Puppen, Kulissen, Ausleihgebühr für Anlage, Beleuchtung...)? Welche? Aus welchem Etat sollen die Unkosten gedeckt werden? Soll ein Eintritt verlangt werden? Soll gespendet werden?

Wie gut muss das Ergebnis sein?

Wieviel Öffentlichkeit ist geplant?

Die Kinderpflegerin führt im Team das Kasperltheater auf.

Beispiele für Einladungsschreiben:

Innenseite einer eiförmigen Einladung:

Zu unserem Maifest am Samstag, 16. Mai 2000, um 14.00 Uhr laden wir Sie herzlich ein.

Es warten auf Sie eine Tombola, lustige Eltern-Kind-Spiele, allerlei fürs leibliche Wohl und eine Überraschung zum Muttertag und Vatertag. Wir freuen uns auf Ihr Kommen.

Ihr Kindergarten Neustift II.

Auf der Rückseite eines von den Kindern gefalteten Kasperlhauses:

Heute laden herzlich ein, Kasperl, Igel, Kroko, Stein.

Ihr sollt am 21. 07. 2000 um 19.00 Uhr an der Schule sein.

Wir feiern unser Familienfest und Ihr seid alle unsere Gäste.

Klasse 10b/II Kinderpflege Freising

Einladung zum Sommerfest im
Kastuluskindergarten

Wir laden Sie alle ganz ❤-lich ein!

Am Freitag, 25. Juni 2000
(bei schlechtem Wetter am Samstag, 26. Juni 2000, um die gleiche Zeit)

Wir freuen uns auf Ihr Kommen und Mitfeiern,

die Kinder, das Erzieherinnenteam und der Kindergartenbeirat vom Kastaluskindergarten.

Der Ökotip:
Selbstverständlich bringen alle Gäste ihr eigenes Besteck mit.

Programm

15.30 Uhr Einlass am Gartentor-Poststraße

16.00 Uhr Festeröffnung
Begrüßungsgedicht und Lied der Kinder

Angebote für Kinder:
- *Büchsenwerfen*
- *Entenheben*
- *Luftballon spicken*
- *Schatzsuche*
- *Schminkecke*
- *Nageln*
- *Angeln*

*17.30 Uhr **Kasperltheater***
(18.30 Uhr und 19.30 Uhr)
- *Kuchenbuffet, Grillspezialitäten, Salate*
- *Türkische Spezialitäten*

20.30 Uhr
- *Entzündung des Johannisfeuers am Wiesendreieck*
- *Feuertanz der „Schulkinder"*
- *Gemeinsames Singen*
- *Festausklang*

Die Kinderpflegerin reflektiert im Team den Verlauf der Veranstaltung.

Folgende Fragen können dabei behilflich sein:

- War die Aufführung ein freudiges Erlebnis für die Beteiligten, vor allem für die Kinder?
- Welche Rückmeldungen kamen von den Gästen?
- Waren die Aufgaben innerhalb des Teams gleichmäßig verteilt und konnten sie so durchgeführt werden?
- War das Programm angemessen?`
- Verlief alles nach Plan?
- Was sollte beim nächsten Mal beachtet werden?

Aufgaben

Ein Kasperltheater könnte durchaus zu einem fächerübergreifenden Projekt in der Ausbildung werden, in dem die Fächer Kunst- und Werkerziehung (Puppenbau), Deutsch (Stückauswahl und Sprechübungen), Sozialpflegerische Praxis (Puppenspiel) und Musikerziehung (Musikalische Gestaltung) ihren Beitrag leisten.

1. Erarbeiten Sie im Team ein Puppenspiel für die Situation in Ihrer Praxiseinrichtung. Welche Vorbereitungen sind notwendig?
   (Requisiten, Puppenherstellung, Kleidung für die Puppen, Musik, Bühne, Beleuchtung...)
2. Planen Sie ein Projekt für einen Elternabend, einen Elternnachmittag oder einen Spielnachmittag für Kinder in der Schule oder in der Praxiseinrichtung.

Zusammenfassung Kapitel 3

Das Spiel ist die Lebensform des Kindes und beeinflußt seine emotionale, soziale, motorische und kognitive Entwicklung. Der Entwicklungsstand eines Kindes sowie einer Kindergruppe stellt sich im Spiel dar. Diesen kann die Kinderpflegerin durch ausgewählte Spiele beeinflussen. Sie beobachtet das kindliche Entwicklungsniveau in Spiel, die Eigenarten, Stärken und Schwächen und ermutigt und unterstützt die Spielideen des Kindes. Sie begleitet und unterstützt den Gruppenprozess im Spiel und bietet entsprechende Spiele und geeignetes Spielmaterial an. Pädagogisch wertvolles Spielmaterial stellt die Kinderpflegerin je nach Alter der Kinder zur Verfügung. Dabei sollte der Einsatz, z. B. von Tischspielen, gezielt und methodisch begründet erfolgen.

Tischspiele geben den Kind die Möglichkeit verschiedene Rollen anzunehmen: als Zuschauer, Unbeteiligter oder konzentrierter Mitspieler. Sie ermöglichen einen Lernprozeß in Hinblick auf Machtkampf, Gewinnen und Verlieren. Spielregeln können verändert werden – aufgrund methodischer Überlegungen oder um die Spielfreude der Kinder zu unterstützen. Die Kinderpflegerin behält den Überblick über Spielverlauf und Zielsetzung, erkennt die Schwierigkeiten der Kinder und gibt Hilfestellung.

Fingerspiele ermöglichen Bewegungsfreude, Sprechfreude, körperliche Nähe und die Förderung der Hand- und Fingermuskulatur. Sie eignen sich besonders in Situationen des Wartens oder Tröstens, zu besonderen Anlässen und als Möglichkeit, Übergänge zu schaffen oder die Aufmerksamkeit der Gruppe zu sammeln.

Im Freispiel wählen die Kinder Spielort, Spielmaterial, Spielpartner und Spieldauer selbst. Die Kinderpflegerin verschafft den Kindern den nötigen Spielraum durch entsprechendes Zeit-, Material- und Raumangebot. Sie berücksichtigt den Gruppenprozeß und die wechselnden Phasen in Tagesablauf, achtet auf die Rechte und die Sicherheit der Kinder und unterstützt ihr Spielbedürfnis durch ihre Anteilnahme und eventuell durch Mitspielen. Das Rollenspiel stellt eine dem jeweiligen Entwicklungsstand entsprechende Möglichkeit dar, über Alltagserlebnisse nachzudenken. Das Spiel wird zum inneren Probehandeln, ermöglicht Urteilsfindung und Entscheidung. Es fördert schöpferisches Denken und Tun, denn der Horizont des Möglichen und der Handlungsspielraum werden erweitert. Das Rollenspiel des Kindes entspricht dem Planen und Reflektieren des Erwachsenen. Die Kinderpflegerin leitet die Kinder im freien Rollenspiel nicht an, sie gibt keinen Text oder Handlungsablauf vor, achtet aber darauf, dass einzelne Kinder nicht ausgestoßen werden. Im gelenkten Rollenspiel bereitet die Kinderpflegerin Handlungsablauf, Sprachmuster, Verkleidung und Requisiten vor. Möglichkeiten zum gelenkten Rollenspiel bieten Geschichten, Märchen, Lieder, Bilderbücher oder die Themenbereiche, die in der Gruppe aktuell sind. Alle beteiligten Kinder spielen mit, jedoch wird niemand zur Übernahme einer Rolle gezwungen.

Durch gezielte Beobachtung im Spiel lernt die Kinderpflegerin das Kind mit seinen Fähigkeiten, Vorlieben und Problemen kennen und kann so Spielformen gezielt einsetzen. Sie behält dabei den Überblick über die Gesamtgruppe und nimmt ihre Aufsichtspflicht wahr.

Weiterführende Aufgaben

1. *Setzen Sie aufgrund der Beobachtungen in Ihrer Kindergruppe Ziele für ausgewählte Kinder fest. Suchen Sie speziell für diese Kinder ein Tischspiel aus und spielen Sie es gemeinsam mit den Kindern unter Berücksichtigung der entsprechenden methodischen Gesichtspunkte.*

2. *Erstellen Sie aufgrund Ihrer Spielbeobachtungen eine Reflexion.*

3. *Gemeinsames Spielen ermöglicht Kontakt und Integration. Überlegen Sie sich Spielformen, die das Gespräch der Kinder miteinander fördern. Spielen Sie eins der Spiele mit den Kindern Ihrer Praxisgruppe.*

4. *Haben Sie Lust, Flaschendrehen zu spielen? Eine Flasche wird im Spielkreis gedreht. Zu wem sich der Flaschenhals hinwendet, nenn fünf Spielmaterialien, die für Kinder geeignet sind je nach Alter, Problemen, Vorlieben...*

5. *Erstellen Sie ein Spielangebot für den Innenraum, das dem Bewegungsdrang von Kindern Rechnung trägt und ihre Bewegungsfreude fördert.*

6. *Gestalten Sie eine Hand- oder Fingerpuppe aus Natur- und Abfallmaterialien. Sammeln Sie die Puppen in der Klasse, und planen Sie in Kleingruppen ein kindgerechtes darstellendes Spiel, bei dem Ihre Puppen eingesetzt werden.*

4 Gesprächsführung

Wer mit anderen sprechen möchte, muss gut zuhören.

> **Aufgaben**
> 1. Welche Gesprächssituationen im Stuhlkreis kennen Sie aus Ihrer Praxisstelle?
> 2. Beschreiben Sie drei Gesprächssituationen mit Kindern von Ihrem letzten Praxistag.
> 3. Was meinen Sie: Welche Situationen sind für ein Gespräch mit Kindern besonders gut geeignet?

4.1 Die Bedeutung des Gespräches

Durch einfühlende Gesprächsführung hilft die Kinderpflegerin einem Kind, sich selbst besser zu verstehen und anderen Menschen mitzuteilen, was es will und was es braucht. Im Gespräch erfährt ein Kind auch, was die anderen wünschen und worauf es Rücksicht nehmen muss. Im Gespräch entwickeln Kinder und Erwachsene die Regeln, nach denen sie miteinander leben und Konflikte lösen, die sie nicht vermeiden können. Im Gespräch gewinnt das Kind die Informationen über seine Umgebung und über Dinge, die wichtig sind, es entwickelt Sachkenntnisse. Im Gespräch findet das Kind Anregung, eigenständig neue Erfahrungen mit Menschen, Dingen und den Gegebenheiten seines Alltags zu sammeln.

Viele Situationen im Tagesablauf bieten Gelegenheit zu hilfreichen Gesprächen. Voraussetzung für die förderliche Gesprächsführung ist es, dem anderen zuzuhören und Gesprächsregeln anwenden zu können.

4.1.1 Kontaktfindung

Menschen, die einander begegnen, schließen Kontakt durch ein Gespräch. Ein Blick, eine Geste, ein Schritt – und dabei die richtigen Worte zu finden, darum geht es hier.

Kontakte durch Worte (= verbal)	Kontakte durch Gesten, Gebärden (= nonverbal)
– Begrüßungsformen („Hallo!", „Guten Morgen!", „Grüß dich!" und ähnliche) – Beschreibende Bemerkungen („Schön, dass du da bist!", „Deine Puppe hat ein schönes Kleid!" und ähnliche) – Einleitende Fragen („Wie war's in der Schule?", „Hast du Hunger?" und ähnliche)	– Anblicken – Anlächeln – Zunicken – Zuwenden – Hingehen – Hände reichen – Mitgehen

Aufgabe
Setzen Sie diese Aufzählungen fort.

Das folgende Beispiel aus der Praxis gibt Ihnen Anregungen, die Kontaktaufnahme mit Kindern zu üben und zu reflektieren:

Praxisbeispiel Moni, Praktikantin der 11. Klasse, kommt an jedem Dienstag um 11.15 Uhr in den Hort „Villa Kunterbunt". Heute sind Franziska und Alexander schon da. Sie hatten früher als sonst Schulschluss, weil zwei Unterrichtsstunden ausgefallen sind.

Aufgaben zum Praxisbeispiel
1. Zwei Schülerinnen spielen die Rollen von Franziska und Alexander. Sie sitzen an einem Tisch im Klassenzimmer, spielen ein Naturmemory. Fünf Schülerinnen spielen nacheinander die Rolle von Moni, der Praktikantin: Moni kommt herein, begrüßt die zwei und beginnt ein kurzes Gespräch mit ihnen. Die übrigen Schülerinnen beobachten, sammeln und merken sich:
    a) Wie wurde der Kontakt aufgenommen?
    b) Welche Wörter sind gesprochen worden?
    c) Welche Mimik, Gestik, Körperhaltung war bei den drei Mitspielerinnen zu beobachten?
    d) Durch welches der fünf Begrüßungsgespräche kam der Kontakt besonders freundlich, offen und ehrlich zustande?

 Wenn Sie mit einem Kind Kontakt aufnehmen, dann sind verbale (= sprachliche) und nonverbale (= nichtsprachliche) Begrüßungsformen gleich wichtig.

Durch ein Begrüßungsgespräch wird Kontakt geschlossen. Mit der Art und Weise des Begrüßungsgespräches (Wortwahl, Sprechweise, Zuwendung im Blick, Gesten und Körperbewegungen) bestimmt die Kinderpflegerin die Qualität des Kontaktes, der sich dabei ergibt. Es ist daher sehr wichtig, dass die Kinderpflegerin ihr eigenes Verhalten beobachtet und dass sie bereit ist, neue Begrüßungs- und Gesprächsformen zu erproben. Sie vermittelt den Kindern dadurch Sicherheit, dass ihre Wortwahl übereinstimmt mit ihren Gesten und Gebärden.

Zum Beispiel teilt sie einem Kind mit, dass sie sich über dessen Kommen freut, indem sie sagt: „Schön, dass du da bist!" (= verbale Begrüßung) und dabei das Kind anblickt, sich ihm zuwendet und zugleich ihm freundlich zulächelt (= nonverbale Begrüßung).

Aufgaben

Beobachten Sie in Ihrer Praxisstelle und schreiben Sie Ihre Beobachtungen auf:

1. Welche Möglichkeiten der Kontaktaufnahme gibt es während des Freispiels, im Garten?
2. Wie nehmen Sie selbst Kontakt auf zu Kindern, zur Praxisanleiterin, zu anderen Mitarbeiterinnen (Wortwahl, Sprechweise, Körperhaltung)?
3. Wie nimmt Ihre Praxisanleiterin Kontakt auf zu Kindern, zu Eltern?
4. Wie nehmen Kinder untereinander Kontakt auf?
5. Teilen Sie Ihre Beobachtungen im Klassengespräch mit. Stellen Sie einzelne Begrüßungsformen im Rollenspiel dar.

Kontakt durch Zuwendung

4.1.2 Information und Klärung

Das Gespräch, die Art und Weise, miteinander zu sprechen, ist besonders wichtig in einer Konfliktsituation: Unterschiedliche Wünsche, widersprechende Meinungen, was jemand will und was jemand gar nicht mag, formulieren die Partner im Gespräch. Dann kann die Klärung, die Konfliktlösung beginnen. Hier finden sich Anregungen für ein klärendes Gesprächsverhalten.

Praxisbeispiel In der Bauecke des Kindergartens St. Vinzenz. Andi, Stefanie und Marc bauen eine lange Brücke. Da kracht es. Marc schreit: „Du warst es! Meeeensch!"

Aufgaben zum Praxisbeispiel

1. Führen Sie die zwei unterschiedlichen Rollenspiele durch:

A Das erste Rollenspiel:
- Drei Mitschülerinnen spielen die Kinderrollen, eine Mitschülerin spielt die Rolle der Kinderpflegerin Claudia:
- Kinderpflegerin Claudia springt auf und rennt zur Bauecke.
- Claudia ruft laut und ärgerlich: „Wer war das denn nun schon wieder?"
- Sie stemmt die Hände in die Hüften, zu allen drei Kindern: „Ich hab' schließlich noch etwas anderes zu tun, als nur bei Euch aufzupassen!"
- Claudia zieht Marc am Arm: „Marc, du holst dir jetzt ein Tischspiel! Stefanie geht an den Maltisch und Andi räumt die Bauecke auf!"

B Das zweite Rollenspiel:
- Wieder spielen drei Mitschülerinnen die Rollen der Kinder, eine vierte Mitschülerin die der Kinderpflegerin. Diesmal geht es so:
- Kinderpflegerin wendet ihren Kopf zur Bauecke und beobachtet die Kinder dort.
- Als Marc schreit, geht Claudia ruhig zu den Kindern in die Bauecke: „Oh, jetzt ist die Brücke eingestürzt!"
- Claudia fährt nach einer Weile fort: „Wie ist denn das passiert?"
- Claudia wieder nach einer Weile: „Was wollt ihr nun machen?" Und: „Wie wollt ihr das machen?" Und: „Wer fängt an?"

2. Welche Reaktionen zeigten die Kinder im Rollenspiel A, im Rollenspiel B?
3. Was erlebt die Kinderpflegerin Claudia im Rollenspiel A, im Rollenspiel B?
4. Wie kann sich das Ereignis in der Bauecke Ihrer Ansicht nach auf die übrigen Kinder der Gruppe ausgewirkt haben im Rollenspiel A, im Rollenspiel B?
5. Was haben die beteiligten Kinder Andi, Stefanie und Marc Ihrer Ansicht nach gelernt im Rollenspiel A, im Rollenspiel B?
6. Wie kann sich das Gespräch zwischen der Kinderpflegerin Claudia und den Kindern Andi, Stefanie und Marc Ihrer Ansicht nach weiterentwickelt haben im Rollenspiel A, im Rollenspiel B?

Merke **Das klärende Gespräch ermöglicht es, Konflikte konstruktiv, d. h. förderlich und aufbauend zu lösen.**

Im Gespräch kann die Kinderpflegerin Klärung in vier Schritten herbeiführen:

1. Erkennen, was wirklich ist.
2. Die eigene Beobachtung benennen.
3. Ansprechen, um was es jedem geht.
4. Verhandeln, welcher Weg zur Lösung führt.

In den alltäglichen Situationen im Kindergarten, im Hort, im Heim kündigen sich Konflikte an, bevor sie ausbrechen. Wie kann die Kinderpflegerin durch rechtzeitige und zielgerichtete Gespräche klären helfen?

Erkennen, was wirklich ist: Bevor ich mich an einem Gespräch beteilige, bemühe ich mich wahrzunehmen, was geschehen ist, und meine eigenen Wahrnehmungen, wenn irgend möglich, zu überprüfen.

Was sehe ich? Was höre ich? Wie kann ich das überprüfen, was ich gesehen habe und was ich gehört habe? Wen kann ich fragen? Wie kann ich meine Wahrnehmungen von dem unterscheiden, was ich vermute, was ich erwarte, was ich befürchte und was ich mir wünsche? Mögliche Fragen hierzu: Was ist geschehen? Was geschieht jetzt gerade? Wer ist beteiligt? Wer tut was? Wer sagt was? Wer spricht mit wem? Seit wann?

Benennen, was ich festgestellt habe: Ich beginne meinen Gesprächsbeitrag möglichst immer mit einer Darstellung von dem, was ich wahrgenommen habe: Ich habe gesehen, ich habe gehört...

Damit lade ich die übrigen Beteiligten ein, ihre Wahrnehmungen auch darzustellen. Wir können unsere Wahrnehmungen gegenseitig bestätigen, ergänzen, widerlegen, in Frage stellen, wir können uns zu neuen Wahrnehmungen anregen. Mögliche Fragen, die ich mir hierzu stellen kann: Wie kann ich das sagen, was ich gesehen, gehört habe: Wortwahl, Stimmlage, Lautstärke, Körperhaltung, Zuwendung? Wie kann ich meine Wahrnehmungen mitteilen, so dass sich niemand angegriffen fühlt? Wie kann ich andere fragen, so dass sie mir gern antworten? Wie kann ich andere fragen, was sie wahrgenommen haben? Welche Wahrnehmungen werden bestätigt? Wie kann ich mich auf bestätigte Wahrnehmungen beschränken?

Ansprechen, um was es jedem geht: Alle Beteiligten erhalten Gelegenheit, aus ihrer eigenen Sichtweise darzustellen, wie etwas geschehen ist. Jeder drückt das aus, was er wirklich jetzt erreichen möchte, was er braucht, was er will. Alle Beteiligten hören ihm zu.

Mögliche Fragen hierzu: Was hilft mir jetzt weiter? Was stört mich, was hindert mich? Was ist jetzt meine Aufgabe? Was wollen die anderen erreichen? Wer hilft wem und wer stört wen? Wie kann ich mich besser verständlich machen?

Verhandeln, welcher Weg zur Lösung führt: Alle Beteiligten schlagen Wege zur Lösung vor, die möglichst vielen Zielen gleichzeitig dienen. Diese Lösungsvorschläge werden gesammelt. Dabei erfährt jeder Beteiligte, dass er einige Ziele erreichen kann, auf einige Ziele aber auch verzichten muss und einige Ziele verändern kann. Die ersten Schritte auf dem Lösungswege werden von allen Beteiligten gemeinsam erarbeitet. Aufgaben werden definiert, die jeder Beteiligte dabei zu lösen hat. Mögliche Fragen hierzu: Was ist mir am wichtigsten? Wer kann mir jetzt helfen und wem kann ich helfen? Welche Aufgaben übernehme ich gern?

In den folgenden Beispielen findet sich Gelegenheit, diese Gesprächselemente anzuwenden:

> ### Praxisbeispiel
> - Andreas und Marion laufen zur Garderobe. Beide sind gleichzeitig an der Türe.
> - Angelika und Natalie betrachten interessiert die Riesensaurier im Lexikon. Eric steht hinter ihnen und sagt jedesmal, welche Echsen auf der nächsten Seite kommen.
> - Kinderpflegerin Marion erzählt sieben Kindern das Märchen vom „Hässlichen Entlein". Christopher schaukelt mit dem Stuhl. Fast wäre er umgekippt.
> - Hausaufgabenzeit im Hort. Melanie betreut neun Kinder bei ihren Aufgaben. Johannes malt in das Nachschriftenheft von Dorothea ein Männchen.
> - Es ist 11.45 Uhr. In fünf Minuten werden die Kinder vom Bus abgeholt. Praktikantin Alexandra bittet ihre Anleiterin, schnell das Berichtsheft zu unterschreiben.
>
> **Aufgabe zum Praxisbeispiel**
> Überlegen Sie, wie diese Szenen sich entwickeln können und was Sie als Kinderpflegerin in diesen Szenen tun würden. Dabei kommt es darauf an, Konflikte zu erkennen und durch die Anwendung der Gesprächselemente zur Lösung beizutragen.

Merke **Gespräche führen zur Klarstellung, wenn möglichst viele Beteiligte möglichst viele Informationen erhalten. Die Kinderpflegerin hilft, alltägliche Konflikte zu lösen, indem sie ruhig und besonnen allen Beteiligten in klärenden Gesprächen viele Informationen anbietet.**

4.1.3 Abbau von Angst, Aggression und Isolation

Das richtige Wort zum rechten Zeitpunkt hilft, Ängstliche zu ermutigen, Einsame zu erlösen und Erregte zu beruhigen. Ein einfühlendes Gespräch hilft dem Einzelnen und fördert die Gemeinschaft.

Kinder verfangen sich schnell einmal in einer für sie scheinbar ausweglosen Situation. Nicht immer ist es die Aufgabe der Kinderpflegerin, sogleich zu schlichten. Statt dessen sollte sie das einzelne Kind in seinem Verhalten beobachten und einschätzen, welche Hilfe dieses Kind benötigt, damit es möglichst eigenständig handeln kann. Nimmt die Verzweiflung eines Kindes jedoch zu, gefährdet ein Kind sich oder andere Kinder, dann muss die Kinderpflegerin helfen, schlichten, beistehen. Die Kinderpflegerin sollte auch dann helfend handeln, wenn ein Kind nicht selbstständig aus innerer Isolation herausfindet. Manche Kinder überwinden ihr Problem rasch, manche Kinder haben länger daran zu tragen. Die Kinderpflegerin eröffnet ein helfendes Gespräch mit einfachen Worten. In der folgenden Schautafel ist eine kleine Sammlung solche „Hilfeworte" aufgeführt.

Das richtige Wort zur rechten Zeit

Die Kinderpflegerin sagt

Zum ängstlichen Kind:	Ist das zu schwer für dich? Kannst du es nicht allein? Soll ich es dir noch einmal zeigen? Befürchtest du, alles allein aufräumen zu müssen? Meinst du, die anderen könnten dich auslachen? Komm, ich zeige dir, wie es geht! Jetzt rechnen wir es noch mal zusammen nach. Ich helfe dir beim Aufräumen! Du darfst meinen Stift nehmen. Ich schenke dir ein Stück von meinem Apfel. Möchtest du noch einmal von vorne beginnen? Schmierst du so, weil du denkst, du könntest nicht rechtzeitig fertig werden? Meinst du, du wirst die Letzte sein? Magst du mir noch mal zeigen, wie es geht?
Zum einsamen, schüchternen Kind:	Soll ich dir die Hand geben? Magst du dich neben mich setzen? Soll ich für dich anfangen? Magst du das neue Bilderbuch mit mir anschauen? Du darfst jetzt bestimmen, wer als nächster an die Reihe kommt. Sollen wir gemeinsam Marc fragen, ob du mitspielen kannst? Lass es uns gemeinsam machen. Ich mag mich heute neben dich setzen. Heute mag ich mit dir spielen! Setz dich einfach her zu mir!
Zum zornigen, aggressiven Kind:	Wie möchtest du es denn haben? Soll ich dir beim Aufbauen helfen? Hältst du dich daran? Katrin und Sandra sollen dir auch einmal zuhören? Patrick, ich will das nicht! Silvia, lass Ediths Mütze liegen! Dich stört es, wenn Rudi sich so breit macht? Möchtest du auch einmal anschaffen können? Simone will nicht immer das Baby spielen. Tobi hat es nicht gerne, wenn du an seine Schultasche gehst. Du bist jetzt wütend, weil Jochen auf dein Blatt gestiegen ist! Es ärgert dich, dass Michael immer Muggelsteine in die Puppenecke wirft. Magst du mit Elli nicht mehr spielen, weil sie schon drei Mal gemogelt hat? Raphael stört es, wenn du beim Schreiben immer in sein Heft schaust!

Die folgenden Situationen zeigen Beispiele dafür, wie sich ängstliches, schüchternes, aggressives Verhalten bei Kindern zeigen kann:

Praxisbeispiel

- **Ein ängstliches Kind** – Ingo sagt beim Turnen: „Ich trau' mich nicht!" Elfi sagt vor dem Heimweg: „Ich habe Angst." Babsi sagt bei den Hausaufgaben: „Ich weiß nicht, wie es geht!" Finni sagt leise: „Die anderen lachen mich aus." Arno sagt mit gesenktem Kopf: „Ich mag nicht."

- **Ein einsames, schüchternes Kind** – Inge spielt nicht mit und sagt: „Keiner mag mich." Toni steht allein am Fenster und sagt; „Ich darf nicht mitmachen." Uli will nach Hause und klagt: „Niemand mag mit mir spielen." Franzl setzt sich neben Sie und sagt: „Ich bin ganz allein." Resi weint leise und schluchzt: „Die anderen lassen mich nicht."

- **Ein zorniges, aggressives Kind** – Alfons holt aus und ruft: „Ich hau dir eine runter!" Steffi rennt zu Alois und schreit: „Ich schmeiß deinen Turm um!" Zita kreischt: „Ich schlag deinen Flieger kaputt!" Benno droht Theres: „Ich schmeiß dich um!"

Aufgabe zum Praxisbeispiel

1. Beobachten Sie in Ihrer Praxisstelle behutsam ein Kind, das jetzt gerade ängstlich ist oder ein Kind, das jetzt gerade einsam ist oder ein Kind, das jetzt gerade zornig ist. Notieren Sie Ihre Beobachtungen in einem kurzen Bericht. Gehen Sie dabei aber besonders sorgfältig vor, um das Kind zu schützen. Es braucht Ihren Schutz, weil es sich in einer Problemsituation befindet. Verändern Sie deshalb auch in Ihrem Bericht den Namen des Kindes.
2. Lesen Sie in Zweiergruppen Ihre Kurzberichte gegenseitig vor. Finden Sie gemeinsam für jedes der Kinder zwei unterschiedliche helfende Gesprächsansätze. Orientieren Sie sich dabei an der „Hilfeworte"-Sammlung (s. o.).
3. Erklären Sie im Klassengespräch den Vorteil Ihres „Hilfeworts".

 Durch ein Gespräch können Sie Kindern helfen, Ängste abzubauen, Aggressionen zu vermindern und den Zugang zur Gruppe zu finden.

4.2 Wichtige Grundsätze der Gesprächsführung

Ein gutes Gespräch beruht auf vier Grundsätzen:
- Berücksichtigen der Situation, in der das Gespräch geführt wird.
- Unterscheiden zwischen der sachlichen Aussage und der Mitteilung, wie ich mich mit dem Gesprächspartner verstehe (Beziehungsaussage).
- Einhalten einer positiven Grundhaltung dem Gesprächspartner gegenüber.
- Kennen und Anwenden wichtiger allgemeiner Gesprächsregeln.

4.2.1 Die Eigenart der jeweiligen Gesprächssituation

Ein wichtiger Grundsatz der guten Gesprächsführung ist es, Feingefühl für die Situation zu entwickeln, in der ein Gespräch stattfindet. Wer sich auf ein Gespräch in einer bestimmten Situation einstellt, sucht nach Antwort auf folgende Fragen: Wer ist an dem Gespräch beteiligt und was sind seine Anliegen? Wie verstehen sich die Gesprächspartner? Wo findet das Gespräch statt und welche Störungen gibt es? Zu welcher Zeit findet das Gespräch statt und wie lange wird es dauern? Um was geht es in diesem Gespräch?

Im folgenden Text erfahren die Gesprächspartner die Bedeutung dieser Fragen.

Sprechspiel:

Das Märchen vom Schweigenland

Erzähler: Es war einmal ein junger König, der hatte noch keine Frau. Er reiste durch fremde Länder, aber nirgendwo fand er eine Prinzessin, die ihm so gefiel, dass er sie zu seiner Königin machen wollte. Eines Tages fand er das Bild einer schönen Prinzessin.
Begeistert rief er aus:
Prinz: „Die und keine andere soll meine Frau werden! Wer ist sie? Wo wohnt sie?"
Erzähler: „Das ist die Prinzessin vom Schweigenland!"
Prinz: „O weh! Dann ist sie nichts für mich! Ich rede nun einmal für mein Leben gern. Lieber rede und schwätze ich zehn Stunden am Tag, als auch nur zehn Minuten zu schweigen. Nein, das ist keine Frau für mich! Ich will sie vergessen!"
Erzähler: Er steckte ihr Bild in die Tasche. Manchmal aber zog er es heraus, um es anzusehen.
Prinz: „Sie gefällt mir! Wohnte sie doch nur nicht im Schweigenland!"

Erzähler: Eines Tages machte er sich auf und reiste ins Schweigenland. Er wollte die Prinzessin sehen. Schweigenland war schön, ein Land mit großen schattigen Wäldern und ruhigen Seen. Hier war es still. Alle Menschen, die ihm begegneten, schwiegen. Sie nickten freundlich mit dem Kopf und lächelten. Der junge König kam zum Schloss. Er sagte zum alten König:

Prinz: „Da bin ich! Du bist jetzt mein Gefangener. Führe mich zu deiner Tochter. Sie soll meine Frau werden!"

König: „Gehe zu ihr und sage es ihr! Sie ist in ihrem Zimmer!"

Erzähler: Da ging der junge König zur Prinzessin und sagte:

Prinz: „Ich bin der weise und mächtige Sonnenkönig. Ich habe Euer Land erobert. Der König und sein Heer wurden festgenommen. Dir will ich Gnade erweisen und dich heiraten. Ob du es verdient hast, weiß ich nicht!"

Erzähler: Er hatte noch nicht ausgeredet, da sah er die wunderschöne Prinzessin nicht mehr. Er sah nur noch den leeren Stuhl, auf dem sie gesessen hatte. Der junge König sah sich erschrocken im Zimmer um. Die Prinzessin war nicht zu finden. Nachdem er eine Weile still gewartet hatte, sah er sie wieder auf ihrem Stuhl sitzen.

Prinz: „Es war doch nicht bös gemeint, und deshalb verschwindet man doch nicht gleich. Du bist die schönste und liebste Prinzessin, die es gibt und je gegeben hat. Siehst du, hier habe ich dein Bild. Das trage ich immer bei mir. Und wenn ich allein bin, ziehe ich es hervor, um es mit anzuschauen. Ich kann mich nicht satt daran sehen. Du bist nun einmal die allerschönste Prinzessin, die es gibt. Und wenn du mich nicht heiratest, dann will ich nicht mehr leben."

Erzähler: Seine Rede war noch nicht beendet, da war die Prinzessin wieder weg. Viele Stunden ging das so. Wenn der Prinz schwätzte, war sie nicht mehr zu sehen, denn die wunderschöne Prinzessin vom Schweigenland kann nur sehen, wer still ist und gut schweigen kann.

Prinz: „Ich bin traurig! Was nützt mir das Land, das ich erobert habe, was hilft mir die Macht, die ich gewonnen habe, wenn ich die wunderschöne Prinzessin nicht sehen kann?"

Erzähler: Der junge König wurde stiller und nachdenklicher. Am nächsten Tag ging er zur Prinzessin und fragte:

Prinz: „Was muss ich tun, um dich immer sehen zu können?"

Erzähler: Da lächelte die Prinzessin ganz freundlich und sagte:

Prinzessin: „Du musst still werden und schweigen lernen. Der Staub der toten Worte haftet noch an dir."

Erzähler: Da ging der junge König fort und schwieg die ganze Nacht und den ganzen Tag. Am Anfang fiel's ihm schwer. Langsam entdeckte er den Wert der Stille. Er horchte und lauschte und schaute. Plötzlich verstand er das Sprichwort: „Ein Wald, der wächst, macht weniger Lärm als eine Mauer, die zusammenstürzt." Nach einigen Tagen ging er wieder zur Prinzessin und sagte:

Prinz: „Ich glaube, ich kann's!"

Erzähler: Da lächelte die Prinzessin noch freundlicher und sagte:

Prinzessin: „Dann lass uns zusammen schweigen."

Erzähler: Sie setzten sich einander gegenüber und schwiegen. Das schweigende Zusammensein war schön und bereichernd. Nach einer langen Zeit des Schweigens vernahm der junge König auf einmal eine ganz leise Musik, die wunderschön klang. Eine Weile horchte er, dann fragte er:

Prinz: „Was ist das für eine Musik?"

Prinzessin: „Das ist die Musik, die die Sterne machen, wenn sie ihre Bahn ziehen. Nur wer ganz still ist und zu schweigen versteht, hört sie. Das ist das Geheimnis von Schweigenland. Wir Schweigenländer hören alle diese wunderschöne Musik. Darum ist es bei uns auch so leise. Keiner möchte den anderen stören. – Nun weiß ich, dass du schweigen kannst. Weil du es aus Liebe zu mir gelernt hast, will ich deine Frau werden."

Erzähler: Der junge König war glücklich, dass er das Geheimnis des Schweigens entdeckt hatte. Er war froh, dass er Abschied genommen hatte vom Lärm und vom leeren Geschwätz.

Prinz: „Ich werde das Schweigen nie mehr verlernen, denn ich habe erfahren, wie wertvoll es ist. Ein gutes Wort von dir kann mich lange glücklich machen. Komm mit in mein Land, denn ich möchte täglich mit dir schweigen und reden dürfen."

Prinzessin: „Ich komme mit, aber zuvor musst du meines Vaters Reich wieder freigeben. Macht und Gewalt darf es im Schweigenland nicht geben. Hier herrschen Freiheit, Liebe und Frieden."

Erzähler: Der Prinz versprach es. Er nahm die Prinzessin mit in sein Reich, und beide lebten glücklich miteinander.

(Verfasser: unbekannt)

Aufgaben

1. Lesen Sie das Märchen vom Schweigenland mit verteilten Rollen.
   Beantworten Sie folgende Fragen:
   a) Welche wichtige Regel erfahren Sie in der Geschichte über die Gesprächsführung?
   b) Was bedeutet es Ihrer Ansicht nach, dass die Prinzessin zweimal verschwindet?
   c) Was entdeckte der Prinz Ihrer Ansicht nach, als er den Wert der Stille entdeckte?
   d) Wie kann die Geschichte Ihnen künftig dabei helfen, Gespräche zu führen?
   e) Tauschen Sie Ergebnisse im Klassengespräch aus.
2. Sammeln Sie Gesprächsbeispiele in Ihrer Praxisstelle, in denen es wichtig ist zuzuhören.
   a) Sammeln Sie Gesprächsbeispiele, in denen es wichtig ist, sich in den Gesprächspartner hineinzuversetzen, einzufühlen.
   b) Sammeln Sie Gesprächsbeispiele, in denen es wichtig ist, dem Gesprächspartner Fragen zu stellen.
   c) Sammeln Sie Gesprächsbeispiele, in denen es wichtig ist, Rücksicht auf den Gesprächspartner zu nehmen.

Merke — Bereiten Sie wichtige Gespräche vor, indem Sie die Zeit, den Ort und die beteiligten Personen berücksichtigen und das Thema des Gespräches überdenken.

4.2.2 Unterscheidung von Sach- und Beziehungsebene

Wenn zwei Menschen miteinander reden, teilen sie sich sachliche Informationen mit. Wenn zum Beispiel eine Anleiterin zur Praktikantin sagt: „Es ist 8 Uhr 15", so ist die sachliche Mitteilung eindeutig eine Angabe der Uhrzeit 8.15. Gleichzeitig teilen sich die Gesprächspartner durch die Stimme, die Wortwahl, die Betonung, durch Gesten mit, wie sie zueinander stehen, ob ihre Beziehung gegenwärtig von Konflikten belastet ist oder nicht.

Sagt die Anleiterin zur Praktikantin „Es ist 8 Uhr 15!" mit einer bestimmten Geste, mit gereizter Stimme, besonders laut oder besonders leise, wenn die Praktikantin mit wehender Jacke zur Tür hereingerannt kommt, so kann diese Mitteilung die Beziehungsaussage enthalten: „Ich bin ärgerlich, weil du so spät kommst!" Oder: Wenn die Praktikantin mit drei Kindern Murmeln spielt: „Ich halte dich für unzuverlässig, weil du schon wieder das Wasser für den Tee der Kinder vergessen hast!"

Die sachliche Aussage einer Mitteilung heißt Sachaussage (auch: die Sachebene). Die persönliche Aussage einer Mitteilung (die nicht direkt ausgesprochen, jedoch äußerst wirksam ist), heißt Beziehungsaussage (auch: die Beziehungsebene).

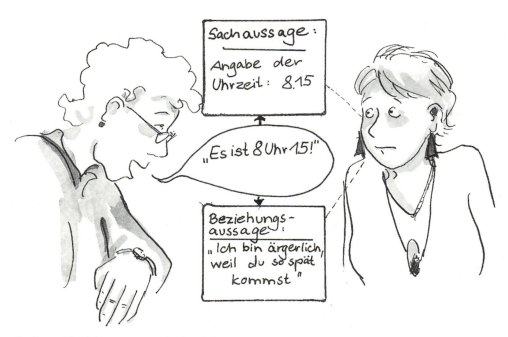

Sach- und Beziehungsaussage in einer Mitteilung sind zu unterscheiden

> **Praxisbeispiel** Im Kindergarten St. Gabriel sitzen Frau Obermair, die Praxisanleiterin, und Sonja, die Kinderpflege-Praktikantin, nach der Brotzeit noch am Tisch. Sie wollen die Probe besprechen. Sonja beginnt mit einem Seufzer und sagt gedehnt: „Sabine muss sich viel weniger auf den Praktikumstag vorbereiten."

Sachaussage und Beziehungsaussage sind zwei Bestandteile einer Mitteilung	
Sachaussage	Beziehungsaussage
Die Sachaussage enthält eine **sachliche Mitteilung**. Sonja vergleicht den Umfang ihrer Vorbereitungen mit den Vorbereitungen ihrer Freundin. Sonja hat den Eindruck, dass sie sich mehr vorbereiten muss. Frau Obermair und Sonja können sich rasch über die sachliche Aussage von Sonjas Bemerkung einigen.	Die **Beziehungsaussage** enthält eine **Mitteilung, wie sich Sonja und Frau Obermair im Moment verstehen**. Die Beziehungsaussage ist zugleich mit der Sachaussage in jeder Mitteilung enthalten. Hier können sich Frau Obermair und Sonja nicht so leicht einigen wie in der Sachaussage. Was will Sonja mit ihrer Bemerkung über ihre Beziehung zu ihrer Anleiterin aussagen? Die tatsächliche Bedeutung der persönlichen Aussage (Beziehungsaussage) von Sonja bleibt zunächst für beide unklar. Beide sind auf Vermutungen angewiesen.

Weil beide vorsichtig im Umgang miteinander sind, dauert es eine Weile nach der Bemerkung von Sonja, bis sie sich verständigen. Solange sind beide in ihre Gedanken vertieft.

Sachaussage:	Mitteilung:	Beziehungsaussage:
„Sabine bereitet sich weniger vor als ich."	„Sabine muss sich viel weniger auf den Praktikumstag vorbereiten als ich."	„Frau Obermair überfordert mich, versteht mich nicht, mag mich nicht."

Sonja und Frau Obermair wollen Missverständnisse vermeiden. Sie haben Interesse daran, das Praktikum von Sonja zum Lernen zu nutzen. Sie sind auf die Rückfrage angewiesen, um sich besser zu verstehen.

- Frau Obermair fragt sich nach der **Sachaussage** von Sonja:
  „Was bereitet Sabine vor?"

- Frau Obermair fragt sich nach der **Beziehungsaussage** von Sonja:
  „Was will Sonja mir über ihre Arbeit sagen?"
  „Was will Sonja mir über mich als Praxisanleiterin sagen?"
  „Was will Sonja mir über mich als Person sagen, wie sieht sie die Beziehung zwischen uns beiden?"

In der Praxis können oft und überall Missverständnisse auf die Verwechslung der Sach- und Beziehungsaussage eines Gespräches zurückgeführt werden. In den folgenden Beispielen wird eine sachliche Mitteilung durch einen persönlichen Angriff beantwortet. Dieses Missverständnis kann zu einem Streit führen, der nicht so leicht lösbar ist. Welche Lösungen finden Sie für diese Missverständnisse?

Praxisbeispiel

- Im Kindergarten. Karli zur Kinderpflegerin Gabi: „Die Buntstifte sind gar nicht gespitzt!" Darauf Gabi: „Hast du etwa keine Lust, mit mir zu malen?"
- Im Hort. Kinderpflegerin Elfi zu Maria: „Sind deine Hausaufgaben schon fertig?" Maria vorwurfsvoll: „Immer dürfen die andern spielen, nur ich nicht!"
- Im Team. Praktikantin Josefa: „Ich hab' 'ne tolle Idee!" Helga ärgerlich: „Du meinst wohl, wir sind zu blöd, aber echt!"
- Frau Haslberger holt Irmi ab. Kinderpflegerin Sabine: „Irmi hat einen Turnschuh verloren." Frau Haslberger: „Im Kindergarten ist schon vieles weggekommen!"

Aufgaben zum Praxisbeispiel

1. Spielen Sie die Szenen in einem Rollenspiel. Beantworten Sie folgende Fragen:
   a) Wer löst das Missverständnis aus?
   b) Wie lässt sich das Missverständnis vermeiden?
2. Unterscheiden Sie in folgenden Beispielen aus dem Arbeitsfeld der Kinderpflegerin die Sachaussage und die persönliche Aussage (Beziehungsaussage):
   a) Welche sachliche Feststellung verbirgt sich in dieser Aussage?
   b) Welche Beziehungsaussage wurde jeweils missverständlich davorgestellt?

Praxisbeispiel

- Verena zur Kinderpflegerin: „Die Stefanie lässt mich nicht in die Puppenecke!"
- Tobias zur Praktikantin: „Melanie hat in meinen Apfel gebissen!"
- Praxisanleiterin zur Praktikantin: „Das Bilderbuch hat den Kindern sehr gut gefallen!"
- Hortleiterin zur Praktikantin: „Haben Sie daran gedacht, dass wir morgen um 10 Uhr 15 mit Christophs Lehrerin verabredet sind?"
- Mutter zur Erzieherin: „Zum Projektfest kann doch unsere Oma mitkommen, oder?"
- Erzieherin zur Praktikantin: „Die Kinder bekommen immer mehr Hausaufgaben auf!"
- Mutter zur Kinderpflegerin: „Der Sohn von meiner Schwester bringt viel öfter schöne Bastelarbeiten mit als unsere Anne."
- Praktikantin zur Praxisanleiterin: „Muss ich auch zum Elternabend kommen?"
- Praktikantin zur Praxisanleiterin: „Sebastian hört aber nicht auf mich!"

Merke Jede Aussage enthält ein mögliches Missverständnis. Die Kinderpflegerin kann Streit vermeiden, indem sie die Sachaussage unterscheidet von der Beziehungsaussage einer Mitteilung. Durch Rückfragen kann die Kinderpflegerin klären, was mit einer Bemerkung gemeint ist.

4.2.3 Die positive Einstellung zum Gesprächspartner

Wenn die Kinderpflegerin ihre Gesprächspartnerin wirklich verstehen will, wenn sie von ihrem Gesprächspartner wirklich verstanden werden will, teilt sie ihm/ihr durch Worte (verbal) und durch ihr Gesprächsverhalten (nichtverbal) mit,
- dass sie sich für das interessiert, was die Gesprächspartnerin mitzuteilen hat,
- dass sie den Gesprächspartner mag, so wie er ist,
- dass sie daran interessiert ist, Missverständnisse zu vermeiden oder auszuräumen, wenn sie entstanden sein sollten.

Jedes Gespräch lebt von Grundhaltungen, die die Gesprächspartner einander entgegenbringen. Folgende Begriffe beschreiben, wie die Gesprächspartner aufeinander eingehen können:

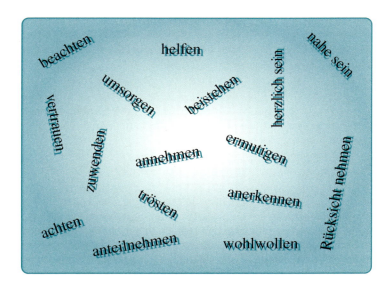

Aufgaben
1. Plumpsack-Spiel 1: Bilden Sie einen Stuhlkreis für alle Mitschülerinnen. Führen Sie dieses Plumpsack-Spiel mit einem weichen Stoffball durch: Wer den Ball abwirft, nennt einen Begriff aus der Abbildung. Wer den Ball erhält und aufgefangen hat, nennt ein Beispiel aus der Praxisstelle zu diesem Begriff. Einige Beispiele: „Rücksicht nehmen ist, wenn ... ich Kindern das Spielende rechtzeitig ankündige, ... ich meine Anleiterin rechtzeitig über wichtige Termine informiere, ... ich Kinder nach ihrem Wunsch frage.
Notieren Sie die Antworten aus dem Plumpsack-Spiel an der Tafel.
2. Plumpsack-Spiel 2: Bilden Sie Untergruppen zu je vier Mitschülerinnen. Jede Untergruppe wählt eine Plumpsack-Antwort aus, die von diesen vier Mitschülerinnen gemeinsam in einer Pantomime dargestellt wird. Die übrigen Schülerinnen erraten, welche Antwort dargestellt worden ist.

Die positive Einstellung gegenüber einer Gesprächspartnerin äußert sich dadurch, dass man sich bemüht, sich einzufühlen in das, was die Gesprächspartnerin mitteilen möchte. Diese Begriffe beschreiben, wie man einem Gesprächspartner zeigen kann, dass man bereit ist, sich einzufühlen und zu verstehen:

Hineinversetzen	Einfühlen	Verstehen	Mitteilen, was ich verstanden habe
In meinem Verhalten die Gefühle des anderen berücksichtigen	Die Eigenart des anderen erkennen und akzeptieren	Verstehen, was für den anderen wichtig ist	Bereit sein, vom anderen zu lernen – Lernen als gemeinsames Erlebnis
Dem anderen innerlich nahe sein	Sich für das interessieren, was für den anderen wichtig ist	Eine Sache mit den Augen des anderen sehen lernen	Den anderen innerlich nahe an sich herankommen lassen

Aufgaben

1. Erläutern Sie diese Aussagen, indem Sie Beispiele aus Ihrer Praxisstelle anführen.
2. Beobachten Sie sich selbst: Was erleichtert Ihnen diese Verhaltensweisen, was erschwert sie?

Praxisbeispiel

Praxisanleiterin und Praktikantin sitzen im Büro einander gegenüber. Sie besprechen die Praxisbeurteilung. Die Praktikantin hält den Kopf gesenkt, sie sieht die Anleiterin mit einem Blick an, der fest von unten nach oben aufsteigt. Ihr Magen knurrt leise.

Die Anleiterin hat einen frischen Blumenstrauß vor sich auf dem Tisch stehen und blickt hindurch geradeaus auf die Praktikantin. Sie gibt ihrer Stimme einen heiteren und festen Klang.

„Hoffentlich nicht zu schlecht", spricht es in Miriam, und der Stift tanzt zwischen ihren Fingern. Frau Neumaier holt tief Luft. Sie blickt auf den Beurteilungsbogen: „Na, dann fangen wir mal an", sagt sie und atmet hörbar aus dabei. Und für beide klingt es erleichternd, als sie hinzufügt: „Ganz schön aufregend für dich, nicht? – Ja, für mich ist es auch gar nicht so einfach. Mit fällt eine Beurteilung auch immer sehr schwer. Aber gehen wir es mal an." Beide rücken auf ihren Stühlen ein wenig näher an den Tisch heran.

Punkt für Punkt sprechen sie jetzt den Beurteilungsbogen durch. Stockend liest Miriam dann: „Überblick über eine Gruppe von Kindern", und Frau Neumaier schaut sie durch den Blumenstrauß an, lächelt und sagt: „Ich kann es fast bis zu mir her spüren, dass dir dabei heiß und kalt wird. Ich glaube, dass dir gerade einfällt, wie Dorthee, Sabine und der freche Markus dir am Dienstag auf der Nase herumgetanzt sind beim Turnen. Da ist wohl ein Gedanke an die Unsicherheit in dir."

Miriam blickt rechts neben sich auf den Nadelfilzboden. Ihre Lippen zieht sie zwischen die Zähne hinein. „Wir haben alle mal angefangen. Ich glaube, ich kenne solche Selbstzweifel auch, könnte dir viel erzählen", fährt Frau Neumaier fort. „Klar, keine Eins – aber ich denke auch an deine guten Tage. Und ich weiß, dass es dir manchmal schon gelungen ist, den Überblick in einer lebhaften kleinen Kindergruppe zu finden. Nur Mut, ich denke es ist noch eine gute Drei." Und Miriam hatte eine Fünf befürchtet. Ihr Blick springt auf, ihr entfährt ein „Ah..!" und sie blickt lange in den Blumenstrauß, bevor sie sagt: „Jetzt bin ich aber wirklich froh!"

Miriam hat auch später Beurteilungsgespräche gefürchtet. Sie hat sich dennoch eigenartig wohl gefühlt, wenn sie ihrer Praxisanleiterin wieder gegenübersaß.

Aufgaben zum Praxisbeispiel

1. Beschreiben Sie kurz, was Miriam während des Gespräches mit der Praxisanleiterin erlebt hat.
2. Welche Verhaltensweisen der Praxisanleiterin haben dazu beigetragen, dass Miriam sich verstanden gefühlt hat?
3. Beschreiben Sie ein Beurteilungsgespräch, das sie selbst erlebt haben. Was war bei Ihnen ähnlich, was war bei Ihnen ganz anders als bei Miriam?

Jedes gute Gespräch zwischen zwei Gesprächspartnerinnen, zwischen einer Kinderpflegerin und Kindern setzt voraus, dass die Beteiligten an diesem Gespräch es ehrlich meinen, dass sie offen zueinander sind. Folgende Verhaltensweisen helfen dabei:

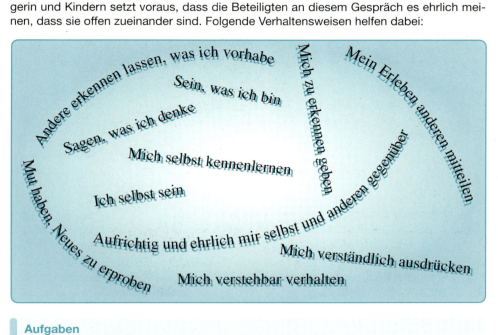

- Andere erkennen lassen, was ich vorhabe
- Sein, was ich bin
- Mich zu erkennen geben
- Mein Erleben anderen mitteilen
- Sagen, was ich denke
- Mich selbst kennenlernen
- Ich selbst sein
- Mut haben, Neues zu erproben
- Aufrichtig und ehrlich mir selbst und anderen gegenüber
- Mich verständlich ausdrücken
- Mich verstehbar verhalten

Aufgaben

1. Übung zur Rückbesinnung:
   Alle Schülerinnen der Klasse bilden einen Sitzkreis auf dem Boden.
   Nehmen Sie sich Zeit zur Rückbesinnung.
   Erinnern Sie sich an Situationen, in denen Sie erlebt haben, wie es ist, offen zu sein.
   Sammeln Sie Bilder und Einfälle, die Sie mit diesen Erlebnissen verbinden.
   Unter welchen Umständen ist es Ihnen leichter gefallen, offen zu sein?
2. Jede Schülerin notiert im Anschluss an die Rückbesinnung drei Begriffe, Wörter, Ideen, Gedanken, die ihr eingefallen sind. Verwenden Sie für jeden Einfall ein Blatt Papier, auf das Sie Ihren Einfall groß, gut lesbar hinschreiben. Alle beschriebenen Blätter legen Sie in der Mitte des Sitzkreises radförmig zusammen.
3. Führen Sie ein Klassengespräch über dieses Erlebnisrad zu dem Thema: „Wie ich offen sein kann."
   a) Ordnen Sie die Erlebnisblätter nach den Gesichtspunkten: „Was hat es mir erleichtert, offen zu sein – was hat es mir erschwert, offen zu sein?" Führen Sie ein Klassengespräch zu diesem neuen Erlebnisrad.
   b) Diskutieren Sie die Frage: „Wie kann ich in meiner Arbeit in der Praxisstelle üben, offen zu sein?"

Man führt dann ein gutes Gespräch mit einer Kollegin, mit einem Kind, wenn man in diesem Gespräch erkennen lässt, dass die Bereitschaft besteht, die Gesprächspartnerin, das Kind zu unterstützen, zu fördern, je nachdem, was man in diesem Gespräch erfahren hat.

Folgende Begriffe beschreiben, wie es sich der Gesprächspartnerin, einem Kind mitteilen lässt, dass man bereit ist zu fördern, zu unterstützen:

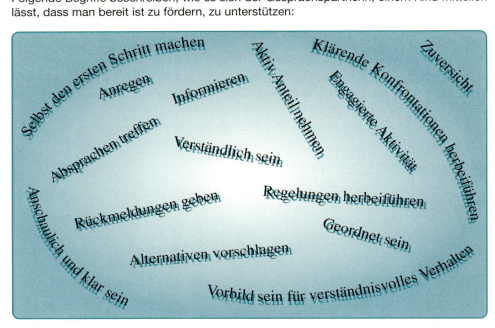

Selbst den ersten Schritt machen • Anregen • Informieren • Aktiv Anteil nehmen • Klärende Konfrontationen herbeiführen • Zuversicht • Engagierte Aktivität • Absprachen treffen • Verständlich sein • Rückmeldungen geben • Regelungen herbeiführen • Geordnet sein • Anschaulich und klar sein • Alternativen vorschlagen • Vorbild sein für verständnisvolles Verhalten

Vor allem im Gespräch mit Kindern erlebt die Kinderpflegerin oft Konflikte durch widersprüchliche Aufgabenstellungen: einerseits Kinder zu schützen und anzuleiten, andererseits Kindern Freiraum, Spielraum zuzugestehen, in dem sie eigene Erfahrungen sammeln können:

Die Kinderpflegerin hilft Kindern, Regeln und Grenzen zu erkennen und zu akzeptieren, so dass sie in gefahrlosem Miteinander leben können.

Die Kinderpflegerin hilft Kindern, eigene Ideen zu entwickeln, selbständig und eigenverantwortlich zu handeln und sich anderen mitzuteilen.

Die Kinderpflegerin überbrückt diesen Widerspruch am besten dadurch, dass sie ihr eigenes Gesprächsverhalten als Vorbild für das Gesprächsverhalten der Kinder gestaltet: Sie fördert und unterstützt Kinder aktiv durch ihre eigenen Gesprächsgewohnheiten und bietet Kindern dadurch ein Vorbild, wie sie einander fördern und unterstützen können.

Kinder im Gespräch zugleich anleiten und anregen

158

> **Aufgaben**
> 1. Wählen Sie eine für Sie wichtige Aussage aus der Abbildung (Seite 155, 156, 157, 158) heraus: Versuchen Sie am nächsten Praxistag diese Aussage in mehreren Situationen Kindern gegenüber in einem Gespräch praktisch umzusetzen. Notieren Sie die Situation in Stichworten: Wie haben die Kinder reagiert? Was ist Ihnen leicht gefallen? Was ist Ihnen nicht leicht gefallen?
> 2. Besprechen Sie in Zweiergruppen Ihre notierten Erfahrungen.

 Jedes gute Gespräch ist eine Gelegenheit, positive Einstellungen gegenüber den Gesprächspartnern einzuüben:

Interesse zeigen, sich einfühlen und verstehen, es ehrlich und offen meinen, einander fördern und unterstützen.

4.2.4 Gesprächsregeln anwenden

In einem guten Gespräch werden viele Regeln eingehalten, die dazu beitragen, dass das Gespräch für die Beteiligten befriedigend verläuft. Regeln haben den Sinn, die Flut von Gedanken und Ideen der Gesprächsteilnehmer, die häufig gleichzeitig geäußert werden, zu ordnen und zu strukturieren. Bei der gemeinsamen Sommerfestplanung ist es zum Beispiel störend, wenn alle Kinder gleichzeitig ihre Einfälle laut durcheinanderrufen.

Regeln im Gespräch ermöglichen den Gesprächsteilnehmern, unterschiedliche Gedanken gegeneinander abzuwägen, gemeinsam zu urteilen. Im Team eines Horts wägen die Kolleginnen zum Beispiel ab, ob zunächst neue Legematerialien oder ob Musikinstrumente angeschafft werden sollen. Ihr Urteil hängt davon ab, wie gründlich die Vorzüge der einzelnen Gesprächsbeiträge herausgestellt werden können.

Gesprächsregeln helfen, das gewählte Thema aus unterschiedlichen Sichtweisen zu beleuchten, die Beiträge verschiedener Gesprächsteilnehmer immer wieder zum Thema zurückzuführen.

Eine Bilderbuchbetrachtung gelingt erst durch die Anwendung wichtiger Gesprächsregeln

In der folgenden Übersicht sind Gesprächsregeln dargestellt, die in Kindergruppen wie in Teamsitzungen und in Elternkreisen angewendet werden. Diese Regeln sind allgemein in allen Gesprächen gültig, an denen mehrere Menschen teilnehmen:

Regeln   Allgemeine Gesprächsregeln

1. Ich spreche meine Gesprächspartner direkt an und blicke sie an, während ich spreche.
2. Ich höre meiner Gesprächspartnerin zu, solange sie spricht.
3. Ich lasse meine Gesprächspartnerin ausreden, ohne zu unterbrechen.
4. Ich halte mich an die Reihenfolge der Wortmeldungen aller Gesprächspartner.
5. Ich achte darauf, daß immer nur eine Gesprächspartnerin spricht.
6. Ich spreche so deutlich, dass mein Gesprächspartner mich gut versteht.

Aufgabe
Führen Sie diese Übersicht fort mit einigen Regeln, die Sie selbst erkannt haben und die Ihnen wichtig sind.

Eine Kinderpflegerin wendet in allen Tagessituationen viele verschiedene Gesprächsregeln an. Diese Beispiele können Sie dazu anregen, Gesprächsregeln in Ihrer Praxisstelle aufzuspüren:

Situation: **Bilderbuchbetrachtung**	Sebastian, Anne und Kathrin rufen spontan, welche Geschenke ihnen der Nikolaus gebracht hat.
Anwendung der Gesprächsregeln:	Kinderpflegerin Lola bittet um Ruhe, schlägt vor, dass die drei Kinder der Reihe nach von ihren Geschenken erzählen.
Situation: **Morgenkreis**	Montagmorgen. Melanie erzählt von ihrem Sonntagsausflug. Raffael unterbricht Melanies Erzählung und redet von seinen eigenen Erlebnissen dazwischen.
Anwendung der Gesprächsregeln:	Kinderpflegerin Rita weist darauf hin, dass Melanie zuerst dran war und noch nicht fertig ist, sie bittet Raffael zuzuhören und zu warten.
Situation: **Freispiel**	Sabrina, Silke und Thomas malen am Basteltisch. Thomas ruft über drei Tische seinem Freund Theo etwas zu.
Anwendung der Gesprächsregeln:	Kinderpflegerin Lissy bittet Thomas, in die Bauecke zu gehen und dort seinen Vorschlag direkt seinem Freund Theo mitzuteilen.

Aufgaben

1. Diskutieren Sie im Klassengespräch die Gesprächsregeln dieser Beispiele:
   a) Was erleichtert und was erschwert es Ihrer Ansicht nach, diese Gesprächsregeln in einer Kindergruppe einzuhalten?
   b) Welche Gesprächsregeln haben Sie in Ihrer Praxisstelle in der vergangenen Woche angewendet? Wie ist es Ihnen dabei ergangen?
2. In den folgenden Beispielen geschieht manches, das die Anwendung von Gesprächsregeln nützlich erscheinen lässt. Welche Gesprächsregeln fallen Ihnen dazu ein?

Praxisbeispiele Hausaufgaben:

Kinderpflegerin Petra betreut im Hort sieben Kinder bei den Hausaufgaben. Es ist 14.30 Uhr und Petra will noch das Plakat für das Elternfest malen. Es regnet schon den zweiten Tag. Mit Ausnahme von Thomas trödeln die Kinder bei ihren Aufgaben. Stefan fragt Petra nach einer Rechnung. Noch bevor sie es erklären kann, zeigt ihr Sabine den Stadtplan, den sie für Heimat- und Sachkunde gezeichnet hat. Petra kann Sabine noch für einen Augenblick zurückhalten. Da streiten Tobias und Jonas um das große Holzlineal. Nachdem Petra den Streit geschlichtet hat, kann sie die Rechenaufgabe von Stefan ansehen, sortiert dabei schon ihre Filzstifte. Stefan wird ungeduldig. Er stößt Elli dabei gegen den Arm, sie verschüttet den Rest von ihrem Kakao und schreit auf. Schließlich klappt Markus laut seine Schreibmappe zu: „Ich bin fertig! Wann beginnt eigentlich das Fotoprojekt?"

Töpfern:

Kinderpflegerin Martina sitzt mit fünf Kindern der Hortgruppe im Keller beim Töpfern. Es geht zäh voran. Keine hat mehr eine Idee. Martina schlägt Kevin vor, noch eine Vase zu machen. Nach dem dritten Versuch wirft Kevin den missglückten Batzen Ton hinter sich. Zwei Gläser mit Lasur kippen um. Ein drittes Glas zerbricht. Auf dem Boden vermischen sich verschiedene Lasuren. Stille. Als Kevin aufspringt, rennt Lisa zum Tisch mit fertigen Arbeiten. Martina versucht, Kevin zurückzuhalten. Saskia und Julia bemühen sich, das Muster auf ihren Schalen sorgfältig zu beenden. Toni zeigt jedoch deutlich seinen Ärger. Schließlich wird es Zeit zum Aufräumen.

Aufgaben zu den Praxisbeispielen

1. Stellen Sie eine dieser Situationen im Rollenspiel dar.
2. Welche Gesprächsregeln helfen, die Situation zu bewältigen?
3. In welchem Augenblick sollte Kinderpflegerin Martina Gesprächsstörungen in der Gruppe ansprechen?
4. An welcher Stelle sollte Kinderpflegerin Petra Fragen stellen? Wann sollte sie den Kindern etwas von ihrem gegenwärtigen Erleben erzählen?

Merke Wer geduldig zuhört, ermutigt seine Gesprächspartner, ihr Anliegen offen mitzuteilen.

Wer bei Unklarheiten nachfragt, was gemeint sei, wer sagt, wie man das verstanden hat, was mitgeteilt wurde, zeigt Interesse, hilft Missverständnisse zu vermeiden und Unklarheiten zu beseitigen.

4.3 Kinder zum Gespräch anregen

Das Gespräch mit Kindern ist die Grundlage des pädagogischen Handelns der Kinderpflegerin. In jedem Gespräch regt die Kinderpflegerin die Kinder zum Sprechen an.

Aufgabe

Überlegen Sie:
- In welchen Situationen gelingt es Ihnen am besten, Gespräche mit Kindern zu führen?
- Welche gezielten Angebote eignen sich besonders gut, Kinder zum Gespräch anzuregen?
- Kennen Sie Spiele zur Sprech- und Sprachförderung der Kinder?

4.3.1 Situationen mit Kindern zum Gespräch nutzen

Sprache und Gespräch füllen Raum und Geschehen in jeder Kindergruppe, sie tragen Ideen und Planung, verbinden die Beteiligten, führen zu Zielen und geben Kunde von Ereignissen an die Außenstehenden.

Projekte sind wie wohliges Baden in vielen Gesprächen. Das Gespräch ist sowohl in Projektplänen als auch in Rahmenplanthemen immer wieder wichtig. Das gemeinsame Sprechen kann auch das Thema sein, mit dem sich eine Gruppe für längere Zeit beschäftigt.

Das Gespräch hilft, Themen aus der Gruppe und vorgegebene Themen aufzugreifen und mit den Kindern umzusetzen. Das Gespräch ist für die Kinderpflegerin so wichtig wie das Werkzeug für den Handwerker.

Das folgende Beispiel zeigt, wie eine Kinderpflegerin die Situation „Gesprächskreis", Projektthema „Der Wind", nutzt, um Kinder zum Sprechen anzuregen.

Praxisbeispiel Seit vielen Tagen weht und stürmt es. Der Wind beschäftigt alle Kinder und auch die Kolleginnen im Team des Kindergartens St. Anton. Dann entsteht die Idee zum Windprojekt.

Die Mitarbeiterinnen haben einige Aufgaben untereinander verteilt. Kinderpflegerin Rosi sammelt mit zwölf Kindern Ideen für das Projekt: „Was habe ich mit dem Wind erlebt?" In der Sitzmulde sind Tonpapiere ausgelegt. Frau Englmair, Gruppenerzieherin, schreibt alle Einfälle der Kinder mit breiten, bunten Filzstiften auf.

Rosi hat sich etwas einfallen lassen: Draußen weht es, und alle Kinder sitzen in der Sitzmulde. Zwei Fenster sind offen, und Rosi öffnet rasch die Tür: Der Wind ist im Raum! Die Gardinen wehen zum Fenster hinaus – Papier weht durch den Raum – Haare fliegen um die Kinderköpfe, und Frau Englmair ruft: „Huch, mein Tonpapier!"

Als Rosi zur Tür geht, um sie zu schließen, fragt sie: „Was war denn das?" „Der Wind! Es zieht! Der Wind weht alles fort!" rufen die Kinder durcheinander. Rosi: „Genau!" Dann fährt sie fort: „Frau Englmair und ich, wir haben uns gedacht, wir machen ein Windprojekt. Wie findet Ihr das?"

Dann sammeln sie zunächst alles, was den Kindern zum Thema Wind einfällt.

Wind pfeift	Wind heult	Wind rüttelt	Gewittersturm	Regenschauer
Wind macht kalt	Kleider wehen	Kastanien fallen herunter	Fahne weht	Blasen ist Wind, der Suppe kühlt
Haare wehen durcheinander	Wäsche weht	Wäsche trocknet	Fahrtwind	
Blätter wirbeln im Wind	Bäume wiegen sich im Wind	Pausentüte weht weg im Wind	Drachen steigt im Wind	Radfahren gegen den Wind
Wolken fetzen im Wind	Rauch weht weg	Föhn	Wind messen: Wetterstation	Wind saust
Laub tanzt im Wind	Zugluft im Zimmer	Wind wirbelt	Windwirbel hinter der Eisenbahn	Windrad
Windmühle	Segelflugzeug	Wellen kräuseln sich im Wind	Wind wirbelt Staub auf	Wind pfeift durch die Tür
Wind heult im Ofen	Wind bricht Bäume um	Windrichtung	Windsack auf der Brücke	Windstoß
Wind weht ganz leise	Sturmflut	Sturm braust	Windhauch	Wind beißt

Rosi erlebt bei ihrer Sammlung, dass Kinder ihre Einfälle auf unterschiedliche Weise bringen:

Kinder rufen ihre Einfälle heraus: „Wind pfeift!"

Kinder formulieren kleine Sätze: „Der Wind weht die Wäsche hoch!"

Kinder setzen an zu Erzählungen: „Ich habe auch mal ein Segelboot gesehen, als wir bei meiner Tante Else waren. Da waren viele Hühner."

Kinder berichten von Erlebnissen: „Als ich mal mit dem Rad gefahren bin, ist es so schwer gegangen, weil der Wind so stark geweht hat."

Die Aufgabe der Kinderpflegerin Rosi ist es, in diesem Brainstorming-Gespräch mit zwölf Kindern verstehend, annehmend, anregend, helfend, klärend, abgrenzend alle Beiträge der Kinder aufzugreifen und im Schwerpunkt ihrer Aussage in das Thema „Der Wind" hineinzuführen. Als Gesprächsleiterin hat Rosi viel zu tun:

- Rosi **strukturiert** alle Beiträge der Kinder nach dem inhaltlichen, zeitlichen, räumlichen, persönlichen Bezug zum Thema „Der Wind". Dabei helfen ihr folgende Fragen: „Was war, als...?" „Was kam zuerst?" „Was kam danach?" „Was geschah mit deinem Handtuch, als der Wind wehte?" „Was hat die Oma gemacht, als der Sonnenschirm davonflog?" „Der Tobi hat eben erzählt, wie er ... Bei wem war das denn auch schon mal so?" „Wohin wehte die Tischdecke?" „Ich möchte jetzt dir, Katja, zuhören, bevor du drankommst, Uwe."

- Rosi **führt immer wieder auf das Thema** „Der Wind" **zurück**. Dabei helfen ihr folgende Fragen: „Wer weiß, was der Wind noch alles gemacht hat?" „Überlegt noch einmal, was geschieht, wenn..." „Wer hat denn mit dem Wind noch etwas anderes erlebt als die Bine?" „Nun mag ich noch mal wissen, was der Wind noch anderes kann!"

- Rosi gibt ab und zu dem Gespräch mit den Kindern **neue Impulse**. Dabei helfen ihr folgende Fragen: „Bertl, bist du auch schon mal mit dem Zug gefahren? Und weißt du, was dann geschieht, wenn jemand das Fenster öffnet?" „Was hat der Wind bei euch daheim schon mal weggeweht, Maria?" „Wer hat schon mal gesehen, was die Vögel machen, wenn der Wind ganz stark weht?"

- Rosi sorgt für **Pausen im Gespräch**, wenn alle zwölf Kinder gleichzeitig sprechen möchten. Dabei helfen ihr folgende Vorschläge: „Halt, halt! Frau Englmair kommt nicht mehr mit!" „Lasst uns mal nachdenken, wie Iris das wohl meint!" „Ah, da muss ich erst mal tief Luft holen!"

- Rosi hilft den Kindern durch **Wiederholungen**, einander zuzuhören. Dabei helfen ihr folgende Zwischenrufe: „Habt ihr gehört, Peter hat schon mal – er hat ein riesig großes Windrad am Meer gesehen!" „Aha, Resi möchte mal mit einem Heißluftballon fahren!" „Stellt euch mal vor, wie sich Alexander über den Wind geärgert haben muss!"

- Rosi gibt gelegentlich eine **Zusammenfassung**, um weiterführende Beiträge der Kinder zu sammeln. Dazu fällt ihr ein: "„Also wer ist dafür, dass wir einen echten Drachen bauen?" „Wer mag mit Louise hinausgehen, um den Wind zu beobachten?" „Was wollen wir also alles beim Projektfest machen?"

Aufgaben

1. Gestalten Sie als Gemeinschaftsarbeit in Ihrer Klasse eine Brainstorming-Sitzung zur Themensammlung für ein Projekt nach dem Vorbild „Der Wind". Mögliche Themen sind „Das Wasser", „Das Licht", „Wir sind Freunde" oder ein Thema, das Sie im Gespräch miteinander finden. Mehrere Mitschülerinnen unterstützen sich in der Rolle als Gesprächsleiterin.
2. Diskutieren Sie Ihre Erfahrungen bei einem Projektgespräch. Welche methodischen Hilfen des Projektgespräches „Der Wind" konnten Sie bei Ihrem Projekt anwenden? Welche Erfahrungen waren für Sie in Ihrem Projektgespräch wichtig? Welche praktischen Ergebnisse haben Sie für Ihre Praxis gefunden?

Merke Bei Gruppengesprächen sollten Sie strukturieren, immer wieder zum Thema zurückführen, Pausen setzen, Teilwiederholungen geben, Inhalte zusammenfassen.

4.3.2 Gezielte Angebote und Beobachtungen

Im Gespräch werden Bilder gestaltet, die Erlebnisse abbilden. Ein anschauliches Gespräch lebt von den Bildern, die es enthält. Kinder formen ihre Sprache und ihr Erleben nach den Vorbildern, die sie in Gesprächen erleben. Sprache und Gespräche nehmen bei gezielten Angeboten im Projekt- und Rahmenplan stets den größten Raum ein: Bilderbuchbetrachtungen, Anschauungen, Experimente, Rollenspiele, Klanggeschichten, Reime, Rätsel, Wahrnehmungsspiele – alles lebt durch das anschauliche Gespräch.

Aufgaben

1. Legen Sie sich eine Sammlung an mit Liedern und Versen, Redewendungen und Sprüchen, die den Wind, das Wasser, den Schnee, den Regen und andere Erfahrungsbereiche des Kindes beschreiben. Schreiben Sie Titel von Bilderbüchern und Geschichten auf, die zu diesen Themen passen. Legen Sie auch Sammlungen an für Tiere, Pflanzen und Früchte, für alles das, worüber Sie mit Kindern in der nächsten Zeit sprechen möchten. Aus diesen Quellen können Sie schöpfen, um Ihre Gespräche mit Kindern zu bereichern.

2. Bemühen sie sich während Ihrer nächsten Praxistage um folgende Punkte:
   a) Nehmen Sie jedes Bild in Ihr Gespräch auf, das Ihnen hilft, anschaulich zu sprechen.
   b) Verwenden Sie Gleichnisse, die Ihren Gesprächsinhalt veranschaulichen.
   c) Regen Sie die Phantasie Ihrer Gesprächspartner durch lebhafte Beispiele an.
   d) Sprechen Sie von lebenden Menschen und Tieren, von alltäglichen Gegenständen, die jeder kennt und jeder gern mag, und die er selbst schon berührt, erlebt, gesehen hat.
   e) Beschreiben Sie in Ihren Gesprächen, wie sich etwas anhört, wie es riecht, wie es schmeckt, wie es sich anlangt, wie schwer es ist, wie hoch, wie lang, wie dick – sammeln Sie Bilder in jedem Gespräch.

Die folgende Praxissituation zeigt, wie Kinder in einem gezielten Angebot zum anschaulichen Sprechen und zu bildhaften Gesprächen angeregt werden können:

Praxisbeispiel   **Wir beobachten und gestalten Windspiele.**

Kinderpflege-Praktikantin Margie hat im Windprojekt einen Teil übernommen, der ihr und den Kindern besonders viel Spaß macht. Margie sammelt mit sieben Kindern Winderlebnisse, die zu Windspielen werden.

Im Bodenkreis sitzen Max und Michi, Franzl und Franziska, Beate, Luci und Seppi mit Margie am Fenster. Draußen weht es noch immer. Drinnen im Bodenkreis gibt es lustige Windspiele.

Alle Kinder erzählen, was sie mit dem Wind erlebt haben.

Margie schlägt die Spiele vor und beginnt:

Margie: „Luci, magst du uns zeigen, wie der Wind am Strand dein Handtuch flattern ließ?" Und als Luci ihre Hände wie das Handtuch im Wind flattern lässt, machen alle Kinder mit: Sie blasen mit vollen Windbacken die flatternden Handtuchhände vor sich her durch den Raum.

Margie: „Franzl musste sich beim Rad fahren so sehr anstrengen, weil ihm der Wind direkt entgegen wehte. Zeigt mal, wie ihr euch anstrengt beim Rad fahren, wenn der Wind euch ins Gesicht weht!" Franzl macht mühevolle, große Schritte und beugt dabei jedesmal seinen Oberkörper tief nach vorn. Seine Hände halten einen Stab als Lenker fest. Dann treten alle Kinder mit festen Schritten gegen den Wind im ganzen Raum herum.

Margie: „Michi hat den Nasenzwicker beobachtet, wie er vom Wind über die Wiese getragen wurde und wie er sich flink dabei gedreht hat. Zeig' uns mal, wie der Nasenzwicker wirbelte!" Und mit Michi beginnen alle Kinder, sich mit ausgebreiteten Armen durch den ganzen Raum zu drehen, bis ihnen schwindlig wird.

Margie: „Kannst du uns vorpfeifen, Max, wie du den Wind pfeifen gehört hast?" Dann pfeift Max, und alle Kinder pfeifen mit. Und danach säuseln die Kinder, sie lispeln, sie hauchen, sie flüstern, und sie brausen mit ihren Lippen und mit der Zunge und mit viel Luft.

Margie: „Franziska hat uns erzählt, wie der Wind ihre Haare zerzaust hat. Wie war das, Franziska?" Als sie vom Stuhl springt und im Kreis um alle Kinder läuft, wehen ihre langen Haare, und Franziska hilft mit ihren Händen kräftig nach. Schon rennen alle Kinder ihr nach und lassen den Wind durch ihre Haare fahren.

Margie: „Und du hast gespürt, Beate, wie der warme Wind über deine Haut gestrichen ist, ganz leicht, ganz sanft. Wie war denn das?" Beate zeigt es auf der Hand von Margie, dann streichen alle Kinder einander wie der leichte, sanfte, warme Wind über die Haut.

Nach vielen Spielen gehen alle Kinder mit Margie hinaus in den Garten. Sie erleben nun, was der Wind in diesem Augenblick mit ihnen selbst, mit Wolken und Bäumen und mit der Wäsche auf der Leine von Frau Leingruber alles spielt. Sie beobachten, wie der Wind über die Wiese von Herrn Wiesmüller streicht. Das Wasser in den Pfützen kräuselt der Wind, und das Laub fegt der Wind in den Brunnen.

Aufgaben zum Praxisbeispiel
1. Sammeln Sie bildhafte Sprichwörter. Stellen Sie diese Sprichwörter vor, ohne dabei zu sprechen.
2. Üben Sie eine kurze Erzählung ein; Thema: Ein Ereignis in meiner Praxisstelle. Die Tätigkeiten, von denen die Erzählung berichtet, werden pantomimisch gezeigt, nicht gesprochen. Führen Sie Ihre Erzählung der Klasse mit verteilten Rollen vor: eine Mitschülerin spricht, eine Mitschülerin zeigt.
3. Diskutieren Sie die Vorteile anschaulichen Sprechens. Überlegen Sie Antworten zu der Frage: Was hat den Kindern an den Windspielen so gut gefallen?

 Durch anschauliche und bilderreiche Gespräche regen Sie Kinder zu selbstständigem Handeln an, zu probieren und zu experimentieren. Sie helfen Kindern, sich den Inhalt des Gesprächs zu vergegenwärtigen.

4.3.3 Vorbildwirkung des eigenen Gesprächsverhaltens

Beobachten Sie ein Kind, während Sie mit ihm sprechen: Es formt Ihr Sprechen mit seinem Mund, im ganzen Gesicht und mit allen Gesten seines Körpers nach, während es Ihnen zuhört.

Das geschieht immer, wenn zwei Menschen miteinander sprechen. Jeder gerät in den Bann der Worte des anderen. Wer spricht, lenkt den Zuhörer. Wer laut und rasch und gestenreich spricht, regt seine Zuhörer an und auf, Unruhe verbreitet sich. Wer leise, langsam und eindringlich spricht, beruhigt und führt seinen Zuhörer zur inneren Wahrnehmung, zum Nachsinnen über das Gehörte.

Aufgaben
1. Lesen Sie diesen Märchenausschnitt einmal lautstark, rasch und mit lebhaften Blicken und Gebärden vor. Lesen Sie ihn ein zweites Mal vor, diesmal leise flüsternd, zögernd langsam und mit ganz wenigen, behutsamen Gesten. Lesen Sie ihn ein drittes Mal vor, so laut und bewegt, wie es die Handlung verlangt.

„Wie die vier Spielleute fertig waren, löschten sie das Licht aus und suchten sich eine Schlafstätte, jeder nach seiner Natur und Bequemlichkeit. Der Esel legte sich auf den Mist, der Hund hinter die Türe, die Katze auf den Herd, neben die warme Asche, und der Hahn setze sich auf den Hahnenbalken: und weil sie müde waren von ihrem langen Weg, schliefen sie auch bald ein. Als Mitternacht vorbei war und die Räuber von weitem sahen, daß kein Licht mehr im Haus brannte, auch alles ruhig schien, sprach der Hauptmann ‚wir hätten uns doch nicht sollen ins Bockshorn jagen lassen‘, und hieß einen hingehen und das Haus untersuchen. Der Abgeschickte fand alles still, ging in die Küche, ein Licht anzünden, und weil er die glühenden, feurigen Augen der Katze für lebendige Kohlen ansah, hielt er ein Schwefelhölzchen daran, dass es Feuer fangen sollte. Aber die Katze verstand keinen Spaß, sprang ihm ins Gesicht, spie und kratzte. Da erschrak er gewaltig, lief und wollte zur Hintertür hinaus, aber der Hund, der da lag, sprang auf und biss ihn ins Bein: und als er über den Hof an dem Miste vorbeirannte, gab ihm der Esel noch einen tüchtigen Schlag mit dem Hinterfuß; der Hahn aber, der von dem Lärmen aus dem Schlaf aufgeweckt und munter geworden war, rief vom Balken herab ‚kikeriki!‘ Da lief der Räuber, was er konnte, zu seinem Hauptmann zurück und sprach ‚ach, in dem Haus sitzt eine greuliche Hexe, die hat mich angehaucht und mit ihren langen Fingern mir das Gesicht zerkratzt; und vor der Türe steht ein Mann mit einem Messer, der hat mich ins Bein gestochen; und auf dem Hof liegt ein schwarzes Ungetüm, das hat mit einer Holzkeule auf mich losgeschlagen; oben auf dem Dache, da sitzt der Richter, der rief: bringt mir den Schelm her. Da machte ich, dass ich fortkam.‘"

(aus: Brüder Grimm, Kinder- und Hausmärchen. Winkler-Verlag, München, 1949: Die Bremer Stadtmusikanten)

2. Vergleichen Sie die drei Vorträge: Beschreiben Sie die Wirkung und die Unterschiede der Wahrnehmung bei den Zuschauern.
3. Üben Sie den Vortrag eines Märchens. Nehmen Sie Ihr Märchen mit einem Tonbandgerät auf. Beurteilen Sie Ihren Vortrag selbstkritisch.

Wer spricht, lenkt die Aufmerksamkeit seines Zuhörers und beeinflusst ihn durch sein Sprechen.

Kinder lernen außerdem am Gesprächsvorbild: Immer, wenn Sie mit einem Kind sprechen, bilden Sie die Sprechgewohnheit dieses Kindes durch Ihre Eigenart, zu sprechen.

Aufgaben

1. Stellen Sie sich vor, Sie arbeiten mit im Windprojekt. Sie bereiten mit einer Gruppe von acht Kindern ein Windtheater vor. Eine Gruppe von neun Mitschülerinnen spielt die Vorbereitung des Windtheaters in der Klasse vor. Die Rollenspielerinnen verteilen zunächst die Rollen, bestimmen die Dauer des Spiels und beginnen dann mit diesem Stegreifspiel:

   Blasi, Bene und Gustl, Renate, Liesl, Kathi und Mimi sammeln mit der Kinderpflegerin Maria alle Musikinstrumente, mit denen sie den Wind in ihrem Theater aufführen können. Blasi darf alles ausprobieren, was die übrigen Kinder vorschlagen, und er verteilt die Musikinstrumente an die Mitspieler.
   Die Kinderpflegerin achtet ganz genau darauf, dass sie in diesem Stegreifspiel ein gutes Gesprächsvorbild für alle Kinder ihrer Musikantengruppe bietet:
   Die Kinderpflegerin spricht deshalb
   in ganz einfachen Sätzen,
   in vollständigen Sätzen,
   laut und deutlich, aber nicht zu laut,

langsam und eindringlich, aber nicht zu langsam,
immer dann, wenn ihr jemand zuhört,
immer das Kind an, das sie ansprechen will,
mit Wörtern und Begriffen, die jeder kennt,
lebhaft und interessiert, um jeden Zuhörer anzuregen,
wichtige Wörter klangvoll, so dass alle Laute dieses Wortes klingen,
mit einer kurzen Pause zwischen zwei Wörtern,
mit einer längeren Pause zwischen zwei Sätzen,
mit einer langen Pause zwischen zwei Gedanken.

Die Kinderpflegerin spricht so,
- dass jedes Kind sich von ihr persönlich angesprochen fühlt,
- dass jedes Kind ihre Wörter kennt,
- dass jedes Kind ihr gespannt zuhört,
- dass jedes Kind weiß, was sie meint,
- dass jedes Kind zum Mittun angeregt wird,
- dass jedes Kind Zeit findet, mitzudenken,
- dass jedes Kind nachdenken kann.

Nach Ablauf der vereinbarten Spieldauer diskutieren Sie im Klassengespräch, wie gut es Maria gelungen ist, alle Gesprächsregeln während des ganzen Spieles einzuhalten.
2. Wiederholen Sie das Spiel mit neuen Rollenspielerinnen. Vergleichen Sie die Einhaltung der Regeln in beiden Stegreifspielen.

Merke **Die Kinderpflegerin gestaltet ihre Sprechweise nach dem Inhalt und so, dass sie ihre Zuhörer möglichst gut erreicht. Sie gibt Kindern ein lebhaftes Vorbild im täglichen Gespräch.**

4.3.4 Gespräche mit Kindern zur Sprech-, Sprach- und Gesprächsförderung

Das spontane Gespräch, die gezielte Gesprächsförderung und der große Schatz aufgeschriebener Sprache in Märchen, Geschichten, Liedern und Spielen sind das Material zur Entwicklung von Sprechen, Sprache und Gesprächsfähigkeit des Kindes. Immer neue Impulse zum Sprechen, zum Gespräch bieten die Erlebnisse der Kinder, die Themen, die Kinder beschäftigen. Sie bereichern ihre Sprache und ihre Freude am Sprechen und am Gespräch, wenn Sie alles aufgreifen, sammeln und wieder neu in Gesprächen und Spielen mit Kindern anwenden, was Ihnen im lebenden Gespräch und im gedruckten Wort begegnet.

Aufgaben
1. Legen Sie sich im Laufe der Zeit eine eigene Sammlung von Sprech- und Sprachspielen an.
2. Erproben Sie Spiele aus Ihrer Sammlung in Ihrer Praxisstelle.
3. Reflektieren Sie Ihre Erfahrungen im Klassengespräch.

Kindergarten Phantasieland Team-Brainstorming
Projekt Gesprächswerkstatt
So regt die Kinderpflegerin Kinder zur Freude am Reden an

Bildergeschichten zusammenstellen

Teekessel

Lustiges Ende

Fingerspiele

Telefon-Spiele

Kasperl erzählt von seinem Apfelbaum

Rätsel raten

Erzählecke

Bilderbuch betrachten

Schnellsprechverse

Rollenspiel mit Kleiderkiste

Tante aus Amerika

Radio Chiemgau berichtet

Mäuse Bim und Bam erzählen aus ihrem Nest

Interview beim Schreiner

**Wir finden viele Samen
und Früchte**

Geschichten erfinden
mit drei Begriffen

Reimwörter suchen

**Nonsensverse
erfinden**

Meine schönste
Gutenachtgeschichte

Kim-Wort-Spiele

Oma einladen
in unsere Gruppe

Brotzeitgeschichten ausdenken

Plumpsack-Wort-Spiel

Herbstgespräche

Der längste Satz der Welt

Wie ich eine Freundin finde

**Fragekasperl Kasimir
mit dem Sausewindblatt
erzählt von seiner Windreise**

DIE ZAUBERKINDER SIMSA UND LABIM
KOMMEN IN DEN KINDERGARTEN

Ludwig Löffelstiel und Ludmilla Schöngeist
gehen zum Zahnarzt

Suche das fehlende Wort

Zusammenfassung Kapitel 4

Das Gespräch hilft, Kontakt zwischen Menschen herzustellen und zu pflegen. Es werden Informationen ausgetauscht, strittige Situationen geklärt. Das hilfreiche Gespräch unterstützt die gesunde Entwicklung von Kindern und Jugendlichen. Dabei können Angst, Aggression und Isolation abgebaut werden. Hierbei ist es notwendig, wichtige Grundsätze der Gesprächsführung anzuwenden. Auf die jeweilige Eigenart der Gesprächssituation ist zu achten. Die Unterscheidung von Sach- und Beziehungsebene hilft, Missverständnisse zu verhindern, aufzudecken und zu klären. Eine positive Einstellung dem Gesprächspartner gegenüber ermöglicht eine vertrauensvolle, entwicklungsfördernde Beziehung zwischen Kinderpflegerin und Kindern. Wertschätzung, Rücksichtnahme, Einfühlungsvermögen, Verstehen, Aufrichtigkeit sind Grundlagen eines hilfreichen Gesprächs. Die Fähigkeit, Gesprächsregeln anzuwenden, ermöglicht, vertrauensvolle und inhaltsreiche Gespräche mit Kindern, Kleingruppen und Erwachsenen zu führen. Im Tagesablauf ergeben sich viele Situationen, die Kinder zu Gesprächen anregen. Beobachtungen, Erlebnisse, situatives Geschehen und gezielte Angebote können als Gesprächsanlass aufgegriffen werden. Dabei ist das eigene sprachliche Vorbild der Kinderpflegerin eine wichtige Lernchance für Kinder. Sowohl im Einzel- als auch in Gruppengesprächen erlernen Kinder, selbst einfache Gesprächsregeln anzuwenden. Bildhaftes Sprechen sowie phantasievolle Sprech- und Sprachspiele bereichern die kindliche Ausdrucksfähigkeit und die Freude am Gespräch.

Weiterführende Aufgaben

1. Entwickeln Sie im Anschluss an eine Bilderbuchbetrachtung mit Kindern Fragestellungen, die das Thema vertiefen können.

2. Diskutieren Sie im Klassengespräch, wie Sie Kinder ehrlich loben können.

3. Überlegen Sie, was dem Gesprächspartner hilft, konstruktive Kritik anzunehmen.

4. Übernehmen Sie die Diskussionsleitung in einem Klassengespräch.

5. Sammeln Sie Gesprächsbeispiele, in denen Teilnehmer durch die Gesprächsführung in ihrer Meinung manipuliert werden.

6. Beobachten Sie Moderatoren, wie sie mit Gesprächsregeln umgehen, zum Thema zurückführen, Impulse zum Weitersprechen setzen, das Thema zusammenfassen und abschließen.

7. Überlegen Sie, wie Sie positive Grundhaltungen im Gespräch in Ihr Alltagshandeln übertragen können.

5 Teamarbeit

„Habt ihr eine Idee?"

- Im Team helfen sich Kolleginnen gegenseitig bei ihrer Arbeit. Sie teilen Aufgaben untereinander auf und lösen sie gemeinsam.
- Im Team teilen sich Kolleginnen ihre Ansicht zur gemeinsamen Arbeit mit, hören die Meinung der Kolleginnen.
- Im Team sind alle Mitglieder wichtig, das Team lebt von den Beiträgen aller Mitglieder.

5.1 Bereitschaft zur aktiven Mitarbeit im Team

Team ist ein Wort aus der englischen Sprache. Es bedeutet, dass eine Gruppe von Menschen sachbezogen zusammenarbeitet. Alle Mitglieder eines Teams arbeiten am gleichen Thema. Sie teilen sich ihre Aufgaben- und Verantwortungsbereiche je nach Ausbildung, Erfahrung und Können, denn keine Mitarbeiterin einer sozialpädagogischen Einrichtung arbeitet für sich allein. Die für alle Mitarbeiterinnen gültigen Ziele einer Einrichtung bestimmen auch die Arbeitsziele und Aufgaben für jede einzelne Mitarbeiterin. Jede Mitarbeiterin trägt ihren Teil dazu bei, dass die Arbeitsgruppe, das Team, leistungsfähig ist.

Praxisbeispiel Eine alltägliche Begebenheit: Die Kindergartenleiterin, zwei Gruppenerzieherinnen, eine Kinderpflegerin und die Jahrespraktikantin haben sich im Teamzimmer zusammengesetzt. Heute bereiten sie das Faschingsfest vor. Es geht darum: Welchen Ablauf planen wir für unser Fest? Welche Aufgaben übernimmt jede von uns?

Aufgaben zum Praxisbeispiel

1. Stellen Sie gemeinsam mit vier Mitschülerinnen im Rollenspiel diese Teamsitzung im Kindergarten dar: Die Kolleginnen diskutieren das Motto des Festes, bringen ihre Vorstellungen ein, demonstrieren, führen vor, skizzieren, was ihnen einfällt.

2. Auswertung des Rollenspiels: Bearbeiten Sie zunächst mit Ihren Mitspielerinnen folgende Fragen:
   a) Konnten Sie Ihre Ziele verfolgen?
   b) Haben Sie sich von Ihren Kolleginnen unterstützt gefühlt?
   c) Sind Sie mit dem Verlauf und mit den Ergebnissen der Teamsitzung zufrieden?
   d) Würden Sie in diesem Team gern mitarbeiten? Was würden Sie künftig anders machen?

3. Im anschließenden Klassengespräch bearbeiten die Mitspielerinnen zusammen mit den Beobachterinnen des Rollenspiels folgende Fragen:
   a) Fragen zum inhaltlichen Ergebnis des Rollenspiels:
      - Wurde ein Thema für das Fest einstimmig festgelegt?
      - Sind Zeit und Ort zur Durchführung des Festes bestimmt worden?
      - Sind wichtige Aufgaben zur Festvorbereitung verteilt worden?
      - Welche Vereinbarungen zum Ablauf des Festes sind getroffen worden?
      - Welcher Zeitplan für die Vorbereitung des Festes ist erstellt worden?
   b) Fragen zur Arbeitsweise des Teams im Rollenspiel:
      - Wer hat das Teamgespräch geleitet?
      - Ist jedes Teammitglied zu Wort gekommen?
      - Haben sich einzelne Teammitglieder verbündet?
      - Wie freundlich und hilfsbereit verhielten sich die Teammitglieder?
      - Wie kamen Entscheidungen im Team zustande?

Merke **Das Team ist eine sachbezogene Arbeitsgruppe, in der jedes Teammitglied wichtig ist und Verantwortung trägt für das Arbeitsergebnis der Gruppe.**

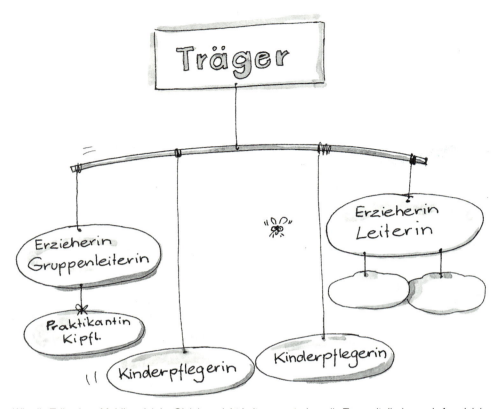

Wie die Teile eines Mobiles sich im Gleichgewicht halten, so streben die Teammitglieder nach Ausgleich.

5.2 Konstruktive Zusammenarbeit im Team

Konstruktiv zusammenarbeiten bedeutet, jede Mitarbeiterin ist bereit, eigene Ideen in der Arbeitsgruppe vorzutragen und offen mit den Kolleginnen darüber zu reden. Jede Mitarbeiterin bemüht sich, Lösungen für Fragen zu finden, die alle beschäftigen, so dass alle mit dem Ergebnis zufrieden sind. Dazu gehört auch, dass jede Mitarbeiterin manchmal auf ihre eigenen Ziele verzichten muss, damit alle Mitglieder der Arbeitsgruppe dem gemeinsamen Ziel zustimmen können.

In der folgenden Übersicht können Sie erkennen, welche Aufgaben jedem Teammitglied einer sozialpädagogischen Einrichtung gestellt sind:

Teammitglieder:
- tauschen Informationen aus;
- besprechen alltägliche Arbeitsabläufe;
- verteilen untereinander Aufgaben;
- planen die Arbeit mit Kindern;
- bereiten Elternveranstaltungen vor;
- tauschen sich über ihren Arbeitsstil, ihre Ziele und die Art der Zusammenarbeit aus;
- reflektieren ihre Arbeit mit Kindern und Eltern;
- entwickeln Konzeptionen ihrer Einrichtung.

Aufgaben

Beobachten Sie in Ihrer Praxisstelle die Arbeit im Team: Wie organisieren die Team-mitglieder die Zusammenarbeit, die Aufgabenverteilung?

Das Team ist ein wichtiger Bestandteil des kollegialen Führungsstils einer Einrichtung. In regelmäßigen Arbeitstreffen organisieren alle Mitglieder ihre Arbeit. Jedes Teammitglied trägt zur positiven Entwicklung des Teams bei.

Hierfür gibt es drei Teamregeln:

Regeln Teamarbeit

1. Zusammenarbeit geht vor Konkurrenz.
   Für alle Kolleginnen im Team ist es wichtig, an der gemeinsamen Aufgabe zu arbeiten und einander dabei zu unterstützen. Wettstreit und Rivalität hindern konstruktive Zusammenarbeit. Jeder Beitrag ist gleich wichtig, und niemand muss befürchten, von den anderen ausgelacht zu werden für einen Vorschlag, der vielleicht nicht der beste ist.
2. Gleiche Rechte und Pflichten für alle.
   Jede Kollegin im Team nimmt Rücksicht auf jede andere Kollegin. Jede Kollegin beteiligt sich an der Arbeit. Aufgaben und Verantwortung werden fair verteilt.
3. Die Ergebnisse sind so gut wie das Team.
   Jede Kollegin trägt mit dazu bei, die Teamarbeit ergebnisorientiert zu gestalten. Alle Teammitglieder sprechen auch über ihr Team. Sie überlegen, wie sie ihre Arbeit verbessern können. Sie reflektieren, was jede Kollegin dazu tun kann, dass alle Kolleginnen gern im Team zusammenarbeiten.

Aufgaben

1. Beobachten Sie in Ihrer Praxisstelle eine Teamsitzung. Sprechen Sie mit Ihren Kolleginnen über diese Aufgabe und über Ihre Beobachtungen.
   a) Notieren Sie Ihre Beobachtungen zur ersten Teamregel:
      – Auf welche Weise trägt jede Kollegin dazu bei, die Zusammenarbeit im Team zu fördern?
      – Haben Sie beobachten können, wie Kolleginnen im Team sich gegenseitig unterstützen?
      – Welche Anzeichen für Rivalität zwischen Kolleginnen haben Sie entdeckt?
      – Was hat Ihnen an der Zusammenarbeit im Team besonders gut gefallen?
   b) Notieren Sie Ihre Beobachtungen zur zweiten Teamregel:
      – Auf welche Weise haben Kolleginnen im Team Rücksicht aufeinander genommen?
      – Hat jede Kollegin im Team an der Teamsitzung aktiv teilgenommen?
      – Woran konnten Sie erkennen, dass sich die Kolleginnen im Team gleichwertig fühlen?
      – Welche Ergebnisse der Teamsitzung wurden von allen Kolleginnen gemeinsam erarbeitet?
   c) Notieren Sie Ihre Beobachtungen zur dritten Teamregel:
      – Was haben die Kolleginnen zur Gestaltung der Teamsitzung beigetragen?
      – Was wurde während der Teamsitzung über das Team besprochen?
2. Tauschen Sie im Klassengespräch und in Kleingruppenarbeit Ihre Beobachtungen mit Ihren Mitschülerinnen aus:
   a) Welche Beobachtungen stimmen mit denen Ihrer Mitschülerinnen überein?
   b) In welcher Teamsitzung wurden die drei Teamregeln besonders deutlich?

Merke Offenheit und gegenseitige Unterstützung ermöglichen vertrauensvolle Zusammenarbeit der Kolleginnen im Team.
Faire Aufgabenverteilung hilft Ihnen, Arbeitsergebnisse zu verbessern.

5.3 Planung und Organisation der Teamarbeit

Jedes Team unterscheidet sich von allen anderen Teams durch die Anzahl der Mitglieder.
- In einem eingruppigen ländlichen Kindergarten bilden oft nur drei pädagogische Mitarbeiterinnen ein Team.
- In einer mehrgruppigen Kindertagesstätte treffen sich oftmals zehn und mehr Kolleginnen zu wöchentlichen Teamsitzungen.
- In einem Kinderhaus und in einem Kinderzentrum treffen sich Kolleginnen der unterschiedlichen Einrichtungen zu regelmäßigen Arbeitssitzungen.
- In stationären Einrichtungen, wie zum Beispiel einem Heim für Kinder mit Entwicklungsdefiziten, arbeiten Erzieherin und Kinderpflegerin mit integrierten Fachdiensten zusammen: Heilädagoginnen, Logopäden, Psychologinnen führen einzeltherapeutische Maßnahmen mit einzelnen Kindern und Kleingruppen durch. Zum gegenseitigen Informationsaustausch, zur Planung und Reflexion dieser Maßnahmen sind regelmäßige Arbeitstreffen aller beteiligten Berufsgruppen erforderlich. In Teamsitzungen besprechen Therapeuten mit Erzieherinnen und Kinderpflegerinnen, wie einzelne Hilfemaßnahmen in den Betreuungsalltag der Kinder eingefügt werden können. Erzieherinnen und Kinderpflegerinnen geben dabei Verhaltensbeobachtungen aus dem Alltag ab.

Eine Teamsitzung: Wir planen gemeinsam.

- Teams unterscheiden sich auch nach der Anzahl und Häufigkeit der Teamsitzungen. Tägliche Kurzabsprachen mit Kolleginnen sowie wöchentlich oder monatlich festgelegte Treffen zur Organisation der pädagogischen Arbeit werden als Teamarbeit bezeichnet. Wenn eine Erzieherin und eine Kinderpflegerin den Tagesablauf besprechen, Aufgaben verteilen und sich im Anschluss daran über den Verlauf informieren, bilden sie ein kleines Team oder eine Unterarbeitsgruppe. Wenn alle Erzieherinnen und alle Kinderpflegerinnen einer Kindertagesstätte sich wöchentlich einmal treffen, um Projekte auszuwerten und neu zu planen, um einen Elternabend vorzubereiten, um zu diskutieren, welche zusätzlichen Erfahrungsbereiche den Kindern erschlossen werden können, so sind auch dieses Teamsitzungen.
- Ein Team bildet sich auch aus Mitarbeiterinnen und Mitarbeitern mehrerer Einrichtungen, wenn diese miteinander vernetzt sind.
- Arbeitstreffen im Team finden in der Regel außerhalb der Betreuungszeiten für Kinder statt. Sie werden als Arbeitszeit der Mitarbeiterinnen angerechnet.

Aufgaben

1. Welche Teammitglieder gibt es/haben Sie bisher kennengelernt in Ihrer Praxisstelle (Beruf, Alter, Geschlecht)?
   a) Welche Teammitglieder arbeiten vorwiegend mit Kindern/Jugendlichen?
   b) Beschreiben Sie die Teamsitzungen nach Häufigkeit, Dauer, Ort.
2. Bilden Sie mit Ihren Mitschülerinnen Untergruppen (drei Schülerinnen): Diskutieren Sie, welchen Einfluss der Träger der sozialpädagogischen Einrichtung in Ihrer Praxisstelle auf die Arbeit des Teams nimmt!

 Merke — **In jedem Team treffen sich Arbeitskolleginnen und Arbeitskollegen mit verschiedenartigen Ausbildungen und Aufgabenstellungen.**
Die Zusammenarbeit der Teammitglieder ist Vorbild für die Kinder.

Regeln helfen den Menschen, zusammenzuleben. Teamregeln sind in einer sozialpädagogischen Einrichtung deshalb besonders wichtig, weil es hier immer auf das Zusammenleben und Zusammenarbeiten ankommt.

Besonders hervorgehoben sind Regeln für Teamsitzungen. Das folgende Schaubild gibt einen Einblick in die Regeln einer Teamsitzung im Antoniusheim:

Antoniusheim: Regeln für die Teamsitzung

Jedes Teammitglied bereitet sich auf die Themen der nächsten Teamsitzung vor, sammelt Materialien, fertigt Muster an etc.

Jedes Teammitglied beteiligt sich aktiv an der Arbeit im Team, es spricht, teilt mit, fragt nach, beantwortet, nimmt Stellung, schlägt vor etc.

Jedes Teammitglied ist außerhalb des Teams verschwiegen, was die Anliegen des Teams betrifft, insbesondere dann, wenn dies so im Team beschlossen worden ist.

Jedes Teammitglied hört zu, wenn jemand spricht. Störungen kommen immer zuerst.

Jedes Teammitglied bemüht sich um eine bejahende, offene, interessierte Einstellung zum Team, zu allen Mitgliedern und zur Teamarbeit.

Jedes Teammitglied bemüht sich darum, die Vereinbarungen des Teams anzuerkennen, einzuhalten und zu unterstützen.

Jedes Teammitglied ist dazu bereit, Meinungsverschiedenheiten und Konflikte mit anderen Teammitgliedern sachlich und auf friedlichem Wege zu lösen.

Jedes Teammitglied führt die Aufgaben aus, die ihm vom Team übertragen worden sind.

Aufgaben
Diskutieren Sie im Klassengespräch, welche Vor- und Nachteile mit diesen Regeln
a) für das einzelne Teammitglied,
b) für die Arbeitsgruppe gegeben sind.

Teamsitzungen, die regelmäßigen Arbeitssitzungen der pädagogischen Mitarbeiterinnen, finden in den Räumen der sozialpädagogischen Einrichtung statt. An diesen Sitzungen nimmt fallweise auch eine Vertreterin oder ein Vertreter des Trägers der Einrichtung teil. Es gibt in jeder Einrichtung Regeln, die den Zweck haben, Sitzungen und Arbeitsabläufe im Team für alle Beteiligten überschaubar zu machen; sie sollen auch zu aktiver Mitarbeit anregen und die Zusammenarbeit erleichtern.

Regeln Die Teamsitzung

1. Der Termin einer Teamsitzung wird allen Teammitgliedern bekanntgegeben: Ort, Anfang und Ende (Schwarzes Brett).
2. Für jede Teamsitzung wird im Team ein Themenplan erarbeitet.
3. An jeder Teamsitzung nehmen alle Teammitglieder teil, solange es nicht ausdrücklich anders im Team vereinbart worden ist.
4. Jede Störung hat Vorrang: Alle Teammitglieder bemühen sich gemeinsam, eine Störung bei ihrem Eintreten anzusprechen und zu bewältigen.
5. Die Sitzungsleiterin sorgt zu Beginn der Teamsitzung dafür, dass ein Teammitglied vom Team mit der Protokollführung für diese Sitzung beauftragt wird.
6. Die Sitzungsleiterin leitet die Diskussion der Teamsitzung, fasst die Ergebnisse zusammen, führt Abstimmungen der Teammitglieder herbei, formuliert Beschlüsse des Teams.

Aufgaben
1. Befragen Sie Ihre Anleiterin, welche Teamregeln im Team Ihrer Praxisstelle gelten. Notieren Sie diese, und vergleichen Sie Ihre Notizen im Klassengespräch.
2. Führen Sie mit Ihren Mitschülerinnen ein Rollenspiel durch zu dem Thema „Wir entwickeln im Team einen Projektplan". Versuchen Sie, drei wichtige Teamregeln einzuhalten. Bei der Auswertung dieses Rollenspiels im Klassengespräch sind folgende Fragen zu bearbeiten:
Konnten alle Mitspielerinnen die gewählten Teamregeln einhalten? Was erleichterte/was erschwerte es mir, diese Teamregeln einzuhalten? Welche Teamregeln haben meine Kolleginnen eingehalten? Welche Teamregeln haben wir nicht berücksichtigt? Hätten wir noch andere Regeln in unserer Teamsitzung benötigt? Wenn ja, welche?

Die Arbeitsergebnisse des Teams werden dadurch ermöglicht, dass alle Teammitglieder die Regeln des Teams akzeptieren und einhalten.

5.4 Reflexion: Das Geben und Nehmen im Team

Im Austausch mit Kolleginnen wird die eigene und die gemeinsame Arbeit reflektiert.

Ein fortwährendes Beobachten und Wahrnehmen, Fragen und Erklären, Warten und Rücksichtnehmen ist für alle Teammitglieder notwendig. In der Teamsitzung sprechen Kolleginnen offen über ihre Probleme im Umgang mit erziehungsschwierigen Kindern, über Konfliktsituationen mit Eltern u.a.m. Alle Kolleginnen reflektieren die Ereignisse. Gemeinsam erarbeiten sie Lösungen. Jede Kollegin stellt ihr Wissen, Können und ihre Erfahrungen zur Diskussion. Sie öffnet sich konstruktiver Kritik in ihrer Arbeitsgruppe. Sie erhält Rückmeldungen, die ihre eigenen Beiträge ergänzen, bestätigen oder auch in Frage stellen.

Die Arbeit im Team ist für alle Teammitglieder ein ständiger Austausch von Informationen, von Einfällen und Fähigkeiten.

Ich gebe in das Team:

- Ideen
- Meinungen
- Erfahrungen
- Kraft/Energie/Zeit
- Zuverlässigkeit
- Verantwortung
- Vorbereitung
- Information
- Besondere Fähigkeiten
- Bereitschaft zur Zusammenarbeit
- Offenheit

Ich erhalte vom Team:

- Austausch
- Unterstützung
- Sicherheit/Halt
- Ideen
- Reflexionsmöglichkeit
- Arbeitsteilung (weniger Aufgaben)
- Fachwissen/Fortbildung
- Teilen von Verantwortung
- Anerkennung
- Mitbestimmung/Mitentscheidung
- Bestätigung/Wertschätzung

Ein Beispiel zeigt, auf welche Art das ständige Geben und Nehmen in einem Team stattfinden kann:

Praxisbeispiel

Teamsitzung in der Kindertagesstätte Am Lehel zum Projektthema „Ich bin so – wie bist du?" Kinderpflegerin Sofia hat sich mit der Gruppenerzieherin Marta gründlich vorbereitet. Sie tragen ihre Ideen im Team vor (= Geben). Alle Kolleginnen hören gespannt zu. Fragen werden gestellt. Eine Diskussion entwickelt sich, wie das Projekt mit Kindern und Eltern gestaltet und einzelne Ideen verwirklicht werden können. Wie werden die Pinnwände aussehen? Wer hat eine Idee, die Entwicklung eines Kindes darzustellen? Wird Dr. Waldner, die Kinderärztin, zu uns kommen? Diese Fragen bringen immer neue Fragen mit sich und natürlich auch viele Antworten aus dem Kreis der Kolleginnen. In der Schmetterlingsgruppe haben Hilde und Detlef Fotos gesammelt für ein großes Plakat in der Eingangshalle.

Sofia und Marta wissen bald, wie sie ihre Spielbereiche gestalten werden, wie die Eingangshalle aussehen wird. Der Ausflug in das Kinderkrankenhaus wird allerdings nicht zu machen sein. Freude herrscht aber über den Vorschlag, der aus der Marienkäfergruppe kam: Morgen werden Sofia und Marta mit den Kindern eine Spiegelwand, eine Verkleidungs- und Schmink-Ecke gestalten (= Nehmen).

Aufgaben zum Praxisbeispiel

1. Notieren Sie Ereignisse aus Ihrer Praxisstelle, bei denen Sie beobachten konnten, wie die Erzieherin/die Kinderpflegerin Ihrer Kindergruppe durch das Team der Einrichtung unterstützt wurde. Berücksichtigen Sie dabei die Arbeit mit Kindern ebenso wie die Arbeit mit Eltern, Vorbereitungen u.a.m.
2. Sammeln Sie Beispiele aus Ihrer Praxisstelle für gruppenübergreifende Aufgaben, die die Kinderpflegerin Ihrer Gruppe für die Einrichtung ausführt. Welche Rolle spielt dabei das Team?
3. Diskutieren Sie, was Sie als Praktikantin vom Team Ihrer Praxisstelle erhalten/was Sie
   a) für das Team,
   b) für die Einrichtung Ihrer Praxisstelle einbringen.
4. Fragen Sie Ihre Anleiterin/die Leiterin der Praxisstelle, ob Sie an einer der nächsten Teamsitzungen teilnehmen können. Berichten Sie anschließend in Ihrer Klasse über den Verlauf der Teamsitzung.

 Zusammenarbeit im Team basiert auf wechselseitigem Geben und Nehmen.

Jedes Teammitglied ist zeitweise mehr in der Rolle des Gebenden oder des Nehmenden.

5.5 Konfliktfähigkeit der Teammitglieder

„Wenn einer nicht will, können zwei nicht streiten."

Dieses spanische Sprichwort sagt zweierlei. Ein Streit kann nur ausgetragen werden, wenn alle Beteiligten zur Lösung des Konflikts beitragen. Es gibt aber auch die Möglichkeit, einem Konflikt „auszuweichen", sich aus dem Streit „herauszuhalten".

Im Team geht es nicht immer friedlich zu. Streit entsteht, und Streit wird bewältigt im Team. In dem folgenden Beispiel entsteht ein Streit. Wie wird die Lösung gelingen?

Praxisbeispiel Kindertagesstätte St. Urban. Seit zwei Stunden sitzt das Kindergartenteam über der Frage: In welchem Rahmen soll unser Kindergarten-Sommerfest gefeiert werden – und wo? Kein Ergebnis und kein Ende in Sicht.

„Oh, die Zeit ist ja schon um!" fällt der Leiterin zuletzt noch ein. Keiner hört sie, und alle brüten weiter. Ein Wort gibt das andere. Plötzlich ein lauter Ruf aus der Runde: „Tu doch du endlich was! Für was haben wir eigentlich eine Leiterin?" Einen Atemzug lang sind alle still. Dann versucht die Leiterin, das Gemeinsame zu finden, Vorschläge zusammenzufassen, Wort für Wort. Alle lauschen. Es fällt ihr schwer, die Sätze zu vollenden. Sie wird unterbrochen, als wieder zwei Erzieherinnen aneinander geraten: „Wer schreibt hier was vor?", die eine, „Du bist ja immer dagegen!", darauf die andere Kollegin. Der Streit schwillt an, es wird laut.

Aufgaben zum Praxisbeispiel

1. Stellen Sie dieses Streitteam in einem kurzen Rollenspiel dar: Fünf Mitspielerinnen übernehmen die wichtigsten Rollen, die übrigen Mitschülerinnen beobachten den Teamstreit.

2. Überlegen Sie anschließend in Kleingruppen, um welche Probleme es in diesem Team wohl tatsächlich geht: Ist das Sommerfest wirklich das Problem des Teams? Was stört die Teamarbeit am meisten? Welche Teamregeln können weiterhelfen? Entwickeln Sie Lösungsvorschläge.

Merke **Im Konflikt ist es besonders wichtig, Teamregeln einzuhalten.**

5.5.1 Die Bedeutung des Konfliktes

Konflikte sind nicht nur lästig und unangenehm. Konflikte haben oft auch einen Sinn, den es herauszufinden gilt:

| **Konflikte ermöglichen, Unterschiede zu erkennen** | Der Konflikt ermöglicht es, Unterschiede zu entdecken und zu bearbeiten. Unterschiede können bereichernd wirken. |

| **Konflikte ermöglichen, Gemeinsamkeiten zu entdecken** | Der Konflikt gibt den Teammitgliedern die Gelegenheit, Gemeinsamkeiten zu finden. In Gesprächen erleben Kolleginnen, wie ihre Meinung bestätigt wird, wie Vorschläge geteilt werden. |

| **Konflikte ermöglichen, Veränderungen durchzuführen** | Der Konflikt regt die Teammitgliedern dazu an, Veränderungen durchzuführen. In Konflikten wird deutlich, dass jeder etwas anderes will. Mit der Frage: „Was machen wir denn?" ist die Suche nach Lösungswegen eingeleitet. |

| **Konflikte ermöglichen, Bewärtes zu erkennen** | Der Konflikt hilft den Teammitgliedern, das Bewährte zu erkennen und zu erhalten. Während Teammitglieder versuchen, den Konflikt zu lösen, erkennen sie auch, was sich bisher gut bewährt hat. Neue Impulse und Vorschläge werden mit bestehenden Regeln, Gewohnheiten verbunden. |

Konflikte ermöglichen persönliches Wachstum	Der Konflikt ermöglicht jedem Teammitglied persönliches Wachstum. In einer Konfliktsituation kann jeder sein eigenes Verhalten überdenken und schrittweise erneuern. Durch selbstkritisches Verhalten und die Bereitschaft, Anregungen aufzugreifen und auszuprobieren, erweitern sich die persönlichen Möglichkeiten, lassen sich Erfahrungen verarbeiten, werden wir reifer.
Konflikte ermöglichen, pädagogische Verantwortung zu tragen	Der Konflikt hilft, pädagogische Verantwortung zu tragen. Die Art und Weise, in der Teammitglieder aktiv ihre eigenen sozialen Beziehungen gestalten, das eigene Sozialverhalten einrichten, ist Vorbild für die Kinder ihrer Gruppe. Jedes Teammitglied ist ein Lernmodell, nach dem Kinder sich orientieren. Wie die Teammitglieder mit Konflikten fertig werden, so lernen Kinder, Konflikte zu bewältigen.

Aufgaben

1. Beschreiben Sie einen Konflikt, durch den Sie selbst angeregt worden sind, eine neue Fähigkeit zu entwickeln.
2. Zwei Schülerinnen streiten über den besseren Platz im Klassenraum. Wie kann dieser Konflikt gelöst werden? Was kann jede der beiden Schülerinnen dabei lernen?
3. Beobachten Sie einen Streit in der Bauecke. Wie können Sie die beteiligten Kinder dahin führen, dass sie den Streit beenden? Welche Erfahrung können diese Kinder dabei gewinnen?

Merke Konflikte sind wichtig im Zusammenleben von Menschen, weil die Lösung ihnen hilft, Bewährtes zu achten und Neues zu erproben.

5.5.2 Konfliktlösung im Team

Ein Konflikt tritt auf. Selten bleibt er lange unbemerkt. Eine Kollegin spürt: Etwas stimmt hier nicht. Eine andere Kollegin bemerkt ähnliches. Oft entdecken mehrere Teammitglieder zugleich den Konflikt. Noch versucht jede zu schweigen. Aber es wird zunehmend unangenehm für alle. Diese Situation ist alltäglich. Wer sich mit Konfliktlösungen auskennt, kann eher gelassen bleiben und an der Konfliktlösung in sechs Schritten arbeiten:

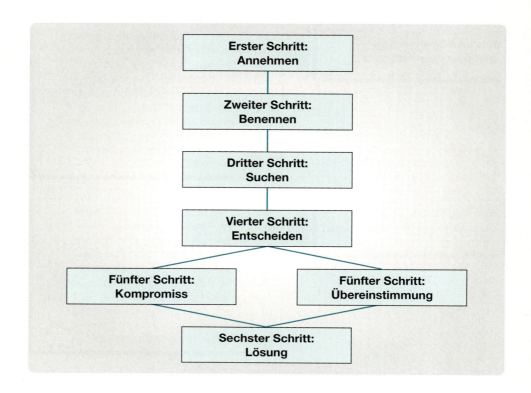

Hier finden sich Anwendungsmöglichkeiten für jeden dieser sechs Lösungsschritte:

1. Schritt: Annehmen

Eine Kollegin bricht das Schweigen. Sie spricht das an, was sie stört. Sie hält sich an die Teamregel: „Störungen haben Vorrang!" Manchmal wirkt es erleichternd, manchmal aber auch wie eine zusätzliche Herausforderung. Das richtet sich danach, ob die übrigen Teammitglieder ihr zustimmen oder nicht. Oft ist es aber so, dass die Feststellung der „mutigen" Kollegin zum Aufatmen der übrigen Teammitglieder führt. Dann ist der erste Schritt zur Lösung getan.

2. Schritt: Benennen

Nun geht es darum, den Konflikt genau zu beschreiben und ihm einen Namen zu geben. Am besten ist es, wenn alle Kolleginnen gemeinsam den Konflikt untersuchen, ihn benennen. Um was geht es hier wirklich? Welche Umstände, welche Personen, welche Widersprüche, welche Orte, welche Zeit, welche Dauer? – und ähnliche Fragen führen hier zum Ziel.

3. Schritt: Suchen

Jetzt ist es an der Zeit, gemeinsam auf die Suche nach Lösungsmöglichkeiten zu gehen. Grundsätzlich gibt es für die Lösung eines Problems mehrere Möglichkeiten. Wichtig ist bei dieser Suche nach Lösungsmöglichkeiten, dass die Teammitglieder sich alle daran beteiligen. So hilft jedes Teammitglied, das Team zu bereichern. Beim Suchen sollten auch ungewöhnliche Lösungen mit zusammengetragen werden.

4. Schritt: Entscheiden

Nun soll sich jede Kollegin für eine der gesammelten Lösungsmöglichkeiten entscheiden. Vor dieser Entscheidung steht das Abwägen. Was kann jede Kollegin geben, und was wird sie erhalten? Welche Lösung passt für die Aufgaben und Ziele des Teams? Welche Vorschläge lassen sich schließlich auch abwandeln, so dass jedes Teammitglied „Ja!" sagen kann.

5. Schritt: Kompromiss oder Übereinstimmung

Hier gilt es, Vereinbarungen herbeizuführen, Verabredungen zu treffen, Teillösungen zu planen. Alle Teammitglieder bereiten die Lösung vor. Welche Aufgaben ergeben sich? Was ist zu verändern? Wer im Team übernimmt welche Aufgaben bei der Durchführung der Lösung? Alle Verabredungen sollen im Team getroffen werden, wenn alle Teammitglieder anwesend sind.

6. Schritt: Lösung

Nun wird das Neue durchgeführt, Teammitglieder reflektieren gemeinsam. Es geht darum, das Neue noch einmal zu überprüfen und die Erfahrungen der Konfliktbewältigung für künftige Konflikte so aufzubereiten, dass jedes Teammitglied seine Konfliktfähigkeit verbessern kann und ermutigt wird, offen auf das Team zuzugehen.

Aufgaben
1. Überlegen Sie, welche Erfahrungen Sie mit Teamkonflikten in Ihrer Praxisstelle gesammelt haben.
2. Überlegen Sie, welche besonderen Konfliktmöglichkeiten durch die Besonderheit der Einrichtung Ihrer Praxisstelle denkbar sind. Berücksichtigen Sie hierbei: Alter, Ausbildung, Praxiserfahrung, Betriebszugehörigkeit der einzelnen Kolleginnen in der Praxisstelle; Unterschiede zwischen Ganztags- und Halbtagskräften; die Anzahl der Ausweichräume, die Übernahme von Früh- und Spätdienst, die personelle Besetzung in den einzelnen Räumen und Gruppen. Welche anderen Quellen für Konflikte haben Sie selbst beobachtet?
3. Finden Sie Lösungsmöglichkeiten für das Praxisbeispiel (S. 179), indem Sie die sechs Schritte anwenden.

Merke   **Konstruktive Kritik hilft, schwierige Situationen gemeinsam zu bewältigen. Konflikte bieten jedem Teammitglied Lernchancen.**

5.6 Solidarität im Team

Solidarisch mit Kolleginnen zusammenarbeiten heißt, aufeinander Rücksicht nehmen, die Belange der Kolleginnen berücksichtigen. Solidarisch zusammenarbeiten heißt auch, dass Kolleginnen sich darum bemühen, einander zu verstehen. Solidarisch miteinander sein heißt auch, gelegentlich ein wenig mehr zu übernehmen, sich mit für Ziele der Kolleginnen, des Teams, der Einrichtung engagiert einzusetzen.

Solidarität im Team ist für alle Kolleginnen wichtig, weil in vielen Arbeitssituationen nur die gemeinsame Anstrengung zum Ziel führen kann. In einem Team haben sich zum Beispiel die Kolleginnen für erlebnisorientierte Arbeit mit den Kindern entschieden, jedes Kind soll durch eigenes Handeln Lernerfahrungen sammeln. Solidarität heißt für alle Kolleginnen, andere Beschäftigungsformen in den Hintergrund treten lassen. Jede Kollegin vertritt auch Eltern gegenüber, dass ihre Kinder nun nicht viele vorgefertigte Bastelarbeiten mit heimbringen, sondern eigenständig mit Naturmaterialien, Farben, Werkstoffen experimentieren werden.

In einem anderen Team ist zum Beispiel eine Gruppenleiterin erkrankt. Solidarität heißt für die Kolleginnen, die Kinderpflegerin in dieser Gruppe zu unterstützen, Teamaufgaben für sie zu übernehmen, in der Gruppe mitzuarbeiten, zusätzliche pflegerische Aufgaben für sie zu übernehmen.

Praxisbeispiel

Teamsitzung in der Kindertagesstätte „Hereinspaziert". Heute geht es um das Thema „Wir wollen solidarisch arbeiten!" Ein Poster für den Teamraum soll entstehen. Die Kolleginnen haben sich gut vorbereitet und sind gerade dabei, alles aufzuschreiben. Karton, Filzstifte, Scheren, alles liegt auf dem Boden. Daneben sieben Kolleginnen auf ihren Knien.

Aufgaben zum Praxisbeispiel
1. Ergänzen Sie diese Sammlung. Diskutieren Sie Ihre Ergebnisse im Klassengespräch.
2. Gestalten Sie ein Poster: Solidarität in unserer Klasse.

In dem folgenden Beispiel geht es um eine Konfliktsituation in einem Team, die auf fehlende Solidarität zwischen Kolleginnen zurückzuführen ist:

Praxisbeispiel In einem dreigruppigen Kindergarten, (drei Erzieherinnen und zwei Kinderpflegerinnen) ist eine Kinderpflegerin für den Gruppendienst neu eingestellt worden. Die „alten" Kolleginnen arbeiten seit mehreren Jahren gut zusammen, unternehmen privat häufig etwas gemeinsam. Die „neue" Kinderpflegerin, Berufsanfängerin, findet im Team schwer Anschluss. Ihre Beiträge in den Teamsitzungen werden von den Kolleginnen „überhört" oder als „unerprobte Neuheiten" abqualifiziert. Sprechen zwei „alte" Kolleginnen miteinander und die „neue" Kollegin tritt hinzu, so wird rasch das Gesprächsthema gewechselt.

Aufgaben zum Praxisbeispiel

1. Spielen Sie diese Teamsituation in einem Rollenspiel.
2. Auswertung des Rollenspiels: Was wünschen Sie sich als Außenseiterin? Welche Kollegin könnte ihr Verhalten ändern? Wie? Suchen Sie gemeinsam nach Lösungsansätzen.
3. Wiederholen Sie das Rollenspiel. Verwirklichen Sie dabei einen der erarbeiteten Lösungsansätze: Wie sieht Solidarität praktisch aus?
4. Auswertung des Rollenspiels: Diskutieren Sie die Veränderungen gegenüber dem vorhergehenden Rollenspiel. Sammeln Sie hilfreiche Vorschläge für das Verhalten der „neuen" Kollegin.

Im folgenden Beispiel sind einige Ursachen zusammengestellt, die ebenfalls zu Teamkonflikten führen können, in denen es um Solidarität geht. Wie können diese Konflikte vermieden werden, wenn die beteiligten Kolleginnen rechtzeitig solidarisch denken und handeln?

Praxisbeispiel Kinderpflegerin Rita und Gruppenerzieherin Annalisa bringen von ihrer Fortbildung „Solidarität im Kindergarten" einen Katalog mit. Den hängen sie im Teamzimmer auf, und jede Kollegin soll Vorschläge abliefern: „...damit so etwas in unserem Kindergarten gar nicht vorkommen kann!"

- Unterschiede in Ausbildung, Selbstverständnis („Oben/Unten-Verhältnis") zwischen Kinderpflegerin und Erzieherin werden nicht aufgelöst.
- Zwei Kolleginnen verbünden sich gegen eine dritte Kollegin.
- Halbtagskräfte erhalten weniger Informationen als Ganztagskräfte.
- Kritik wird unsachlich, persönlich verletzend geäußert.
- Eine neue Kollegin kommt nur schwer in das Team hinein.
- Eine Kollegin hält sich für die bessere Leiterin.
- „Wir machen die gesamte Arbeit."
- „Wir Kinderpflegerinnen" dürfen nie zur Fortbildung.
- „Wir Kinderpflegerinnen" müssen die gesamte pflegerische Arbeit allein leisten.

> **Aufgaben zum Praxisbeispiel**
> Helfen Sie Rita, Annalisa und deren Team: Wie können Ihrer Ansicht nach die Konflikte vermieden werden? Wie können Konflikte bewältigt werden, die sich schon entwickelt haben?

 Solidarität und Fairness helfen, konstruktiv zusammenzuarbeiten.

5.7 Mitverantwortung im Team

„Sabine ist gleich wieder da."

Wenn es in einem Kindergarten so aussieht wie auf diesem Bild, dann hat möglicherweise eine Kollegin ihre Mitverantwortung für das Aufräumen, für die Ordnung im Gruppenraum nicht erfüllt. Mitverantwortung im Team zu übernehmen bedeutet nämlich, die eigenen Aufgaben zuverlässig in der vereinbarten Art und Weise, zu dem vorbestimmten Zeitpunkt und an dem vorgesehenen Ort auszuführen. Mitverantworten heißt auch mitzuentscheiden, wenn sich neue, unvorhergesehene Umstände einstellen: Wenn zum Beispiel eine Kollegin unvorhergesehen nicht zur Arbeit gekommen ist, muss die Kinderpflegerin den Tee für die andere Gruppe mitkochen. Und eine andere Kollegin wird mit daran denken, dass die Elternbriefe rechtzeitig verteilt werden.

Zwischen jedem Teammitglied und dem Team als Arbeitsgruppe findet ein ständiger Austausch statt. Jedes Teammitglied trägt Mitverantwortung für das Team.

Mitverantwortung umfasst eine große Zahl von Anforderungen, die an eine Mitarbeiterin gestellt werden, die das Team und jedes Teammitglied stärken.

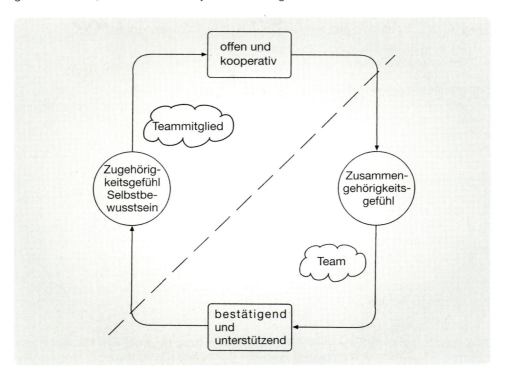

Mitverantwortungs-Teamaufgaben bezogen auf den Arbeitsablauf:
- Den Tagesablauf planen und organisieren.
- Teilaufgaben im Tagesablauf bestimmen.
- Teilgruppen (Unterteams) aufgabenbezogen bestimmen.
- Den Rahmenplan gestalten.
- Die Elternarbeit gestalten.
- Arbeitsmaterial anschaffen und Vorrat halten.
- Einheitlichen Arbeitsstil entwickeln.
- Räume aufteilen.
- Arbeits- und Dienstzeiten festlegen.
- Informationen erstellen.

Mitverantwortungs-Teamaufgaben bezogen auf die Teammitglieder:
- Mitarbeiterinnen nach Aufgaben und Dienstzeiten einsetzen.
- Neue Teammitglieder einführen.
- Praktikantinnen einsetzen.
- Einzelne Teammitglieder unterstützen und anleiten.
- Alle Mitarbeiterinnen informieren über Angelegenheiten des Arbeitsablaufs, des Teams und der Einrichtung.

Mitverantwortungs-Teamaufgaben bezogen auf das Team:
- Regelmäßige Teamsitzungen durchführen.
- Teamregeln aufstellen, einhalten, weiterentwickeln.
- Informationen über das Team, die Teamleistungen, die Ergebnisse erstellen und verteilen.
- Den Arbeitsablauf der Einrichtung reflektieren und aktualisieren.
- Den Arbeitsstil, die Arbeitsformen und die Ziele darstellen gegenüber den Eltern und der Öffentlichkeit (Gemeinde, Stadtteil).
- Teamsupervision innerhalb des Teams oder außerhalb durchführen.

Mitverantwortungs-Teamaufgaben bezogen auf die Einrichtung:
- Verbindung zwischen Träger der Einrichtung, Leitung der Einrichtung und Mitgliedern des Teams herstellen und halten.
- Die Konzeption der Einrichtung umsetzen und fortschreiben.
- Zu anderen Einrichtungen Kontakt herstellen und halten.

Aufgaben
1. Fügen Sie zu jedem Bereich weitere Aufgaben hinzu, die Sie in Ihrer Praxisstelle beobachten oder selbst übernommen haben.
2. Bearbeiten Sie im Klassengespräch ausführlich einen Aufgabenbereich: Sammeln Sie Beispiele aus Ihrer Praxisstelle, die Sie diskutieren und praktisch erproben.
3. Sammeln Sie alle Aufgaben, die Ihrer Ansicht nach eine Kinderpflegerin übernehmen sollte. Wie kann eine Kinderpflegerin diese Aufgaben organisieren? Welche Schwierigkeiten und Probleme können sich dabei ergeben? Welche Hilfemöglichkeiten sehen Sie?

Merke Jede Kollegin übernimmt Verantwortung für viele Einzelaufgaben im Team. Gemeinsam tragen alle Kolleginnen Verantwortung für die Zusammenarbeit im Team.

Praxisbeispiel

Es ist Dienstag, 10.15 Uhr. „Team!" Der zweigruppige städtische Hort hat fünf Mitarbeiterinnen: zwei Erzieherinnen/Gruppenleiterinnen; in jeder Gruppe eine Kinderpflegerin, die Vorpraktikantin. Sie haben sich vorbereitet auf ihr Thema: „Die Ordnung (besser: die Unordnung!) in den Materialschränken, in der Küche, im Personalraum!"

Zuerst geht es im Plauderton dahin. Dann setzt sich die Erzieherin aus der Gruppe „Indianer" in ihrem Stuhl zurecht. Sie platzt heraus: „Das geht so nicht weiter – nein, nein – nein!" Alle starren sie an. Sie meint, sie werde nicht mehr für den ganzen Hort aufräumen, arbeiten bis in die Nacht, wenn die anderen schon „lange spazierengehen und im Kino sitzen!" „Mir reicht es!" schließt sich die Kinderpflegerin der „Indianer" an: Näpfchen putzen, Pinsel waschen, Farben sortieren, das sei noch nicht das Schlimmste: „Apfelreste, angebissene Brötchen und zwei halbvolle Limoflaschen lagen zwischen dem Sodom und Gomorrha auch schon. Mir reicht es voll!"

Die Erzieherin der „Astronauten" will noch einlenken: „Und wir haben Freitagnachmittag das ganze Geschirr abgespült, ausgewischt, aufgeräumt und die Küche picobello..." Weiter kommt sie nicht im Hagel der „Indianer"-Empörung. Der Krach zieht sich dahin. Worte fliegen hin und her. „Reizende Kolleginnen!" keucht die „Indianer"-Erzieherin und rauscht davon. Die Uhr zeigt elf.

Aufgaben zum Praxisbeispiel

1. Sammeln Sie im Klassengespräch Vermutungen, wie diese Teamsitzung weiter verlaufen wird.

2. Überlegen Sie, wie es zu dieser Situation im Team gekommen sein mag. Welcher Konflikt liegt unter diesem Streitgespräch? Was haben die Teammitglieder bisher versäumt? Um welche Mitverantwortungs-Teamaufgaben geht es hier?

Praxisbeispiel

Frau Andreas ist Gruppenleiterin in einem dreigruppigen Kindergarten. Die Eltern des fünfjährigen Markus bitten Frau Andreas um ein Gespräch. Der Anlass für dieses Gespräch ist der Gruppenleiterin nicht bekannt. Die Eltern teilen Frau Andreas mit, dass sie mit dem Kindergarten sehr unzufrieden seien. Markus komme häufig schmutzig und weinend nach Hause: Er werde von anderen Kindern geschlagen. Markus habe keinen Freund, langweile sich. Schließlich werde mit den Kindern im Kindergarten viel zu wenig unternommen. Die Eltern zweifeln daran, dass Frau Andreas überhaupt in der Lage sei, eine Kindergruppe ordnungsgemäß zu führen. Ärgerlich, verstört und entmutigt erzählt die Erzieherin Frau Andreas ihren Kolleginnen von diesem Gespräch.

Aufgaben zum Praxisbeispiel

1. Stellen Sie in einem Rollenspiel dar, wie Frau Andreas ihr Problem im Team mitteilt.

2. Beraten Sie in Kleingruppen, was für Frau Andreas hilfreich sein kann.

Zusammenfassung Kapitel 5

Das Team in einer sozialpädagogischen Einrichtung ist eine Arbeitsgruppe der pädagogischen Mitarbeiterinnen, die sich regelmäßig zur Planung und Reflexion der eigenen Arbeit trifft. Alle Teammitglieder haben eigenverantwortliche Aufgabenbereiche, die sie selbstständig bewältigen. Die Verteilung der Aufgaben unter den Mitarbeiterinnen erfolgt nach deren Ausbildung, Können, Erfahrung, besonderen Fähigkeiten. Viele Aufgaben einer sozialpädagogischen Einrichtung können nur in gemeinsamer Planung und Vorbereitung bewältigt werden. In der Praxis werden besonders Ziele der Einrichtung, Entwicklung der Konzeption, Planung von Projekten, Elternveranstaltungen, Feste und Feiern und Gemeinwesenarbeit in Teambesprechungen diskutiert. Im Umgang mit schwierigen Verhaltensweisen von Kindern unterstützen sich Kolleginnen in kollegialer Supervision. Ergebnisse von Fortbildungsveranstaltungen werden im Team weitergegeben. Verhaltensregeln, die jedes Teammitglied akzeptiert, helfen dem Team, Sitzungen erfolgreich und ergebnisorientiert durchzuführen. Die Bereitschaft jedes Teammitgliedes zum gegenseitigen Geben und Nehmen fördert das soziale Geschehen in der Arbeitsgruppe und hilft jedem einzelnen, seine Arbeitsleistung zu steigern, seine Arbeitszufriedenheit zu erhöhen. Konflikte in Arbeitsgruppen helfen, eigenes Verhalten zu überdenken, notwendige Neuerungen herbeizuführen. Durch die Fähigkeit, andere anzunehmen und Meinungsverschiedenheiten auf friedlichem Wege zu lösen, werden alle pädagogischen Mitarbeiterinnen zum Vorbild für die ihnen anvertrauten Kinder. Konflikte in strittigen Situationen können durch sechs Lösungsschritte bewältigt werden. Teams in sozialpädagogischen Einrichtungen müssen ihren Arbeitsablauf, den Einsatz von Mitarbeiterinnen, die Kontakte zu Trägern und zu anderen Einrichtungen selbst organisieren. Jedes Teammitglied hat Mitverantwortung für das Team.

Weiterführende Aufgaben

1. Supervision/Praxisberatung ist ein notwendiger Aufgabenbereich für alle Mitglieder einer sozialpädagogischen Einrichtung. Überlegen Sie, welche Fähigkeiten jede einzelne Mitarbeiterin und welche Fähigkeiten das Team einer Einrichtung entwickeln müssen, um ergebnisreiche Supervision durchführen zu können.

2. Die Öffnung einer sozialpädagogischen Einrichtung nach außen eröffnet den Mitarbeiterinnen neue Aufgabenbereiche. Erarbeiten Sie Themen und Inhalte, die dadurch für die Arbeit im Team einer Kindertagesstätte von Bedeutung sind.

3. Neue Formen der Elternarbeit führen zu veränderten Arbeitsweisen in sozialpädagogischen Einrichtungen. Überlegen Sie, auf welche Weise sich die Mitglieder im Team einer Kindertagesstätte dabei unterstützen können.

4. Veränderte Öffnungszeiten und veränderte Lebens- und Familiensituationen von Kindern und Jugendlichen führen zu neuen Anforderungen an die pädagogischen Mitarbeiterinnen. Welche neuen Themen ergeben sich daraus für das Team einer sozialpädagogischen Einrichtung? Wie können sich Mitarbeiterinnen bei der Lösung dieser Aufgaben unterstützen?

5. Für Frauen ist die Frage des Wiedereintritts in das Berufsleben nach der sog. Familienpause ein wichtiges Anliegen. Welche Probleme ergeben sich durch Teilzeitarbeit, Arbeitsplatzteilung, durch die erhöhte Anzahl von Mitarbeiterinnen für das Team?

6 Mithilfe der Kinderpflegerin bei der Eltern- und Familienarbeit

Die Kinderpflegerin Sabine hat Frühdienst. Sie trifft Manuela mit ihrer Mutter an der Eingangstüre zum Gruppenraum.

Aufgaben
Betrachten Sie das Bild und überlegen Sie:
1. Was erwartet die Mutter von der Kinderpflegerin?
2. Was erwartet das Kind von der Kinderpflegerin?
3. Was erwartet die Kinderpflegerin von Mutter und Kind?

Wenn Eltern ihre Kinder in eine sozialpädagogische Einrichtung, wie Kindergarten, Kinderkrippe, Kinderhort, evtl. Heim, geben, erwarten sie, dass ihre Kinder gut erzogen, betreut und versorgt werden. Damit sie sich davon überzeugen können, brauchen sie den Kontakt zu den Mitarbeitern der Einrichtung. Eltern müssen Vertrauen zum pädagogischen Personal haben. Dieses Vertrauen wächst und wird gepflegt über Kontakte, Gespräche, Beobachtungen. Eltern erleben, dass die Kinder sich wohlfühlen; sie sehen, dass ihre Kinder freundlich in Empfang genommen werden, dass ihre Kinder in kniffligen Situationen unterstützt werden. Eltern spüren, dass auch sie im Kindergarten willkommen sind, dass sie ihre Anliegen besprechen können.

 Jede Form des Kontakts zwischen Eltern und Mitarbeiterinnen einer sozialpädagogischen Einrichtung ist als Elternarbeit zu bezeichnen.

6.1 Bedeutung der Elternarbeit

Der Gesetzgeber sieht einen wichtigen Teil der familienergänzenden Aufgaben von sozialpädagogischen Einrichtungen in der Elternarbeit.

Wenn die Einrichtung familienergänzend arbeiten will, muss sie die Familie kennen. Mit den gesellschaftlichen Veränderungen der letzten Jahrzehnte haben sich auch das Erscheinungsbild und die Situation der Familie verändert. Neben der traditionellen Familienstruktur mit beiden Eltern, mehreren Kindern und eventuell auch Großeltern innerhalb eines festgefügten sozialen Umfelds gibt es immer häufiger Kleinst- und Teilfamilien. Darunter versteht man Lebensgemeinschaften wie Ein-Kind-Familien, Ein-Elternteil-Familien, durch Scheidung getrennte Familien und auch neu zusammengefundene Familien (Stiefeltern-Familien).

Zusammen hat sich auch die Bedeutung der Familie innerhalb der Gesellschaft gewandelt. Die Familie steht zunehmend im Spannungsfeld von äußeren Einflüssen wie z. B. Medien, Konkurrenzdruck, Prestigedenken, leidet aber auch unter Beeinträchtigungen, wie z. B. Berufstätigkeit beider Eltern, angespannter Wohnsituation, Existenzproblemen (z. B. drohende oder tatsächliche Arbeitslosigkeit, zunehmende Mobilitätsforderungen).

Aus diesen veränderten Rahmenbedingungen ergeben sich unterschiedliche Bedürfnisse, Wünsche und Erwartungen der Eltern an sozialpädagogische Einrichtungen:

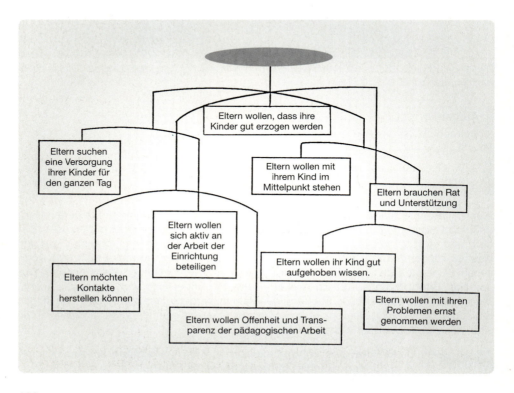

Das folgende Schaubild zeigt, inwiefern Elternarbeit für alle Beteiligten wichtig ist.

für das Kind
- Durch gemeinsame Absprache der Erziehungsarbeit kann das Kind effektiv gefördert werden.
- Das Kind erfährt ein Modell partnerschaftlichen Verhaltens.
- Das Kind erfährt mehr Verständnis für seine Anliegen und Probleme.

für die Mitarbeiter
- Elternarbeit bedeutet, einen ständigen Kommunikationsprozess in Gang zu setzen und aufrechtzuerhalten.
- Nur mit intensiver Elternarbeit können pädagogische Ziele erkannt und angestrebt werden.
- Elternarbeit gibt die Möglichkeit, Einstellungen und Verhaltensweisen zu überprüfen und gegebenenfalls auch zu verändern.
- Elternarbeit gibt Sicherheit im Umgang mit dem einzelnen Kind.

für die Eltern
- Es können Integrationshilfen für Eltern und Kind geschaffen werden.
- Es können Kontakte zu anderen Eltern aufgebaut werden.
- Eltern erhalten eine neue Sichtweise und Einstellung zu ihrem Kind.
- Eltern können konkrete Hilfestellungen bei Familien- und Erziehungsschwierigkeiten erhalten.
- Eltern gewinnen Einblick in die Einrichtung und können dadurch leichter Vertrauen in sie aufbauen.
- Eltern können Sicherheit und Bestätigung für ihr eigenes pädagogisches Verhalten bekommen.

Die Notwendigkeit von Elternarbeit ergibt sich aus den Erwartungen und Bedürfnissen von Eltern und Pädagogen und aus der geteilten Verantwortung.

Praxisbeispiel

Jürgen ist drei Jahre alt. Mit mehreren Kindern spielt er Fangen. Jürgen rennt über die Terrasse und stolpert über ein abgestelltes Holzauto. Er schlägt sich die Knie auf und trägt eine Platzwunde am Kopf davon, die stark blutet. Frau Haller, die Erzieherin, und Ursula, die Kinderpflegerin, kümmern sich sofort um das Kind. Jürgen lässt sich die Wunden versorgen und ist sehr still. Frau Haller lässt, nachdem sie die Schwere der Verletzungen in etwa einschätzen kann, Ursula mit Jürgen allein und ruft die Mutter von Jürgen an.

Aufgaben zum Praxisbeispiel
1. Diskutieren Sie in der Klasse, ob/warum es für die Beteiligten nötig ist, die Mutter von Jürgen über dessen Verletzung zu informieren.
2. Überlegen Sie, was die Mutter und Frau Haller miteinander absprechen müssen.

Elternarbeit dient der gegenseitigen Information und Absprache zwischen Eltern und Mitarbeitern in sozialpädagogischen Einrichtungen.

6.2 Voraussetzungen für gute Elternarbeit

Die wesentlichste Voraussetzung für gute Elternarbeit ist die Einsicht in die Notwendigkeit von Elternarbeit, um das Kind in seiner Entwicklung unterstützen zu können.

Vor allem braucht das pädagogische Fach- und Hilfspersonal:

- die Bereitschaft, auf andere zuzugehen,
- Kontaktfähigkeit,
- Offenheit,
- die Fähigkeit, Gespräche, insbesondere Konfliktgespräche, zu führen,
- das Geschick, Ziele und Anliegen transparent zu machen,
- immer wieder neue Ideen und Einfallsreichtum für die Gestaltung von Elternarbeit,
- Beobachtungs- und Einschätzungsfähigkeit der gemachten Beobachtungen.

Im Mittelpunkt steht immer das Kind.

Um die Bedürfnisse von Eltern und Kindern herausfinden und die Erziehungsarbeit optimal gestalten zu können, muss das Team beobachten und sein pädagogisches Handeln nach diesen Beobachtungen ausrichten:

Beobachtung und Analyse	der Situation
des Kindes	• Lebensumfeld • Sozialverhalten • Fähigkeiten • Auffälligkeiten • Fertigkeiten • Interessen
des Familie	• Lebensumfeld • Situation der Familie • Erwartungen und Bedürfnisse
der Einrichtung	• personelle, materielle, räumliche Ausstattung • Konzeption/Auftrag der Einrichtung • Informationsmöglichkeiten • Möglichkeiten/spezielle Fähigkeiten der Mitarbeiter • Erwartungen und Bedürfnisse

Daraus ergeben sich folgende Fragen:

- Welche Formen der Elternarbeit helfen den Kindern und den Eltern?
- Wodurch fühlen sich Eltern eingeladen, mit dem pädagogischen Personal oder auch anderen Eltern ins Gespräch zu kommen?

- Brauchen die bisherigen Angebote eine Veränderung?
- Können Eltern stärker in die Arbeit der jeweiligen sozialpädagogischen Einrichtung eingebunden werden?

Alle diese Beobachtungen und Fragen werden im Team diskutiert. Entsprechend der Situation von Kind, Familie und Einrichtung entscheiden sich die pädagogischen Kräfte, einen Elternabend zu gestalten, um ein Problem von allgemeinem Interesse zu diskutieren. Eventuell genügt ein Hinweis am Schwarzen Brett. Oder vielleicht braucht die Familie ein persönliches Gespräch, da sich z. B. besondere Auffälligkeiten beim Kind gezeigt haben.

Merke **Elternarbeit orientiert sich an den Bedürfnissen des Kindes, an der Lebenssituation der Familie und an den Möglichkeiten der Einrichtung.**

Praxisbeispiel

Der dreigruppige Kindergarten liegt am Rande eines Neubaugebiets. In der Siedlung leben meist junge Familien mit ein bis drei Kindern. Arbeitsmöglichkeiten für die Eltern gibt es in der Siedlung nicht. Sie müssen zu ihrem Arbeitsplatz pendeln.

Da die Kinder häufig noch sehr klein sind, bleiben die Mütter oft zu Hause, um die Kinder zu versorgen und zu erziehen. Manche gehen einer Teilzeitbeschäftigung nach.

Die Familie von Renate, vier Jahre alt, und ihrer jüngeren Schwester, knapp drei Jahre alt, ist neu zugezogen. Die Mutter versorgt als Hausfrau die Familie, der Vater arbeitet in einem Anwaltsbüro in der nahegelegenen Stadt.

Aufgaben zum Praxisbeispiel

Kann der Kindergarten Ihrer Meinung nach einen Beitrag zur Integration der Familie in der Neubausiedlung leisten?

Um eine gute Elternarbeit leisten zu können, müssen bestimmte Regeln vom Personal der Einrichtung eingehalten werden. Es muss die richtige Einstellung zur Arbeit mit den Eltern gegeben sein:

Regeln | Goldene Regeln für gute Elternarbeit

1. Elternarbeit ist Arbeit **mit** den Eltern und **nicht für** die Eltern.
2. Ziele sind erreichbar, wenn auch nicht alle auf einmal.
3. Die Grundannahme ist: Eltern wollen das Beste für ihr Kind.
4. Wertschätzung der Erzieherin und der Kinderpflegerin ist Grundvoraussetzung, um das Vertrauen der Eltern zu gewinnen.
5. Die Arbeit, die Konzeption und die Methoden der Einrichtung sollen transparent gemacht und den Eltern nahegebracht werden.
6. Eltern brauchen Offenheit. Die Gesprächsbereitschaft sollte ihnen immer signalisiert werden.
7. Verständnis für die Lebenssituation der Familie ist unerlässlich.
8. Die Erzieherin und die Kinderpflegerin sollten immer bereit sein, ihre Einstellungen zu reflektieren. Erst dann wird Elternarbeit fruchtbar.
9. Elternarbeit erfordert eine sorgfältige Planung, umsichtige Beobachtungen und gute Fähigkeiten in der Gesprächsführung.
10. Elterngespräche behandeln unter anderem private Angelegenheiten der Familien. Sie sind aber keine Privatgespräche.
11. Abgrenzung ist nötig. D.h., die Kinderpflegerin macht die Probleme der Familien nicht zu ihren eigenen.
12. Die Mitarbeiterinnen sind sich ihrer Fähigkeiten und Grenzen bewusst und nehmen u. U. die Hilfe von Fachdiensten in Anspruch.

Aufgaben
1. Beobachten Sie sich in einer Gesprächssituation.
   a) Wie zeigen Sie Ihrer Gesprächspartnerin Anteilnahme an ihrem Problem?
   b) Wie schaffen Sie es, das Problem der Gesprächspartnerin bei ihr zu lassen, sich abzugrenzen?
2. Überlegen Sie, wo Sie sich Unterstützung bei beruflichen Problemen holen können.
3. Diskutieren Sie Ihre Erfahrungen und Überlegungen im Klassengespräch.

6.3 Formen der Elternarbeit

„Wir freuen uns immer alle auf den Kindergarten."

Die Einbeziehung der Eltern in die Arbeit der Einrichtung mit den Kindern umfasst den Kontakt zu und das Gespräch mit den Eltern, die Information der Eltern sowie die aktive Mitarbeit der Eltern an Aktivitäten der Einrichtung:

Elternmitwirkung
- Elternabend
- Planungsabend
- Elternaktivitäten
- Offener Kindergarten
- Elternstammtisch
- Spiel- und Schnuppernachmittag
- Hausbesuch
- Projektarbeit
- Feste

Schriftliche Mitteilung
- Elternbrief
- Aushang
- Kurzmitteilung
- schriftliche Einladung

Gespräche
- Aufnahmegespräch
- Tür- und Angelgespräch
- Termingespräch
- Telefonat
- Sprechstunde

Bei jedem Treffen von Eltern und Mitarbeiterinnen einer sozialpädagogischen Einrichtung findet praktisch immer Elternarbeit statt, sei es, dass nur ein kurzer Gruß ausgetauscht wird, sei es, dass sich Erzieherin oder Kinderpflegerin nach dem Befinden des Kindes erkundigen. Manchmal reicht ein kurzes Gespräch, hin und wieder schwerwiegendere Dinge zu besprechen; in diesem Fall sollte ein Termin für ein ausführlicheres Gespräch vereinbart werden.

Die einzelnen Formen der Elternarbeit sollen im folgenden näher beleuchtet werden.

Das Aufnahmegespräch

dient der ersten Kontaktaufnahme, dem Informationsaustausch über die Einrichtung, über das Kind und die Situation der Familie.

Das Tür- und Angelgespräch

bietet die Möglichkeit der kurzen Kontaktaufnahme, Kontaktpflege, Begrüßung und Verabschiedung, eines kurzen Informationsaustausches, der Übergabe des Kindes, des Einblicks in die Arbeit der Einrichtung, die Einladung zur Mitarbeit. (Näheres unter 6.3.1)

Das Termingespräch

Bei anstehenden Problemen wird ein Gesprächstermin mit den Eltern des Kindes vereinbart, damit sich die Gesprächspartner darauf vorbereiten können. Die Erzieherin muss die Raum- und Zeitfrage klären. Der Gesprächsverlauf (Einstieg in das Gespräch, Aufzeigen des Gesprächsgrundes und -zieles, Erörtern von Unterstützungsmöglichkeiten, Treffen von Vereinbarungen...) wird geplant. Nach dem Gespräch wird ein Protokoll angefertigt und möglichst zusammen mit einer Kollegin ausgewertet.

Der Elternbrief

geht an alle Eltern. Er enthält wichtige Informationen aus allen Bereichen der Einrichtung und deren Aktivitäten und Belange und ist vor allem für die Eltern, aber auch für die Kinder bestimmt. Der Elternbrief ist die wichtigste nonverbale Stütze in der Kommunikation zwischen der Kindertagesstätte und dem Elternhaus. (Näheres siehe unter 6.3.2)

Der Elternabend

Elternabende geben Eltern und pädagogischem Personal die Möglichkeit, sich genauer kennenzulernen. Die Eltern erleben die Atmosphäre der Einrichtung. Darüber hinaus können pädagogische Ansichten ausgetauscht und erörtert werden. Bei dieser Gelegenheit können Informationen weitergegeben werden. (Näheres siehe unter 6.3.3)

Der Planungsabend

ermöglicht die Festlegung der inhaltlichen Arbeit; es werden Themenschwerpunkte gesetzt und Aktivitäten geplant.

Die Elternaktivitäten für die Einrichtung

gehen oft vom Elternbeirat aus. Es werden zum Beispiel Feste organisiert oder eine Tombola veranstaltet, um Geld für die Einrichtung zu sammeln. Diese Veranstaltungen stellen eine hervorragende Möglichkeit der Kontaktpflege dar.

Die Kurzinformation, das Telefonat

sind Mitteilungen über etwaige Vorkommnisse der Eltern an die Einrichtung und umgekehrt, z. B. wenn ein Kind sich verletzt hat, wenn es krank geworden ist oder wenn es aus irgendeinem Grund den Kindergarten nicht besuchen kann.

Die Kurzmitteilung

wird meist am Schwarzen Brett ausgehängt oder dem Kind mit nach Hause gegeben, um Eltern kurz über Wissenswertes zu informieren. Meist ist ein Abschnitt für die Rückantwort angefügt.

Der Aushang am Schwarzen Brett

informiert über Themenschwerpunkte oder Rahmenpläne, über Projektpläne, gibt Auskunft über Aktivitäten, Ereignisse, Vorkommnisse. Oftmals werden Infobörsen oder auch Tauschzentralen von und mit den Eltern am Schwarzen Brett eingerichtet.

Der Offene Kindergarten

wird immer häufiger ermöglicht. Er erleichtert dem Kind die Eingewöhnung in die Einrichtung, gibt der Erzieherin die Möglichkeit, Eltern und Kind im Umgang miteinander zu erleben, Unsicherheiten abzubauen und Vertrauen herzustellen. Für Eltern werden oft Sitzgruppen oder -nischen eingerichtet, damit sie sich unterhalten und die Kinder beobachten können. Ein Frühstücksplatz, eine Leseecke für Eltern und Kind macht Kontakte möglich.

Das Elterngespräch

sollte regelmäßig angeboten werden, damit Eltern und Erzieher die Möglichkeit zur Aussprache über Beobachtungen, Probleme und Erfahrungen haben. In der Regel wird ein Termingespräch dann geführt, wenn es einen bestimmten Anlass dafür gibt.

Der Elternstammtisch

wird manchmal von einem aktiven Teil der Elternschaft angeregt und eingerichtet. Er dient in erster Linie der Kontaktpflege der Eltern untereinander und mit dem Kindergartenteam. Er findet meist einmal im Monat zu einem festen Termin statt (z. B. jeden ersten Montag im Monat).

Der Elternbeirat

wird jedes Jahr aus der Elternschaft neu gewählt. Der Elternbeirat hat die Aufgabe, als Mittler zwischen dem Träger, Elternschaft und Mitarbeitern des Kindergartens zu wirken. Der Kindergartenbeirat ist ein beratendes Gremium, das heißt, der Kindergartenbeirat wird vom Träger und der Kindergartenleitung informiert und gehört, wenn wichtige Entscheidungen getroffen werden.

Der Spiel- und Schnuppernachmittag

ermöglicht Eltern und Kind eine erste Kontaktaufnahme, einen ersten Einblick und damit auch eine leichtere Eingewöhnung in die Einrichtung.

Das Familiengespräch

ist eine erweiterte Form der Elternarbeit, bei der auch das Kind die Möglichkeit hat, seine Bedürfnisse, Wünsche, Anliegen, Probleme und Ängste zu äußern. Kind und Eltern und Erzieherin/Kinderpflegerin lernen sich besser kennen, lernen, offener miteinander umzugehen und gegenseitiges Vertrauen aufzubauen. Familiengespräche sind meist erst im Schulalter sinnvoll.

Der Hausbesuch

gibt dem Kind die Möglichkeit, Gastgeber zu sein, und den Eltern und der Erzieherin die Gelegenheit zu einem ungezwungenen Gespräch. Familiäre Probleme werden zu Hause oft deutlicher sichtbar als im Kindergarten. Deshalb erfordert der Hausbesuch ein besonderes Einfühlungsvermögen und eine besondere Wertschätzung für das Kind und seine Familie.

Die Mitwirkung bei der Projektarbeit

ermöglicht dem Team und der Elternschaft in situationsorientiert arbeitenden Einrichtungen eine intensive Zusammenarbeit. Beobachtungen im Kindergarten und in der Familie werden mitgeteilt, Wünsche der Kinder werden aufgegriffen; gemeinsam mit allen Beteiligten kann ein Projekt entwickelt werden, an dem über einen längeren Zeitraum gearbeitet werden kann. Erfahrungen werden immer wieder in gemeinsamen Treffen reflektiert und ausgebaut. Die Eltern sind stark in die Kindergartenarbeit eingebunden.

Das Eltern-Kind-Fest

stellt immer wieder einen Höhepunkt im Kindergarten- oder Hortalltag dar. Obwohl diese Feste einen enormen Aufwand an Energie, Zeit und Organisation erfordern, sollten sie unbedingt veranstaltet werden. Sie sind für die Einrichtung die beste Möglichkeit, sich darzustellen, Kontakte zu pflegen und Verständnis für die Arbeit der Tagesstätte zu gewinnen. (Näheres siehe Kapitel 9)

Die Formen der Elternarbeit sind so vielfältig wie die Anliegen, die dabei bearbeitet werden.

Aufgaben

1. Notieren Sie alle Formen der Elternarbeit, die Sie in Ihrer Praxisstelle bislang miterleben konnten.
2. Berichten Sie in der Klasse ausführlich über eine miterlebte Möglichkeit der Elternarbeit. Handelte es sich dabei um eine schriftliche oder eine mündliche Form der Elternarbeit, und wie waren die Eltern eingebunden?

6.3.1 Das Tür- und Angelgespräch

Gerade die Kinderpflegerin ist erfahrungsgemäß mit dieser Form der Elternarbeit sehr häufig konfrontiert, da sie oft zu den Bring- und Holzeiten die Kindergruppe alleine betreut oder auch durch Tätigkeiten wie z. B. Hilfestellung in der Garderobe die erste Ansprechpartnerin für den bringenden oder abholenden Elternteil und das Kind ist. Diese Situation stellt hohe Anforderungen an die Kontaktfähigkeit der Kinderpflegerin.

Praxisbeispiel Elisa, vier Jahre alt, war wegen einer schweren Mandelentzündung zweieinhalb Wochen nicht im Kindergarten. Heute wird sie von ihrer Mutter zum ersten Mal wieder in den Kindergarten gebracht. Im Garderobenraum sitzt Markus, fünfeinhalb Jahre alt, an seinem Platz und zieht sich gerade die Hausschuhe an. Elisa sitzt auf ihrem Garderobenplatz und hält ihren kleinen Teddy im Arm. Die Mutter hilft ihr, die Schuhe zu wechseln. In diesem Moment kommt die Kinderpflegerin Sabine in den Garderobenraum, um nach Markus zu sehen, der oftmals in der Garderobe trödelt. Dabei sieht sie auch Elisa und ihre Mutter. Sabine begrüßt Elisa und ihre Mutter herzlich und wendet sich dann Markus zu.

Aufgaben zum Praxisbeispiel

1. Stellen Sie diese Situation im Rollenspiel nach.
   Beobachtungsaufgabe für die Klasse: Was erleben Sie, wenn Sie sich in die Rolle eines der Kinder, in die Rolle der Mutter und der Kinderpflegerin einfühlen?
2. Werten Sie das Rollenspiel aus:
   Wie erging es Ihnen in der Rolle
   a) des Kindes   b) der Mutter   c) der Kinderpflegerin Sabine?

Für einen gewinnbringenden Kontakt zu Eltern und Kind sollte die Kinderpflegerin folgende **Hinweise für pädagogisches Verhalten im Elterngespräch** beachten:

Hinweise

1. Sie beobachtet das Kind und seine Eltern, wenn sie den Kindergarten oder den Gruppenraum betreten. Sie achtet auf Mimik, Gestik, Stimmlage und Gespräche zwischen Eltern und Kind. Alle diese Beobachtungen können wichtige Hinweise geben.
2. Sie plaziert Spielangebote im Eingangsbereich, unterstützt damit den ersten Kontakt und erleichtert so Kind und Eltern den Abschied.
3. Sie geht mit echter Freundlichkeit auf Eltern und Kind zu. Damit lädt sie beide zum Sich-Wohl-Fühlen ein.
4. Sie hört aufmerksam zu, wenn Eltern und Kind ihr etwas mitteilen möchten. Neu ankommende Kinder brauchen verstärkt Aufmerksamkeit.
5. Sie nutzt die Anwesenheit anderer Kinder. Gemeinsame Spielangebote unterstützen die Kontaktaufnahme.
6. Sie denkt daran, dass der Wechsel von einem Bezugskreis zum anderen immer emotionale Schwierigkeiten für das Kind mit sich bringen kann.
7. Sie hat Verständnis für Eltern, die sich schwer von ihrem Kind trennen können.
8. Sie spricht nur über anwesende Personen.
9. Sie erkennt Aufgabenschwerpunkte und löst sich rechtzeitig aus dem Gespräch mit Eltern.
10. Sie unterstützt Eltern, wenn sie eine Mitteilung ihres Kindes nicht verstehen können.

Tür- und Angelgespräche dienen der Kontaktpflege. Kurze Informationen über das Kind oder organisatorische Angelegenheiten werden ausgetauscht. Die Kinderpflegerin ist bei Tür- und Angelgesprächen immer höflich und klar.

Aufgaben

1. Beobachten Sie, wie Mitarbeiterinnen Ihrer Praxisstelle Kinder und Eltern begrüßen und verabschieden.
2. Spielen Sie in Kleingruppen folgende Situationen:
    a) eine Begrüßungssituation Kind – Elternteil – Kinderpflegerin.
    b) Auskunft über Vorkommnisse des Tages.
    c) Auskunft über organisatorische Angelegenheiten.
3. Tauschen Sie die Rollen. Wählen Sie dazu eine der gespielten Situationen aus, und erproben Sie weitere Verhaltensmöglichkeiten.
4. Werten Sie aus, welche Verhaltensweisen sich als hilfreich erwiesen haben, in der Rolle
    a) als Kind,
    b) als Mutter,
    c) als Kinderpflegerin.

6.3.2 Der Elternbrief

Alle sozialpädagogischen Einrichtungen geben regelmäßig Elternbriefe heraus. Das ist besonders wichtig für Eltern, deren Kinder mit dem Kindergartenbus fahren oder die aus anderen Gründen ihre Kinder nicht selbst in den Kindergarten bringen oder sie abholen können.

Informationen werden klar und verständlich formuliert.

Am Elternbrief arbeitet das gesamte Team mit. Dabei werden Aufgaben genau abgeklärt und aufgeteilt. Jede Mitarbeiterin übernimmt den Teil, den sie am besten gestalten kann.

Kinder stellen oft einen Teil ihrer Arbeiten, Bilder, Spiele und Lieder dar. Auch ihnen kann eine Seite zur eigenen Gestaltung zur Verfügung gestellt werden.

Inhalte und Ziele von Elternbriefen

- Sie enthalten Themen, mit denen die Eltern des Kindes im Laufe des Kindergarten- und Hortbesuchs konfrontiert werden.
- Sie informieren über allgemeine oder spezielle Ereignisse und Fragestellungen und machen die Arbeit in der Einrichtung transparent.
- Sie ergänzen und regen das persönliche Gespräch zwischen Eltern und Mitarbeitern der Einrichtung an.
- Sie verbessern das gegenseitige Verständnis zwischen Eltern und pädagogischen Mitarbeitern.
- Sie sprechen durch einfache Grafiken, Karikaturen, Fotos usw. die Eltern an.
- Sie helfen, Kinder zu integrieren.
- Sie sind Teil der Öffentlichkeitsarbeit.
- Sie dienen der Mitteilung von Terminen, Anliegen und Vorhaben.

Einige Beispiele sollen Sie zur Gestaltung von Elternbriefen anregen: In den Kindergärten gibt es ausländische Kinder, deren Eltern die deutsche Sprache häufig nur wenig beherrschen. Um den Kontakt zu diesen Eltern zu erleichtern und sie zu informieren, hat das Institut für Frühpädagogik Elternbriefe in verschiedenen Sprachen herausgegeben, unter anderem auf Türkisch, Griechisch, Serbokroatisch.

Inhalt der Elternbriefe:

Brief 1 „Das ist die Tür zum Kindergarten." Eintritt in den Kindergarten, kindgerechte Kleidung

Brief 2 „Guten Appetit! Gesunde Ernährung, gesunde Brotzeit im Kindergarten

Brief 3 „Jeder kann einmal krank werden!" Erkrankung des Kindes, Gesundheitsvorsorge

Brief 4 „Was erlebt mein Kind im Kindergarten?" Tagesablauf im Kindergarten, Förderung im Kindergarten, soziales Lernen

Brief 5 „Kinder lernen im Spiel" Bedeutung des Spiels für das Kind, Förderung durch das Spiel, Spielen zu Hause

Brief 6 „Spielzeug im Kindergarten und zu Hause" Geeignetes Spielzeug für das Kind, kreatives Spielen mit einfachen Mitteln

Brief 7 „Fernsehen mit Kindern" Umgang mit dem Fernsehen in der Familie, Sprechen über Sendungen

Brief 8 „Sprechen Sie Deutsch?" Zweisprachige Erziehung, Förderung der Muttersprache und der Zweitsprache Deutsch

Brief 9 „Sprechen mit Kindern" Sprach- und Kommunikationsförderung, Sprachanregungen

201

Brief 10 „Zeit zum Sprechen nehmen"
Sprechen und Denken, Erklären und Begründen

Brief 11 „Feste feiern"
Feste zu Hause und im Kindergarten, traditionelle Feste im Kindergarten

Brief 12 „Wo kommt die Welt her?"
Religiöse Erziehung im Kindergarten und Elternhaus

Brief 13 „Sicher daheim und auf der Straße"
Sicherheit in der Wohnung, Verkehrserziehung

Brief 14 „Das Wochenende in der Familie"
Gemeinsame Aktivitäten in der Familie, Kennenlernen der Umwelt

Brief 15 „Und nach dem Kindergarten kommt die Schule"
Informationen zur Einschulung

(aus: Elternbriefe für Eltern ausländischer Kinder im Kindergarten. Staatsinstitut für Frühpädagogik, Pinzregentenstraße 24, 80538 München)

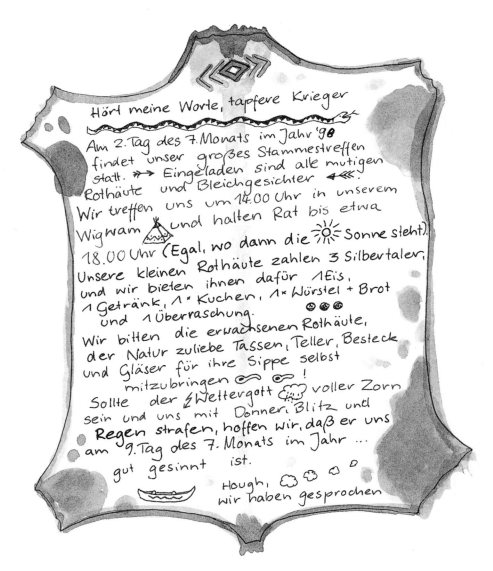

Aufgaben

Lesen und bearbeiten Sie den Elternbrief:

1. Welche Kriterien, die einen guten Elternbrief ausmachen, enthält diese Einladung zum „Stammestreffen"?
2. Wie werden die Kinder in die Gestaltung des Elternbriefes einbezogen?
3. Würden Sie als Elternteil einen solchen Elternbrief bekommen wollen? Begründen Sie Ihre Ansichten.

Beispiel von Schülerinnen einer BFS-Klasse entworfen:

Aufgaben

1. Bringen Sie Elternbriefe aus Ihrer Praxisstelle mit, und diskutieren Sie deren Themen, ihre Gestaltung und Wirkung.
2. Besprechen Sie, was mit den Elternbriefen aus Ihren Einrichtungen und denen, die im Buch abgedruckt sind, erreicht werden soll.

 Der Elternbrief dient vor allem der Information.

6.3.3 Elternabend

Elternabende werden in mehr oder weniger regelmäßigen Abständen veranstaltet. In einem Kindergarten muss mindestens einmal im Jahr ein Elternabend durchgeführt werden und zwar, wenn der Kindergartenbeirat gewählt wird.

Praxisbeispiel

Im Kindergarten Sonnenschein ist der Elternabend mit dem Thema „Wieviel Spielzeug braucht mein Kind?" zu Ende gegangen. Die Eltern und die Referentin haben sich bereits verabschiedet. Die Erzieherinnen Claudia und Sigrid, die Kinderpflegerinnen Gabriele und Jutta und die Berufspraktikantin Simone sitzen in der Teeküche. Alle sind enttäuscht. Von 45 Eltern waren gerade mal zehn gekommen. Der Abend war auch nicht optimal verlaufen. Die Frage: „Was haben wir falsch gemacht?" steht im Raum.

Aufgaben zum Praxisbeispiel

1. Überlegen Sie Gründe, warum Eltern nicht zum Elternabend kommen.
2. Was könnte Ihrer Meinung nach den vorgesehenen Ablauf des Elternabends gewährleisten?
3. Besprechen Sie in Untergruppen, was Sie dem enttäuschten Team raten würden.
4. Erarbeiten Sie eine der Möglichkeiten, die Sie dem Team vorschlagen möchten, genauer, und stellen Sie diese in der Klasse zur Diskussion.

Ein Elternabend muss vom ganzen Team getragen, gut durchdacht und geplant sein. Die Eltern sollen sich beim Elternabend wohl fühlen. Erst dann sind sie offen, Informationen aufzunehmen und Hintergründe der pädagogischen Arbeit zu verstehen. Im Erfahrungsaustausch kann die pädagogische Arbeit vertieft werden.

Beim Elternabend soll den Eltern die Möglichkeit gegeben werden:

- den Ort, an dem sich ihre Kinder für viele Stunden des Tages aufhalten, kennenzulernen und zu erleben,
- im eigenen Erfahrungslernen ihre Erlebnisse zu diskutieren und weitere Möglichkeiten im Umgang mit ihren Kindern zu finden,
- Informationen und deren Hintergründe zu verstehen,
- Kontakte zwischen Eltern und Erzieherinnen und zwischen Eltern untereinander auszubauen,
- den Erfahrungsaustausch über das Erziehungsverhalten zu reflektieren.

Folgende Schritte sind für die Planung und Durchführung eines gelungenen Elternabends nötig:

Mögliche Themenauswahl für einen Elternabend

- Selbstständigkeit   oder „Das kann ich alleine."
- Auseinandersetzungen   oder „Max schlägt immer gleich zu."
- Rollenkonflikte   oder „Anna will immer die Mutter sein."
- Informationen mitteilen   oder „Wir vom Kindergarten St. Ludwig stellen uns vor."
- Vorstellen des pädagogischen Konzeptes   oder „Wir wollen unseren Kindergarten offener gestalten."

Planung des Elternabends

- Ein Thema muss gefunden werden, das alle interessiert (Fragebogen am Schwarzen Brett aushängen, Gespräche führen, Beobachtungen im Team).
- Interessen und Belange aller Beteiligten müssen geklärt werden.
- Aufgaben für die Planung, Vorbereitung und Durchführung des Elternabends werden verteilt (schriftlich festlegen – „Wer kann was?" ist dabei eine wichtige Frage).
- Der Rahmen wird abgesteckt (Raum- und Terminfrage klären, eventuell einen Referenten einplanen...).
- Es wird überlegt, inwieweit Eltern in die Gestaltung des Elternabends eingebunden werden können.

Vorbereitung eines Elternabends

- Träger informieren und einladen
- Referenten einladen
- Einladungen an die Eltern der Kinder herausgeben
- Materialien besorgen (Papiere, Stifte für etwaige Notizen, Anschauungsgegenstände...)
- Raum vorbereiten und gestalten (z. B. Stuhlkreis, Medien, evtl. ein kleines Büfett...)
- Gesprächsleitung und andere Teilaufgaben nochmals bestätigen

Durchführung eines Elternabends

- Begrüßung der Teilnehmer (Eltern, Träger, Referenten, Kolleginnen)
- Vorstellen der Tagesordnung und des Ablaufs
- Raum für Aussprache und Diskussion einräumen (Diskussionsleiter und Gruppensprecher wählen)
- Den Eltern Raum für persönliche Gespräche geben
- Ergebnisse zusammenfassen und festhalten
- Verabschiedung

Nachbereitung eines Elternabends

Anfertigen des Protokolls und Auswertung im Team:

- Atmosphäre
- Neue Informationen
- Annäherung an Ziele
- Reaktionen der Eltern
- Einschätzung des Referenten
- Abmachungen und Termine
- Allgemeine Einschätzung
- Sonstiges

Aufgaben

Nehmen Sie an einem Elternabend teil und fertigen Sie ein Protokoll an
a) von einem Bildungsabend
b) von einem Bastelabend.
Bringen Sie außerdem das Programm dieses Elternabends und Fotos mit.

Merke: Elternabende müssen gründlich vorbereitet und nachbereitet werden. Sie müssen für die Eltern interessant gestaltet sein, damit sie sich für die Arbeit im Kindergarten interessieren und Informationen aufnehmen können.

6.4 Mitwirkung der Kinderpflegerin bei der Elternarbeit

Praxisbeispiel „Einmal muss ich, dann darf ich nicht, dann hätte ich... Da soll ich mich noch auskennen! Ich war doch mit den anwesenden Kindern in der „überzogenen" Gruppe allein, als Murats Vater mich fragte, wie es Murat gehe."

Die Kinderpflegerin Susanne beobachtete das Kind oft beim Spiel, sie bezog es häufig in ein Spiel ein, und sie hatte ihre Beobachtungen mit der Erzieherin besprochen. Deshalb ging sie davon aus, dass sie Murats Vater Auskunft über Murat geben könne.

Der Erzieherin, Frau Krause, war das nicht recht. Sie wollte selbst mit Murats Eltern über notwendige Integrationshilfen sprechen. Deshalb stellte Frau Krause Susanne zur Rede.

Aufgaben zum Praxisbeispiel
Stellen Sie die Situation mit einer Mitschülerin im Rollenspiel dar.
Bearbeiten Sie dazu folgende Fragen:
1. Wie geht es Ihnen in der Rolle der Kinderpflegerin?
2. Wie geht es Ihnen in der Rolle als Erzieherin?
3. Welche Schlüsse ziehen Sie daraus für Ihre Mitarbeit bei der Elternarbeit?

Wie bei allen anderen Arbeitsbereichen in einer sozialpädagogischen Einrichtung hat die Kinderpflegerin auch hier unterstützende und ergänzende Aufgaben. Für die Durchführung von Elternarbeit (-gespräche, -abende, -kurzinformationen...) ist die Erzieherin verantwortlich. Nur bei ausdrücklicher Absprache führt die Kinderpflegerin ein Elterngespräch.

Regeln für die Mitwirkung der Kinderpflegerin bei der Elternarbeit

1. Die Kinderpflegerin nimmt Kontakt zu den Eltern beim Bringen und Holen der Kinder auf.
2. Die Kinderpflegerin bespricht Beobachtungen mit der Erzieherin.
3. Die Kinderpflegerin unterstützt die Erzieherin bei der Elternarbeit.
4. Die Kinderpflegerin organisiert und bereitet gemeinsam mit der Erzieherin Elternveranstaltungen vor.
5. Die Kinderpflegerin übernimmt ihr übertragene Teilaufgaben.
6. Die Kinderpflegerin gibt Informationen von Eltern an die Erzieherin weiter.
7. Die Kinderpflegerin darf **nicht** selbstständig Elterngespräche führen.
8. Die Kinderpflegerin darf Elternarbeit **nicht** selbstständig gestalten.

9. Die Kinderpflegerin darf **nicht** selbstständig Kontakt zu den Eltern aufnehmen.
10. Die Kinderpflegerin darf Informationen **nicht** an andere weitergeben (außer an die Erzieherin).

(Siehe hierzu auch Kapitel 5.)

 Die Kinderpflegerin beteiligt sich in Absprache mit der Erzieherin an der Elternarbeit.

Aufgaben
1. Befragen Sie eine Kinderpflegerin, bei welcher Gelegenheit sie Kontakt zu Eltern hat.
2. Diskutieren Sie Ihre Ergebnisse mit Mitschülerinnen.
3. Wie stellt die Kinderpflegerin Kontakte zu Eltern her?

Probleme bei der Elternarbeit sind lösbar

> Wenn wir unsere Stärken suchen und unsere Unterschiede akzeptieren, können wir uns gemeinsam entwickeln.

Nicht immer funktioniert Elternarbeit reibungslos.

Im folgenden entdecken Sie vermutlich einige Probleme und auch Lösungsansätze, die Sie in Ihrer Praxisstelle beobachten konnten. Sie sollen zur Veranschaulichung aufgezeigt werden.

Probleme	Lösungsmöglichkeiten
Schwellenangst der Eltern	• Kaffee-Ecke/Elterncafé • Elternstammtisch • Offener Kindergarten • Häufige Einladung zum Gespräch
Konkurrenz zwischen Eltern und Kindergarten	• Versuchen, Trennungsängste der Eltern vom Kind zu verstehen • Kompetenz schützt vor der Gefahr der Konkurrenz
Unsicherheit Eltern gegenüber	• Stärkung im Team holen • Supervision
Eltern sind sehr verschieden	• Sichtweise der Eltern und ihre Werthaltung überprüfen und zu verstehen versuchen • Sich der eigenen Fähigkeiten bewusst sein, dann kann man den Eltern partnerschaftlich begegnen

Elternberatung ist schwierig	• Fachwissen aneignen • Unterstützung im Team holen • Differenziertes Beobachten von Kind und Eltern • Gesprächsbereitschaft signalisieren • Gründliche Vorbereitung auf Elterngespräche • Eltern hilft das „offene Ohr"
Elternarbeit fordert viel Zeit	• Planung, Vorbereitung und Unterstützung im Team • Einbeziehung von Eltern • Aufgabenteilung und Absprachen • Eigene Neigungen berücksichtigen • Zeitliche Strukturierung hilft, sich abzugrenzen
Ich bin die Neue im Team Eltern kennen Mitarbeiter nicht	• Vorstellung am Schwarzen Brett und im Elternbrief • Eltern in der Bring- und Holzeit ansprechen
Zuviel Einmischung durch Eltern	• Eltern ständig informieren • eigene Position abklären • Elternbeirat oder auch Träger zur Vermittlung ein- schalten
Vorurteile machen die Arbeit schwer	• Infos über Ziele und Arbeitsweise herausgeben • Eltern erhalten das pädagogische Konzept schrift- lich ausgehändigt • Öffentlichkeitsarbeit (Vorstellung in der Kirchenge- meinde, im Stadtteil)
Gleichgültigkeit oder Desinteresse der Eltern	• Gemeinschaftsaktivitäten anbieten • Offener Kindergarten • Feste und Feiern veranstalten und Eltern einbinden • Arbeit immer transparent machen • Elterncafé einrichten
Bestimmte Probleme überfordern Kindergarten und Hort	• Kontakt zu Behörden und psychosozialen Einrich- tungen aufnehmen und halten • Info-Material auslegen • Arbeitskreise anregen • Kontakte zu Selbsthilfegruppe anregen • Referenten einladen

Praxisbeispiel

Im Kindergarten St. Hildegard sind die Gruppen für die Eltern geöffnet worden. Jeden Dienstag dürfen die Eltern eines Kindes einen Tag im Kindergarten miterleben. Heute sind Patricks Eltern im Kindergarten zu Besuch. Patricks Mutter wird von ihrem Sohn in die Puppenecke geführt. Dort verwöhnt er sie mit „gutem Essen". Patricks Vater steht weiterhin unschlüssig an der Gruppenzimmertüre. Die Kinderpflegerin Monika sieht es, reagiert aber nicht.

Aufgaben zum Praxisbeispiel
1. Finden Sie mögliche Hintergründe, warum Monika nicht reagiert.
2. Fühlen Sie sich in den Vater ein. Was könnte ihm helfen, seine Randposition aufzugeben?
3. Wie könnte die Kinderpflegerin Monika dem Vater das Hereinkommen in die Gruppe erleichtern?

 Merke Versuchen Sie, auch in angespannten Situationen Höflichkeit und Ruhe zu bewahren und die erforderliche Zeit aufzubringen.

Holen Sie sich Unterstützung für Ihre Arbeit! Gespräche im Team oder mit anderen Fachkräften können hier sehr hilfreich sein.

Aufgaben
Beobachten Sie in Ihrer Praxisstelle:
1. Welche Probleme zwischen Erzieherinnen/Kinderpflegerinnen und Eltern treten auf?
2. Wann treten Schwierigkeiten verstärkt/gehäuft auf?
3. Welche Lösungsansätze konnten sie beobachten?

Zusammenfassung Kapitel 6
Jede Form des Kontakts zwischen Eltern und pädagogischen Mitarbeiterinnen einer sozialpädagogischen Einrichtung ist als Elternarbeit zu bezeichnen. Elternarbeit schafft Vertrauen zwischen Eltern und Team. Sie dient der gegenseitigen Unterstützung und Information. Besonders Elternbriefe, Tür- und Angelgespräche und Elternabende dienen der Information und Kontaktpflege. Elternarbeit orientiert sich an den Bedürfnissen des Kindes und dessen Eltern. So vielfältig die Bedürfnisse von Kindern, Eltern und sozialpädagogischen Einrichtungen sind, so vielfältig sind die Formen der Elternarbeit. Neue Gestaltungsformen der Elternarbeit wecken das Interesse der Eltern und motivieren sie zur Mitarbeit. Die neuen Gestaltungsformen der Elternarbeit erfahren große Zustimmung, weil auch die Bedürfnisse der Eltern verstärkt aufgegriffen werden und sie eine Mitwirkung der Eltern ermöglichen. Diese Offenheit gibt den Eltern Sicherheit und verstärkt die Vertrauensbasis zwischen Eltern und Einrichtung. Die Kinderpflegerin beteiligt sich in Absprache mit der Erzieherin an der Elternarbeit. Bei Problemen kann sich die Kinderpflegerin Unterstützung im Team und bei anderen Fachkräften holen. Gegenseitiges Vertrauen und gegenseitige Wertschätzung im Umgang miteinander sind die wichtigsten Voraussetzungen für eine gute Elternarbeit.

Weiterführende Aufgaben

1. Sammeln Sie Unterlagen zur Elternarbeit in Ihrer Einrichtung. Werten Sie die Unterlagen im Klassengespräch nach folgenden Fragestellungen aus:
   a) Welche Unterlagen geben organisatorische Informationen?
   b) Welche Unterlagen fordern zur Mitarbeit auf?
   c) Welche Unterlagen behandeln pädagogische Probleme?
   d) Welche Unterlagen geben Einsicht in die pädagogische Arbeit der Einrichtung?
   e) Welche Unterlagen motivieren zur Kontaktaufnahme?
   f) Welche Unterlagen laden zu gemeinsamen Aktivitäten ein?

2. Prüfen Sie, wie Sie sich am besten in Ihrer Praxisstelle bei der Elternarbeit engagieren könnten und wollten. Wo liegen Ihre beruflichen Stärken?

3. Überprüfen Sie Ihre eigene Einstellung den Eltern gegenüber. Überlegen Sie, wie Sie Ihre Offenheit, Wertschätzung und Ihr Verständnis den Eltern gegenüber zum Ausdruck bringen können.

4. Überdenken Sie die Erwartungen der Eltern an Sie als Kinderpflegerin und Ihre Aufgaben als Kinderpflegerin bei der Elternarbeit.

5. Wie kann/muss die Elternarbeit beim Umgang mit schwierigen und verhaltensauffälligen Kindern gestaltet werden?

7 Umgang der Kinderpflegerin mit verhaltensauffälligen Kindern

Aufgaben

1. Betrachten Sie diese Zeichnung eines zehnjährigen Jungen aus der Trennungsphase seiner Eltern.
   Welche Probleme haben die abgebildeten Personen?
   Suchen Sie eine Überschrift für das Bild.
2. Lesen Sie den folgenden Zeitungsbericht aus der Süddeutschen Zeitung vom 29.09.1995.

Immer mehr Kinder mit gestörtem Verhalten
Pädagogik Institut fordert Langzeitstudie über Ursachen und Auswirkungen
von Herbert Marckert

MÜNCHEN „Jedes Jahr werden es ein bisschen mehr", sagt Annemarie Schönhuber vom Münchner Kindergarten St. Agnes. Von 85 Kindern seien in ihrem Kindergarten 15 verhaltensauffällig, im angegliederten Kinderhort für Schüler seien es sogar 18 bis 20 von 24 Kindern. Das Staatsinstitut für Frühpädagogik (IFP) nennt bis zu 20 Prozent der Kinder im Vorschulalter „in ihrer Entwicklung ernsthaft beeinträchtigt".
Nach Meinung des Instituts handelt es sich bei den Verhaltensauffälligkeiten sogar um „im weitesten Sinne psychiatrisch relevante Auffälligkeiten". Konzentrationsschwäche,

211

ein oft katastrophales Ausdrucksvermögen, ständiges Wippen auf dem Stuhl, plötzliches unmotiviertes Schreien, Hauen, Raufen, Haareziehen sind die häufigsten Symptome von Verhaltensstörungen. In einer Umfrage des Instituts bei Erzieherinnen gaben 70 Prozent auf die Frage nach dem dringlichsten Fortbildungsthema „Verhaltensauffälligkeiten bei Kindern" an.

Das ist ein klares Signal, dass die Erzieher ihre Arbeit ohne Hilfe von außen nicht mehr bewältigen."

Gibt es ein Kind in Ihrer Praxisstelle, das Ihnen den Umgang mit ihm
a) besonders leicht macht,
b) besonders schwer macht,
    also Ihrer Meinung nach schwierig ist?
Notieren Sie, was Sie über diese Kinder wissen, z. B. Herkunft, Familiensituation, Vorlieben, Stärken.

3. Spielen Sie in der Klasse Szenen aus Ihrer Praxisstelle nach, in denen es Ihnen ein Kind schwer macht.
   Werten Sie die Situationsspiele aus:
   a) Wie erging es dem Kind, der Kinderpflegerin, den übrigen Mitspielern?
   b) In wen konnten sich die Beobachter einfühlen, in wen nicht und warum?

Stressskala für Kinder

Mögliche belastende Lebenssituationen für Kinder und Jugendliche

Ereignis	Vorschul-alter	Grundschul-alter	Hauptschul-/ Gymnasial-alter
Arbeitsplatzverlust eines Elternteils	23	38	48
Erbringen einer überragenden persönlichen Leistung	23	39	45
Tod eines Großelternteils	30	38	35
Schul- oder Kindergartenwechsel	33	46	52
Entdeckung, ein Adoptivkind zu sein	33	52	58
Abwesenheit des Vaters	36	45	42
Verschlechterung des Verhältnisses zu den Altersgenossen	38	51	68
Aufnahme eines dritten Erwachsenen in die Familie (z. B. Großelternteil)	39	41	34
Zunahme der Auseinandersetzungen mit den Eltern	39	47	46
Eintritt in den Kindergarten bzw. die Grundschule oder die höhere Schule	42	46	45
Zunahme der Auseinandersetzungen zwischen den Eltern	44	51	48
Wiedereintritt der Mutter ins Berufsleben	47	44	36
Geburt/Adoption eines Geschwisterkindes	50	50	50
Schwere Erkrankung und Krankenhausaufenthalt eines Elternteils	51	55	54
Erleiden einer sichtbaren Verunstaltung	52	69	83
Eigener Krankenhausaufenthalt	59	68	59
Tod eines Geschwisterkindes	59	68	71
Erneute Heirat des erziehenden Elternteils	62	65	63
Scheidung der Eltern	78	84	84
Tod eines Elternteil	89	91	94
Sitzenbleiben		57	62

Die Skala reicht von 1 bis 100, wobei gilt: je höher die Punktzahl, desto größer der Stress.

(aus: Familienkalender Bundesministerium)

Sozialpädagogische Einrichtungen wie Kindergarten, Hort und Kinderkrippe können keine Erziehungswunder vollbringen. Jedoch spielen die Persönlichkeit der Kinderpflegerin und der Erzieherin sowie die Rahmenbedingungen der Einrichtung eine zentrale Rolle bei der Bewältigung der Probleme, die Kinder mit in die Einrichtung bringen.

7.1 Erziehungsschwierige Kinder in sozialpädagogischen Einrichtungen

Erzieher und Kinderpflegerinnen klagen, dass die Anzahl der schwierigen Kinder in sozialpädagogischen Einrichtungen wie Kindergarten oder Hort kontinuierlich zunähme und dass die schwierigen Kinder immer schwieriger würden.

Sie beschreiben die Situation der Kinder folgendermaßen:

Aggressive Kinder	• hauen und beißen, oft ohne ersichtlichen Grund, • beschimpfen andere Kinder, sind jähzornig, • machen Spielzeug kaputt, verletzen sich sogar selbst.
Zappelige Kinder	• können nicht stillsitzen, sind motorisch unruhig. • können sich nicht konzentrieren. • sorgen für Unruhe in der Gruppe. • sind hyperaktiv.
Kontaktängstliche Kinder	• sind verschlossen, • sind kontaktscheu, • sind Einzelgänger in der Gruppe, • suchen Kontakt zu Erwachsenen.
Sprachauffällige Kinder	• sprechen für ihr Alter wenig, • sprechen undeutlich, • können sich nicht verständigen.

Jedes Kind reagiert auf belastende Lebenssituationen individuell. Die Beobachtung der Kinder steht daher an erster Stelle. Die Kinderpflegerin beobachtet die Äußerungen des Kindes, z. B. seine Spielhandlungen, seine Zeichnungen und seine Verhaltensweisen.

Sie kann Kindern Hilfestellung geben, wenn sie die Fähigkeit besitzt, Schwierigkeiten wahrzunehmen und zu beurteilen.

Dabei sind folgende Fragestellungen hilfreich:
a) In welcher Situation zeigt das Kind das auffällige Verhalten?
b) Welche Gefühle kommen zum Vorschein (eher gehemmte oder enthemmte Gefühlsäußerungen)?
c) Wie betroffen ist die Kinderpflegerin selbst von der Situation des Kindes?
d) Welche Informationen sind notwendig, um das Verhalten des Kindes zu verstehen?

Außerdem ist für die Kinderpflegerin beim Beobachten von Interesse, **wer** besonders unter dem auffälligen Verhalten des Kindes leidet.
a) Leidet hauptsächlich das Kind selbst?
b) Leidet hauptsächlich die Gruppe?
c) Tritt das auffällige Verhalten in immer wiederkehrenden Situationen auf?

d) Treten dabei beim Kind Mängel im motorischen, sprachlichen, geistigen Bereich oder im Sinnesbereich auf?

e) Tritt das auffällige Verhalten als Reaktion auf bestimmte Verhaltensweisen anderer Kinder oder von Erwachsenen auf?

Aufgrund dieser Beobachtungen und deren Auswertungen kann die Kinderpflegerin herausfinden, was das Kind mit seinem auffälligen Verhalten erreichen will. Sie kann ihr eigenes Verhalten dem Kind gegenüber überprüfen, und sie kann dem Kind Hilfestellung geben.

Merke

1. **Das auffällige Verhalten ist ein Hilferuf.**
2. **Stark auffällige Kinder erreichen leichter die Beachtung der Umgebung als die leisen Kinder.**
3. **Das auffällige Verhalten eines Kindes ist ein Signal, dass es sich dagegen wehrt, wie man mit ihm umgeht oder wie mit ihm umgegangen worden ist.**
4. **Schwierige Kinder reagieren gehemmt oder enthemmt.**
5. **Die Kinderpflegerin geht in ihrem pädagogischen Handeln von den Schwierigkeiten aus, die das Kind hat, nicht von den Schwierigkeiten, die das Kind macht.**

Als schwieriges Verhalten wird ein Verhalten bezeichnet, das sich erheblich, wiederholt und dauerhaft von den allgemeinen Verhaltensregeln abweicht. Verhaltensauffälligkeiten sind nicht individuelle Defekte der Kinder, sondern aus verschiedenen Ursachen heraus missglückte Versuche, sich durch gehemmtes oder enthemmtes Verhalten an belastende und schwierige Lebenssituationen anzupassen.

Diese Kinder brauchen in erhöhtem Maße Entwicklungsförderung, Ich-Stärkung und besonders Hilfe bei der Lösung aktueller Probleme.

Die Kinderpflegerin kennt für diese Kinder:

- Sofortmaßnahmen,
- entlastende Maßnahmen,
- vorbeugende Maßnahmen,
- integrative Maßnahmen.

7.2 Das enthemmte Kind

Aufgaben

1. Beobachten Sie ein Kind in Ihrer Einrichtung, von dem Sie glauben, dass es Probleme hat und darauf eher enthemmt, aggressiv oder hyperaktiv reagiert. Berücksichtigen Sie dabei vor allem das Spielverhalten, die Kontaktaufnahme zu anderen Kindern, die Äußerungen des Kindes, seine Zeichnungen oder Bauwerke.
2. Führen Sie mit Ihrer Praxisanleiterin ein Gespräch über die Aufzeichnungen. Befragen Sie die Praxisanleiterin unter Wahrung der Schweigepflicht zum familiären Hintergrund.
3. Welche Erkenntnisse lassen sich aus Ihren Aufzeichnungen ableiten?

Das enthemmte, aggressive Kind

> **Praxisbeispiel** Beobachtung von Michael, fünf Jahre
> 18. Februar, 8.23 – 8.35 Uhr im Freispiel im Kindergarten
>
> Michael steht vom Stuhl auf und stellt sich vor die Bauecke, wo Andreas und Hansi Autos bauen. Er schreit: „Andreas, komm schnell!"
> Andreas reagiert nicht.
>
> Michael verzieht das Gesicht und setzt sich auf einen Stuhl. Er steht auf und läuft zur Kuschelecke. Er stellt sich vor das Waschbecken. Er lässt Wasser ein. Claudia, die am Waschbecken spielt, schreit: „Nein, Michael, nicht." Aber Michael hört nicht auf. Er sagt: „Ich muss meine Hände waschen" und grinst. Er wäscht sich die Hände. Er trocknet sie ab. Er macht den Wasserhahn wieder zu. Er nimmt die Seife und dreht das Wasser an. Claudia schreit: „Au, au, das ist ja heiß!"
>
>
> Hilfe, ich kann nicht bremsen
>
> Michael lacht. Er schreit: „Wasser frei." Claudia sagt: „Nein, kein Wasser mehr."
> Er dreht das Wasser an und lacht dabei. Claudia ruft die Kinderpflegerin: „Birgit, der Michael tut mich immer ärgern. Jetzt reicht's mir aber."
>
> Michael trocknet sich die Hände und läuft nach draußen. Dort schleicht er sich in die Bauecke (am Gang) und gibt Andreas einen Klaps auf den Rücken. Andreas sagt: „Nicht schon wieder du."
>
> Er läuft Michael hinterher und gibt ihm den Klaps zurück. Andreas spielt in der Bauecke weiter, und Michael geht zum Legotisch.
>
> **Aufgaben zum Praxisbeispiel**
> 1. Spielen Sie diese Situation mit verteilten Rollen in der Klasse. Die Beobachter versuchen sich in jeden Spieler einzufühlen.
> 2. Auswertungsfrage für die Spieler: Wie haben Sie sich in Ihrer Rolle gefühlt? Auswertungsfragen für die Beobachter: In wen haben Sie sich gut einfühlen können? Wie ist es Ihnen dabei ergangen? In wen konnten Sie sich nicht einfühlen? Warum nicht?
> 3. Auswertungsgespräch in der Klasse:
>   a) In welcher Situation zeigt Michael das auffällige Verhalten?
>   b) Welche Gefühle kommen bei Michael zum Vorschein?
>   c) Welche Gefühle kommen bei den beteiligten Kindern zum Vorschein?
>   d) Was beschäftigt Sie noch nach diesem Situationsspiel? Wie betroffen sind Sie selbst?
>   e) Welche Informationen sind notwendig, um das Verhalten von Michael zu verstehen?
>   f) Was will Michael mit seinem Verhalten erreichen?
> 4. Was tut eine Kinderpflegerin, wenn sie aus dem gesamten Verlauf nur einen Ausschnitt beobachtet hätte?
>   a) Sie sieht nur, dass Andreas nicht auf Michaels Angebot reagiert.
>   b) Sie hört nur Claudia schreien: „Nein. Michael, nicht"
>   c) Sie sieht nur, wie Andreas Michael einen Klaps gibt.
>   d) Sie sieht nur, wie Michael am Legotisch baut.
>   Welches Bild würde sich die Kinderpflegerin wohl von Michael machen?
>   Könnte sie aus diesen Teilbeobachtungen Hilfestellungen für Michael entwickeln?

Merke Es ist wichtig, den richtigen Moment zu finden, um einem Kind ein sozial verträgliches Verhaltensmuster anzubieten, mit dem es sein Ziel erreicht, z. B. Michaels Ziel: mit Andreas in der Bauecke spielen zu können.

Wie entstehen kindliche Aggressionen?

Umwelteinflüsse, Familienverhältnisse und entwicklungspsychologische Einflüsse können kindliche Aggressionen auslösen.

- Umwelteinflüsse wie beengtes Wohnen, Lärm, Verbote, Gewalt im Fernsehen und Sachbeschädigungen haben wiederum Sachbeschädigungen zur Folge.
- In Familien mit einem enthemmten Kind fehlen oft soziale Orientierung durch Regeln und gewaltfreie Vorbilder. Die Eltern wissen nicht, was die Kinder tun. Sie geben ihnen zu wenig Zuwendung und emotionale Wärme. Soziale und finanzielle Probleme (Arbeitslosigkeit, Alkohol) erzeugen beim Kind einen Mangel an sozialer Sicherheit. Die Eltern wissen nicht, wie sie mit ihren aggressiven Kinder umgehen sollen.
- Auch entwicklungsspsychologische Einflüsse erzeugen beim Kind Angst, Spannung und Unruhe.

Das aggressive Kind besitzt eine verzerrte Fremd- oder Selbstwahrnehmung und fühlt sich dadurch massiv bedroht. Es schätzt Situationen nicht realistisch ein.

Das aggressive Kind hat wenig soziale Verhaltensweisen zur Kontaktaufnahme oder Verständigung zur Verfügung. Es kann sich schwer selbst kontrollieren. Und aufgrund seines einseitig ausgeprägten Einfühlungsvermögens entwickelt es die Haltung, andere gezielt zu verletzen und zu schädigen.

Wie die folgende Übersicht zeigt, können sich daraus drei Formen kindlicher Aggression entwickeln:

Formen kindlicher Aggression

Aggression als Mittel
- angemessener Selbstbehauptung,
- um egoistisch eigene Interessen durchzusetzen,
- um Gefühle der Bedrohtheit und Unsicherheit zu regulieren.

Die Kinderpflegerin erkennt die jeweilige Form der kindlichen Aggression aufgrund von Beobachtung und entwickelt entsprechende Handlungskonsequenzen.

Die Kinderpflegerin kennt Sofortmaßnahmen für das enthemmte, aggressive Kind:

Bei Provokationen des Kindes Erwachsenen gegenüber soll das aggressive kindliche Verhalten bewusst ignoriert werden.

> Die räumliche Bewegungsfreiheit oder die Verfügbarkeit von Gegenständen (Scheren, Bausteine...) sollten eingeschränkt oder verboten werden, z. B.: „Wenn du mit der Schaufel den Maxi bedrohst, muss ich sie dir wegnehmen, bis du dich wieder beruhigt hast."
>
> Wenn das aggressive Kind sich oder andere gefährdet oder schädigt, sollte es aus der Situation sofort herausgenommen werden. Damit werden dem Kind auch nachträgliche Gefühle von Scham über die verlorene Selbstkontrolle vor der Gruppe erspart.
>
> Dabei sollte bedacht werden, wer von den Mitarbeitern dann die Aufsicht über dieses Kind übernimmt. Die Kollegin kann beispielsweise mit dem Kind in die Küche gehen, wo es helfen und sein Gleichgewicht wiederfinden kann.

(aus: Rede F. Wineman D.: Steuerung des aggressiven Verhaltens beim Kind)

Die Kinderpflegerin kennt Sofortmaßnahmen	*Sofortmaßnahmen*
	Dem aggressiven Kind sofort Signale senden.
	Direkte Appelle an das Kind richten.
	Das Kind durch körperliche Nähe und Beruhigung wieder unter Kontrolle bringen, z. B. festhalten.
	Verschärfte Situationen entlasten, z. B. durch Humor entschärfen.
	Dem aggressiven Kind in einer Notlage sofort Hilfe anbieten.
	Bei Verlust der Eigenkontrolle das aggressive Kind aus der Situation herausnehmen.
	Evtl. Umgruppierungen vornehmen.

Die Kinderpflegerin kennt vorbeugende Maßnahmen für das enthemmte, aggressive Kind in der Gruppe:

Sie baut vorhandene Spannungen in der Gruppe ab. Mit pädagogischen Angeboten schafft sie sozial verträgliche Ventile. Bei kreativem Gestalten, Spiel, Tanz, Bewegung und Musik kann sie vorhandene Aggressionen in Bahnen lenken. Aggressionen bei Kindern dürfen nicht zum Erfolg führen.

Die Kinderpflegerin bietet Meditation und Entspannung durch ruhige Geschichten und ermöglicht Körpernähe durch Tastspiele, Kitzeln, Lachen und Massieren.

Kleinere Kinder lieben Gerangel und Geraufe in Form von Tierspielen. Damit wandelt sich Körperabwehr in Kontaktbedürftigkeit. Kinder brauchen neben ihrem Bedürfnis noch Bewegung, Toben, Rennen und „wilden Spielen" auch Ruhe und Entspannung. Sie müssen die Möglichkeit haben, ihren Körper zu spüren, in sich „hineinzuhorchen", zu träumen und in die Stille hineinzuhören. Dies wird manchen Kindern schwerfallen, die es gewohnt sind, sich spontan zu äußern, die nicht warten und sich nicht zurücknehmen können. Aber genau für diese Kinder sind solche Übungen sehr wichtig und wertvoll.

Kinder, die die Möglichkeit zum Erlernen von Entspannungsübungen haben, sind konfliktfähiger und lassen sich nicht so schnell verunsichern. Sie wägen ab, ob es sich lohnt aufzubrausen oder aus der Haut zu fahren. Sie lernen, aufeinander zu hören und hinzuschauen, wie es dem anderen geht, den sie geschubst, geboxt oder geschlagen haben.

Sie trainiert mit den Kindern die erforderliche Selbst- und Fremdwahrnehmung.

Bei autogenen Entspannungsübungen, Phantasiereisen und Meditationen spürt das Kind sich, seinen Atem und seine Ruhe.

Es nimmt sich selber wahr. Sinnesspiele und Gruppenspiele in der Bewegungserziehung ermöglichen differenziertere Wahnehmungserfahrungen im Umgang mit anderen. Wer dem Kind vertraut ist, der macht ihm keine Angst. Das Kind fühlt sich zunehmend in der Gruppe aufgehoben und geborgen.

Aggression ist nicht länger ein Mittel, Gefühle der Bedrohtheit und Unsicherheit regulieren zu müssen.

Beispiele zur Selbstwahrnehmung und Möglichkeiten, den eigenen Körper zu spüren:

- Mit einem kleinen Massierroller streicht die Kinderpflegerin das Kind, seinen Rücken, seine Füße usw. Kreisen, ausstreichen, klopfen, sich behutsam selbst einzucremen macht den Kindern Spaß.

- Ein Kind liegt auf dem Bauch, die Kinderpflegerin erzählt eine Geschichte, z. B. wie sich das Wetter im Laufe des Jahres verändert:
  Sachter Regen fällt (mit den Fingern sachte auf den Rücken trommeln),
  der Regen wird heftiger, platscht hernieder (flache Hände),
  Sturm kommt auf (kräftig darüberstreichen),
  wird weniger, und dann scheint die Sonne (Hände flach auf den Rücken auflegen, bis die Wärme spürbar wird).

Sie stützt die Selbstkontrolle des Kindes:

Sie verstärkt gerade bei aggressiven Kindern das erwünschte Verhalten durch besonderes Lob und durch direkte Zuwendung. Ein Zuviel an Gewährung und Freiheit allerdings kann beim aggressiven Kind zur Überforderung führen. Es will gelenkt werden, es will seine Grenzen kennen.

Bei Konflikten können folgende Regeln eingeübt werden:
- Das Problem sofort ansprechen,
- in der Ich-Form sprechen,
- sich nicht gegenseitig unterbrechen,
- den Partner direkt ansprechen und dabei anschauen,
- beim Thema bleiben,
- Beschuldigungen und Verletzungen vermeiden.

Sie übt mit den Kindern nicht-aggressive Verhaltensweisen ein:

Problemsituationen wie Aufräumen oder die Frage „Wer darf bei wem mitspielen?" werden durch klare Regeln geordnet. Es endet keine Situation in Ärger, Wut oder Zorn.

Die Kinderpflegerin schafft im Gruppenraum das Gefühl der Geborgenheit und eine ruhige Atmosphäre.

(Vgl. hierzu Kap. 1, Raumgestaltung)

Sie findet heraus, mit wem das aggressive Kind gerne zusammen wäre. Sie hilft ihm, einen Platz in der Gruppe zu finden.

Spielerisch können Möglichkeiten der Kontaktaufnahme und der Auseinandersetzung im Kreisspiel oder im Rollenspiel erprobt werden.

(Vgl. Kap. 3, Spiel)

Das folgende Lied ermöglicht im Rollenspiel die spielerische Auseinandersetzung mit einem vorbildlichen Ende.

Der Kuckuck und der Esel

1. Der Kuckuck und der Esel, die hatten einen Streit, wer wohl am besten sänge, wer wohl am besten sänge, zur schönen Maienzeit, zur schönen Maienzeit.

2. Der Kuckuck sprach: „Das kann ich!" und hub gleich an zu schrein.
|: „Ich aber kann es besser!" :|
|: fiel gleich der Eseln ein. :|

3. Das klang so schön und lieblich, so schön von fern und nah.
|: Sie sangen alle beide: :|
|: „Kuckuck, kuckuck, ia!" :|

Sie baut in der Gruppe Gewalthemmungen auf:

Sie schließt aggressive Kinder nicht aus oder vernachlässigt sie. Sie ist ein Vorbild für die Gruppe im Umgang mit diesem Kind. Sie kennt die Stärken des aggressiven Kindes.

Sie handelt beruhigend, bedächtig, tolerant und gerecht. Aggressive Vorbilder und Modelle werden in der Gruppe nicht belohnt oder gar ausgeschaltet.

(Vgl. Kap. 2 und Kap. 4)

Sie bietet den aggressiven Kindern kleine Denksprüche an:

„Halt – Schau – Höre – Denke"
„Ich lasse die anderen ausreden"
„Ich höre genau zu"
„Ich schaue genau hin"
„Wenn etwas nicht nach meinem Willen geht, werde ich nicht gleich wütend"
„Ich akzeptiere die Meinung anderer, ohne wütend zu werden"
„Ruhig Blut, dann geht alles gut"
„Nicht schlagen, sich vertragen"

(aus: Petermann: Training mit aggressiven Kindern)

 Die Kinderpflegerin erkennt, was das aggressive Kind im Moment braucht: ein Ventil für seine Gefühle. Es braucht das Gefühl des Verstandenseins und das Gefühl, erfolgreich zu sein.

Das enthemmte, hyperaktive Kind: „Ich kann meinen Motor einfach nicht abschalten"

Professor Kiphard fasst seine Beobachtungen des hyperaktiven Kindes stichwortartig zusammen:

1. Das Kind zeigt eine maßlos gesteigerte Bewegungsproduktion („motor overflow").
2. Es zeigt einen unwiderstehlichen Drang zu großräumigen Bewegungen: Dieses Kind ist immer auf Achse, steht immer unter Dampf.
3. Es tut alles hastig und schnell.
4. Es zeigt übermäßigen Kraftaufwand bei seinen Aktivitäten.
5. Trotzdem ergeben sich meist für das Kind unbefriedigende Leistungen.
6. Es zeigt ungenügende Leistungen bei der feinmotorischen Koordination, bei der Körperbalance und der Auge-Hand-Koordination.
7. Es mangelt an gerichteter Aufmerksamkeit.
8. Darunter leidet die Handlungsplanung.
9. Es hat keine Übersicht und damit keine Fähigkeiten zur Voraussicht und zum Erkennen von Gefahren.
10. Es wird dauernd durch visuelle und akustische Reize abgelenkt.

Diese Kinder haben Schwierigkeiten mit ihrer Umwelt.

Sie ecken an, haben eine „große Klappe", können andere schlecht ausreden lassen und stellen sich ständig in den Mittelpunkt.

Anfangs bemüht sich die Umgebung noch um Geduld, aber am Ende steht die Ausgrenzung.

Vielen hyperaktiven Kindern wurde bereits Anerkennung und Zuneigung auch von ihren Eltern entzogen.

Sie fühlen sich wertgemindert und ungeliebt. Sie glauben, allen zur Last zu fallen.

Sie sehnen sich nach Liebe und Verständnis.

Das folgende Lied drückt die Sehnsucht der Kinder, ihre Träume nach einem Zuhause, nach Freunden und Frieden aus. Die Kinderpflegerin gibt ihnen die Möglichkeit, ihre Träume zu erzählen, ein Bild zu malen und anschließend etwas zum Bild zu erzählen.

2. Da gibt es frische Luft, in meinem Träume-Land;
   und Freunde gibt es dort genug und sonst noch allerhand.
3. Dort regiert der Friede in meinem Träume-Land;
   und Menschen gibts, die teilen und sonst noch allerhand.
4. Und Eltern haben Zeit, dort, in meinem Träume-Land;
   Es wird getanzt, gespielt, gelacht und sonst noch allerhand.
5. Dort gibt es ... in meinem Träume-Land.
   Und ... und sonst noch allerhand.
6. Dort kann ich ... in meinem Träume-Land
   oder ... und sonst noch allerhand.

Die hyperaktiven Kinder lernen, zwischen dem Anreiz, der Wahrnehmung und ihrer Reaktion der Handlung kurze Bedenkpausen zu schieben:

Halt! – Schau! – Höre! – Denke!

Die Kinderpflegerin kennt entlastende Maßnahmen für das enthemmte, hyperaktive Kind:

Disziplinäre Forderungen, Begrenzungen der Bewegungsfreiheit und des Handlungsraumes zu unterdrücken sind von vornherein zum Scheitern verurteilt.

Es ist wichtig, dem hyperaktiven Kind seine Schuldgefühle zu nehmen.

Statt üblicher Ermahnungen, doch ruhig und leise zu sein, sollen seine Überschwenglichkeiten erlaubt sein.

Es ist notwendig, durch eine erzieherische Haltung des Verstehens und Gewährens das meist erheblich angeknackste Selbstwertgefühl des Kindes zu stärken.

Beispiel:
Überkreuzbewegungen

Die Kinder bewegen abwechselnd ihre Arme zusammen mit dem jeweils gegenüberliegenden Bein, wie beim Gehen auf der Stelle. Bei Kindern, denen das eine Hilfe sein könnte, können farbige Aufkleber oder Bänder an Händen und Füßen angebracht werden. Hand und gegenüberliegendes Bein haben die gleiche Farbe.

Dazu kann die Lieblingsmusik der Kinder gespielt werden.

Die Kinderpflegerin kennt integrative Maßnahmen für das enthemmte, hyperaktive Kind:

Eine Geschichte zum Entspannen, Hören und Konzentrieren

Vorüberlegungen zur Geschichte von Ben Sadok

Ben Sadok ist einer, der aus der Stadt, aus der Gemeinschaft ausgegrenzt worden ist.

In der Weite der Wüste, in einem Raum ohne Regeln und Zuneigung, zerstört er.

Die betroffenen Tiere und Pflanzen haben Angst und laufen vor ihm davon.

Dann trifft er auf die Palme und erfährt durch ihr Glück, ihre Stärke und Zuneigung selbst Glück und Freundschaft.

Er bekommt die Aufmerksamkeit, die er braucht. Er bekommt sie geschenkt. Er braucht nicht mehr um sie zu kämpfen.

Möglicher methodischer Verlauf

Einstimmung:

In der Mitte liegen ein Stein und ein braunes Tuch (Wüste), ein blaues Tuch (Oase) und grüne Tücher. Sand wird mit einem Tuch verdeckt in einer Schale von der Kinderpflegerin herumgereicht.

Niemand sagt, was drin ist. Es ist unser Geheimnis.

Die Kinder spielen mit den Händen das, von dem sie glauben, dass es in der Schale ist.

Der Sand wird aufgedeckt in die Mitte gelegt.

Der Sand ist die Wüste. Die Kinder spielen mit den Händen, was es in der Wüste alles gibt:

Springmäuse, Kamele, Schlangen...

Im Wüstensand kann man Spuren von Tieren und Menschen entdecken. Die Kinder malen in den Sand Spuren von Wüstenbewohnern.

Nach dem Spurenrätsel eines Kindes kommt der Wüstenwind und verweht die Spur.

Die Kinder schließen die Augen. Die Kinderpflegerin macht mit zwei großen Stiefeln eine Wüstenspur.

Sie sagt zu den Kindern, dass diese Spur einem Mann gehört, von dem sie ihnen jetzt eine Geschichte erzählen wird.

Erzählung:

In einem fernen Wüstenland, das Land heißt Arabien, da lebte einst ein finsterer Mann, der hieß Ben Sadok. Ben Sadok war böse, er war ein Wüstenräuber.

Deshalb mochten ihn die Bewohner nicht, die am Rande der Wüste in der Stadt lebten. Ben Sadok machte alles kaputt, was ihm in den Weg kam. Er konnte nichts Schönes und Gesundes sehen, ohne es zu verderben.

Einmal stand in der Wüste ein kleiner, herrlich blühender Kaktus. Er öffnete gerade seine winzigen gelben Blüten und streckte sich der Sonne entgegen. Er war stolz, dass ihm so schöne Blüten gewachsen sind. Ben Sadok ging einfach zu dem kleinen Kaktus hin und stieß ihn mit seinem Stock um.

Im Wüstensand kringelte sich eine kleine Klapperschlange. Sie spitzelte mit ihren Augen zur Sonne und freute sich über diesen herrlich warmen Wüstentag.

Ben Sadok bemerkte diese Schlange. Er gab ihr mit seinen großen Stiefeln einen mächtigen Tritt. Die kleine Schlange verkroch sich ganz schnell in ihr Erdloch.

An einer Oase, einer Wasserstelle in der Wüste, wuchs eine kleine Palme. Sie war stolz auf ihre kleinen gefächerten Blätter, die sich schon richtig im Wüstenwind wiegen konnten. Sie wedelte mit ihren Blättern zur Sonne hinauf. „Schau mal, liebe Sonne, wie groß ich schon geworden bin."

Ben Sadok kam zur Oase und sah, wie glücklich die kleine Palme sich im Wind hin und her wiegte. Er holte den dicksten und schwersten Stein, den er finden konnte. Er nahm den schweren Stein und legte ihn der jungen Palme mitten in die Krone. „So, nun kannst du wachsen. Probier's doch mal! Haaa!" Er lachte so böse, dass die Tiere, die an der Oase gerade ihr Wasser tranken, erschrocken zusammenzuckten und vor Angst davonliefen. Die junge Palme schüttelte sich und bog sich und versuchte, die Last abzuschütteln. Vergebens. Zu fest saß der Stein in der Krone. Da krallte sich der junge Baum tiefer in den Boden und stemmte sich gegen die eiserne Last. Er senkte die Wurzeln so tief, dass sie die verborgene Wasserader der Oase erreichten. Die Palme stemmte den Stein so hoch, dass die Krone über jeden Schatten hinausreichte. Wasser aus der Tiefe und Sonnenglut aus der Höhe machten eine königliche Palme aus dem jungen Baum.

Nach Jahren kam Ben Sadok wieder zur Oase. Ein Schreck durchfuhr ihn. Da stand mitten im Grünen, neben dem Wasser, eine schöne, große Palme. Ihre Blätter tanzten und wiegten sich im Wind, und sie war groß und kräftig. Ben Sadok ging wütend auf die Palme zu. Er schrie sie an: „Was fällt dir ein? Habe ich nicht einen schweren Stein auf dich gelegt, damit du nicht mehr wachsen kannst!"

Die Palme neigte ihm ruhig ihre Blätter zu und sprach: „Ich danke dir für diesen Stein. Er hat mich stark gemacht. Ich bin so glücklich. Wollen wir Freunde werden? Ich werde dir mit meinen kühlen Blättern Schatten spenden. Du könntest dich bei mir ausruhen."

Ben Sadok dachte nach.

Er schaute rings umher. Und plötzlich war es ihm, als ob die Oase schöner denn je blühte. Er hörte das Wasser rauschen und sprudeln und gluckern. Er roch den Duft der Blumen und spürte den warmen Wind auf seiner Haut. Es wurde ihm warm ums Herz.

Er freute sich. Endlich hatte er einen richtigen Freund gefunden. Er blickte um sich. Plötzlich war in der Oase alles wärmer, freundlicher. Die Tiere lachten ihn an, als wollten sie sagen: „Hast du aber Glück!" Und weil es schon Nacht wurde, legte sich Ben Sadok unter seine Palme. Diese wiegte sich leicht und fächerte ihm mit ihren Palmwedeln kühle Luft zu. Ben Sadok schlief ein. Er träumte von einer blühenden Oase, von seiner Freundin, der Palme, von der Wüstenmaus und dem Wüstenfuchs, von der kleinen Klapperschlange im Wüstensand und von einem kleinen Kaktus mit winzigen gelben Blüten, von den Menschen, die am Rande der Wüste wohnten...

Von dieser Zeit an wollte Ben Sadok kein Wüstenräuber mehr sein. Er beginnt zu singen:

2. Ich mag die Nächte mit ihrem Sternenschein. Ich mag die Monde, egal ob groß, ob klein ...

3. Ich mag die Menschen mit ihrem Eigensein. Ich mag die Kinder, egal ob groß, ob klein ...

- Die Kinder schmücken die Oase und die Wüste in der Mitte aus Tüchern mit Legematerial.
- Zur Entspannung läuft meditative Musik.
- Der schwere Stein wird erst im Kreis herumgegeben, um sein Gewicht zu erfühlen und zu erspüren.
- Das Kind kann den Stein mit den Händen wiegen.
- Der schwere Stein wird dazu verwendet, eigene Körper- und Sinneserfahrung, die eigene Begrenzung zu spüren.
- Für hyperaktive Kinder ist das die wichtigste Erfahrung.
- Das Kind legt sich auf den Bauch auf den Boden. Die Kinderpflegerin legt ihm den schweren Stein auf den Körper.
- Das Kind sagt, wo es den Stein fühlt. Dieses Kind darf dann einem anderen Kind den Stein auflegen.
- Der Stein wird nicht so schwer empfunden, wenn sich der Körper in der Anspannung auf ihn einstellt.

> **Aufgaben**
> 1. Wodurch entsteht die Isolation und Ausgrenzung von Ben Sadok?
> 2. Wie reagiert Ben Sadok auf diese Ausgrenzung?
> 3. Wie reagieren die betroffenen Tiere auf seine Zerstörung?
> 4. Was hilft Ben Sadok, sein Verhalten zu verändern?
> 5. Welche Folgerungen können aufgrund der Geschichte abgeleitet werden
>   a) für das Verhalten hyperaktiver Kinder,
>   b) für das Verhalten der betroffenen Gruppe,
>   c) für das Verhalten der Kinderpflegerin?

Das hyperaktive Kind lebt in einem Teufelskreis:

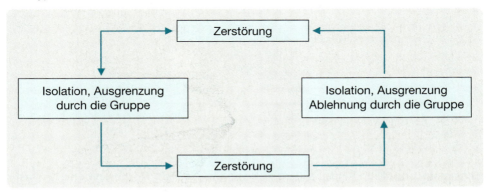

Die Änderung der Einstellung und des Verhaltens der Kinderpflegerin und der Gruppe bewirken die Veränderung der Einstellung und des Verhaltens des hyperaktiven Kindes.

Bevor die Kinderpflegerin die Konzentration eines hyperaktiven Kindes fordert, ermöglicht sie ihm Bewegung und Bewegungsfreiheit.

7.3 Das gehemmte Kind

> **Aufgaben**
> 1. Beobachten Sie ein Kind, von dem Sie glauben, dass es ein gehemmtes, ein ängstliches Kind ist, z. B. sein Spielverhalten, seine Kontaktaufnahme zu anderen Kindern, seine Äußerungen, seine Körpersprache, die Gestik, Mimik, seine Zeichnungen.
> 2. Führen Sie mit Ihrer Praxisanleiterin ein Gespräch über Ihre Beobachtungsaufzeichnungen. Befragen Sie die Praxisanleiterin unter Wahrung der Schweigepflicht zum familiären Hintergrund dieses Kindes.
> 3. Werten Sie die Ergebnisse in der Klasse aus. Welche Erkenntnisse lassen sich aus Ihren Aufzeichnungen ableiten?

Die Kinderpsychologie **unterscheidet entwicklungsbedingte typische Ängste**, wie Trennungs- und Verlustängste, z. B. die Angst vor dem Alleinsein und vor dem Einschlafen, die Kindergarten- oder Schulangst, die Angst vor dem Liebesverlust der Eltern bei der Geburt eines Geschwisterchens, die Angst vor Streit oder Scheidung der Eltern, die Angst vor dem Verlorengehen, **Umweltängste und Realängste**.

Die Angst vor Umweltzerstörung, die Angst, die durch Arbeitslosigkeit der Eltern ausgelöst wird, die Angst vor einem Krankenhausaufenthalt, die Angst vor Sterben und Tod, die Angst vor körperlicher und seelischer Gewalt und die Angst bei sexuellem Missbrauch.

Gehemmte, ängstliche Kinder äußern sich vor allem in ihrer **Körpersprache**, in Gestik und Mimik, in der Körperhaltung, im Blickkontakt und in ihrem Distanzverhalten, z. B. Kopfschütteln, Finger oder Daumen lutschen, Nase bohren...

Die Angst vor Misserfolgserlebnissen lässt sie oft zur Bewegungslosigkeit erstarren.

Sie wirken schüchtern, zaghaft, ängstlich, verspannt, geduckt und in sich zusammengesunken.

Das gehemmte, ängstliche Kind

Praxisbeispiel   Beobachtung von Susanne, sechs Jahre
26. Januar, 11.20-11.30 Uhr in der Garderobe des Kindergartens

Alle Kinder stürmen in die Garderobe. Susanne bleibt mitten im Raum stehen. Sie senkt den Kopf und hält sich die Ohren zu. Die Kinderpflegerin geht zu ihr hin und fragt sie: „Was ist denn los?"

Susanne schüttelt den Kopf und setzt sich auf ihren Platz.

Sie zieht sich die Schuhe an und wirkt ängstlich und verschreckt.

Susanne schaut mit großen Augen im Raum herum.

Sie hat die Schuhe angezogen und lehnt sich mit dem Rücken an die Wand.

Plötzlich hält sie beide Hände vor das Gesicht.

Aufgaben zum Praxisbeispiel

1. Spielen Sie diese Situation mit verteilten Rollen in der Klasse. Die Beobachter versuchen sich in jeden Spieler einzufühlen.
2. Auswertungsfrage für die Spieler: Wie haben Sie sich in Ihrer Rolle gefühlt?
   Auswertungsfragen für die Beobachter:
   a) In wen haben Sie sich gut einfühlen können?
   b) Wie ist es Ihnen dabei ergangen? In wen konnten Sie sich nicht einfühlen? Warum nicht?
3. Werten Sie die Situation nach den Fragestellungen von Kapitel 7.2, Aufgabe 3, S. 215 aus.
4. Was tut wohl eine Kinderpflegerin, wenn sie aus dem gesamten Verlauf nur einen Teilaspekt beobachtet?
   a) Sie sieht nur, dass Susanne im Raum steht, während sich die anderen Kinder anziehen.
   b) Sie sieht nur, wie Susanne sich die Ohren zuhält.
   c) Sie sieht nur, wie Susanne mit großen Augen im Raum herumschaut.
   d) Sie sieht nur, wie Susanne beide Hände vor das Gesicht hält.
   Welches Bild entwickelt die Kinderpflegerin bei diesen Teilbeobachtungen von Susanne?
   Kann sie aus diesen Teilbeobachtungen Hilfestellung für Susanne entwickeln?

Merke   **Es ist wichtig, den gesamten Verlauf im Auge zu haben, den Überblick zu haben.**

Es ist wichtig, den richtigen Moment zu finden, um einem Kind wie Susanne ein hilfreiches Verhaltensmuster anzubieten, so dass sie ihr Ziel, mit der großen Kindergruppe zurechtzukommen, erreichen kann.

Gehemmte Kinder können ihr Inneres nicht äußern.

Was sie empfinden, drücken sie in ihrer Mimik und Gestik aus. Sie sprechen mit den Augen, den Händen und Füßen.

Das ängstliche Kind lebt in einem Teufelskreis:

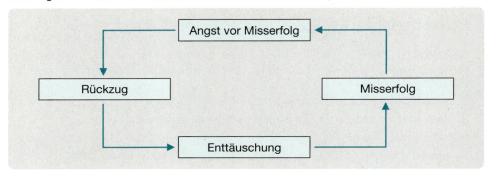

Die Kinderpflegerin kennt entlastende und ich-stärkende Maßnahmen

Angstabbau, Selbstwertstärkung und die Befreiung aus dem Schneckenhaus können sich nur in einer entspannten Situation ohne Leistungsanforderung entfalten.

Die Kinderpflegerin versteht die Körperhaltung des ängstlichen Kindes.

Sie bietet dem Kind in seiner Situation Entlastung an.

Jede Stärkung des Leistungsbewusstseins und des Selbstwertgefühls kann den Teufelskreis von Misserfolg, Enttäuschung und Rückzug durchbrechen.

Die Kinderpflegerin beobachtet die Stärken des Kindes.

Sie bietet **Entspannung und autogenes Training** an.

Großflächiges **Malen** mit Wasserfarben ermöglicht es, diesem Kind einen besonderen Platz einzuräumen in der Gruppe, wenn das Bild für alle weithin sichtbar ausgestellt wird.

Ein Tisch mit Knetmaterial ermöglicht es dem Kind, sich zu entfalten, etwas herzustellen, Erfolg zu haben. **Masken, Geistergestalten, Hexenfiguren, Kasperlpuppen und eine Verkleidungskiste** ermöglichen eine Verwandlung und damit eine aktive Bewältigung der Kinderängste.

(Vgl. hierzu Kap. 3.6, Darstellendes Spiel)

Angst kann vor allem durch wohlbedachte Auswahl von **Kinderliteratur** bearbeitet werden.

Emotionen können ausgelebt und Vermeidungsmöglichkeiten angeboten werden.

Wichtig bei der **Auswahl von Bilderbüchern und Geschichten** zur Angstbewältigung ist, dass
1. ein positiver Schluss angeboten wird,
2. die Hauptfigur in dem Buch oder der Geschichte Mut und Selbstvertrauen hat und
3. die eigene Angst selber bewältigt.

Angstbilderbücher können eingesetzt werden,
- wenn die Kinderpflegerin meint, dass ein Kind unter Ängsten leidet, die es nicht erzählen kann;
- als Vorbereitung auf beängstigende Situationen, z. B. Krankenhaus, Zahnarzt;
- wenn die Kinderpflegerin beängstigende Erlebnisse mit den Kindern verarbeiten will, z. B. Fernseheindrücke, Krieg, Gewalt oder Tod;
- wenn die Kinderpflegerin das Selbstwertgefühl des ängstlichen Kindes stärken und ihm ein Vorbild, eine Identifikationsfigur anbieten will.

Die Kinderpflegerin kennt integrative Maßnahmen für das gehemmte, ängstliche Kind:

Die Kinderpflegerin stärkt die Rolle des ängstlichen Kindes in der Gruppe.

Bei Kreisspielen lässt sie Behutsamkeit walten, wenn das Kind noch viel zu viel Angst hat, im Mittelpunkt zu stehen.

Ansteckende, fröhliche Gruppenaktivitäten wie Musik, Bewegung, Rollenspiel und Tanz reißen die Kinder aus ihrer sozialen Isolation.

Das folgende Lied für ängstliche Kinder ermöglicht es, die Angst vor Kontakt spielerisch in Kontaktbedürfnis umzuwandeln. Die Erfahrung von Kontakt zum anderen durchbricht den Teufelskreis des ängstlichen Kindes.

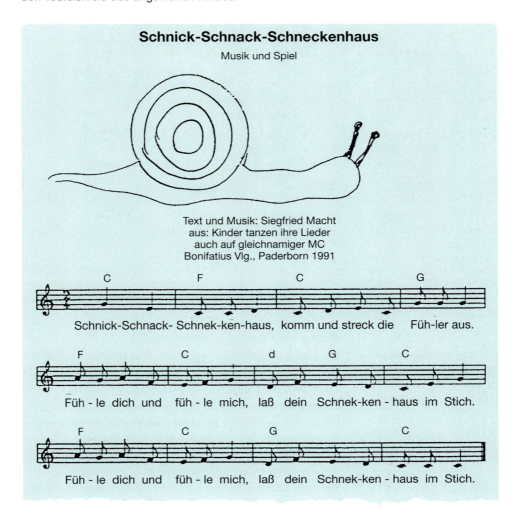

Folgendes bekannte Kinderspiel kann für ängstliche Kinder umgewandelt werden:
Wer fürchtet sich vorm Schwarzen Mann?
„Wer fürchtet sich vorm Schwarzen Mann!" „Alle." „Dann fürchtet euch zu dritt, zu viert..."

Jeder kleine Schritt, jeder Versuch der Aktivität wird von der Kinderpflegerin mit Lob verstärkt. Das kann für die Gruppe Vorbildwirkung haben im Umgang mit diesem ängstlichen Kind. Anstelle der Anerkennung durch die Kinderpflegerin tritt dann bald die Anerkennung des ängstlichen Kindes durch die Gruppe.

Die Kinderpflegerin kennt entlastende, ich-stärkende und integrative Maßnahmen für das ängstliche Kind.

Maßnahmen für das ängstliche Kind
Die Kinderpflegerin ist selbst kein ängstliches Vorbild.
Der Umgang mit Furcht und Erschrecken ist gelassen.
Sie nimmt die kindlichen Ängste ernst.
Sie dramatisiert Angstsituationen nicht unangemessen.
Sie baut zuverlässige Beziehungen zu den Kindern auf.
Sie ermöglicht die Erfahrung von Geborgenheit und Entspannung.
Sie wendet sich dem ängstlichen Kind liebevoll zu.
Sie zeigt Verständnis für kindliche Bedürfnisse und Nöte.
Sie gibt Halt und setzt sicherheitsfördernde Grenzen.

Es gibt allerdings gerade bei ängstlichen Kindern trotz aller Liebe und Geduld Kinder, die keinerlei Bereitschaft zeigen, in der Gruppe aktiv zu werden. Die Kinderpflegerin berichtet der Erzieherin von ihren Beobachtungen und überlegt im Team, welche Schritte unternommen werden können (vgl. 7.2.6).

7.4 Das sprachauffällige Kind

Aufgaben

1. Erzählen Sie Ihrer Tischnachbarin/Ihrem Tischnachbarn folgende Bildergeschichte:

   a) Welche sprachlichen Fähigkeiten können Sie bei Ihrer Mitschülerin feststellen?
   b) Welche Schwierigkeiten treten während des Erzählens bei Ihnen auf, z. B. bei der Bildung von Sätzen, bei der Suche nach passenden Wörtern, bei der deutlichen Aussprache?
2. Beobachten Sie Kinder in Ihrer Praxiseinrichtung beim Sprechen. Nennen Sie Auffälligkeiten.

Beim Spracherwerb spricht man von Sprachentwicklungsverzögerung, wenn Einschränkungen zu beobachten sind in der Grammatik, im Wortschatz und in der Aussprache.

Sprachentwicklungsverzögerungen sind etwa ab dem 4. Lebensjahr zu beobachten:

1. Stammeln (Dyslalie)
   Dabei werden bei der Aussprache Laute noch nicht gesprochen oder verfremdet, z. B, beim Lispeln.
2. Dysgrammatismus
   Dabei sprechen die Kinder im Telegrammstil oder in Ein- oder Zwei-Wort-Sätzen.
3. Das Kind spricht zu wenig.
4. Das Kind versteht verschiedene Aufforderungen nicht.
5. Das Kind stottert.

Die Logopädin, die Sprachtherapeutin der Frühförderstelle Freising, empfiehlt in einem Elternbrief:

„Kommt Zeit, kommt Rat" ist nicht das richtige Motto, „Das wird sich schon geben, das verwächst sich" auch nicht! Eltern sollten bei Fachleuten rechtzeitig Rat und Unterstützung holen, so dass es erst gar nicht zu einer ausgeprägten Sprachstörung mit all ihren negativen Begleiterscheinungen in der schulischen und persönlichen Lebensentwicklung des Kindes kommen kann.

Im einzelnen lassen sich folgende Empfehlungen geben:

Suchen Sie eine Beratungsstelle/einen Experten auf:

- wenn Sie unsicher sind, ob Ihr Kind altersgemäß entwickelt ist,
- wenn andere Personen (z. B. Erzieherinnen im Kindergarten) Ihr Kind manchmal schlecht verstehen,
- wenn Sie oder andere sich über die Sprache Ihres Kindes wundern, ärgern oder es deswegen gehänselt wird,
- wenn Ihr Kind öfter über Ohrenschmerzen klagt, öfters nachfragt oder Sie das Gefühl haben, es höre schlecht,
- wenn Sie Fragen haben zum Spracherwerb, zur Sprachförderung und ähnlichem,
- wenn Ihr Kind immer heiser ist,
- wenn es stottert,
- wenn Ihr Kind viel weniger oder schlechter spricht als gleichaltrige Kinder,
- wenn Ihr Kind schon besser gesprochen hat, und es plötzlich schlechter spricht.

Sprache entwickelt sich nicht isoliert, sondern ist eingebunden in die Gesamtentwicklung des Kindes.

Das wird im folgenden Schaubild deutlich:

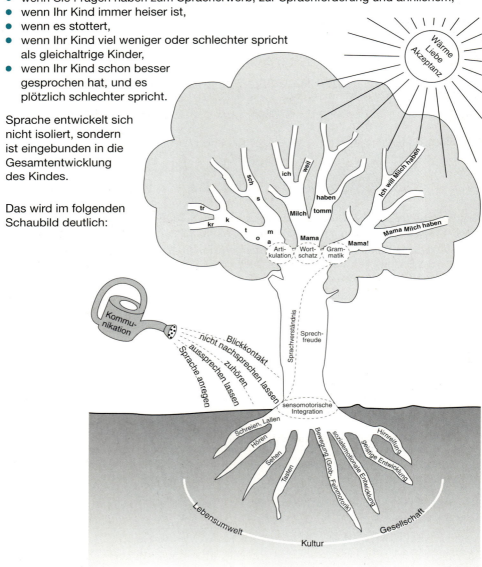

(Frühförderstelle Freising)

Lebensumwelt, Kultur und Gesellschaft bestimmen die Sprachentwicklung des Kindes. Seine ganz individuelle Entwicklung der Wahrnehmung, Bewegung, des Sozialverhaltens und der geistigen Reifung bestimmen Sprachverständnis und Sprechfreude.

Sprachauffälligkeiten und Sprachentwicklungsverzögerungen müssen in Verbindung mit diesen Entwicklungsbedingungen und dem individuellen Entwicklungsverlauf gesehen werden.

Die Folgen von Sprachentwicklungsverzögerungen sind meist
- geringeres, leicht störbares Lern- und Leistungsverhalten,
- geringere Hoffnung auf dauernd gleichmäßigen Erfolg,
- größere Furcht vor Misserfolg,
- sich abzeichnendes Schulversagen,
- Probleme in der Schullaufbahn,
- Probleme im Verhalten und damit in der Persönlichkeitsentwicklung.

Früherkennung und Früherfassung helfen dem betroffenen Kind und ermöglichen ihm rechtzeitig Betreuung und Förderung.

Was kann die Kinderpflegerin tun, wie kann sie dem sprachauffälligen Kind helfen?

Die Kinderpflegerin beobachtet die kindliche Sprachentwicklung

> **Aufgabe**
> Lesen Sie im Erziehungslehrebuch nach über die kindliche Sprachentwicklung.

Wenn die Kinderpflegerin beobachtet, dass bei einem Kind vermutlich eine Sprachentwicklungsverzögerung vorliegt, so wird sie diese Beobachtung der Erzieherin mitteilen.

Diese wird dann die Eltern bitten, einen Arzt, Kinderarzt oder Hals-Nasen-Ohren-Arzt aufzusuchen. Hörstörungen, Sehstörungen, Hirnschäden, geistige oder körperliche Behinderungen können so frühzeitig erkannt bzw. ausgeschlossen werden.

Sollte aufgrund dieser Untersuchungen eine therapeutische Maßnahme notwendig werden, so können Frühförderstelle oder Logopäden für die Eltern wichtige Ansprechpartner werden.

 Mitte bis Ende des dritten Lebensjahres sollte ein Kind in der Lage sein, sich mit einem Erwachsenen, der nicht Familienmitglied ist, in kindgemäßer Form zu unterhalten. Spätestens mit dem fünften Lebensjahr sollte das Kind in der Lage sein, einfache Sätze gut verständlich zu sprechen.

Die Kinderpflegerin ist selbst sprachliches Vorbild

Die Kinderpflegerin überprüft ihre eigene Gesprächshaltung gegenüber dem sprachauffälligen Kind:
- Erhält das Kind ihre volle Aufmerksamkeit?
- Hört sie wirklich zu?
- Welche Körperhaltung zeigt sie dem Kind gegenüber?
- Möchte sie eigentlich jetzt ihre Ruhe haben?

Die Kinderpflegerin spricht mit den Kindern in einer angenehmen, angstfreien Atmosphäre.

Sie achtet selbst als Vorbild auf gepflegte Sprache.

Die Kinderpflegerin kennt den Teufelskreis beim sprachauffälligen Kind:

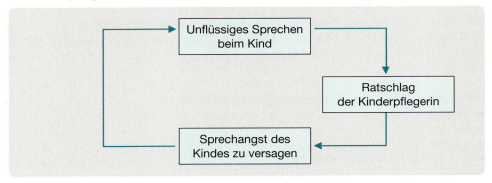

Hilfen bei Sprachauffälligkeiten

Das Kind lernt Sprechen vor allem durch Sprechen.

Die Kinderpflegerin wiederholt falsche Laut- oder Satzmuster richtig. Das Kind orientiert sich daran.

Aufforderungen zum Nachsprechen machen das Kind bockig.

Medien wie Fernsehen und Kassetten regen nicht zum aktiven Sprachgebrauch an.

Spiele, Vorlesen, Geschichten erzählen und Rollenspiele sind wichtige Hilfsmittel.

Die Kinderpflegerin schult die Sinneswahrnehmung, vor allem das Hören.

Den Kindern mit verzögerter Srachentwicklung werden als Zuhörer viele Kommunikationsmuster angeboten. Sie können diese Muster beobachten und üben.

Beim Spiel begleitet die Kinderpflegerin alles mit Sprechen.

Stotternden Kindern gibt die Kinderpflegerin das Gefühl des Angenommenseins.

Sie gibt ihnen keine Ratschläge wie „Sprich langsam" oder „Hol tief Luft", „Fang noch mal von vorne an."

Sie vermittelt dem Kind nämlich dabei das Gefühl, dass mit seiner Sprache etwas nicht in Ordnung ist.

Ein Kind mit Sprachschwierigkeiten muss aktiviert, enthemmt, beruhigt und entspannt werden.

Dazu eignen sich pädagogische Angebote wie Rhythmik, Wahrnehmungstraining und verbale Spiele.

Gerade aber auch nonverbale Angebote wie Musik, Tanz und bildnerische Gestaltung sind pädagogische Mittel, die wegen der körperlichen Nähe das Kind emotional anregen. (Wiederholen Sie Kap. 3, Sprachspiele.)

7.5 Das Kind mit Entwicklungsverzögerungen

> **Aufgaben**
> 1. Beobachten Sie ein Kind, von dem Sie glauben, dass es entwicklungsverzögert ist (Spielverhalten, Kontaktaufnahme, Äußerungen des Kindes, evtl. Zeichnungen oder Bauwerke).
> 2. Befragen Sie Ihre Praxisanleiterin über den familiären Hintergrund dieses Kindes.
> 3. Werten Sie Ihre Ergebnisse in der Klasse aus.

Oft stellen pädagogischen Fachkräfte in sozialpädagogischen Einrichtungen fest, dass beim Vergleich von Kindern einer Altersstufe unterschiedliche Entwicklungsbilder und Entwicklungsverläufe zu beobachten sind.

Welche Entwicklungsverläufe sind in den Bereich des Normalen einzuordnen, und welche sind beeinträchtigt?

Alles, was das Entwicklungsniveau des Kindes im Moment ausmacht, ist gewachsen aus dem Zusammentreffen vielfältiger individueller Entwicklungs- und Lebensbedingungen.

Nur in einer umfassenden Wahrnehmung und Beobachtung der Kinder werden individuelle Entwicklungsbedürfnisse ersichtlich und ermöglichen verantwortungsvolles pädagogisches Handeln.

Auffälligkeiten sollen als Signal dafür betrachtet werden, dass sich das Kind in einer für es selbst problembehafteten grenzwertigen Situation befindet. Seine aktuellen Bedürfnisse stimmen nicht mit der gegebenen Situation überein. Durch teilnehmende Beobachtung können günstige Entwicklungsansätze und -schritte des Kindes sichtbar werden.

Die Kinderpflegerin beobachtet das Spielverhalten und die Spielentwicklung des Kindes:

1. Sie beobachtet die Auswahl von Spielmaterialien:
   - Wie geht das Kind auf das vorhandene Spielangebot zu?
   - Ist die Auswahl des Spielmaterials altersgerecht?
   - Wie geht das Kind mit Spielmaterial um?

2. Sie beobachtet, wie das Kind seine Spielsituationen aussucht.

3. Sie beobachtet den Spielverlauf:
   - Wie verständigt sich das Kind im Spiel?
   - Wie verhält sich das Kind im Spiel? Hält es die Spielregeln ein? Wie konzentriert es sich?
   - Wie nimmt es Kontakt im Spielverlauf auf?
   - Wie beendet das Kind das Spiel?

4. Sie beobachtet die Funktion des Spiels für das Kind:
   - Ist das Spiel für das Kind eine Herausforderung?
   - Ist das Kind in das Spiel integriert, oder hat es eine Randposition inne?
   - Welche Rolle und welche Funktion hat es im Spiel?

5. Sie beobachtet das Lernverhalten des Kindes in der Spielsituation.
   - Ist das Kind im Spiel motiviert? Ist es neugierig?

Die Kinderpflegerin beobachtet das Sprachverhalten:

1. Sie beobachtet, wie das Kind Sprache gebraucht:
   - Wie verständigt sich das Kind?

2. Sie beobachtet das Verhalten des Kindes im Sprachkontakt:
   - Wie sieht das Sprachverständnis des Kindes aus?
   - Wie verhält sich das Kind im Sprechprozess (Blickpunkt, Stimmlage?)

3. Sie beobachtet den sprachlichen Ausdruck:
   - Wortschatz,
   - Grammatik,
   - Artikulation,
   - Redefluss.

Die Kinderpflegerin beobachtet das grobmotorische Verhalten:

1. Sie beobachtet Störungen des Gleichgewichtssinns:
   - Wie verhält sich das Kind bei sportlichen Betätigungen, beim Fangen, Werfen, Balancieren, bei Richtungswechsel?
2. Sie beobachtet Bewegungen im Hinblick auf die Schwerkraft:
   - Wie verhält sich das Kind beim Klettern, Treppensteigen, auf dem Spielplatz?
   - Hat das Kind eine unnatürliche Angst hinzufallen, zu springen?
3. Sie beobachtet die Bewegungsplanung:
   - Bewegt sich das Kind uneffektiv?
   - Wirkt es schwächlich?
4. Sie beobachtet Berührungsabwehr:
   - Wie reagiert das Kind auf Berührungen?
   - Ist es überempfindlich gegen bestimmte Fasern?
   - Wie geht es mit Materialien wie Sand, Fingerfarbe, Kleister etc. um?
5. Sie beobachtet die visuelle Wahrnehmung, Störungen des Hörens und der Sprache.

Die Kinderpflegerin beobachtet die Feinmotorik:

1. Sie beobachtet das Zugehen des Kindes auf feinmotorische Aktivitäten.
2. Sie beobachtet die Stifthaltung.
3. Sie beobachtet, wie das Kind seine Kraft dosiert und wie es Auge und Hand koordiniert.

Die Kinderpflegerin beobachtet das sozial-emotionale Verhalten:

1. Sie beobachtet die Kontaktaufnahme des Kindes:
   - Welche Formen der Kontaktaufnahme kennt das Kind?
2. Sie beobachtet sozial-emotionale Fähigkeiten und das Verhalten des Kindes in der Gruppe:
   - Wie drückt es Emotionen und Bedürfnisse aus?
   - Sind die kindlichen Ausdrucksformen eher verbal oder nonverbal?
   - Wie nimmt es die Reaktion der Spielpartner wahr?
   - Wie selbstständig ist das Kind?
   - Wie geht es mit Konflikten um?
3. Sie beobachtet das Verhalten des Kindes im Tageslauf:
   - Ist sein Verhalten stabil?
   - Welches Verhalten zeigt es in Übergangssituationen?

(Entnommen aus Kita 4/96, Birgit Johann, S. 83 ff.)

Es ist notwendig, die Gruppenleiterin auf die beobachteten Auffälligkeiten hinzuweisen.

Es gibt für das Kind und die Eltern Fachdienste, an die sie sich wenden können, um entwicklungsbedingte notwendige Förderung zu erhalten.

Meist sind es die in den Landkreisen angesiedelten **Frühförderstellen** oder das **Jugendamt**, die die Eltern beraten.

Nach dem neuen Kinder- und Jugendhilfegesetz gibt es das Recht der Eltern auf Hilfe. Und diese Hilfe kann über das Jugendamt vermittelt werden (vgl. 7.2.1).

 Soziale Integration ist nur möglich, wenn zugleich Elternarbeit geleistet wird und Eltern, Kindergarten und Beratungsstelle zusammenarbeiten.

7.6 Das Kind mit Behinderungen

Aufgaben
1. Erinnern Sie sich an Ihre Beobachtungen eines Kindes mit Behinderungen. Welche Gedanken kommen Ihnen dazu?
2. Warum glauben Sie, sollte eine Kinderpflegerin den Umgang mit Kindern mit Behinderungen erlernen?
3. In welchen Einrichtungen betreut die Kinderpflegerin Kinder mit Behinderungen?

Vom Verwahren und Pflegen zur gezielten Förderung und Integration

Nach übereinstimmender Meinung von Medizinern und Psychologen werden die wichtigsten Voraussetzungen für die spätere Leistungsfähigkeit des Menschen bereits im Säuglings- und Kleinkindalter geschaffen. Das Kind mit Behinderungen wird um so lebenstüchtiger, je frühzeitiger die individuelle Förderung beginnt. Musik und Bewegung sind dabei Spiel und Spielgeschehen zugleich.

Ursachen für schwieriges Verhalten bei Kindern können im organischen Bereich liegen, z. B. bei einer Sinnesbehinderung, Körperbehinderung, geistiger Behinderung oder Sprachbehinderung. Diese Behinderungen müssen frühzeitig erkannt werden, damit die Fachdienste das Kind in seiner Entwicklung fördern können.

 Das Kind mit Behinderungen ist förderbar und bildbar. Es hat ein Recht auf Bildung.

Die Kinderpflegerin kennt Förder- und Rehabilitationsmaßnahmen für das Kind mit Behinderungen:

Das Kind mit einer geistigen Behinderung, z. B. hat ein spezielles Bedürfnis nach Führung, es besitzt ein gemäßigtes Lerntempo, eine begrenzte Aufnahmefähigkeit und ist besonders anregungsbedürftig.

Die Förderung dieser Kinder erfolgt von Frühförderstellen ambulant zu Hause oder in der Beratungsstelle, sie wird vom Kinderarzt vermittelt. Auskünfte und Beratung erteilen außerdem das Gesundheitsamt, die Familienfürsorge oder freie Träger, z. B. die Lebenshilfe.

Die Kinderpflegerin fördert das Kind in Absprache mit den Fachdiensten.

Das Kind mit geistiger Behinderung
- benötigt Wiederholung und führt sie in der Regel lustbetont aus.
- findet im Material Bezug, Ordnung und Regelhaftigkeit und lernt anschauend.
- lebt von der Beziehung des Gegenübers mit allen möglichen Kontaktformen.
- gibt sich, wie auch gesunde Kinder, von Natur aus dem Spiel hin, wird damit aufmerksam, konzentriert und entscheidungswillig.
- benötigt Sprechen und sprachliche Kommunikation als besonders wichtige Anregung für die geistige Regsamkeit.

Förderbereiche für Kinder mit geistiger Behinderung sind vor allem:

Die taktile Wahrnehmung:
Der Tastsinn wird durch verschiedene Materialien angeregt.

Die optische Wahrnehmung:

Spielzeug und bunte Gegenstände werden ins Blickfeld gebracht. Damit wird das Blickfeld erweitert.

Die akustische Wahrnehmung:

Mit dem Kind wird oft gesprochen, es werden Lieder und Melodien vorgesungen, Geräusche werden erzeugt, der Hörsinn wird vielfältig angeregt.

Der motorische Bereich:

Alle Bewegungen, die ein gesunder Säugling entweder aus innerem oder äußerem Antrieb heraus von selbst ausführt, müssen bei diesem Kind notfalls künstlich eingeleitet werden, z. B. das Strampeln durch leichtes Kitzeln der Fußsohlen oder das Kitzeln mit einer Feder. Kriechen und Krabbeln erfolgen durch Unterstützung von außen.

Rhythmische Hilfen:

Kinder mit geistiger Behinderung verspüren rhythmisches Erleben besonders lustvoll und angenehm, weil es Entspannung verschafft, Ordnung und Absicherung bedeutet.

Weitere Erziehungsaufgaben bis zum Eintritt in den Sonderkindergarten:

Erziehung zur Sauberkeit, allmähliche Gewöhnung ans Essen mit dem Löffel und das Trinken aus dem Becher, die Gewöhnung an bestimmte Tagesrhythmen und an den Schlaf im eigenen Bett. Verängstigung und Verwöhnung sollten vermieden und emotionale Regungen geweckt und vertieft werden.

Die Kinderpflegerin sieht das Kind in seiner Gesamtpersönlichkeit und vermeidet eine Überbetonung der Behinderung.

Das Kind mit Behinderungen ist in erster Linie ein Kind.

Kommt ein Kind mit Behinderungen mit etwa vier Jahren in einen Sonderkindergarten, ist es in der Regel scheu, zurückhaltend und auch furchtsam.

Die Aufgabe von Erzieherinnen und Kinderpflegerinnen ist deshalb eine behutsame Kontaktsuche und Kontaktaufnahme.

Lächeln und freundlicher Zuspruch wecken Vertrauen. Buntes Spielzeug und hellklingende Instrumente bieten gute Kontaktmöglichkeiten. Das Kind nimmt den Kontakt an, befühlt und betastet die Kontaktpersonen, versucht zu spielen, stellt Fragen und klatscht zur Musik.

Hat es Vertrauen zur Bezugsperson gefunden, findet es auch zu seinen Spielgefährten schnell ein vertrauensvolles Verhältnis.

Die Integration von Kindern mit und ohne Behinderungen:

Die Integration bedarf gründlicher Überlegung und Planung.

Auch Eltern von Kindern mit Behinderungen müssen in der näheren Umgebung einen Platz für ihr Kind finden können.

Gibt es keine schulvorbereitende Einrichtung oder Tagesstätte für ihr Kind, müssen sich die Betroffenen Gedanken machen zur integrativen Arbeit.

Diskussionspunkte in den möglichen sozialpädagogischen Einrichtungen, z.B. den Kindergärten, dazu können sein: Welche Kinder sollen aufgenommen werden? Welches Personal ist bereit für diese Aufgabe? Wie steht es mit räumlichen und materiellen Gegebenheiten? Was sagen die Eltern der Kinder ohne Behinderungen? Wie werden die Kinder in der Gruppe vorbereitet? Wo gibt es fachliche Unterstützung? Wie sieht die Eingewöhnungsphase aus?

Erzieher, die bereits in integrativen Gruppen arbeiten, nennen folgende positive Beobachtungen:

1. Kinder wachsen in diesen Gruppen unbefangener auf und gewinnen Sicherheit im Umgang mit gegenseitigen Kontakten.
2. Das Kind mit Behinderungen findet eine anregende Lernumgebung vor und kann sich an den übrigen Kindern orientieren.
3. Kinder ohne Behinderungen lernen, mit der eigenen Schwäche besser umzugehen.
4. Die Toleranz im Umgang miteinander wächst bei groß und klein.

Die Kinderpflegerin kennt integrative Maßnahmen für das Kind mit Behinderungen:

Werden einzelne Kinder mit Behinderungen im allgemeinen Kindergarten betreut, berücksichtigt die Kinderpflegerin folgende methodische Besonderheiten:

- Sie ermöglicht mehr Freispiel als Ausgleich zu den häufigen Therapiemaßnahmen,
  damit die betroffenen Kinder das Spielmaterial besser kennenlernen,
  damit andere Kinder öfters nachgeahmt werden können,
  damit die Erzieherin und die Kinderpflegerin die Kinder besser beobachten können.
- Sie bietet vermehrt Kleingruppenarbeit an.
- Sie fördert das Kind durch gezielte Einzelfallbeschäftigungen wie Fingerspiel, Pantomime, Bildbetrachtung oder Ausscheidearbeiten.
- Beschäftigung und Angebot werden auf gegenseitiges Miteinander der Kinder ausgerichtet.
- Das Spielmaterial wird erweitert durch Sinnesmaterialien wie Fließsandbilder, kleine Spielgel, Riech- und Duftmaterialien, Hand- und Fuß-Taststraßen, Flüsterrohre, Wasserkreislauf, große Klangstäbe.
- Sie bietet vermehrte Sprachförderung und Übungen der Körpersprache an.
- Sie setzt vermehrt Farben, Bilder und Geräusche ein und spricht bewusst deutlich.
- Sie verändert die räumliche Aufteilung, sie bildet z. B. bei Kindern mit Körperbehinderung einen Teppichkreis anstatt eines Stuhlkreises.

Alle Kinder spielen auf dem Boden, es gibt weniger Stühle und Tische, und der Raum ist übersichtlich gestaltet.

Ein Traumland mit besonders ansprechenden Kissen, Tüchern, Musik, Wassersäulen und Lichteffekten ermöglicht Entspannung und Wohlbefinden.

- Sie gestaltet spezielle Projekte, die besonders für Kinder mit Behinderungen im Kindergarten geeignet sind.
- Sie beobachtet gezielt und unterstützt die Erzieherin und den Fachdienst bei der Erstellung und Durchführung von Förderplänen.
- Sie ist zuständig für die Beobachtung und Förderung des Entwicklungsstandes bestimmter Kinder und berichtet in der Teambesprechung über die Entwicklung der Kinder.
- Sie stimmt mit der Erzieherin den Tagesablauf mit den Therapiezeiten der betroffenen Kinder ab.
- Sie berücksichtigt im Tagesrhythmus behindertenbedingte Besonderheiten, z. B. der Pflege, des Essens und Ruhens.
- Sie hilft bei der verstärkten Elternarbeit.

Die Kinderpflegerin überprüft ihre eigene Einstellung:

Für die Kinderpflegerin ist es im Umgang mit Kindern mit Behinderungen wichtig, eigene Einstellungen zu überprüfen:
1. Menschsein ist nicht nur ein perfekter Zustand.
2. Anderssein kann als Bereicherung erlebt werden.
3. Hilfe nur geben, wo sie wirklich nötig ist.
4. Alle Kinder wollen zunächst einmal als Kinder behandelt werden.
5. Dankbarkeit empfinden für den eigenen, gar nicht so selbstverständlichen Zustand.

Diese Einstellungen übertragen sich schnell auf die Kinder in der Gruppe und ermöglichen ein sozial warmes Klima.

Die Kinderpflegerin kennt die Probleme in einer Familie mit einem behinderten Kind:

Im Alltag einer Familie mit einem Kind mit Behinderungen ist Pünktlichkeit sehr wichtig: Arzttermine und Therapiepläne müssen eingehalten werden, Ausflüge und Unternehmungen sind sehr aufwendig. Das Geschwisterkind trägt das Schicksal der Familie mit. Es braucht Beachtung, Zuwendung und die Erfahrung, auch einmal im Mittelpunkt zu stehen. Wenn es vernachlässigt wird, kann es zu Verhaltensproblemen kommen.

7.7 Das Kind aus einem anderen Kulturkreis

Aufgaben

1. Waren Sie schon einmal im Ausland? Wie haben Sie sich verständlich gemacht?
2. Spielen Sie im Rollenspiel:
   a) Sie wollen in einer Kindergruppe mitspielen und können sich nicht in Ihrer Sprache verständigen.
   b) Sie ärgern sich über jemanden, sprechen aber seine Sprache nicht.
3. Was erleben Sie im Rollenspiel dabei in den verschiedenen Rollen?
4. Haben Sie schon einmal Heimweh gehabt?
   Beschreiben Sie, wie Sie sich damals gefühlt haben.
   Hat Ihnen jemand geholfen, das Heimweh zu überwinden? Wie war das?
5. Lesen Sie die folgende Situation aus der Praxis:

Praxisbeispiel

Die Praktikantin Eva beobachtet in der Kindergartengruppe ihrer Praxisstelle:

Beobachtung von Aysun am 26.1. 10.15 – 10.25 Uhr

Aysun geht vom Maltisch zum Regal zu den Spielen, bückt sich und zieht das Spiel „Obstgarten" aus dem Regal. Sie macht den Deckel auf. Während sie das tut, schaut sie nach links, wo ein paar Kinder spielen. Sie hebt den Deckel ein wenig höher, hält inne, schaut und senkt ihn wieder.

Jetzt beginnt sie, die einzelnen Früchte zu verteilen.

Unterdessen kommen Hansi und Maxi hinzu. Sie nehmen sich aus dem Regal ein Legespiel und stellen es auf den Tisch. Als Aysun die beiden erblickt, zieht sie den Kopf ein, schaut beide von unten her an und fängt an, Fingernägel zu kauen. Sie sieht sich wieder im Gruppenraum um und fängt an, alleine zu spielen.

Ich beobachte dies eine Weile. Immer wieder sieht sich Aysun um.

Da sehe ich Brigitte und Lisa, die im Gruppenraum umhergehen und anscheinend nicht wissen, was sie spielen sollen. Ich rufe Brigitte zu mir und sage: „Du, Brigitte, siehst du Aysun dort hinten? Schau mal, sie sitzt da ganz alleine. Möchtet du und Lisa ihr nicht Gesellschaft leisten? Ich glaube, Aysun macht das Alleinespielen keinen Spaß."

Brigitte antwortet: „Mh, ja gut. Du Lisa, komm mal her."

Sie gehen zum Tisch von Aysun und fragen mit Händen und Füßen, ob sie mitspielen dürfen. Und tatsächlich, sie spielen zusammen. Aysun schenkt ihnen öfter eine für sie gewürfelte Frucht.

Aufgaben zum Praxisbeispiel

1. Was will Aysun mit ihrem Verhalten erreichen?
2. In wen können Sie sich einfühlen?
3. Welche Aufgabe hat die Kinderpflegerin, die Aysun gerade beobachtet, übernommen?

Kinderkrippe, Kindergarten und Hort sind familienergänzende Einrichtungen. Hierin liegt bereits die Aufforderung, die Familien der Kinder kennenzulernen. Nur so können Erzieherinnen und Kinderpflegerinnen wissen, was sie ergänzen und unterstützen.

Sie sollen über die Herkunft und die Lebenssituation der ausländischen Kinder in ihrer Gruppe Bescheid wissen. In der Familie lernt das Kind ausländischer Arbeitnehmer Normen und Verhaltensmuster des Heimatlandes kennen. Im Kindergarten herrschen andere, fremde Normen, Verhaltensregeln und Erwartungen. Das Kind kommt in Konflikt. Dasselbe Verhalten wird in Familie und Kindergarten unterschiedlich bewertet, z. B. das Tragen eines Kopftuchs.

Mangelnde Deutschkenntnisse und außergewöhnliche Sprachakzente erschweren die Verständigung der Kinder untereinander.

Wird das ausländische Kind nicht verstanden, gerät es leicht in eine Außenseiterposition. Das Kind reagiert entweder mit Aggression oder Rückzug und hat dadurch wenig Kontakte in der Gruppe. Dadurch lernt es die deutsche Sprache nicht. Die Außenseiterposition wird noch verstärkt.

Kinder von **Flüchtlings- oder asylsuchenden Familien** brauchen besondere Hilfe. Sie waren Opfer von Folter und Verfolgung in ihrem Heimatland und erlebten während der kriegerischen Auseinandersetzung Zerstörung und Gewalt. Sie mussten erfahren, dass ihre Heimat als Garant für Wärme und Geborgenheit durch Menschenhand zerstört wurde. Und selbst ihre sonst so „mächtigen" Eltern konnten das nicht verhindern. Die Flucht selber bedeutet eine weitere erlebte Verletzung.

Flüchtlingskinder wohnen in Notunterkünften. Sie sind besonders belastet. Sie brauchen Schutz. Erzieherinnen und Kinderpflegerinnen können eine Brücke bauen und den Kindern erste positive Begegnungen in der neuen Welt vermitteln.

Die Kinderpflegerin kennt integrative Maßnahmen für Kinder aus anderen Kulturen:

In den ersten Wochen sind Hilfen zum Einleben für das fremde Kind wichtiger als pädagogisch geplante Angebote. Die Kinderpflegerin wird immer auf bestimmte Dinge aufmerksam machen. Sie ermutigt die deutschen Kinder bei ihren Bemühungen um das neue Kind und bestätigt sie, indem sie auf Fortschritte beim Ausländerkind hinweist. Erst wenn das ausländische Kind eine sichere, verlässliche Beziehung zum Erzieher aufgebaut hat, findet es den Weg zur Gruppe.

Ein Holländerkind,
ein chinesisches Kind,
ein afrikanisches Kind
drückten beim gemeinsamen
Spielen ihre Hände
in feuchten Lehm.

Nun geht hin und sagt,
welche Hand von wem ist.

(aus: H. Baumann)

Die Kinderpflegerin integriert das ausländische Kind in die Gruppe.

Integrative Maßnahmen

Sie macht das ausländische Kind mit der Gruppe bekannt.

Sie baut eine verlässliche Beziehung zu dem ausländischen Kind auf.

Sie gibt Orientierung durch räumliche und zeitliche feste Gewohnheiten.

Sie ermuntert die Gruppe zur Kontaktaufnahme mit dem ausländischen Kind.

Sie wählt geeignete Spielgefährten für das ausländische Kind aus.

Sie wählt Spielangebote, die zum Mitspielen durch Nachahmen auffordern.

Sie verstärkt die Kontaktaufnahme des ausländischen Kindes.

Sie zeigt, dass das ausländische Kind durch sein Verhalten das Verhalten der Gruppe beeinflussen kann.

Fremde brauchen Freunde.
Fremde können zu Freunden werden.

Die Kinderpflegerin kennt die Voraussetzungen für sprachliche Fördermaßnahmen bei Kindern ausländischer Mitbürger:

1. Die organischen Voraussetzungen zum Spracherwerb müssen abgeklärt sein. Hilfsangebote bei nichterkannten Hörschäden laufen ins Leere.
2. Deutsch als Zweitsprache setzt die Erkenntnis der Familie des Kindes voraus, dass die Muttersprache nicht minderwertig, sondern wichtige Voraussetzung ist.

   Über die Muttersprache kann das Kind Kenntnisse über Sprache und Sprachanwendung als Basiswissen zum Erwerb der Zweitsprache erwerben.
3. Die Eltern sollten in der Familie nach dem Prinzip handeln: „Eine Person, eine Sprache". Eine Sprachvermischung durch ein und dieselbe Person sollte in der Familie vermieden werden.

Die Kinderpflegerin fördert die sprachliche Entwicklung der Kinder aus anderen Kulturkreisen:

Die Kinderpflegerin macht die Gruppe darauf aufmerksam, dass die Kinder unsere Sprache so wenig verstehen wie wir ihre.

Sie ermutigt die Kinder, dass jeder die Sprache des anderen lernen kann, einzelne Worte, die den Anfang erleichtern. Die Kinderpflegerin erzählt den Kindern, dass dort andere Tiere leben als bei ihnen.

Es wäre wünschenswert, wenn die Kinderpflegerin einige Redewendungen der Begrüßung, Zustimmung und Bestätigung in der jeweiligen Landessprache kennt und spricht.

Handpuppen können das Sprechen im Dialog erleichtern, vielleicht sogar Tierfiguren, die dem Kind vertraut sind.

Eine Möglichkeit für ein pädagogisches Angebot in der **Kleingruppe** sind Tischspiele, wie z. B. Memory. Dabei ist zu beachten, dass die Auswahl der Kärtchen den Interessen und dem Sprachschatz des Ausländerkindes angepasst wird.

Unter Umständen kann das Ausländerkind die Begriffe auf den Kärtchen auch in seiner Landessprache benennen. Für die mitspielenden deutschen Kinder könnte das ein Anreiz sein, Worte in einer fremden Sprache kennenzulernen.

Eine Möglichkeit für ein pädagogisches Angebot in der **Großgruppe** könnte das Kinderlied sein, dessen Refrain z. B. leicht zu wiederholen ist oder Worte aus der Sprache des ausländischen Kindes enthält.

Eine Möglichkeit für ein pädagogisches Angebot in der **Einzelförderung** könnte das Betrachten von Bilderbüchern sein aus Bereichen, die dem Kind vertraut sind.

Die Kinderpflegerin kennt Angebote zur interkulturellen Erziehung:

Die deutschen Kinder können an Beispielen über Lebensweise, Kultur, Sitten und Bräuche der Herkunftsländer der ausländischen Spielkameraden informiert werden, z. B. „Was es bei uns gibt, gibt es anderswo auch, ähnlich, genauso oder auch ganz anders."

Die Kinderpflegerin erzählt den Kindern, dass manche in ihrer Heimat bleiben mögen, aber aus vielerlei Gründen nicht dort bleiben können (z. B. Krieg).

Was die Kinder vom Leben in einem anderen Land nicht wissen, können sie erfahren, noch ehe Kinder von dort kommen. Es gibt Bilder und Bücher, die davon berichten.

Multikulturelle Feste, Gerichte aus verschiedenen Ländern, Spiele und Tänze geben Einblick in die Lebensweise der anderen Kulturen und fördern Gemeinschaft und Kontakte.

Ein Spiel aus Kroatien:
„Wer bewegt sich?"

Ein Spieler steht mit dem Gesicht zur Wand und sagt schnell jeweils ein Wort, z. B. „Maikäfer". Die anderen Kinder stehen in einem gewissen Abstand hinter ihm. Während der Spieler spricht, dürfen die anderen Kinder sich auf ihn zu bewegen. Dreht er sich aber um und sieht, wie sich einer bewegt, muss dieser zurück zur Ausgangsposition. Wer als erster bei ihm ankommt, ist Sieger und darf nun selbst ein bzw. mehrere Wörter sagen. Das Spiel beginnt von vorn.

Die Kinderpflegerin knüpft mit der Erzieherin zusammen Kontakte zu den Eltern:

Die Erzieherinnen und Kinderpflegerinnen knüpfen Kontakte zu den ausländischen Familien.

Wichtige Informationen werden in die jeweiligen Landessprachen übersetzt. Sie fördern die Kontakte unter den Eltern.

Bei religiösen Festen wird auf die religiöse Überzeugung der Familien Rücksicht genommen.

In der religiösen Erziehung können durchaus gemeinsame Wertmaßstäbe und Erziehungsziele gefunden werden, z. B. dass die Kinder zu fröhlichen Menschen erzogen werden, die selbstbewusst sind, weil sie von Gott und ihrer mitmenschlichen Umwelt geliebt sind.

Dies macht sie fähig, auch andere zu akzeptieren und mit ihnen zusammenzuleben, zu spielen und zu arbeiten. Nicht das Recht des Stärkeren gilt in der Gruppe.

Unterschiede in der religiösen Überzeugung sollen nicht verwischt werden. Kinder kommen dadurch in Konflikt. Speisevorschriften und Feste wie Weihnachten und Ostern sind z. B. bei den muslimischen Kindern unterschiedlich. Andererseits ist es aber auch wichtig, die Kindergartengruppe über die Feste und Gebräuche z. B. im islamischen Jahreskreis zu informieren. Alle Kinder erleben so von klein auf, dass es andere Religionen und andere Feste gibt. Je mehr Erzieherinnen und Kinderpflegerinnen über das Leben und die

Religion der ausländischen Familien wissen, umso offener werden sie sein, Gemeinsamkeiten zu finden und Unterschiede zu akzeptieren, ohne sich gegenseitig abzuwerten. Religiöse Erziehung in sozialpädagogischen Einrichtungen wird hier ein Stück Friedenserziehung.

 Das ausländische Kind und seine Muttersprache sind eine Bereicherung für die Gruppe. Die Kinderpflegerin sollte diese Haltung an die Gruppe weitergeben.

7.8 Das Kind in einer schwierigen Lebenssituation

Das Scheidungskind

Aufgabe
Diskutieren Sie, welche Auswirkungen eine Scheidung auf das Leben den Kindes haben könnte.

Eine Untersuchung mit 6- bis 13-jährigen Grundschülern in Berlin kommt zu dem Ergebnis, dass nur noch jedes zweite Kind mit beiden leiblichen Eltern zusammenlebt.
Familienstatistiker schätzen, dass in Deutschland Anfang der 90er Jahre über 1,5 Mio Trennungs- und Scheidungskinder leben darunter immer mehr Einzelkinder.
Nach einer Schätzung der Arbeitsgemeinschaft für Ehe- und Erziehungsberatung ist jedes vierte Kind zu diesem Zeitpunkt noch keine drei Jahre alt.
Das Ausmaß von Liebe und Zuwendung durch beide Elternteile beeinflusst den Entwicklungsfortschritt des Kindes. Kinder sind die größten Verlierer, wenn Mutter und Vater auseinandergehen.
Scheidung kann bedeuten:
Ortswechsel, Berufstätigkeit der Mutter, sozialer Abstieg, kontrollierte Kontakte zum anderen Elternteil, neue Stiefeltern, neue Geschwister, Großeltern und Freunde.

Die Kinderpflegerin kennt pädagogische Angebote für das Scheidungskind:

Für die Kinderpflegerin ist es besonders wichtig, das Scheidungskind zu beobachten, vor allem in den ersten zwei Jahren nach der Trennung der Eltern.
Sie ermuntert das Kind, die innere Spannung auszuleben und Gefühle zu zeigen.
Gefühle der Ohnmacht, Wut und Enttäuschung über das Verhalten der Eltern brauchen ein Ventil.
Die Bedürftigkeit des Kindes aus einer Scheidungsehe nach Schutz ist sehr groß. Die Fähigkeit der Eltern, in der Zeit der Auseinandersetzung dem Kind Schutz zu gewähren, ist sehr gering. Deshalb ist es notwendig, dass die Kinderpflegerin in dieser Zeit das Kind so akzeptiert, wie es gerade ist.
Sie baut ein positives Selbstbild beim Kind auf im partnerschaftlichen Umgang mit dem Kind. Sie vermittelt dem Kind Erfolgserlebnisse und setzt bei seinen Stärken und Vorlieben an.

Pädagogische Angebote wie ein Rollenspiel zum Thema „Nestwärme" am Beispiel einer Vogelfamilie können dem Kind Wärme und Geborgenheit vermitteln. Das folgende Lied vom Baum beschreibt das Gefühl von Schutz und Sicherheit.

Du alter Baum
Text: Rolf Krenzer, Melodie: Ludger Edelkötter

1. Du alter Baum, du bist mein Freund. Ich bin so gern bei dir. Und lehn ich mich an deinen Stamm, stehst du fest neben mir, stehst du fest neben mir.

2. Ich steige hoch in dich hinein
und schaukel hin und her.
Sag, alter Baum, magst du das auch?
Bin ich dir nicht zu schwer?

3. In deinem Schatten liege ich
im Sommer gern im Gras.
Wenn's regnet, stehst du über mir.
Da werde ich nicht nass.

4. Geht es dir gut, du alter Baum?
frag' ich und schau' dich an.
Ich will dich schützen, glaube mir,
so gut ich es nur kann.

Bäume sind alt und wirken zuverlässig.

In einer Einzelbeschäftigung kann die Kinderpflegerin einen „Holztalisman" mit dem Kind herstellen. Die Kinderpflegerin und das betroffene Kind gehen zu einem Baum, holen ein Stück Holz von diesem Baum und bearbeiten es an der Werkbank mit Säge, Schleifpapier und Bohrer. Durch das gebohrte Loch wird ein Lederband gezogen. Das Kind hängt sich diesen Talisman um den Hals. Er soll ihm Kraft, Sicherheit und Halt geben.

Merke

Kinder reagieren auf Scheidung und Trennung ganz unterschiedlich.

Sie wirken gehemmt, trauern leise, ohne Tränen zu vergießen. Diese Kinder gelten als besonders gefährdet. Sie verdrängen und resignieren.

Andere Kinder reagieren auf Scheidung enthemmt. Trauer, Wut, Zerrissenheit, Schuldgefühle und Angst sind Verhaltensweisen, um mit dem Verlust und mit der Welt, die aus den Fugen geraten ist, zurechtzukommen.

Das Kind aus einer Suchtfamilie

Praxisbeispiel Die Praktikantin Susanne spielt mit drei Kindern im Kindergarten ein Tischspiel: Bauer Klaus und die Maus. Die drei Kinder Sebastian (6), Florian (6) und Inge (5) sortieren dabei Getreidesorten durch Würfeln und haben dann gegen die Mäuse gewonnen, wenn sie alle Getreidesäcke voll haben, ehe alle Mäuse in der Mitte sind. Sebastian würfelt eine Maus, die in die Mitte kommt. Er ist sich bewusst, dass das nicht gut ist und sagt: „Ich hab schon einmal Bier getrunken." Florian sagt: „Ich trink' auch immer Bier." Inge schweigt. Zum Spielende lässt die Praktikantin für die Mäuse noch eine Höhle bauen und die Mäuse füttern und versorgen. Inge nimmt ihre zwei Mäuse, deckt sie sehr warm mit Stroh zu und gibt ihnen viel Futter. Sie lässt sich am meisten Zeit. Sie versichert sich auch, dass die Mäuse da noch länger wohnen dürfen.

In der anschließenden Besprechung kann die Praktikantin das Verhalten von Inge verstehen, als sie erfährt, dass Inges Vater zu Hause viel Alkohol trinkt und Inge in der Nacht immer wieder erschreckt aufwacht, wenn der betrunkene Vater heimkommt und mit der Mutter streitet. Sie erkennt das Bedürfnis von Inge nach Wärme, das sie den kleinen Mäusen zuteil werden lässt.

Aufgaben zum Praxisbeispiel

1. Versuchen Sie, sich in Inge hineinzuversetzen. Wie wird ihr Leben aussehen?
2. Erkundigen Sie sich bei Ihrer Praxisanleiterin, ob in Ihrer Gruppe Kinder aus Suchtfamilien sind.
3. Welche Probleme haben diese Kinder? Beobachten und beschreiben Sie.

Die Kinderpflegerin kennt die Probleme des Kindes aus einer Suchtfamilie:

In der Bundesrepublik lebt in jeder achten Familie ein Suchtkranker. Jede Suchtfamilie entwickelt einen Lebensrhythmus, der einzig um den Süchtigen kreist. Der Lebensraum, den die Kinder in dieser Familie benötigen, wird eingeschränkt. Das elterliche Verhalten ist für die Kinder nicht einzuschätzen. Kinder von Alkoholkranken sind nach neuesten klinischen und empirischen Untersuchungen eher krank, neigen eher zu Unfällen, haben psychische Probleme, zeigen Lernstörungen und sind sozial isoliert. Gefühle von Angst, Verzweiflung und Einsamkeit, Enttäuschung und nichterfüllten Erwartungen führen zu einem negativen Selbstbild. Diese Kinder isolieren sich und flüchten in eine Traumwelt, weil für sie in der Familie kein Platz ist. Alle Beteiligten einer Suchtfamilie entwickeln ein Überlebenskonzept, das einerseits die Familie am Weiterleben hält und andererseits schwerwiegende Folgen für den einzelnen hat.

Kinder haben nur die Möglichkeit, das elterliche Unrecht auszugleichen. Sie tun das oft mittels Auflehnung, Anklagen oder Aggressionen.

Kinder übernehmen in der Suchtfamilie Rollen, die als Überlebensmuster für ihre Zukunft bestimmend sein können.

1. Die Rolle des Helden

Diese Rolle wird meist von dem erstgeborenen Kind in der Familie übernommen. Es lernt früh, dass auf niemanden Verlass ist, dass es in den familiären Erwartungen ständig überfordert wird und dass sich daraus für das Kind Schuldgefühle entwickeln.

2. Die Rolle des Sündenbocks

Das zweite Kind zieht im Gegensatz zum ersten Kind die negative Aufmerksamkeit auf sich. So wird von der Suchtproblematik abgelenkt. Hinter der abweisenden, aggressiven Fassade des Kindes verbergen sich Schmerz, Einsamkeit und das Gefühl des Zurückgewiesenseins. Dieses Kind gerät in die Gefahr, eine Suchtkarriere einzuschlagen.

3. Die Rolle des verlorenen Kindes

Das dritte Kind fällt meist überhaupt nicht auf, es ist pflegeleicht und bringt Stabilität und Sicherheit in der Familie. Sein Lebensgefühl ist Einsamkeit, es kann keine sozialen Kompetenzen entwickeln und hat als Erwachsener Schwierigkeiten, Beziehungen einzugehen. Die innere Leere wird mit Essen, Drogen oder Alkohol ausgefüllt. Bei Mädchen besteht die Gefahr von Bulemie (Essstörung).

4 Die Rolle des Maskottchens

Das jüngste Kind entkommt dem Alleinsein und der Hilflosigkeit, indem es die Rolle des Familienclowns übernimmt. Es sorgt für Unterhaltung und Spaß. Es darf seine Angst nicht zeigen, obwohl es wahrnimmt, dass in der Familie etwas nicht stimmt. Diese Kinder haben Schwierigkeiten, erwachsen zu werden und leiden unter schweren seelischen Störungen.

Die Kinderpflegerin kennt entlastende Maßnahmen für das Kind aus einer Suchtfamilie:

Amerikanische Studien weisen darauf hin, dass mehr als 50 % der Alkoholkranken Kinder von Alkoholkranken sind. So gilt es, bereits beim Kind seine Kraftquellen zu stärken.

Spielorientierte Aktivitäten wie Puppenspiel, Malen, Spiele, Geschichten erzählen und Rollenspiel sind für die Kinderpflegerin Methoden, den Stress bei den Kindern zu mindern.

Generell ist für Erzieherinnen und Kinderpflegerinnen zu bedenken, dass es Eltern peinlich ist, über dieses Problem zu reden.

Für die Kinderpflegerin ist es wichtig, dass sie Erzieherin und Leiterin informiert, wenn sie um diese Problematik bei einem Kind weiß. Eltern können dann ermutigt werden, das Problem anzugehen. Konkrete Hilfsmöglichkeiten, Adressen von Beratungsstellen und Information über deren Arbeitsweisen können aufgezeigt werden.

Kinder wollen das Familiengeheimnis „Sucht" wahren. Daher ist es nötig, das Kind nie in die Enge zu treiben oder es über die häusliche Situation auszufragen.

Für das betroffene Kind sind Erzieherinnen und Kinderpflegerinnen verlässliche Bezugspersonen.
Es wird in die Gruppe integriert, in der es einen festen Platz hat.

Die Kinderpflegerin kennt die Warnsignale, die auf ein erhöhtes Suchtrisiko beim Kind selbst hinweisen:

- Kinder ziehen sich von anderen auffällig zurück, sondern sich ab und haben übermäßig Angst.
- Kinder sind übermäßig zappelig, fahrig und wirken überdreht. Sie können sich nicht konzentrieren.
- Kinder möchten aus ihren Phantasie- und Traumwelten nicht mehr zurück in die Wirklichkeit kommen.

- Kinder werden ohne Grund gegen andere Kinder gewalttätig, beschädigen Sachen mit Absicht, stören und lärmen, wollen sich nirgends einfügen.
- Schulkinder langweilen sich dauernd, interessieren sich für nichts, hängen passiv herum, und sie können nicht für Aktivitäten gewonnen werden.
- Schulkinder sind übertrieben unsicher, unselbständig, stressanfällig, entscheidungsschwach und haben keine Freunde.

Rat und Hilfe können in den zuständigen Beratungsstellen oder beim Kinderarzt eingeholt werden.

Regeln gegen Sucht

- Kinder brauchen seelische Sicherheit.
- Kinder brauchen Anerkennung und Bestätigung.
- Kinder brauchen Freiraum und Beständigkeit.
- Kinder brauchen realistische Vorbilder.
- Kinder brauchen Bewegung und richtige Ernährung.
- Kinder brauchen Freunde und eine verständnisvolle Umwelt.
- Kinder brauchen Träume und Lebensziele.

Aufgaben

1. Lesen Sie noch einmal den Zeitungsbericht zum „Spielzeugfreien Kindergarten" in Kap. 3.4.3.
2. Beschreiben Sie die verschiedenen Phasen des Projekts: Vorbereitung – Entzugserscheinungen – Resignation – Entstehen neuer Spiel- und Interessensgruppen – Sorgfältige Auswahl neuen Spielmaterials.
3. Wie haben sich Erzieherinnen und Kinderpflegerinnen während der einzelnen Phasen des Projekts verhalten?

Die Aufgabe der Erzieherinnen und Kinderpflegerinnen ist es vor allem, Kinder zu beobachten, sich selbst zurückzunehmen und in Kontakt mit dem Kind zu bleiben. Sie sehen, was Kinder wirklich brauchen. Wie im einzelnen das Projekt „Spielzeugfreier Kindergarten" in der jeweiligen Institution durchgeführt wird, hängt von der Situation ab. Jedes Team, das dieses Projekt plant, sollte den Verlauf z. B. mit Supervision begleiten und sich beraten lassen.

Das misshandelte Kind – Hauen zerstört Vertrauen

Vernachlässigung, Missbrauch und Gewalt ereignen sich überall, eben auch in der sogenannten Normalfamilie. Kindesmisshandlung wird heute als Ausdruck elterlicher Hilflosigkeit und Überforderung angesehen, mit den Bedürfnissen eines Kindes angemessen umzugehen.

Hilfe ist humanitäres Gebot. Demgegenüber stehen oft Abwehr und Angst vor Kritik, vor Bloßstellung und Bestrafung der misshandelnden Familie.

Körperlich erkennbare Spuren entsprechen den Misshandlungsformen.

Psychische Folgen von Gewalt sind schwerer zu erfassen, tiefgreifende seelische Veränderungen wie Nichtschlafenwollen, Stottern, Aufschreien in der Nacht, Wiedereinnässen und Einkoten sind die Folgen.

Die Kinderpflegerin gibt ihre Beobachtungen sofort an die Gruppenleiterin weiter. Im Team wird mit der Kindergartenleitung und dem Träger die weitere Vorgehensweise in Zusammenarbeit mit dem örtlichen Jugendamt erläutert.

Das Kind erhält in der Gruppe von der Kinderpflegerin inzwischen die Geborgenheit und Wärme, den Schutz und die Sicherheit, die es braucht, um mit dieser belastenden Lebenssituation leben zu können.

Das sexuell missbrauchte Kind

> **Aufgabe**
> Lesen Sie nach: § 176 StGB Sexueller Missbrauch von Kindern und § 174 StGB Sexueller Missbrauch von Schutzbefohlenen.

Beim sexuellen Missbrauch werden Abhängigkeit und Vertrauen sowie die gegebenen Machtverhältnisse sträflich ausgenutzt. Die Dunkelziffer ist beim sexuellen Missbrauch von Kindern weitaus größer als bei anderen Formen der Misshandlung. Häufig ist das Kleinkind Opfer der Tat. In der Familie, wo das Kind ein Recht auf Wärme, Fürsorge und Schutz hat, wird es als Objekt sexueller Befriedigung benutzt.

Kinder, die missbraucht werden, machen Andeutungen oder senden durch ihr Verhalten Signale aus, auch wenn sie es nicht wagen, offen vom Missbrauch zu sprechen.

Aufgabe der Kinderpflegerin ist es, auf solche Signale zu achten und sie zu verstehen. Die Projektgruppe „Wildwasser Marburg" hat solche Anzeichen aufgrund vieler Beobachtungen und Gespräche mit Betroffenen zusammengestellt. Stumme Schreie sind Schlafstörungen, Schulleistungsstörungen, Essstörungen, Magersucht, Fettsucht, Flucht in die Phantasiewelt, Isolation, versteinerte Körperhaltung, Sprachstörungen, plötzliche Verhaltensänderungen, Störungen im Hygieneverhalten und Anklammern an die Mutter.

Zudem fehlt Kindern die Sprache, um sexuelle Handlungen mitzuteilen.

 Kinder werden vom Täter gezwungen, das Geheimnis des Missbrauchs zu wahren. Kein Kind will missbraucht werden. Kinder sagen die Wahrheit, wenn sie von einem Missbrauch reden.

Aufgrund von Beobachtungen und Untersuchungen wurde festgestellt, dass es Faktoren gibt, die eine Wahrscheinlichkeit des Missbrauchs bei Kindern erhöhen:

1. Kinder haben nicht gelernt, ihren Willen gegenüber Erwachsenen durchzusetzen, nein zu sagen.
2. Kinder haben nicht gelernt, dass sie ein Recht auf Selbstbestimmung über den eigenen Körper haben.
3. Kinder erhalten keine Sexualaufklärung.
4. Kinder bekommen von zu Hause wenig Zärtlichkeit und Zuneigung.
5. Kinder haben wenig Beziehungen außerhalb der Familie und können mit niemandem über den Missbrauch sprechen.
6. Mädchen werden vor allem auf Anpassungsfähigkeit und Folgsamkeit und weniger auf Selbstbewusstsein und Stärke hin erzogen.

Die Kinderpflegerin kennt vorbeugende Maßnahmen, um Kinder vor sexuellem Missbrauch zu schützen:

Das Märchen vom bösen Mann bewirkt Verängstigung und Einschränkung der Bewegungsfreiheit. Das unsichere, ängstliche Kind aber ist das ideale Opfer für sexuellen Missbrauch.

Die Bielefelder Psychologin Elisabeth Fey schlägt folgende Themenbereiche für pädagogische Angebote vor:

1. „Mein Körper gehört mir"
2. „Meine Gefühle sind in Ordnung"
3. „Berührungen sind gut oder schlecht, und ich kann sie unterscheiden"
4. „Hilfe suchen"

Zusammenfassung Kapitel 7

Eine Verhaltensauffälligkeit entsteht durch aktuelle Konflikte, bei deren Lösung das Kind in erhöhtem Maße Entlastung, Entwicklungsförderung und Ich-Stärkung braucht.

Bei enthemmten Kindern sind besonders Motorik und Sprachverhalten enthemmt. Die Kinderpflegerin beobachtet das enthemmte, aggressive Kind und erkennt, um welche Form der Aggression es sich handelt.

Beim hyperaktiven Kind gilt es zu erkennen, zu welchem Zeitpunkt dieses Kind wieder unter „Dampf" steht und Schwierigkeiten hat, sich zu steuern. Ihm sollte dann der notwendige Bewegungsfreiraum zur Verfügung stehen.

Gehemmte, ängstliche Kinder äußern sich vor allem durch ihre Gestik, Mimik und Körperhaltung. Zu unterscheiden ist hier zwischen entwicklungsbedingten Ängsten, Umweltängsten und realen Ängs-ten.

Die Entwicklung der Sprache erfolgt gleichzeitig mit der Entwicklung der Sinnesorgane, der Motorik, des Sozialverhaltens und des Denkens. Liegt in einem dieser Bereiche eine Störung vor, kann dies auch die Entwicklung der Sprache erheblich stören. Erzieherin und Kinderpflegerin machen die Eltern auf die Sprachstörung des Kindes aufmerksam und vermitteln ihnen beratende Dienste.

Erkennt die Kinderpflegerin aufgrund ihrer Beobachtungen, dass eventuell Entwicklungsverzögerungen vorliegen, teilt sie diese Beobachtung der Gruppenleiterin mit. Ein Gespräch mit den Eltern und ein Hinweis auf die Hilfe der Frühförderstelle können für die Entwicklung des Kindes wertvoll sein.

Kindern, die durch eine Behinderung erheblich beeinträchtigt sind, helfen einfache und klare Anweisungen, sofortige Rückmeldung über die Ausführung einer Handlung und Belohnung für richtiges oder annähernd richtiges Verhalten. Die Kinderpflegerin lenkt die Aufmerksamkeit des Kindes und gibt sowenig Hilfe als möglich, jedoch soviel als nötig.

Das ausländische Kind nimmt die Kinderpflegerin mit seiner Sprache und seinen Erfahrungen an, wie es ist. Das Kind verdient für die Leistung, dass es zwei Sprachen spricht, Belohnung. Gemeinsame Märchenstunden, das Singen von entsprechenden Kinderliedern und die Zubereitung landestypischer Speisen können das Verständnis füreinander stärken.

Kinder aus Suchtfamilien, misshandelte und missbrauchte Kinder werden in der Entwicklung beeinträchtigt und am Lernen gehindert. Es fehlt ihnen an Nestwärme und Sicherheit. Diese Kinder brauchen in der sozialpädagogischen Einrichtung verlässliche Bezugspersonen, einen sicheren Platz in der Gruppe und Sicherheit im Tageslauf.

Erzieherin und Kinderpflegerin vermitteln beratende Dienste. Vorbeugend kann im Kindergarten versucht werden, bei Kindern Fertigkeiten und Fähigkeiten zu fördern, die sie zu einer stabilen und selbstbewussten Persönlichkeit heranwachsen lassen.

Weiterführende Aufgaben

1. Sie haben zu Beginn dieses Kapitels überlegt, welche Kinder Ihnen Schwierigkeiten bereiten.
   Erstellen Sie eine Situationsanalyse für eines dieser Kinder.

2. Planen Sie ein Angebot für dieses Kind:
   a) Nennen Sie ein Ziel, das Sie für dieses Kind erreichen wollen.
   b) Erstellen Sie einen Plan, mit welchem Angebot Sie das Ziel erreichen wollen (Einzelförderung, Kleingruppe, Großgruppe oder Freispiel).
   c) Führen Sie das Angebot durch.
   d) Erstellen Sie eine Reflexion: Was haben Sie mit diesem Angebot bei dem Kind erreicht?

3. Finden Sie Möglichkeiten, bei einem aggressiven Kind Selbstvertrauen und Sicherheit zu stärken.

4. Sammeln Sie Lieder, Geschichten, Bilderbücher, Verse, Bewegungsmöglichkeiten, die sich vor allem
   a) für enthemmte Kinder,
   b) für ängstliche, gehemmte Kinder eignen.

5. Besuchen Sie eine Einrichtung für behinderte Kinder und befragen Sie das Personal zu ihrer Arbeit.
   Schreiben Sie über diesen Besuch einen Bericht für die örtliche Presse.

6. Informieren Sie sich, welche ausländischen Kinder sich in Ihrer Praxiseinrichtung aufhalten.
   a) Fragen Sie die Praxisanleiterin nach ihren Erfahrungen mit ausländischen Kindern.
   b) Beschreiben sie kurz die Problematik, die ausländische Kinder für die Kinderpflegerin bedeuten können.
   c) Sammeln Sie Spiele und Lieder aus anderen Ländern.

7. Erstellen sie für Kinder aus Suchtfamilien ein pädagogisches Angebot, in dem sie Geborgenheit erfahren.

8 Planung der pädagogischen Arbeit

Aufgaben
1. Betrachten Sie die Abbildung und überlegen Sie, was ein Urlauber vor Antritt seiner Reise zu bedenken hat.
2. Denken Sie darüber nach, welche Planungsschritte bei folgenden Situationen nötig sind:
   a) beim Backen eines Kuchens,
   b) bei der Vorbereitung für den Besuch einer Faschingsfete,
   c) beim Verpacken eines Geburtstagsgeschenks.
3. Nehmen Sie Ihren Stundenplan und überlegen Sie, welche Auswirkungen es für Sie hätte, wenn es in Ihrer Schule keinen Stundenplan gäbe.
4. Welche Vorbereitungen traf Ihre Lehrkraft vermutlich, um den heutigen Unterricht zu planen?

Was ist Planung?
- Planung ist ein alltäglicher Vorgang.
- Planung findet statt, wenn man sich überlegt, auf welche Weise man etwas Bestimmtes erreichen möchte.
- Wer plant, möchte das Geschehen nicht dem Zufall überlassen.
- Der planende Mensch möchte etwas nach seinem Bild, seinen Vorstellungen und Wünschen gestalten.

8.1 Grundlagen der Planung in der pädagogischen Arbeit

Die Planung pädagogischer Arbeit mit Kindern orientiert sich an verschiedenen Faktoren. Sie hängt ab von gesetzlichen Bestimmungen und wissenschaftlichen Erkenntnissen, vom Konzept und der Zielsetzung einer Einrichtung, und sie richtet sich nicht zuletzt nach Umfeld und Lebenssituation der Kinder in der Einrichtung. Daraus leiten sich grundsätzliche Fragestellungen ab, die bei der Planung zu berücksichtigen sind.

8.1.1 Institutionelle Bedeutung

In den meisten Einrichtungen werden die Inhalte der Bildungs- und Erziehungsarbeit im Team ermittelt und in Form von **Wochenplänen, Monatsplänen, Jahresplänen o. ä.** erarbeitet.

Es ist wichtig, dass die Eltern über Planung in der Einrichtung informiert werden. Dabei sollte jedes Team überlegen, in welcher Form diese Information praktisch erfolgen soll. Erfahrungen zeigen, dass durch das öffentliche Aushängen von Plänen bei Eltern leicht eine Erwartungshaltung entsteht, von der sich Mitarbeiterinnen häufig dazu verleiten lassen, diese Pläne streng einzuhalten. Die nötige Flexibilität geht dann leicht verloren.

 Planung, unabhängig von der Form, in der sie erfolgt, dient in jedem Fall der Arbeit, ohne beherrschen zu wollen.

Das bedeutet, dass Pläne **in sozialpädagogischen Einrichtungen nicht zwingend einzuhalten** sind (wie z. B. Lehrpläne in der Schule), wenn dies auf Kosten des kindlichen Verweilens und Vertiefens von Erlebnissen, Tätigkeiten und Eindrücken gehen würde.

> ### Aufgaben
> 1. Führen Sie mit Ihrer Praxisanleiterin/Kindergartenleiterin ein Interview durch mit folgenden Fragen:
>   a) Wie entstehen Pläne in Ihrer Praxisstelle?
>   b) Werden die Pläne den Eltern bekanntgegeben? Wie?
>   c) Welches sind nach Ihrer Erfahrung die wichtigsten Erziehungsziele von Eltern?
>   d) Welches sind die drei wichtigsten Erziehungsziele in Ihrer Arbeit?
>   e) Auf welche Art und Weise versuchen Sie diese Ziele zu erreichen?
>   f) Haben die Kinder Ihrer Gruppe direkt oder indirekt Einfluss auf Ihre Planung?
>   g) Wie gestaltet sich der Tagesablauf in Ihrer Gruppe?
> 2. Nehmen Sie an einer Teambesprechung Ihrer Praxiseinrichtung teil und berichten Sie, wie in Ihrer Einrichtung die Planung der Arbeit erfolgt.
> 3. Sammeln Sie Rahmenpläne, Wochenpläne usw. aus Ihrer Praxisstelle und vergleichen Sie diese untereinander.

Bedeutung der Planung

Ein wichtiger Sinn von Planung besteht darin, kindliche Fähigkeiten und Entwicklungsmöglichkeiten zu aktivieren.

Mit einem Plan wird es möglich, Bildungs- und Erziehungsziele zu erkennen und zu verfolgen und Bildungsinhalte, d. h. kindgemäße Themen, zu ermitteln.

So kann versucht werden, **Kindern** das zuteil werden zu lassen, was sie brauchen.

Pläne dienen innerhalb eines **Teams** zur gegenseitigen Abstimmung und Zusammenarbeit. Sie bilden die Grundlage zur Organisation von Aktivitäten innerhalb und außerhalb der Einrichtung (z. B. Projekte, Ausflüge).

Planung wird den **Eltern** bekanntgemacht. Somit ist Planung für die Eltern durchschaubar und nachvollziehbar.

Durch eine durchschaubare Planung können Anknüpfungspunkte für die Einbeziehung und Möglichkeiten für eine Mitarbeit der Eltern deutlich werden.

Das Planungsteam bekundet auch seine fachliche Qualität nach außen.

Ein fachlich gut ausgearbeiteter Plan lässt den **Träger** und die **Öffentlichkeit** auf eine fachlich gute Arbeit schließen.

Praktische Planungsformen

Der Rahmenplan

Der Rahmenplan dient den Mitarbeiterinnen als Anhaltspunkt und als Anregung. Er kann eine Übersicht bieten, die die Mitarbeiterinnen daran erinnert, welche Entwicklungsbereiche gefördert werden können.

Der Rahmenplan sollte alle Bereiche umfassen und deutlich ausgeführt sein.

Er umfasst einen längeren Zeitraum. Das kann ein ganzes Jahr sein (Jahresplan) oder mehrere Wochen (Monatsplan).

Beispiel für einen Rahmenplan:

Zeit: 5. Sept. bis 14. Okt. 1994
Thema: *Ich habe einen Namen*
Zielsetzung: Fähigkeiten entwickeln,

- mit dem eigenen Namen auch ein Stückchen sich selbst zu entdecken und sich zu freuen,
- sich der durch die Namensgebung zum Ausdruck kommenden Einmaligkeit eines jeden Menschen bewusst zu werden,
- die anderen Gruppenkinder zu achten, sie mit Namen zu kennen, sich ihnen zuzuwenden,
- zu lernen, sich mit seinem Namen in bestimmten Situationen vorzustellen, z. B. bei der Begrüßung oder am Telefon,
- anderen den Geburtstag festlich auszurichten, dabei die Festtagsperson im Mittelpunkt zu sehen, sich selbst am eigenen Geburtstag feiern zu lassen und im Mittelpunkt stehen zu können.

Wir erarbeiten das Thema:

1. Spracherziehung

Gespräche und Erzählungen:

- Ich in meiner Gruppe
- Jeder hat einen Namen
- Hier im Kindergarten findet ihr euren Vornamen oder Familiennamen
- Nicht nur Menschen haben Namen
- Märchen: Rumpelstilzchen
- Bilderbücher: Das kleine Ich bin Ich (Mira Lobe)
- Freunde (Helme Heine)
- Ein Tag im Land der Trolle

2. Musik- und Bewegungserziehung

- Sag mir deinen Namen
- Wir gehen jetzt im Kreise
- Schmetterling du kleines Ding

- Im Garten steht ein Blümelein
- Alle meine Fingerlein
- Zappelmänner
- Meine Hände sind verschwunden
- Wir lernen unseren Turnraum kennen
- Bewegungsspiele
- Wir turnen mit den Reifen
- Rhythmik: Hallo, wie heißt du?

3. Bildnerisches Gestalten:
- Schattenprofilbilder
- Handabdruck auf Papier
- Wir malen unser Gesicht
- Spielerisches Formen mit Knetmasse

4. Religiöse Erziehung
- Lied: „Ja, Gott hat alle Kinder lieb"
- Biblische Geschichten: Zachäus

5. Kreisspiele
- Mein rechter, rechter Platz ist leer
- Neben mit sitzt...
- Den Namen zuflüstern
- Ich heiße Wurstelmann

6. Sachbegegnung
- Namen der Kinder in der Gruppe kennenlernen
- Was gehört alles zum Kindergarten?
- Unser Geburtstagskalender
- Wir kochen eine Buchstabensuppe

7. Mitbringsel
- Foto für den Geburtstagskalender, Buchstabennudeln

8. Feste und Feiern
- Geburtstagsfeiern

Der Tagesplan

Im Gegensatz zum Rahmenplan, der Anregungen gibt und die Entwicklungsrichtung anzeigt, dient der Tages- oder Wochenplan dem klaren Durchdenken und der guten Vorbereitung der Erziehungsarbeit. Erzieherin und Kinderpflegerin erhalten einen Überblick über das, was sie erreichen möchten, und ein Arbeitskonzept, das sie einhalten können, wenn es die Situation erfordert.

Der Tagesplan enthält Ziele und Vorhaben für den entsprechenden Tag und evtl. Eintragungen über den Verlauf bestimmter Angebote oder über an diesem Tag gemachte Beobachtungen in Form eines Tagesprotokolls.

Der Wochenplan

Der Wochenplan stellt einen Arbeitsplan für die Woche dar und hilft ebenfalls bei der Vorbereitung. Er enthält sinnvollerweise Angaben über:
- die angesprochenen Kinder oder die angesprochene Gruppe,
- den Förderbereich,
- Ziele, die verfolgt werden,
- freie und geplante Angebote, die möglich sind,
- Material, das verwendet werden kann.

Neue Planungsformen

Eine Möglichkeit der Elterninformation und der Einbeziehung von Eltern in die Arbeit besteht in der **nachträglichen Mitteilung** von Gruppengeschehnissen. Im situationsorientierten Arbeitsansatz (vgl. Kap. 8.2.2) setzt sich diese Form der Planungsinformation durch.

Sie bietet den Vorteil,
- dass Eltern einen lebendigen Einblick in das Erleben ihrer Kinder erhalten,
- dass Eltern Anteil nehmen können an der Entwicklung von Gruppenprozessen, Interessen und Fähigkeiten ihrer Kinder,
- dass dadurch eine Grundlage für weitere Zusammenarbeit geschaffen wird,
- dass im Team die Voraussetzungen für situationsbezogene Arbeit gegeben sind.

Beispiel:

Unsere Pläne für März:

Liebe Eltern,

vielleicht haben Sie das große Beobachtungsplakat an unserer Gruppenraumtüre bemerkt, auf dem wir festhalten, was uns an einzelnen Kindern bzw. an der Gesamtgruppe auffällt:

Was, wo und womit spielen die Kinder? Wie verhalten sie sich? Gibt es Kinder, die in der Gruppe zu kurz kommen? Welche Themen sind gerade aktuell...

Diese Beobachtungen stellen den Ausgangspunkt für die Planung des pädagogischen Angebots dar, das ja an den Erfahrungen und Interessen der Kinder anknüpfen und nicht von uns „aufgesetzt" werden soll.

Was uns in letzter Zeit vor allem aufgefallen ist:

– Die Kinder streiten kaum noch miteinander.
– Die „neuen" Kinder haben es zum Teil noch schwer.
– Ein Teil der Kinder beteiligt sich nur ungern an Kreisspielen.
– Unser Spielzeug wird nicht gerade pfleglich behandelt.
– In der Puppenecke spielt kaum noch jemand
– unser Benjamin liegt meistens irgendwo in einer Ecke, wenn nicht sogar im Backofen.
– Beliebtester Spielplatz ist nach wie vor die Bauecke, an manchen Tagen ist sie einfach zu klein.
– Muster aus verschiedenen Materialien zu legen, macht vielen Kindern zur Zeit großen Spaß.
– Unsere Experimentierpflanzen werden sehr sorgsam beobachtet und gepflegt, die Kinder kümmern sich selbstständig darum.
– Bilderbücher sind der „große Renner". Sogar die alteingesessenen Baueckenkinder machen es sich immer wieder mit einem Buch auf dem Sofa bequem.

Aus diesen Beobachtungen haben wir uns für die nächste Zeit schwerpunktmäßig zwei Dinge herausgegriffen:

– Zum einen wollen wir gemeinsam mit den Kindern überlegen, wie wir unsere Puppenecke umgestalten könnten,
– zum anderen wollen wir die Freude und das Interesse der Kinder am Genauer-Hinschauen aufgreifen und unterstützen.

Ein wenig sind wir schon in unser Thema „Schau die Welt genau an" eingestiegen, indem wir kleine Gucklöcher in schwarze Papierbögen geschnitten haben, durch die einzelne Bildausschnitte ganz detailliert betrachtet werden können. Zwei solche Guckkästen befinden sich auch an unseren Fenstern. Die Kinder sind ganz erstaunt, dass „man durch ein so kleines Loch so viel mehr sehen kann".

Ein großes Aha-Erlebnis brachte auch das Fensterfolienspiel in der Bauecke mit sich: Der Pfarrhof gegenüber wurde plötzlich grün, als sich ein Stück gelber Folie mit einer blauen deckte ... Dabei haben die Kinder ganz selbstständig auf „Sinn-volle" Weise gelernt, welche Mischfarben sich aus den Grundfarben ergeben.

Solche Erfahrungen gehen über das bloße Sehen mit den Augen oder Lernen hinaus, hier be-greift das Kind tatsächlich: blau + gelb = grün. Was Kinder über die Sinne erfassen, bleibt viel nachhaltiger in Erinnerung, als rein theoretische Übungen in Form von Vorschulmappen oder ähnlichem. Deshalb werden Sie in der nächsten Zeit noch mehr darüber hören.

(aus: H. Colberg-Schrader: Soziales Lernen im Kiga, S. 120-21.)

Aufgaben

1. Diskutieren Sie in Ihrer Klasse, welche Vor- und Nachteile die Erstellung eines Jahresplanes/Monatsplanes/Wochenplanes für die Zusammenarbeit in einem Team hat.

2. Erstellen Sie eine nachträgliche Mitteilung, die die Eltern Ihrer Praxiseinrichtung über das Geschehen der vergangenen Woche informiert (z. B. im Blockpraktikum).

3. Sammeln Sie Ideen und Anlässe, die sich eignen, Kinder an der Planung zu beteiligen.

4. Überlegen Sie Planungsanregungen für Ihre Praxisanleiterin, die Sie aufgrund von Beobachtungen der Kinder machen können.

Praxisbeispiel Die Kinderpflegerin Sabine führt mit einer Gruppe ein Bewegungsspiel durch. Sie erzählt eine Geschichte von einem Badetag am Meer. Sabine erzählt lebendig und erlebnisnah mit vielen Vorstellungsbildern, die für die Kinder Bewegungsmöglichkeiten erschließen.

Der kleine Stefan fällt dem Betrachter durch seine unsicheren Bewegungen auf. Er wartet zunächst, was die anderen Kinder tun, und ahmt dann etwas ungelenk nach.

Was Sabine nicht weiß, dass Stefan, der mit seiner Mutter im benachbarten Hochhausviertel wohnt, mit seinen 3 1/2 Jahren noch nicht die Gelegenheit zu einem Urlaub am Meer hatte. Darum kann er sich auch keine Vorstellung von der Erzählung machen und passende Bewegungen erfinden.

Was ist geschehen?

Sabine hat nicht bedacht, ob alle Kinder die Erfahrungen haben, um der Erzählung folgen zu können. Die Folge ist, dass Kinder, bei denen diese Voraussetzung fehlt, verunsichert und damit überfordert werden.

Aufgaben zum Praxisbeispiel

Versetzen Sie sich in die Situation von Stefan. Wie geht es Ihnen dabei?

8.1.2 Pädagogische Bedeutung

Einfluss auf die Planung der pädagogischen Arbeit haben weiter das Lebensumfeld der Kinder und die gegenwärtigen individuellen Situationen.

Das Lebensumfeld von Kindern

Jedes Kind nimmt die Welt zunächst so wahr, wie sie sich ihm in seinem individuellen Lebensumfeld darstellt. So wird z. B. ein Kind, das mit seinen Eltern und Geschwistern aufwächst, seine soziale Umwelt anders erfahren als ein Kind, das alleine mit einem Elternteil lebt. Ein Kind, das auf dem Land mit Wald und Wiesen vor dem Haus wohnt, wird voraussichtlich einen anderen Bezug zur Natur gewinnen als ein Großstadtkind in einem Hochhausviertel.

Soziale Einrichtungen, die von Kindern besucht werden, können bedingt durch räumliche Nähe der gleichen Wohnumwelt der Kinder angehören, etwa wenn es sich um einen Kindergarten oder einen Hort handelt. In vielen Fällen mag sich die Einrichtung in einem ganz anderen Wohngebiet befinden, z. B. bei einer Kinderkrippe oder einer Tagesstätte. Für die Mitarbeiter der jeweiligen Einrichtung ist es in jedem Fall wichtig, das Lebensumfeld der Kinder zu kennen. Denn das soziale Umfeld, die Wohnsituation, die familiären Lebensbedingungen können so vielfältig und unterschiedlich sein wie jedes einzelne Kind in der Gruppe.

Das Lebensumfeld eines Kindes umfasst die Bereiche:

Familie   d.h. im weitesten Sinne die Verhältnisse, in denen die Familie lebt.
Vorzugsweise die Leiterin bzw. die Erzieherin wird behutsam und taktvoll die berufliche und finanzielle Situation der Eltern ermitteln und sich Kenntnisse über Familienstand, Familiengröße und Staatsangehörigkeit verschaffen.

Wohn- Kenntnisse über diesen Bereich werden zum Teil beim Aufnahmegespräch er-
situation fasst bzw. sind Inhalt von Elterngesprächen. Inhalte sind: Größe der Wohnung, Wohnumgebung, Spielgelegenheit in der Wohnumgebung, Anbindung an Verkehrsmittel bzw. Beförderungsart des Kindes zur Einrichtung, Haustiere u. a.

Soziales Dazu gehören sämtlich Außenkontakte des Kindes außerhalb von Familie und
Umfeld Einrichtung wie etwa Kontakt zu den Großeltern, Aktivitäten in Vereinen und anderen Interessengruppen, Kontakte zu Kindern aus der eigenen Gruppe und aus der Nachbarschaft.

Es versteht sich von selbst, dass der Umgang mit derlei Informationen ein gewisses Maß an Vertrauen und Zusammenarbeit erfordert und sie nur vom Team der Einrichtung erfragt werden können.

Die Praktikantin informiert sich bei ihrer Praxisanleiterin und weiß um ihre Schweigepflicht.

 Bei der pädagogischen Planung ist das Lebensumfeld der Kinder zu bedenken, für die geplant wird.

Hilfsfragen zur Ermittlung des Lebensumfeldes von Kindern:

Situation in der Familie:
- Unter welchen verschiedenen Verhältnissen leben die Kinder?
- Welche Berufe haben die Eltern?
- An welchen Arbeitsplätzen arbeiten sie?
- Unter welchen Bedingungen arbeiten sie (Schichtarbeit, Kurzarbeit, Pendler)?
- Gibt es besondere Familien (Problemfamilien, Starfamilien, Familien aus einem anderen Kulturkreis)?
- Sind besondere Belastungen bekannt (Scheidung, Krankheit, Arbeitslosigkeit, finanzielle Belastungen)?

Wohnsituation:
- Welche verschiedenen Wohnumgebungen haben die Kinder?
- Welche Freiflächen gibt es (Gärten, Höfe, Spielplätze, Straßen, Plätze)?
- Können sie unbeaufsichtigt draußen spielen?
- Welche Naturerfahrungen sind möglich (Wald, Wiesen, See, Fluss, Tiere)?
- Welche Wege gehören zum Alltag der Kinder?
- Wie kommen die Kinder in die Einrichtung (zu Fuß, per Auto, mit öffentlichen Verkehrsmitteln)?

Soziales Umfeld
- Gibt es Kontakte zwischen den Kindern und ihren Familien außerhalb der Einrichtung?
- Gibt es geselliges Leben im Wohngebiet?
- Welche Bräuche werden gepflegt bzw. nicht mehr gepflegt?
- Gibt es vergleichbare Einrichtungen im Einzugsgebiet? Wenn ja, was spricht für diese Einrichtung?

Die gegenwärtige Situation der Kinder

Praxisbeispiel

Elisa soll Papiermännchen für die Fensterdekoration ausschneiden.

Sie denkt aber an ihr Meerschweinchen, das am Vortag gestorben ist.

Elisa schneidet zwar aus, aber sie wirkt lustlos und gibt sich keine Mühe bei der Tätigkeit. Oft setzt sie aus und schaut ins Leere. Die Kinderpflegerin ermahnt sie mehrmals, bis sie endlich mit ihrer Aufgabe fertig ist.

Was ist geschehen?

Die Kinderpflegerin hat den Tagesplan, nicht aber die momentane Situation Elisas beachtet. Elisa „muss" sich mit einer Tätigkeit beschäftigen, die für sie im Moment keine Bedeutung hat. Die Schneidetätigkeit ist ein künstlich in die Tagesplanung eingebrachtes Thema und hat keinen Lebensbezug in der gegenwärtigen Situation Elisas.

Aufgaben zum Praxisbeispiel

1. Versetzen Sie sich in die Situation von Elisa. Wie fühlt sie sich?
2. Wäre es der Kinderpflegerin möglich gewesen, Elisa zu verstehen? Worauf hätte sie achten sollen?

Um einen Eindruck von der gegenwärtigen Situation des Kindes in der Gruppe zu erhalten, sind regelmäßig vorgenommene Beobachtungen erforderlich. Dieser Vorgang gehört zu den wesentlichen Aufgaben in der Arbeit mit Kindern und Jugendlichen. Mit Hilfe von regelmäßig vorgenommenen systematischen Beobachtungen ist es möglich, die gegenwärtige Situation immer wieder aufs neue bewusst zu erleben und zu verstehen. Die dadurch entstehende **Situationsanalyse** ist Voraussetzung für einen verstehenden Umgang mit Kindern.
(Siehe auch Kapitel 3.4)

Hilfen zur Erstellung einer Situationsanalyse:

Zu beobachten sind:	<ul><li>Äußerungen des Kindes</li><li>seine Spielhandlungen</li><li>Zeichnungen des Kindes</li><li>seine Verhaltensweisen mit den dabei sichtbar werdenden Gefühlen</li><li>Berichte von Eltern über Ereignisse in der Familie oder der Einrichtung</li></ul>

Im Hinblick auf ihre Ursachen zu erforschen ist:	• In welcher Situation verhält sich das Kind so? • Welches Gefühl kommt dabei zum Vorschein? (Freude, Trauer, Angst, Wut)? • Welche Bedingungen führen zum gegenwärtigen Verhalten? • Was sollte die Kinderpflegerin noch genauer beobachten, um die Bedeutung der Situation noch besser zu verstehen? • Wie betroffen ist die Kinderpflegerin selbst von der Situation? • Wie objektiv ist die Beobachtung? Sehen andere Beobachter sie auch so? • Welche Informationen sind evtl. noch nötig, um die Situationsanalyse zu vervollständigen?

(Vgl. Sozialpädagogische Praxis der 10. Klasse – Thema: Beobachtung und Kapitel 7.1)

Aufgaben

1. Erstellen Sie einen Überblick über das Lebensumfeld der Kinder Ihrer Gruppe.
2. Führen Sie ein Beobachtungsheft über ein Kind Ihrer Gruppe, in das Sie an jedem Praxistag Beobachtungen über dessen Verhalten eintragen. (Siehe dazu Sozialpädagogische Praxis: Beobachtung.)
3. Erstellen Sie einen Beobachtungsbogen, der als Hilfsmittel dienen kann, auf Verhaltensänderungen von Kindern schnell aufmerksam zu werden.

8.1.3 Bausteine der Planung

Unter Berücksichtigung der gesellschaftlichen und institutionellen Anforderungen an die pädagogische Arbeit ergeben sich für die konkrete Arbeit mit Kindern folgende Überlegungen und Fragestellungen, die Inhalt der Planung der gesamten pädagogischen Abeit wie auch einzelner Aktivitäten sind:
(Vgl. hierzu Kap. 8.3)

Planungsbestandteile

Ziel = warum?

- Welche Zielsetzung ist aus der gegenwärtigen Situation in der Gruppe abzuleiten?
- Was sollten die Kinder erfahren, um bestimmte Situationen meistern zu können?
- Wo liegen Ziele, die die Erzieherin/ Kinderpflegerin im Moment für wichtig erachtet?

Inhalt oder Thema = was?

- Welches Thema spricht die Kinder an?
- Wo liegen Handlungs- und Erfahrungsmöglichkeiten der Kinder?
- Welche Interessen haben die Kinder?
- Was beschäftigt sie gerade?
- Gibt es Kenntnislücken oder Fehlverhalten?

Methode = wie?

- Welche Arbeitsschritte sind sinnvoll?
- Wie können Kinder am besten motiviert werden?
- In welcher Reihenfolge ist am besten vorzugehen, um die Aktivität und Selbstständigkeit der Kinder weiterzuentwickeln?

Medien oder Material = womit?

- Welches Material ist notwendig?
- Welches Material ist vorhanden?
- Welches Material lässt sich umfunktionieren?
- Welches Material sollte beschafft oder hergestellt werden?

Aufgaben

Beobachten Sie im Freispiel Untergruppen in den verschiedenen Spielbereichen.

1. Welche Themen haben die Kinder? Welche Interessen werden dadurch sichtbar?
2. Suchen Sie Möglichkeiten, diese Interessen aufzugreifen.
3. Welche Ziele streben Sie dabei an?
4. Mit welchen Materialien können sie Ihr Vorgehen unterstützen?

8.2 Verschiedene Planungsansätze in der Praxis

Die folgenden Praxisbeispiele zeigen Arbeitsweisen von zwei Kindergärten auf.

In beiden Beispielen ist es gerade Herbst, eine ausgesprochen verregnete Zeit. Zwei Erzieherinnen, jeweils Gruppenleiterinnen, greifen diese Situation mit ihrer Kindergruppe auf und befassen sich mit Regen, allerdings auf sehr unterschiedliche Weise.

8.2.1 Funktionsorientierter Ansatz

An den bunt bemalten Fensterscheiben ist der Kindergarten schon von außen zu erkennen: Wolken, Regen, Kinder in Regenmänteln. Im Flur sind zahlreiche Kinderarbeiten ausgestellt. An der Tür des Gruppenraumes steht: „Unser Monatsthema: Regen." Danach folgt eine Liste von Bastelarbeiten, von Liedern, Spielen und Bilderbüchern über Regen und Wetter. Im Gruppenraum sitzt die Erzieherin mit ein paar Kindern an einem Tisch. Die Kinder haben buntes Tonpapier vor sich, auf dem Regenschirme aufgezeichnet sind. Sorgsam werden die Formen mit einer Nadel ausgestochen. Von der Decke hängen bereits eine Menge Schirme herunter. Sie machen den Raum bunt. Die übrigbleibenden Umrandungen der Schirme werden nicht weggeworfen, sondern mit Transparentpapier hinterklebt und am Fenster angeheftet. Sie ergeben eine lange Reihe leuchtender, farbig unterschiedlicher Schirme. An einer Seitenwand des Raumes hängen Bilder aus Spritztechnik: zarte, pastellfarbene Regenschirme. Ästhetisch schön, aber auch wieder alle gleich. Drei Regenschirme von jedem Kind. Fünfundzwanzig mal drei gleich fünfundsiebzig. An einer Wand hängt ein selbsthergestellter Wetterkalender. Der Kindergarten ist mit Spielmaterial gut ausgestattet. Die Erzieherin achtet auf sorgsamen Umgang mit dem Material. Sie hat einen freundlichen Umgangston, kann die Kinder gut motivieren und einfühlsam auf einzelne Kinder eingehen. Auffallend ist ihr großes Geschick, die Aufmerksamkeit zu teilen, zum Beispiel hier zu werken und dort zu beobachten, wie gespielt wird. Bei Konflikten greift sie schlichtend und vermittelnd ein. Sie beobachtet, ob die Gruppenregeln eingehalten werden, z.B. „nicht mehr als drei Kinder in Bau- oder Puppenecke", „fragen, wenn ein Kind den Raum verlassen möchte" oder „angemessenes Verhalten beim gleitenden Frühstück".

Die Aufmerksamkeit der Erzieherin ist aber stärker an den Basteltisch gebunden als an die Kinder im Freispiel. Die werkenden Kinder benötigen ihre Hilfe und ihre Aufmunterung. Wer mit Basteln fertig ist, darf spielen gehen. Auf den freiwerdenden Platz kann ein nächstes Kind zum Basteln kommen. Die Kinder sind zum Herstellen ihrer farbigen Schirme leicht zu motivieren. Sie wissen, dass diese Tätigkeit von ihnen erwartet wird und dass sie dafür gelobt werden, von der Erzieherin, von den Eltern und nicht zuletzt durch das ausgestellte und vergleichbare Werk selbst. Es würde auffallen, wenn von einem Kind kein Schirm aufgehängt werden könnte.

Später am Vormittag wird ein Stuhlkreis gebildet. Im Wetterkalender wird von einem Kind das heutige Wetter eingetragen. Es regnet. Danach führt die Erzieherin ein neues Regenlied ein. Zum Schluss werden Spiele, deren Spielregeln die Kinder schon kennen, gespielt. Kinder dürfen die Spiele selbst vorschlagen und abwechselnd die Spielführung übernehmen. Im Flur warten bereits einige Eltern, die die ausgestellten Bastelarbeiten der Kinder betrachten.

(aus: Sozialpädagogische Blätter, Heft 4/1985, Quelle und Meyer)

8.2.2 Situationsorientierter Ansatz

An der Tür des Gruppenraumes steht: „Wir befassen uns zur Zeit mit dem Regen. Wer kann uns Ideen und Anregungen beschaffen? Zum Beispiel Bilder, Bücher, Wissenswertes? – Bitte bei Regenwetter Stiefel und Regenmäntel nicht vergessen!"

An der Wand des Flures sind zwei große Collagen zu sehen, die mit den Kindern erstellt wurden: Auf einem Bild sind Kinder, die im Regen spielen, sich am Regen freuen oder sehnsüchtig hinter einer verregneten Fensterscheibe stehen und auf schönes Wetter warten. Auf dem anderen Bild sieht man Tiere, die Regen brauchen: Fische, Frösche und Lurche (rot umrandet, weil sie vom Aussterben bedroht sind), wassertrinkende Vögel und Säugetiere, ein badendes Nilpferd und eine Menge Würmer und Schnecken.

Im Gruppenraum spielen die Kinder in kleinen Gruppen. Es fällt auf, dass die Kinder viel Material aus ihrer Umwelt zum Spielen benutzen, das eigentlich kein typisches Spielmaterial ist: Kieselsteinchen in der Puppenecke als „Essen" oder Geld, ein Zuordnungsspiel aus gesäuberten Obstkernen, Decken für Höhlen und Hütten, selbsthergestellte Tierchen aus Pappmaché. In einem Setzkasten an der Wand liegen verschiedene Schneckenhäuser aus. Zu zweit vergleichen sie, ob sie doppelte Formen und Muster finden. Auf der Fensterbank steht ein Terrarium mit Schnecken. Eine Lupe daneben. Ein Kind lässt eine Schnecke über seinen Arm kriechen, ein anderes staunt, aber will die Schnecke nicht anfassen. Sie sprechen darüber, dass die Schnecken jetzt bald wintermüde werden. Dann nehmen sie die Lupe und suchen vergeblich nach Schneckeneiern. Im Frühsommer haben sie sogar einmal das Eierlegen beobachten können. Selbst die Erzieherin hatte damals gestaunt, weil sie das zum ersten Mal sah.

Die Gruppenleiterin macht die Kinder darauf aufmerksam, dass es wieder dunkler wird, weil draußen Wolken aufziehen. Sie schlägt vor, den großen alten Sonnenschirm aus dem Flur in den Sandkasten zu tragen, um vom Fenster aus zu beobachten, wie er den Regen abhält. Ein Kind möchte das „Regenmessgefäß", das sie sich aus einem Glas und einem großen Trichter vor einigen Tagen hergestellt haben, im Hof aufstellen. Als es anfängt zu regnen, stehen ständig ein paar Kinder am Fenster.

Ein Junge kommt herein mit weiteren Bildern, die er mit seiner Mutter aus Zeitschriften gesammelt hat. Kein Platz mehr auf der Collage. Ein Kind schlägt vor, ein Bilderbuch anzufangen, wie sie es neulich von Krankheiten und vom Krankenhaus gemacht haben. Sofort findet sich eine Gruppe von Kindern, die ausschneiden helfen. Die Erzieherin bringt einen Aktenordner und schneidet Tonpapier als Seiten zurecht.

Ein Kind kommt eilig in den Gruppenraum, noch angezogen, und berichtet stolz, dass es wieder einen Regenwurm vom Asphalt gerettet hat. Drei Kinder, die den Bericht hören, planen miteinander, den Hof nach Regenwürmern abzusuchen und sie in das Gärtchen zu tragen, das die Gruppe sich angelegt hat. Die Erzieherin achtet darauf, dass sie sich vorzeigen, bevor sie hinausgehen, damit sie sehen kann, ob sie regenfest angezogen sind. Als sie nach einiger Zeit wiederkommen, haben sie „nur" einen Regenwurm gefunden, und sie schlagen vor, die Blumentöpfe in den Regen zu tragen. Sie überlegen mit der Erzieherin, welche Pflanzen das Regenwetter brauchen. Die Blumentöpfe werden durch das geöffnete Fenster hinausgereicht.

Die Erzieherin wendet sich unterschiedlichen Spielgruppen zu, beobachtet die Schnecken im Terrarium, unterhält sich mit den am Fenster stehenden Kindern, die den Regen betrachten. Es tropft vom Schirm und vom Schuppendach am Rande des Hofes.

Später am Vormittag wird ein Stuhlkreis gestellt. Zwei Kinder haben das Regenmessgefäß hereingeholt. Es wird ein Zeichen gemacht, wie hoch der Regen steht. Ein Kind sagt, dass man einen größeren Trichter braucht. Es folgt ein Gespräch über das vom Schirm tropfende Wasser und den sicher trockenen Sand unter dem Schirm.

Gespräche über Dächer und Dachrinnen. Eine Frage von einem Kind: „Wohin fließt das Wasser vom Dach?" Die Antwort: Regenrinnen, die gleich in die Kanalisation abgeleitet werden. Ungenutztes Wasser, das zum Gießen geeignet wäre. Schade um den Regen! Aber das Schuppendach hat keine Rinne! „Wenn wir uns eine Rinne bauten und sie in eine Tonne leiteten, könnten wir das Regenwasser sammeln und unseren Garten gießen!" ruft ein Kind. „Dabei müssten aber Eltern helfen", meint die Erzieherin. Die Kinder wollen zu Hause fragen. Die Erzieherin verspricht, den Träger zu fragen, ob er keine Einwände hat. Dann müssen sie das Gespräch abbrechen, um noch schnell, bevor die Kinder abgeholt werden, den Sand unter dem Regenschirm zu untersuchen und nachzusehen, wie es an den Stellen aussieht, auf die das Wasser vom Schuppendach tropft.

(aus: Sozialpädagogische Blätter, Heft 4/1985, Quelle und Meyer)

8.2.3 Vergleich der beiden Ansätze

Funktionsorientierter Ansatz: **Situativer Ansatz:**

Wie wird geplant?

Erzieherinnen und Kinderpflegerinnen planen gemeinsam im Team <u>für die Kinder</u>.

Erzieherin und Kinderpflegerin einer Gruppe erarbeiten <u>bei und mit den Kindern</u> den Plan. Darüber wird gemeinsam im Team reflektiert.

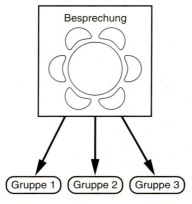

In jeder Gruppe wird nach dem gleichen Plan gearbeitet.

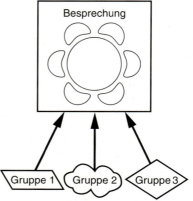

Jede Gruppe arbeitet nach einem eigenen Plan.

Welche Ziele sind vorrangig?

Grundlegende Fähigkeiten, die zur Vorbereitung auf die Schule ausgerichtet sind. Sie dienen vor allem der Erlangung der Kulturtechniken Lesen, Schreiben, Rechnen.
Im Vordergund stehen
die Konzentrationsfähigkeit,
die Einordnung in eine Gruppe und
die Arbeitshaltung.

Fähigkeiten, die es dem Kind ermöglichen, seine momentane Lebenssituation nachzuerleben (emotionale Fähigkeiten), zu verstehen (kognitive Fähigkeiten) und aufzuarbeiten (Handlungsfähigkeit).
Im Vordergrund stehen
Selbstständigkeit
lebenspraktische Fähigkeiten
Selbstbewusstsein
solidarisches Verhalten.

Wie werden Lerninhalte ermittelt?

Inhalte werden dem Jahresablauf entsprechend im Team ermittelt und vorwiegend in Form von geplanten Spielsituationen im Kindergarten vermittelt.

Inhalte ergeben sich aus der Durchleuchtung der Lebenssituation der Kinder (Situationsanalyse).
Situationen, die Kinder im Kindergarten erleben, werden mit außerhalb des Kindergartens erlebten Situationen vernetzt.

Welche Methoden werden gewählt?

Vorwiegend gezielte Angebote und Aktivitäten in der Gruppe mit nachprüfbaren Lernschritten, der Erfolg kann durch eine Lernzielkontrolle gemessen werden, d. h. es wird überprüft, ob die dem Kind gestellte Aufgabe erfolgreich durchgeführt wurde. Das sichtbare Ergebnis zählt, und es ist vergleichbar mit dem der anderen Kinder.

Projekte und Aktivitäten in der Gruppe, die durch die Situationsanalyse ermittelt wurden, d.h. aufgrund der gegenwärtigen Interessen der Kinder, ihren Ideen und Wünschen. Aus einem Projekt oder einer Aktivität können sich weitere entwickeln. Die Lernprozesse ergeben sich spielerisch und sind nicht unmittelbar nachprüfbar.

Welche Medien/Materialien werden verwendet?

Vorwiegend pädagogisch wertvolles und auserwähltes Spielmaterial.

Material aus der Lebensumwelt der Kinder wie z. B. Naturmaterial, Verkleidungsgegenstände, Haushalts- und sonstige Utensilien des Alltags.

Aufgaben

1. Wählen Sie aus Ihrer Klasse je zwei Vertreter, die den Funktionsansatz bzw. den Situationsansatz vertreten.
   a) Bilden Sie eine Diskussionsrunde, bei der jeder Meinungsträger seine Argumente vertritt.
   b) Stimmen Sie vor und nach der Diskussion in der Klasse über die Pro- und Kontra-Meinungen ab.
2. Erinnern Sie sich an Situationen, in denen Sie so ähnlich gehandelt haben wie der Lehrer in der Karikatur? Was bewegte Sie dazu?

8.3 Bestandteile der Planung

Die Bestandteile der Planung pädagogischer Arbeit, also Zielsetzung, Lerninhalt, Methoden und Medien, werden in diesem Kapitel ausführlich dargestellt.

8.3.1 Zielsetzung

Der erste Schritt für die Planung von Aktivitäten jeglicher Art (z. B. Einzelaktivitäten, Angebote, Projekte) ist die Bestimmung des Lernzieles.

Mit einem Lernziel wird ein Verhalten beschrieben, zu welchem das Kind gelangen kann, (Fertigkeiten, Kenntnisse, Fähigkeiten, Haltungen, Verhalten).
Die Kinderpflegerin setzt sich bei der Überlegung des Lernzieles damit auseinander, warum das Kind zu einer bestimmten Lernerfahrung kommen soll.

Bei der Aufgliederung von Lernzielen in verschiedene Entwicklungsbereiche ist nicht zu vergessen, dass Lernen immer die Gesamtpersönlichkeit des Kindes berührt.

Bereits im Kapitel 3 (Spiel) wurde deutlich, wie vielseitig die Auswirkungen des Spiels auf das Kind sind und wie das Spiel die Persönlichkeit ganzheitlich umfasst:

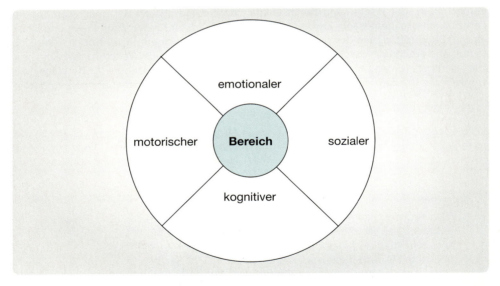

Praxisbeispiel Jonas (5,2) betritt am Morgen den Gruppenraum und steuert zielsicher auf Markus (5,10) zu. Er fragt Markus, ob er mit ihm spielen möchte, (sozialer Bereich: Kontaktaufnahmen) und deutet dabei auf den Bauteppich. Jonas erzählt, während die beiden durchs Zimmer gehen, recht lebhaft von einem Erlebnis, das er am Vortag hatte (emotionaler Bereich: Erlebnisfähigkeit). Die beiden sitzen in der Zwischenzeit in der Bauecke, und Jonas berichtet von einem kleinen Kälbchen, das am Vortag auf dem Bauernhof geboren wurde, auf dem er mit seiner Mama Milch holte (kognitiver Bereich: Sprachgebrauch). Er beschreibt, wie klein und gefleckt das Kälbchen war und wie es bei seiner Mutter getrunken hat (kognitiver Bereich: Wahrnehmungsfähigkeit und Wissen). Jonas macht den Vorschlag, gemeinsam einen Bauernhof zu bauen (kognitiver Bereich: Ideenreichtum). Markus geht sofort darauf ein und holt die Kiste mit den Holztieren. Er betrachtet die Tiere, nimmt eine Kuh heraus und sagt, er möchte gerne einen Kuhstall bauen (sozialer Bereich: Anpassungsfähigkeit). Jonas stimmt zu und bemerkt, dass Kühe auch eine Weide mit einem Zaun brauchen (kognitiver Bereich: Erkennen von Zusammenhängen). Jonas stellt eine Kuh nach der anderen auf seine Weide und umzäunt sie mit Rundhölzern, die er vorsichtig mit Holzklötzchen verbindet und befestigt. Dabei muss er aufpassen, dass die Hölzer nicht wegrollen und er nichts umstößt (Motorik: feinmotorische Geschicklichkeit).

Die beiden sind in der nächsten Stunde sehr vertieft, und es fallen ihnen immer wieder neue Einzelheiten ein, die auf ihrem Bauernhof nicht fehlen dürfen (emotionaler Bereich: Vorstellungskraft). Als ihr Werk fertig ist, sind sie sehr stolz darauf (emotionaler Bereich: Selbstbewusstsein).

Als Orientierungshilfe, nämlich um die Struktur sichtbar zu machen, werden hier mögliche Lernziele den verschiedenen Entwicklungsbereichen zugeordnet:

Überblick über Lernziele:

Entwicklungsbereiche	Lernziele
Sozialer Bereich	Rücksichtnahme Verantwortungsbewusstsein Kontaktfähigkeit Konfliktfähigkeit Toleranz Anpassungsfähigkeit Regelverständnis ...
Gefühlsmäßiger (emotionaler) Bereich	Erlebnisfähigkeit Selbstbewusstsein Mitgefühl Sensibilität Ausdrucksfähigkeit von Gefühlen Werthaltungen Vorstellungskraft Phantasie ...
Motorik	Körperbeherrschung grobmotorische Fähigkeiten körperliche Belastbarkeit feinmotorische Geschicklichkeit Experimentierfreude praktische Fertigkeiten ...
Geistiger (kognitiver) Bereich	Wissen, Verständnis Wahrnehmungsfähigkeit Merkfähigkeit Denkvermögen geistige Beweglichkeit Ideenreichtum Erkennen von Zusammenhängen Urteils- und Kritikfähigkeit Sprachgebrauch ...

Es ist bei genauer Beobachtung des kindlichen Spiels leicht möglich, darin enthaltene Erfahrungen zu erkennen.

Geplante Aktivitäten sind immer auf die Erreichung bestimmter Lernziele ausgerichtet, darin liegt ihr eigentlicher Sinn, denn „wer vom Ziel nicht weiß, kann den Weg nicht haben" (Christian Morgenstern).

Wenn eine Aktivität mit Kindern geplant wird, sollen damit bestimmte Ziele erreicht werden. Dabei wird unterschieden zwischen **Grobziel** und **Feinziel**:

Aus dem Grobziel

wird ein Feinziel abgeleitet,
das eine bestimmte Entwicklungsrichtung anzeigt und mit dem konkret bestimmt werden kann, wie Kinder in bestimmte Situationen handeln sollen.

Beispiele:

Körperbeherrschung
- das Kind beherrscht die Hockwende über die Bank
- es kann auf dem Reifen balancieren
- es kann auf Signal das Laufen unterbrechen

Verantwortungsbewusstsein
- es gießt regelmäßig die Zimmerpflanzen
- es spült sein Frühstücksgeschirr nach dem Essen
- es hilft einem kleinen Kind beim Schuhebinden

Wahrnehmungsfähigkeit
- es kann rauhe und weiche Gegenstände unterscheiden
- es kann Gegenstände blind erkennen
- es kann Materialien nach Größe sortieren

Die Zielfindung

Für die Planung von Aktivitäten und Angeboten ist es notwendig, die Zielsetzung so konkret wie möglich, d.h. mit Feinzielen zu erfassen, denn nur wer klar weiß, was er erreichen möchte, arbeitet zielstrebig und kann später überprüfen, was erreicht wurde.

> **Praxisbeispiel** Die Praktikantin Melanie beobachtet während ihres Praktikums folgende Situation:
>
> Murat (4,2), ein türkischer Junge, der seit drei Wochen in der Kindergartengruppe ist und noch kaum Deutsch versteht bzw. spricht, schaut Daniel (4,10) eine Weile zu. Daniel ist gerade mit einem Puzzle beschäftigt und sitzt alleine am Tisch. Murat schaut Daniel erwartungsvoll an, aber es erfolgt keine Reaktion. Da geht Murat auf Daniel kurzentschlossen zu, nimmt ihm ein Puzzleteil ab und hält es fest. Daniel reagiert verärgert und möchte das Teil zurückhaben. Es kommt zu einem Handgemenge, wobei noch zwei weitere Kinder hinzukommen, um Daniel zu unterstützen und auf den „bösen Murat" zu schimpfen, „der den Kindern immer etwas wegnimmt".
>
> Melanie beobachtet Murat in der nächsten Zeit besonders aufmerksam und spricht mit der Erzieherin darüber. Dabei wird deutlich, dass Murat häufig in ähnliche Konflikte verwickelt ist und in Gefahr steht, von der Gruppe zum unliebsamen Außenseiter abgestempelt zu werden.

Auswertung:

Der Erzieherin und der Praktikantin wird aufgrund ihrer Beobachtungen klar,

1. dass Murat Kontakt zu Kindern aufnehmen möchte (schaut erwartungsvoll),
2. dass Murat keine sprachlichen Ausdrucksmittel hat, dies mitzuteilen,
3. dass Murat nach anderen Möglichkeiten der Kontaktaufnahme sucht (nimmt Puzzleteil weg),
4. die aber von den anderen Kindern nicht verstanden bzw. nicht akzeptiert werden.

Zielsetzung für Murat:

im sozialen Bereich:	Murat kann fragen, wenn er mitspielen möchte, Murat kann auch akzeptieren, wenn ein Kind alleine spielen möchte,
im kognitiven Bereich:	er hat einfache sprachliche Mittel zur Verständigung.

Zielsetzung für die Gruppe:

im emotionalen Bereich:	Die Kinder erkennen und verstehen Murats Wunsch nach Kontakt, die Kinder fühlen sich in Murats Situation ein,
im sozialen Bereich:	die Kinder sind bereit und fähig, Murat Eingliederungshilfen in die Gruppe zu gewähren,
im geistigen Bereich:	die Kinder nehmen Murats Stärken wahr und schätzen sie.

Wie das Beispiel Murat zeigt, ist es wichtig, Ziele dort anzusetzen, wo sie für die Lebensbewältigung der Kinder wichtig sind. Der Bestimmung von Zielen gehen eingehende Beobachtungen der Kinder voraus. Wenn der Beobachterin kindliche Verhaltensweisen vertraut und deren Ursachen bewusst sind, ist sie in der Lage, Ziele zu erkennen.

Ziele (= Grobziele) können nicht sofort erreicht werden. Zwischenschritte sind notwendig. Zunächst werden kleine erreichbare Ziele (= Feinziele) angestrebt, überprüft und evtl. erweitert. Mit vielen Feinzielen (= kleine Schritte) wird dann ein Grobziel (= großer Schritt) erreicht.

Hilfen zur Zielfindung:

Erzieherin und Kinderpflegerin bedenken gemeinsam:

im Hinblick auf die Kinder:

- Lebensereignisse, die die Kinder im Moment beschäftigen;
- Lebenserfahrungen von Kindern, die vorausgesetzt werden können;
- Stärken von Kindern, an die angeknüpft werden kann;
- erlebte Erfahrungen, die von den Kindern noch nicht verstanden wurden;
- Situationen, die noch aufzuarbeiten sind;
- Erfahrungen, die noch erweitert werden sollten;
- lebenspraktische Fähigkeiten, die noch aufgebaut oder erweitert werden sollen;

im Hinblick auf Rahmenbedingungen und eigene Anliegen

- Wünsche und Ziele, die für die Erzieherin/Kinderpflegerin persönlich von Bedeutung sind;
- aktuelle Ereignisse, welche in der Einrichtung und im Umfeld im Moment berücksichtigt werden sollten.

(Vgl. auch: Hilfen zur Erstellung einer Situationsanalyse auf Seite 260 f.)

Aufgaben

1. Beobachten Sie das Spiel eines Kindes in verschiedenen Spielbereichen oder bei unterschiedlichen spielerischen Betätigungen.
   Leiten Sie aus diesen Beobachtungen ab, inwieweit durch dieses Spiel soziale, motorische, kognitive, emotionale Fähigkeiten eingeübt werden.

2. Ordnen Sie den Grobzielen auf Seite 267 (Überblick über Lernziele) jeweils weitere Feinziele zu.

3. Finden Sie aufgrund der folgenden beobachteten Situation Feinziele für das jeweilige Kind heraus:
   a) Michaela hört bei Gesprächen selten zu, ergreift dafür ständig das Wort.
   b) Sebastian wird von den anderen Kindern im Rollenspiel nur in der Rolle des Babys akzeptiert.
   c) Anne betritt aufgeregt das Zimmer. Sie wurde soeben Zeugin eines Unfalls, bei dem eine Radfahrerin angefahren wurde.

4. Welche Ziele verfolgt eine Kinderpflegerin, die Kinder nach Schablonen ausschneiden lässt, im Gegensatz zu einer Kinderpflegerin, die das Motiv von den Kindern selbst gestalten lässt?

8.3.2 Lerninhalt

Nachdem die Ziele bestimmt sind, gilt es die nächsten Schritte auf dem Weg dorthin zu überlegen. Das Lernziel gibt die Richtung an, das gewählte Thema, mit dem das Ziel erreicht werden soll, ist mit dem Lerninhalt gleichzusetzen.

Lerninhalte stehen in unmittelbarer Beziehung zum angestrebten Lernziel. Die Wahl des Lerninhaltes richtet sich ebenso wie die des Zieles nach der Lebenssituation des Kindes und knüpft an dessen momentane Lebenserfahrungen an.

Merke **Die Frage nach dem Lerninhalt lautet: Was bzw. welcher Themenbereich wird angeboten, um die angestrebten Lernziele zu erreichen?**

Um beim Beispiel zu bleiben, können für Murat und seine Gruppe folgende Lerninhalte in Betracht kommen:

Lernziel	Lerninhalt
Murat kann fragen, wenn er mitspielen möchte.	Die Kinderpflegerin übt die Kontaktaufnahme täglich beim Kommen von Murat ein.
Murat erlernt sprachliche Mittel zur Verständigung.	Die Kinderpflegerin wendet während dieses Spiels die nötigen Redewendungen deutlich an.
Die Gruppe ist fähig, Murat Eingliederungshilfen zu geben.	Gruppengespräch mit dem Ziel, ‚Patenkinder' für Murat zu finden.
Die Gruppe kann Kontaktwünsche von Murat erkennen und verstehen.	Rollenspiele in der Kleingruppe mit ähnlicher Problemstellung. Pantomimische Spiele zur Förderung des nonverbalen Ausdrucks.
Die Gruppe lernt türkische Sitten und Gebräuche kennen.	Erlernen eines türkischen Tanzliedes und Vorspielen in der Nachbargruppe und weitere türkische Spiele. Unter Einbeziehung von türkischen Müttern und Vätern könnte ein türkischer Tag oder ein türkisches Fest im Kindergarten gestaltet werden (= Projekt).

> **weitere Überlegungen**
>
> Erzieherin und Kinderpflegerin werden durch weitere Beobachtungen klären, welche Fähigkeiten und Stärken Murat hat. Tätigkeiten, bei denen Murats Stärken deutlich werden, bieten Möglichkeiten der Anerkennung und Bestätigung durch andere Kinder und Erwachsene.

Die Interessen und Begabungen der Kinder sind unterschiedlich. Die Aufgabe von Erzieherin und Kinderpflegerin besteht darin, sie wenn nötig zu wecken und wo vorhanden weiter zu fördern. Dazu ist ein ausgewogenes Angebot von verschiedenen Lerninhalten hilfreich und notwendig.

Lerninhalte werden hier der Übersichtlichkeit halber verschiedenen Lernbereichen zugeordnet. Aus jedem möglichen Lerninhalt wird das Thema abgeleitet, das den Lerninhalt konkret bezeichnet.

Übersicht über Lerninhalte

Lernbereich	Lerninhalt	Thema
1. Sozialerziehung	Gemeinschaftsspiele, Rollenspiele, Gespräche	z. B. Spieleinführung: „Polizist finde mein Kind"
2. Ästhetische Erziehung	Werken, Malen, Gestalten	z. B. Herstellen eines Vogelhäuschens
3. Musik- und Bewegungserziehung	Lieder, Tänze, Bewegungs- und Singspiele	z. B. Liedeinführung des Liedes: „Wenn einer sagt..."
4. Sprach- und Denkerziehung	Bilderbücher, Erzählungen, Märchen, Gespräche, Rollenspiele, Fingerspiele, Tischspiele, Experimente, Rätsel	z. B. Betrachtung des Bilderbuches „Bärenwunder"
5. Umwelt-, Natur- und Sachbegegnung	Beobachten, Experimente, Häusliche Tätigkeiten	z. B. Beobachtung von Ameisen
6. Religiöse Erziehung	Lieder, Erzählungen, Gespräche, Gebete, Malen, Gestalten, Gemeinschaftsspiele	z. B. Erzählung: „Der Zöllner Zachäus"

Hilfen zur Themenfindung

Erzieherin und Kinderpflegerin bedenken:

- Ist das Thema von Bedeutung für die Kinder in unserer Einrichtung?
- Entspricht das Thema den Interessen der Kinder?
- Ist das Thema von Bedeutung für das Leben der Kinder?
- Ist das Thema in seinem gesamten Zusammenhang für die Kinder erfassbar?
- Ist das Thema zeit- und jahreszeitgemäß?
- Ist das Thema weltanschaulich vertretbar?
- Ist das Thema ohne größere Schwierigkeiten organisierbar und durchführbar?
- Ist das Thema für weiterführende Projekte geeignet?

Aufgaben

1. Versuchen Sie sich rückblickend an den letzten Praxistag daran zu erinnern, welche Kinder neugierig auf bestimmte Inhalte waren.
Welche Inhalte waren das?
Beschreiben Sie, woran dieses Interesse sichtbar wurde.
2. Beurteilen Sie die Themenauswahl in den nachfolgenden Beispielen nach den obenstehenden Kriterien:
   2.1 Wir üben mit den Vorschulkindern Fahrrad fahren im Stadtviertel.
   2.2 Wir besuchen den Zoo.
   2.3 Wir bauen eine Schneeburg im Garten.
   2.4 Im Hort: Religiöses Brauchtum im Hinduismus.

8.3.3 Methode

Murats Problem und dessen Auswirkungen auf das Geschehen in der Gruppe wurden rechtzeitig erkannt. Kinderpflegerin und Erzieherin wurden sich über die Lernziele für die nächste Zeit bewusst und hatten auch Ideen, womit diese Ziele erreicht werden können.

Ob die angestrebten Lernziele auch wirklich erreicht werden, hängt nicht zuletzt davon ab, wie vorgegangen wird. Je mehr dem natürlichen Neugierverhalten der Kinder entsprochen wird, und je selbstständiger die Kinder der Gruppe und Murat miteinander Erfahrungen machen können, um so sicherer werden die Ziele auf Dauer erreicht werden.

 Mit der Methode wird ein Weg gewählt, wird das WIE bestimmt, um angestrebte Ziele zu erreichen.

Mit Hilfe von pädagogischen Methoden sollen Kindern Möglichkeiten geschaffen werden, konkrete Erfahrungen zu machen und dadurch eigenständiges Können zu erwerben. So, wie viele Wege zu einem bestimmten Ziel führen können, so geschieht auch die Vermittlung von Lerninhalten in vielfältiger Weise.

Methodisches Vorgehen umfasst zwei Dimensionen:

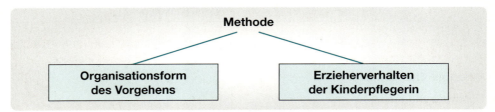

Organisationsformen

Sind Ziele und Inhalte von Angeboten geklärt und dienen Lebensumfeld und die gegenwärtige Situation der beteiligten Kinder als Grundlage für das gesamte Vorhaben, stellt sich die Frage nach der Organisation zur Vermittlung von Lerninhalten.

Folgende Formen der methodischen Arbeit sind möglich:

Die Einzelbeschäftigung mit einem Kind, das geplante Angebot für und mit einer Gruppe, das Projekt mit einer oder mehreren Gruppen und die Begleitung des freien Spieles.

Auf die Freispielbetreuung wird im Kapitel 3 „Spielpflege und Spielführung" ausführlich eingegangen, die anderen genannten Formen werden im folgenden beschrieben.

1. Die Einzelbeschäftigung

Die Kinderpflegerin oder die Erzieherin befasst sich gelegentlich mit einem einzelnen Kind. In der Regel handelt es sich dabei um ein Kind, das in diesem Moment der besonderen Zuwendung, Aufmerksamkeit und Förderung bedarf, wie z. B. ein neues Kind, ein benachteiligtes Kind, ein Kind in einer besonderen Lebenslage usw.

Die Einzelbeschäftigung verläuft nach folgender Systematik:

- aufmerksam werden für die Bedürfnisse des betroffenen Kindes
- die Zielsetzung erkennen
- Ideen sammeln für die Einzelbetätigung mit dem Kind
- aufmerksame Betätigung mit dem Kind
- u.U. weitere Kinder ins Spielgeschehen behutsam einbeziehen
- die spezielle Förderung drosseln, wenn die neuen Fähigkeiten zunehmen

2. Das geplante Angebot

Es richtet sich an eine dafür vorgesehene Gruppe von Kindern, es verfolgt vorher überlegte Zielsetzungen.

Die Kinderpflegerin oder Erzieherin plant den Ablauf des Angebotes.

Das geplante Angebot verläuft nach folgender Systematik:

Einstimmung: Schaffung eines gefühlsmäßigen Bezugs der Kinder zur Kinderpflegerin und zum Thema

Durchführung: Praktische Durchführung des eigentlichen Themas unter Berücksichtigung spezieller methodischer Grundsätze

Ausklang: Ausklang des Themas durch ein Erfolgserlebnis bzw. durch Entspannung

3. Das Projekt

In zunehmendem Maße gewinnen Projekte in der pädagogischen Arbeit an Bedeutung. Sie sind im situationsorientierten Ansatz unverzichtbarer Bestandteil der Planung.

Der Projektverlauf erfolgt in drei Phasen.

1. Planungsphase

Das Projekt wird gemeinsam mit allen Beteiligten, mit den Kindern, Eltern, Mitarbeiterinnen usw. geplant. Das Projektthema hängt davon ab, wovon sich die Kinder angesprochen fühlen.

Die Kinder sind an der Themenwahl ernsthaft beteiligt und haben Mitsprache- und Mitbestimmungsrecht.

Kinderpflegerin und Erzieherin haben die Aufgabe, Wünsche, Ideen, Situationen zu sammeln und zu ordnen. Ist ein Themenbereich festgelegt, werden notwendige vorbereitende Überlegungen mit den Kindern erarbeitet, wie z. B. Raum, Zeit, Materialien, Aufgaben für Einzelne, Einbeziehung von Außenstehenden usw.

Danach werden die enthaltenen Lernbereiche mit allen Eltern und Mitarbeitern der Einrichtung in anschaulicher Weise mitgeteilt (Elternabend, Elterninfo, Wandzeitung).

2. Durchführungsphase

Die Durchführung eines Projektes ist mittel- bis längerfristig vorgesehen.

Jedes Projekt enthält Projektteile mit unterschiedlichen Aktivitäten, so dass Kinder mit ähnlichen Interessen Gruppen bilden können.

Auch andere Tätigkeiten oder Rückzug einzelner Kinder werden als natürliches kindliches Verhalten akzeptiert.

Einzelne Kinder werden nicht zu gemeinsamen Lernerfahrungen in der Gruppe „überzeugt".

Die Projektdurchführung ergibt folgendes Bild:

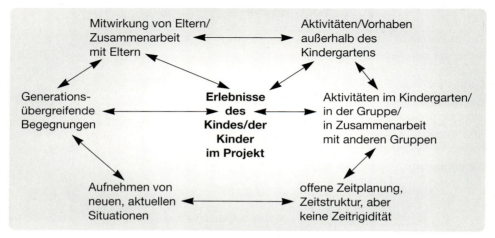

aus: Krenz, Der situationsorientierte Ansatz im Kiga

3. Auswertungsphase

Gemeinsam gemachte Erfahrungen werden ausgewertet, um festzustellen, welche Projektteile gut gelungen sind und wodurch das Gelingen bedingt war.

Auch weniger gelungene Teile werden reflektiert, um für künftige Projekte zu lernen.

Die Nachbesprechung erfolgt am besten mit Kindern, Eltern und anderen Beteiligten.

Erzieherverhalten der Kinderpflegerin

Auf der Achtung und Wertschätzung des Kindes und dem Wissen um kindliche Lern- und Entwicklungsbedingungen baut jedes qualifizierte methodische Vorgehen auf. Erkenntnisse aus Psychologie und Pädagogik dienen als Grundlage für den Umgang mit Kindern. (Siehe auch Erziehungslehre und Kapitel 2)

Im folgenden wurden aus fundamentalen Erkenntnissen kindlichen Lernens bis zum 7. Lebensjahr **wesentliche methodische Grundsätze** abgeleitet.

Kinder
sind von Natur aus neugierig und wollen immer neue, sinnliche Erfahrungen machen.

Die Kinderpflegerin

- sucht Inhalte aus, auf die die Kinder neugierig sind;
- knüpft an Kenntnisse von Kindern an und bezieht ihre Erfahrungen ein;
- ermöglicht und fördert ein vielseitiges Erfahren der Dinge mit möglichst allen Sinnen (tasten, riechen, hören, sehen, schmecken);
- bestätigt die Kinder in ihrer Motivation und zeigt selbst Interesse und Neugierde an Dingen, für die sich die Kinder interessieren.

Kinder lernen
über ganzheitliche Erfahrungen
d.h. die Wahrnehmung eines Gegenstandes, das Begreifen, die Begriffsbildung geschieht im Zusammenhang mit dem eigenen Handeln

Die Kinderpflegerin

- ermöglicht den Kindern genügend Körper- und Bewegungserfahrung;
- schafft freie, kreative Bewegungsangebote;
- stellt genügend geeignetes Beschäftigungsmaterial bereit.

Kinder
erwerben Fähigkeiten von selbst in einem aktiven Lernprozess

Die Kinderpflegerin

- ermöglicht genügend freies, ungelenktes Spiel;
- macht Angebote, bei denen die Kinder so aktiv wie möglich eigene Erfahrungen machen können,
  d.h. die Kinderpflegerin tut nichts, was Kinder selbst erledigen können;
- spricht selbst weniger, um die Kommunikation der Kinder untereinander zu fördern;
- gibt Denkanstöße und Impulse zum eigenen Nachdenken.

Kindliches Erfahrungslernen
geschieht auf dem Hintergrund einer sicheren und verlässlichen Beziehung zum Erwachsenen

Die Kinderpflegerin

- erkennt kindliche Bedürfnisse und nimmt diese wichtig;
- schafft eine gelöste, humorvolle Atmosphäre;
- spricht klar, verständlich und anschaulich;
- begründet Entscheidungen;
- gibt sachliche Informationen über Verhaltenskonsequenzen anstelle von Anweisungen und Befehlen;
- gibt den Kindern anerkennende und ermutigende Rückmeldungen;
- übt Kritik nur sachbezogen, d. h. nicht als persönlichen Angriff;
- gibt dem Kind Hilfe, die es weiterführt und zu selbstständigem Handeln befähigt;
- teilt ihr Vorgehen in logische Lernschritte auf, die den Kindern Erfolgserlebnisse ermöglichen.

Hilfen zur Methodenwahl

Erzieherin und Kinderpflegerin bedenken:
- Sind die Kinder für das Thema motiviert und motivierbar?
- Wird die kindliche Neugierde angesprochen?
- Ist die Vorgehensweise für die betroffenen Kinder geeignet?
- Sind vielfältige Sinneseindrücke möglich?
- Entspricht das Vorgehen dem kindlichen Auffassungsvermögen?
- Sind die Lernschritte richtig bemessen?
- Ist der Inhalt für die Kinder praktisch ausprobierbar und begreifbar?
- Wird das gegenseitige Vertrauensverhältnis gepflegt und vertieft?

Aufgaben

1. Welche organisatorischen Vorgehensweisen werden in Ihrer Praxiseinrichtung vorwiegend angewandt?
2. Für welche Kinder Ihrer Gruppe sind Einzelangebote wichtig.
   An welche Kinder denken Sie dabei?
   Welches Ziel können Sie mit einem Einzelangebot jeweils erreichen?
3. Befragen Sie Ihre Praxisanleiterin, welche Bedeutung das geplante Angebot für ihre Arbeit hat.
4. a) Unterscheiden Sie bei den folgenden Situationen Lernziel, Lerninhalt und Methode.
   b) Beurteilen Sie das Erzieherverhalten und die gewählte Organisationsform der Kinderpflegerin.
   - <u>Sabine</u>
     führt mit acht Vorschulkindern Laubsägearbeiten durch.
   - <u>Ulrike</u>
     stellt den Kindern verschiedene Schablonen als Ausschneidevorlage zur Gestaltung eines Nikolauses zu Verfügung.

- **Ellen**
  möchte zur Förderung des Gleichgewichtes eine geplante Bewegungsstunde mit der Bank durchführen. Dazu holt sie drei noch fehlende Kinder, die gerade im Garten am Klettergerüst turnen.
- **Sandra**
  spielt mit Rosalia, die noch nicht gut Deutsch spricht, das Tastspiel „Blinde Kuh".
- **Michael**
  spielt seit etwa zwei Monaten täglich in der Bauecke. Weil er vielseitig gefördert werden soll, vereinbart Julia mit ihm, dass er erst ein Bild malt oder ein Puzzle legt, bevor er in die Bauecke darf.

8.3.4 Medien

Der Medieneinsatz wird bestimmt durch die Frage: **Womit** können Lernziele erreicht und Lerninhalte veranschaulicht werden?

Im pädagogischen Bereich sind mit Medien **alle Hilfsmittel** gemeint, die zu diesem Zweck eingesetzt werden.

Medien dienen der Förderung spezieller Lernbereiche. Dies trifft sowohl für die Spielmaterialien zu, denen eine bestimmte pädagogische Absicht zugrunde liegt (siehe Spielmaterial), als auch dem Material aus der Natur und der Lebenswelt des Kindes.

Mit beiden Arten werden die verschiedenen Lernbereiche angesprochen und geweckt.

Auswahlliste für den Medieneinsatz:

Lernbereich	Spielmaterial	Material aus der Lebenswelt und Umwelt des Kindes
Sprache, Denk- und Sozialerziehung	Gesellschaftsspiele, Rollenspielmaterial: Puppen, Kaufladen, Kinderpost usw., Bilderbücher, Bilderspiele, sprachspezifisches Lernmaterial	Radio- und Fernsehgehäuse, Kartons, Schreibmaschine, Telefon, Verkleidungskiste...
Umwelt- und Sachbegegnung	Verkehrskiste, Farb- und Formendomino, Puzzles, Magnete, Messbecher, Lupen, Autos, Aufstellspielzeug	Naturmaterialien wie Steine, Kastanien, Muscheln, Haushaltsgegenstände wie Schüsseln, Kochlöffel, Töpfe, Spiegel, Klingeln, Uhren; Werkzeuge wie Hämmer, Bohrer, Feilen; Pflanzen, Samen; Abfallmaterial wie Dosen, Schachteln, Stoffreste...
Musik- und Bewegungserziehung	Orffsche Instrumente, Kassetten, Schallplatten, Becken, Schellenkranz, Rasseln, Glocken, Xylophon, Triangeln...	Rasseln aus Joghurtbechern, Dosen usw., Kochtöpfe, Waschmittelkartons, Tücher, Federn, Zeitungen, Ballons...
Ästhetische Erziehung	Farben und Stifte, Plastilin, Knetmasse, Buntpapier, Folien...	Naturmaterialien: Sand, Lehm, Äste, Blätter, Eicheln; Restmaterial: Knöpfe, Stoffe, Wolle, Borten; Abfallmaterial: Dosen, Becher, Verschlüsse, Kataloge, Werkzeuge...
Religiöse Erziehung	Legematerial, Bilderbücher, Bildermappen, Dias, Kassetten, Krippe, Figuren, Legeplättchen	Naturmaterialien wie Moos, Steine, Wasser; Stoffe, Tücher

Anforderungen an Medien

Anschauungsmaterial

Bedienen sich Erzieherin oder Kinderpflegerin bestimmter Medien, um Kinder damit einen Vorgang oder Inhalt zu veranschaulichen und ihn damit lebendig und begreifbar zu machen, handelt es sich um **Anschauungsmaterial.** Anschauungsmaterial kann seh-, hör-, greif-, riech- und/oder schmeckbar sein.

Dient es der optischen Anschauung, sollte es **groß und deutlich erkennbar** sein.

Den höchsten **Aufforderungscharakter** haben die konkreten **Gegenstände selbst.** Sie sind einer Abbildung oder einem Modell wenn möglich immer vorzuziehen.

Wo es nicht realisierbar ist, diese Gegenstände zu verwenden, dienen **Modelle, klare Fotografien, große Bilder, Dias oder Filme als Ersatz.**

Zur akustischen Veranschaulichung eignen sich ausgewählte **Kassetten, Schallplatten** oder auch selbstgemachte Geräusche und Töne.

Riech-, schmeck- und greifbare Substanzen und Gegenstände werden gerne intensiv unter Ausschluss des Sehens wahrgenommen. Darum ist bei ihnen vor allem darauf zu achten, dass sie **nicht gefährlich** sind und bei den Kindern **keine Angst auslösen.** Flüssigkeiten mit ätzender Wirkung sind ebenso ungeeignet wie Gegenstände mit Verletzungsgefahr.

Medien als Spiel- und Arbeitsmaterialien

Sie sind für den unmittelbaren Gebrauch durch die Kinder bestimmt und sollen, wenn es sich um Spielzeug handelt, den Anforderungen von gutem Spielmaterial entsprechen (siehe Kapitel 3 Spiel.)

Kinder sollten nicht nur industriell gefertigtes **Spielmaterial** zur Verfügung gestellt bekommen. Auch **Materialien aus der Natur und aus ihrem Lebensumfeld sind unverzichtbar** für eine lebendige und kreative Auseinandersetzung mit der Welt. Diese Materialien bieten mit ihrem offenen Spielzweck vielfältige Spielmöglichkeiten mit immer wieder neuen, sich wandelnden Spielinhalten.

In sozialen Einrichtungen sind dabei Materialien zu bevorzugen, zu denen über Eltern, Nachbarschaft und Umgebung Zugriff besteht. Mit dieser Öffnung nach außen ergeben sich nicht selten unerwartete neue Spiel- und Handlungsmöglichkeiten für die Kinder mit der freudigen Unterstützung von „Experten" aus Eltern- und Nachbarschaft.

Aufgaben

1. Zu welchen Materialien haben Sie in Ihrer Umgebung Zugang?
   Welche Spielmöglichkeiten können sich daraus für die Kinder Ihrer Gruppe ergeben?
2. Bilden Sie Dreiergruppen und erfinden Sie in jeder Gruppe ein Spiel, das nur aus Naturmaterialien wie z. B. Steinchen, Kastanien, Ästchen u. ä. besteht.
   Stellen Sie die Spiele in der Gesamtgruppe vor und entscheiden Sie, von welchem Spiel der größte Spielreiz ausgeht.
3. Sammeln Sie Ideen, mit welchen Mitteln:
   - Wolken
   - Wind
   - Kälte
   - hart – weich
   - Dunkelheit – Licht
   veranschaulicht, d.h. erlebbar gemacht werden können

8.4 Geplantes Angebot

Merke **Wer ein geplantes Angebot vorhat, möchte damit etwas Bestimmtes erreichen.**

Er möchte, dass die Kinder
- **neugierig und motiviert sind,**
- **Spaß am Lernen haben,**
- **Erfahrungen, Fertigkeiten und Kenntnisse gewinnen,**
- **umfangreiche Verhaltensmöglichkeiten und**
- **Verhaltenssicherheit besitzen.**

Für die Vorbereitung von geplanten Angeboten bezieht die Praktikantin alle bisher genannten Planungsbestandteile ein.

Die Planung eines bestimmten Angebotes umfasst darüber hinaus weitere Überlegungen bezüglich der praktischen Organisation.

8.4.1 Vorüberlegungen

Zunächst sollte klargestellt werden, für wen das Angebot geplant wird, wann und wo es stattfinden soll, und die nötigen Vorbereitungen sollten getroffen werden.

Gruppe

Auf der Grundlage von Lebensumfeld und Situationsanalyse ermittelt die Praktikantin Angebote mit und für bestimmte Kinder (bzw. in Absprache mit der Praxisanleiterin).

Die Zusammensetzung der Gruppe richtet sich im Einzelnen nach
- den Erfahrungen,
- den Interessen,
- den Kenntnissen und Fähigkeiten der Kinder.

Kinder, die schon mehr eigene Erfahrungen zum Thema haben, sind wichtig zum Gesprächsantrieb und als Impulsgeber für die Gruppe. Es tut dem Selbstbewusstsein dieser Kinder gut, als „Experten" mitreden zu können. Das Interesse der Kinder ist der eigentliche Motor, die Motivation zur Aktivität. Es gilt für die Praktikantin, aus der Vielzahl von Interessen vordringliche aufzuspüren, gegebenenfalls auch zu wecken. Kenntnisse und Fertigkeiten der Kinder werden mit Angeboten sowohl erweitert als auch für die Gruppe genutzt. Die Praktikantin beachtet, dass unterschiedliche Voraussetzungen günstig verteilt sind.

Beispiele:
Eine Gesprächsgruppe sollte aus Kindern bestehen, die Gesprächsregeln schon beherrschen, um den Kindern, die gerne dazwischen rufen oder nicht gut zuhören können, ein Vorbild zu sein. Eine Werkgruppe besteht am besten aus einigen handwerklich geschickten Kindern, die den ungeschickteren Kindern u.U. helfen können.

Am letzten Beispiel wird deutlich, dass die **Gruppengröße** sich nach der Art des Angebotes und der Zusammensetzung der Gruppe richtet.

Die Praktikantin braucht Übersicht über die Gruppe und sollte jedem Kind die nötige Aufmerksamkeit geben können.

Allgemein gilt: Je schwieriger die Aufgabe oder die Gruppenzusammensetzung, um so kleiner ist die Gruppe.

Zeitpunkt und Dauer

Die Bildungswirksamkeit von Angeboten hängt in erster Linie von der Aufnahmebereitschaft, Aktivität, Konzentrationsfähigkeit, Selbstständigkeit und Spielmotivation der Kinder ab. Diese Fähigkeiten unterliegen einem natürlichen, vom Tagesablauf bestimmten Zyklus. Stimmungshochs und -tiefs sollten in der Gruppe aufmerksam beobachtet und individuell in die Planung einbezogen werden (siehe: Gegenwärtige Situation von Kindern, Seite 260). Aus Forschungen ist bekannt, zu welchen Zeiten Kinder besonders ansprechbar für Aktivitäten sind: Am wohlsten fühlen sich Kinder zwischen 7.00 und 11.00 Uhr und zwischen 14.00 und 16.00 Uhr, am aktivsten sind sie zwischen 8.00 und 11.00 Uhr und zwischen 14.00 und 16.00 Uhr.

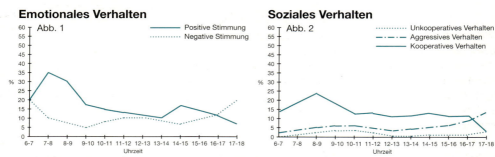

Die Spiel- und Lernbereitschaft sinkt schon ab 10.00 Uhr wieder ab, bei 3jährigen beginnt der Leistungsabfall schon ab 9.00 Uhr.

Spiel- und Lernverhalten

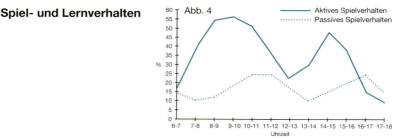

In Zeiten fallender Aufnahmebereitschaft brauchen Kinder Abwechslung, Bewegung, frische Luft, Essen und Trinken.

Es stellen sich drei eindeutige **Krisenzeiten** im Tagesablauf heraus: der frühe Morgen, die Mittagszeit und die Abendstunden. Zu diesen Zeiten sind Angebote unangebracht, die Aufnahmebereitschaft und Konzentrationsfähigkeit erfordern.

Statt dessen brauchen Kinder dann Zuwendung, Rückzugsmöglichkeiten, genügend Platz und Spielmaterial.

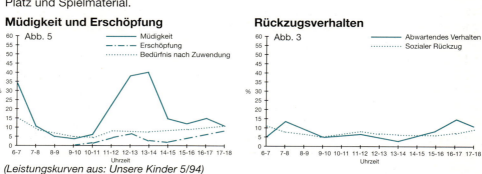

(Leistungskurven aus: Unsere Kinder 5/94)

Die Dauer richtet sich nach dem Alter und der Ausdauer der Kinder und liegt ca. zwischen 15 bis 45 Min. pro Angebot.

Raum

Die Raumvorbereitung bezieht alle Gegebenheiten des Raumes ein:

Die Raumbeleuchtung entspricht dem Zweck des Angebotes. Tätigkeiten, die genaues Sehen erfordern, finden in einem hellen, gut beleuchteten Raum statt.

Bilderbücher u. ä. werden mit den Bildern zum Fenster gewandt betrachtet, dabei wird auf evtl. spiegelnde Flächen geachtet.

Evtl. ist der Raum auch abgedunkelt, um bestimmte Wahrnehmungen zu ermöglichen oder eine gewünschte **Raumatmosphäre** zu erhalten.

Der Raum wird zuvor gut **gelüftet** und richtig **temperiert**.

Geräuschkulisse: Nebengeräusche, die häufig gar nicht bewusst wahrgenommen werden, können bei ruhebedürftigen Aktivitäten sehr störend wirken. Ausweichräume im Keller oder in abgelegenen Gebäudeteilen können nützlich sein.

Einteilung und Sitzordnung: Die Raumgröße sollte der Gruppenstärke angepasst sein. Evtl. müssen Veränderungen vorgenommen, Tische und Stühle verstellt oder Raumteiler eingesetzt werden, ablenkende Gegenstände beseitigt werden usw.

Bei der Sitzordnung ist zu bedenken, welche Kinder günstigerweise nebeneinander sitzen sollten, um sich helfen zu können, oder welche Kinder besser getrennt sitzen sollten, um sich nicht abzulenken. Bestimmte Kinder sitzen im Blickfeld oder in der Nähe der Praktikantin, da sie besonderer Aufmerksamkeit bedürfen.

Die Anfertigung einer Raumskizze ist bei diesen Vorüberlegungen hilfreich.

Abb. Raumskizze.

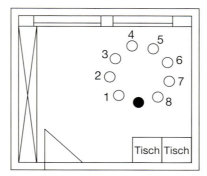

Vorarbeiten

Zu Hause:

Das Angebot wird von der Praktikantin zu Hause gründlich durchdacht. Dabei wird das Vorgehen schrittweise geplant und beschrieben. Notwendige Medien werden rechtzeitig besorgt oder hergestellt.

In der Einrichtung:

Notwendige inhaltliche und organisatorische Absprachen mit der Praxisanleiterin werden rechtzeitig getroffen.

Das benötigte Material wird auf seine Tauglichkeit geprüft und griffbereit gelegt.

Der Raum wird vorbereitet, eine sinnvolle Sitzordnung wird hergestellt, und sonstige Vorkehrungen für evtl. notwendige Arbeitsplätze werden getroffen.

Die Kinder sind vorbereitet, indem sie z. B. nötige Arbeitskleidung anhaben, die Hände gewaschen habe u. ä.

8.4.2 Methodischer Aufbau

Inhaltliche Bestandteile

Die Hinführung

Sie ist Grundlage für jedes Angebot. Durch die Motivation erfolgt eine Einstimmung auf das Thema. Die Kinder sollen aus ihrem momentanen Tun heraus einen **gefühlsmäßigen Bezug** finden zum Thema und zur Kinderpflegerin.

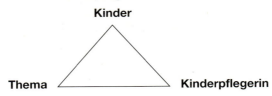

Das Gefühl der Kinder wird angesprochen, indem
- **Neugierde,**
- **Staunen,**
- **Freude,**
- **Begeisterung,**
- **Spaß**

erregt werden.

Diese Gefühle entstehen bei Kindern **über die unmittelbare Sinneswahrnehmung**. Darum erfolgt die Motivation über die Sinne:

Sehen:	Gegenstände, Bilder, Modelle, Vorgänge, Pantomime
Hören:	Geräusche, Töne, Lieder, Erzählungen, Stille
Spüren:	Tasten von Beschaffenheit und Formen, Bewegung spüren, Temperatur spüren
Riechen und Schmecken:	Nahrungsmittel, Düfte und Gerüche

Die Kinder erfahren in der Motivation eine Begründung für das Angebot, wissen und verstehen, warum sie sich mit dem Thema beschäftigen.

Am sinnvollsten gelingt dies, wenn Themen aufgegriffen werden, für die sich die Kinder gerade interessieren. Sie sind dann schon für das Thema motiviert, sind neugierig und begeisterungsfähig und haben Freude an der Auseinandersetzung mit dem Thema.

Hauptteil

Das eigentliche Thema wird im Hauptteil schrittweise verfolgt. Aufbau und Ablauf des Vorgehens werden durchdacht, und deren logische Reihenfolge wird nachvollziehbar.
Es wird geklärt, in welcher Form das Angebot an die Kinder herangetragen, mit ihnen erarbeitet und vertieft wird.

Methoden der Vermittlung sind:
- die Einzelarbeit (z. B. Werkstück)
- die Partnerarbeit (z. B. Bewegungserziehung)
- die Gruppenarbeit (z. B. Gemeinschaftsbild)
- das Spiel mit gegebenen oder selbstbestimmten Regeln
- die gemeinsame Erarbeitung eines Themas in der Gruppe (z. B. Gesprächsführung)
- die Darbietung durch die Praktikantin (z. B. Erzählung)

Diese Methoden werden bei einem geplanten Angebot i.d.R. miteinander kombiniert. So wird z. B. bei einer häuslichen Tätigkeit wie der Herstellung eines Früchtemüslis das Rezept zuerst gemeinsam erarbeitet. Die Kinder schneiden dann in Einzelarbeit das Obst, um das Müsli danach in der Gruppe fertigzustellen.

Die Reihenfolge des Vorgehens ergibt sich aus der Sache und dem Schwierigkeitsgrad. Grundsätzlich verläuft die Reihenfolge vom Leichten zum Schweren und vom Bekannten zum Unbekannten.

Möglicherweise ist es notwendig, Zwischenschritte einzufügen, um einen Arbeitsgang verständlicher zu machen, bzw. Schritte zu überspringen, wenn Kinder mehr Kenntnisse oder Fertigkeiten mitbringen als erwartet. Gerade als Praktikantin ist es mangels Erfahrung nicht immer leicht, kindliche Fähigkeiten richtig einzuschätzen.

Übrigens: Selbst bei noch so guter Vorplanung ist immer zugleich die gegenwärtige Situation einzelner Kinder und der gesamten Gruppe Richtschnur für das Handeln – auch für die erfahrene Kinderpflegerin.

Beispiel für den logischen Aufbau des Hauptteils eines Angebotes:

Gespräch: Andreas will mitspielen

1. Schritt:	Impuls, ob die Kinder sich vorstellen können, warum Andreas den Kindern in der Puppenecke den Plüschhund weggenommen hat.
2. Schritt:	Die Kinder überlegen, ob ihnen auch schon einmal etwas weggenommen wurde oder ob sie selbst schon einmal jemandem etwas weggenommen haben.
3. Schritt:	Frage, welche Ursachen Andreas' können Verhalten bestimmt haben?
4. Schritt:	Frage, wie hätten die betroffenen Kinder auf Andreas reagieren können?
5. Schritt:	Frage, was hätte Andreas anders machen können?
6. Schritt:	Diskussion über die verschiedenen Verhaltensmöglichkeiten von Andreas und den anderen Kindern in der Puppenecke.

Abschluss

Die Anspannung des Hauptteiles wird in eine Entspannung übergeleitet. Der Abschluss ermöglicht es den Kindern, Erkenntnisse zu vertiefen, die bei der Tätigkeit gewonnen wurden. Die Kinder erleben einen Erfolg für ihre Anstrengungen.

Beim Abschluss

- finden hergestellte Gegenstände ihre Anwendung,
- werden Werke gemeinsam betrachtet,
- werden Erkenntnisse praktisch ausprobiert,
- oder noch einmal zusammengefasst,
- wird körperliche Anstrengung zur körperlichen Entspannung geführt,
- wird geistige Anstrengung mit körperlicher Bewegung ausgeglichen.

Abstimmung der Bestandteile

Das geplante Angebot erfordert und lebt von der Aufmerksamkeit und Aktivität der Kinder. Beides zur Entfaltung zu bringen, setzt die emotionale Beteiligung von Kindern und Kinderpflegerin voraus. Was bereits bei der Hinführung gesagt wurde, nämlich, dass Gefühle durch die unmittelbare Wahrnehmung geweckt werden, gilt ebenso für das gesamte Angebot.

Für die Planung eines Angebots gilt der Grundsatz, möglichst unterschiedliche und intensive Sinneserfahrungen zu ermöglichen.

Bei der Abstimmung der einzelnen Bestandteile eines Angebotes sollte demzufolge jeder Teil eines Angebotes eine andere Sinneserfahrung ermöglichen.

Wenn z. B. im Hauptteil vorwiegend Hören und Sehen angesprochen werden, könnte die Hinführung mit dem Sinneseindruck Spüren und der Abschluss mit Bewegung verbunden sein.

8.4.3 Weiterführung

Während eines geplanten Angebots oder auch im Anschluss daran entwickeln Kinder häufig neue Ideen zur Weiterführung des Themas. Es ist ein wesentlicher Sinn des Angebots, den Kindern neue Impulse zu geben für weitere Spiele und Aktivitäten.

Man könnte die Weiterführung eines geplanten Angebots als eine weitere Aktivität nach Abschluss des Angebots verstehen. Im folgenden wird er jedoch als Bestandteil des geplanten Angebots betrachtet. Geplantes Angebot, Projekt und Einzelarbeit stehen, vergleichbar mit den Teilen eines Puzzles, Teilaspekte der alltäglichen pädagogischen Arbeit dar.

Wenn geplante Angebote sich am beobachtbaren Verhalten von Kindern orientieren, wenn sie sich mit den kindlichen Lebenserfahrungen harmonisch verbinden und gemeinsam mit weiteren Aktivitäten eine Einheit bilden, können sie der Entwicklung von Kindern Nahrung bieten und kindliche Erfahrungen bereichern und vertiefen.

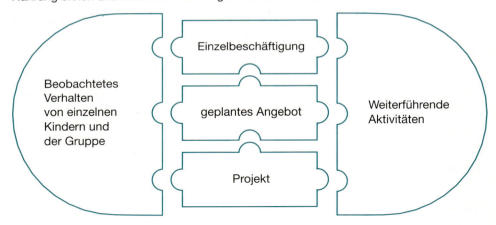

Beispiel:

Die Kinder nehmen bei Spaziergängen und beim Spiel im Garten Veränderungen in der Natur wahr, freuen sich über die ersten Triebspitzen an Ästen und den spitzenden Tulpen im Beet.	Einsäen von Radieschensamen und Kressesamen in Töpfe und Kästen auf der Fensterbank, im Esszimmer und ins Frühbeet im Garten	Gießen Jäten Hacken Ernten Zubereiten Essen

Aufgaben

1. Daniela möchte die feinmotorischen Fähigkeiten der Kinder fördern und wählt für eine schwierige Faltarbeit sechs Kinder aus, die noch etwas ungeschickt und wenig konzentrationsfähig sind.
   Welche Folgen hat die Gruppenzusammensetzung voraussichtlich für den Verlauf des Angebotes?

2. Die Kinder, denen Erika die Geschichte von der Mantelteilung erzählt, wirken wenig beteiligt. Ein Kind spielt an seinen Jackenknöpfen, ein anderes schaut zum Fenster hinaus, einige Kinder bewegen sich unruhig auf den Stühlen und wirken unkonzentriert.
   Welche Ursachen kann das Verhalten der Kinder haben? Wie sollte Erika reagieren?

3. Ihr Thema: „Gespräch über Winterkleidung" leitet Sybille mit einem Erfahrungsaustausch ein. Als Abschluss plant sie eine mündliche Zusammenfassung.
   Beurteilen Sie den Aufbau des geplanten Angebotes.

8.4.4 Schriftliche Vorbereitung

Die angehende Kinderpflegerin lernt in ihrer Ausbildung das planvolle Arbeiten mit Kindern unter Einbeziehung ihrer zunehmenden Kenntnisse und Erfahrungen. Sie lernt, ihre Gedanken zu ordnen und sie sprachlich durchsichtig und klar zu formulieren.

Das Anfertigen von schriftlichen Vorbereitungen ist ein unverzichtbares Hilfsmittel zur Erlangung dieser Fähigkeit. Damit diese Aufgabe nicht unnötig belastend wird, sind bestimmte Rahmenbedingungen zu beachten:

- Rechtzeitig beginnen – mindestens 1 – 2 Wochen einkalkulieren.
- Einfälle sammeln und aufschreiben – Ideenzettel führen.
- Informationen und Material sammeln – Praxissammelmappe führen, Bücher beschaffen, mit Mitschülerinnen austauschen.
- Eigene Erfahrungen nutzen, die bereits bei ähnlichen Aktivitäten gesammelt wurden – Vorbereitungen und Nachbesinnungen lesen.

Gliederung für die schriftliche Vorbereitung geplanter Angebote

Thema

Aktivität, Spiel, Vorhaben oder Technik klar beschreiben.

1. Kinder

1.1 Erfahrungen der Kinder

Was interessiert Kinder an diesem Thema voraussichtlich?
Was erleben und erfahren Kinder dazu in ihrem täglichen Leben?
Was haben die Kinder zu diesem Thema in der Einrichtung schon erlebt, was können sie schon, und was wissen sie darüber?
An welche Erfahrungen kann angeknüpft werden?

1.2 Auswahl der Kinder

Für welche Kinder hat das Thema besondere Bedeutung und warum?
Welche Kinder erfahren vermutlich etwas Neues?
Welche Kinder sind als Vorbild und Impulsgeber für die Gruppe wichtig?
Gruppengröße, Alterszusammensetzung.

2. Zielsetzung

Welches vorrangige Grobziel besteht?

Welche Feinziele werden für dieses Angebot angestrebt?

Was möchte ich bei den Kindern erreichen? (körperlich, geistig, sozial, gefühls-mäßig)

Was sollen die Kinder, evtl. auch einzelne Kinder, **bei diesem Angebot ganz konkret** spielend lernen, erfahren, erleben?

3. Praktische Vorbereitung

3.1 Material

Anschauungsmaterial

Arbeitsmuster (beifügen!)

Arbeitsmaterial für die Kinder

sonstiges benötigtes Material

3.2 Ort/Zeit

Raum,

Raumgestaltung: Boden/Tisch/Kreis, Sitz- oder Stehordnung, Platz der Praktikantin, Platz der Zuschauer, Lichteinfall...

Vorgesehene Tageszeit und Dauer

3.3 Eigene Vorarbeit

– zu Hause

z. B. Geschichte laut lesen, Lied auswendig können, Anschauungsmaterial herstel-len...

– in der Praxisstelle:

z. B. Material griffbereit legen, Sitzordnung für Hinführung und Hauptteil herrichten, Fenster schließen...

4. Grundsätzliche Methode

Welche grundsätzlichen Überlegungen sind bei dieser Tätigkeit zu beachten?

Siehe methodische Grundsätze aus den einzelnen Fächern.

5. Verlaufsplanung

Hinführung – Hauptteil – Abschluss

Die einzelnen Schritte des Vorgehens der Reihe nach beschreiben und dabei nach folgender Tabelle vorgehen:

Vorgehen	Begründung, meine Aufgaben, evtl. Material
Hinführung:	
...	...
Hauptteil:	
...	...
Abschluss:	
...	...

6. Weiterführung

Tätigkeiten, die in der nächsten Zeit das Thema erweitern, vertiefen, weiterführen können, die im Anschluss daran angeboten werden können oder die von den Kindern im freien Spiel vermutlich aufgegriffen werden.

Praxisbeispiel

Praxissituation von Andrea:

Die Praktikantin Andrea verbringt einmal wöchentlich ihr Praktikum in der Kindertagesstätte St. Michael. Bei der Absprache, die sie vor Beginn eines jeden neuen Praxistages mit ihrer Praxisanleiterin Frau Heinz trifft, erfährt sie jeweils einen kurzen Situationsbericht über die Ereignisse der vergangenen Woche, bekommt Neuigkeiten aus dem Gruppengeschehen mitgeteilt und spricht mit Frau Heinz die Planung für den neuen Praxistag ab.

An diesem Praxistag im Oktober erfährt Andrea, dass ein Ereignis die Anteilnahme der Kinder ganz besonders geweckt hat. Einige Kinder fanden vor drei Tagen in der Hecke der Tagesstätte einen kleinen, kranken Igel und brachten ihn aufgeregt ins Zimmer. Man stellte fest, dass er von Zecken befallen war und Hilfe benötigte. Von einer Mutter aus der Nachbargruppe ist die Mitarbeit im örtlichen Tierheim bekannt. Nach sofortiger Rücksprache von Frau Heinz mit dieser Mutter wurde der kleine Igel „Felix", wie ihn die Kinder mittlerweile getauft hatten, von der gesamten Gruppe bei der Igelhilfe in der Nachbarschaft abgeliefert. Bei der Gelegenheit wurde auch gleich ein weiterer „Krankenbesuchstermin" für die nachfolgende Woche vereinbart. Der Igel Felix ist seither „in aller Munde".

Ebenso erfährt Andrea, dass Markus, eines der neuen Kinder, nach anfänglich problemloser Eingewöhnungsphase nun plötzlich Trennungsängste entwickelt hat.

Das heutige Tagesprogramm wird abgesprochen, und Andrea teilt Frau Heinz mit, welche Aufgaben von seiten der Schule gestellt sind. In diesem Zusammenhang schlägt sie vor, bis zum nächsten Mal eine Bilderbuchbetrachtung vorzubereiten. Sie denkt dabei an das Bilderbuch „Igelkinder", das sie kürzlich kennengelernt hat. Frau Heinz ist einverstanden, und Andrea bereitet bis zur nächsten Woche die Bilderbuchbetrachtung vor.

Andrea setzt sich daraufhin zu Hause mit dem Bilderbuch auseinander und bereitet die schriftliche Ausarbeitung und Anschauungsmaterialien vor.

Thema des Angebotes von Andrea

Das Bilderbuch „Igelkinder" von Else Schwenk-Anger hat folgenden Inhalt:

Leuchtend rot geht die Sonne unter. Überall ist es ganz still. Doch was raschelt dort im Obstgarten durch das Laub?

Die Igel sind wach geworden. Zuletzt kommt auch der kleine Benjamin aus seinem Versteck hervor. „Warum spielst du denn nicht mit den anderen?" fragt die Igelmutter?

Langsam geht er zu den Igelkindern. „Benjamin", rufen sie, „komm, wir wollen Verstecken spielen!" Der kleine Benjamin wird hinter seiner Nasenspitze rot und rollt sich zu einer stacheligen Kugel zusammen. „Ist der aber komisch", sagen die Igelkinder und laufen weg.

Ganz allein und sehr traurig bleibt Benjamin zurück. „Warum bin ich nur so schüchtern? Ich würde gerne mit den anderen spielen, aber ich traue mich nicht", denkt er. Lange liegt er so.

Da hört Benjamin eine leise Stimme neben sich: „Hallo, ich bin Tine. Spielst du mit mir?" „Ja!" ruft Benjamin, und schon rennt er über die Wiese.

Ob ihn Tine wohl einholen kann? Ganz dicht ist sie schon hinter Benjamin. Die beiden laufen immer schneller, so schnell, dass sie den steilen Hang nicht sehen...

... den sie nun nacheinander hinunterkullern.

„Benjamin, wie siehst du lustig aus!" ruft Tine, als sie unten liegen bleiben. „Du hast lauter Blätter auf deinen Stacheln aufgespießt!" „Ja, Tine", sagt Benjamin. „und du hast viele Mirabellen auf dem Rücken." Geduldig zupfen sich die beiden gegenseitig Blätter und Früchte von den Stacheln. „Das Kullern macht Spaß", sagt Tine, „komm, das machen wir gleich noch einmal."

Wieder rollen die beiden den Hang hinunter. Aber, oh weh, Tine bleibt in den Stacheln des Weidezaunes hängen. „Benjamin, hilf mir", jammert sie, „ich komme hier nicht mehr los!" „Warte", sagt Benjamin, „vielleicht kann uns die alte Eule helfen, die dort auf dem Baum sitzt."

„Helfen kann ich euch nicht", sagt die Eule, „aber du, kleiner Igel, kannst doch gut in der Erde graben. Scharre so viel Erde unter Tine weg, bis sie vom Zaun fällt." „Ob das wohl geht?" fragt Benjamin schüchtern. „Versuche es, kleiner Igel, du kannst es bestimmt", antwortet die alte Eule.

Benjamin zerrt, scharrt und schaufelt, bis ihm der Schweiß von allen Stacheln tropft und Tine – plumps – vom Zaun purzelt. „Das hast du sehr gut gemacht, Benjamin. Allein wäre ich nie aus diesen Stacheln herausgekommen", freut sich Tine.

Müde und zufrieden gehen Benjamin und Tine nach Hause. Die anderen Igel haben schon auf die beiden gewartet. „Wo habt ihr denn so lange gesteckt?" fragen sie. Tine erzählt aufgeregt, was sie erlebt haben und wie klug und mutig Benjamin gewesen ist.

„Benjamin", sagen die Igelkinder, „du hast gute Ideen. Zeige uns doch ein schönes Spiel." „Ich will es mir überlegen", sagt Benjamin, und als es die anderen nicht merken, versteckt er sich zwischen den vielen Stachelkugeln der Edel-Kastanien, die überall am Boden liegen. Welche davon ist nun Benjamin? Sucht ihn! Alle dürfen mitspielen.

Andreas schriftliche Vorbereitung:

Thema: Betrachtung des Bilderbuches „Igelkinder" von Else Schwenk-Anger

1. **Kinder**

1.1 **Erfahrungen der Kinder**

Unsere Kinder haben ein lebhaftes Interesse an Tieren und versorgen Tiere gerne. Einige der Kinder haben zu Hause selbst Haustiere (z. B. Marion, Tobias, Ilona, Markus). Unser Einzugsgebiet, eine naturnahe Gegend mit vielen Grünanlagen, bietet Kindern Beobachtungsmöglichkeiten von kleinen Tieren. Letzte Woche hatten Kinder zudem einen Igel im Garten gefunden, den sie gemeinsam zur Igelhilfe gebracht haben und den sie am Donnerstag besuchen wollen. Die Kinder sind gerade sehr erfüllt von den Gedanken an die Tiere, die im Winter im Freien leben, und haben fast schon eine persönliche Beziehung zu ihrem „Felix".

Das Bilderbuch bearbeitet am Beispiel einer Igelsippe die Problematik von schüchternen Kindern, die sich vor Kontakten mit anderen Kindern fürchten. Da das Kita-Jahr gerade erst begonnen hat, ist das Thema auch in unserer Gruppe ganz aktuell.

Ich kann davon ausgehen, dass die Kinder über die ansprechenden Bilder des Buches Interesse an der Thematik entdecken, die sie auch in ihrer eigenen Gruppe erleben.

1.2 **Auswahl der Kinder**

Das Angebot möchte ich mit acht Kindern durchführen. Diese Gruppengröße kann ich überschauen. Bei uns finden geplante Angebote regelmäßig statt, die Kinder wissen das und nehmen gerne daran teil. Kinder, die sich dafür interessieren, ziehen rechtzeitig Kärtchen und sichern sich damit einen Platz in der Kleingruppe, bzw. einzelne Kinder bekommen von der Erzieherin oder Kinderpflegerin ein Kärtchen als Zeichen für die Teilnahme.

Das Buch hat gut verständliche Bilder und Texte und ist auch für die kleinen Kinder schon verständlich. Ich möchte, dass Markus (4,3), ein neuer Junge mit Anlaufschwierigkeiten, an dem Angebot teilnimmt. Tobias (5,1), ein Nachbarskind von Markus, kommt als möglicher Freund in Frage und sollte neben Tobias sitzen. Ilona (5,6) und Melanie (4,11) beherrschen die Gesprächsregeln schon recht gut und können gut als Vorbild für die Gruppe wirken. Pina (5,2) und Severin (6,2) und Sina (4,8) bedürfen der sprachlichen und sozialen Förderung. Das achte Kind wird vermutlich Michael (6,8) sein, der in seinem Elternhaus kaum Umgang mit Büchern hat und der deshalb vorzugsweise an ähnlichen Angeboten teilnehmen sollte.

Für jedes Kind liegt ein Memorykärtchen bereit, das beim Kommen gezogen wird und den bereitgestellten Stuhl markiert.

2. Zielsetzung

Die Kinder werden sich mit dem kleinen, schüchternen Benjamin identifizieren und sich über seine Schlauheit freuen.

- Dadurch entsteht Mitgefühl und Selbstbewusstsein (alle Kinder)
- Das Schönheitsgefühl wird durch die farblich schön und klar gestalteten Bilder gefördert (bes. Michael).
- Es entsteht Freude am Umgang mit Literatur (Michael).
- Das freie Sprechen wird im gemeinsamen Erarbeiten der Bilder gefördert (bes. Pina, Severin, Sina).
- Die Kinder hören sich gegenseitig zu und lassen sich ausreden (bes. Severin, Michael, Pina, Sina).
- Dadurch entsteht ein Gruppengefühl und gegenseitige Wertschätzung (alle Kinder).

3. Praktische Vorbereitung

3.1 Material

Als Anschauungsmaterial für die Hinführung benötige ich frisches Laub, einige Edelkastanien mit Schale, einige Igel aus Edelkastanien hergestellt.
Das Arbeitsmaterial ist das Bilderbuch, außerdem acht Memorykarten-Paare.

3.2 Raum, Zeit

Das Angebot soll im Bewegungsraum stattfinden. Die Sitzordnung, den Halbkreis, werde ich vorher in der Mitte des Raumes herstellen. Die Kinder sitzen mit dem Rücken zum Fenster gewandt.
Vermutlich wird das Angebot gegen 9.30 Uhr beginnen und ca. 30 Minuten dauern.

3.3 Vorarbeit

Zu Hause
- Die Geschichte mehrmals lesen
- Freies Erzählen mit den entsprechenden Betonungen einüben
- Mir die Bilder mit entsprechenden Inhalten einprägen

In der Kita
- Sitzordnung zum Halbkreis herstellen
- Ein Memorykärtchen auf jeden Stuhl legen
- Buch bereitlegen
- Anschauungsmaterial in die Mitte des Stuhlkreises legen

4. Grundsätzliche Methode

- Ich achte darauf, dass die Kinder die Bilder alle gut sehen können.
- Ich lasse den Kindern genügend Zeit zum Betrachten der Bilder und achte auf Pausen, um ihnen Gelegenheit zum erzählen zu geben.
- Ich beachte, dass jedes Kind sich äußern kann, spreche zurückhaltende Kinder (z. B. Pina) wenn nötig an bzw. fordere die anderen Kinder dazu auf, andere sprechen zu lassen.

- Ich aktiviere die Kinder an entsprechenden Stellen durch Fragen und Gesten, die zum Mitmachen auffordern.
- Ich achte auf gleichmäßig wechselnden Blickkontakt mit den Kindern.
- Beim Erzählen spreche ich in einer kindgemäßen Sprache.
- Ich rede langsam, betont und lebendig und verwende sooft wie möglich die wörtliche Rede.

5. Verlaufsplanung

Vorgehen	Begründung, meine Aufgaben, Material
Hinführung – Jedes Kind tastet vorsichtig unter das ausgebreitete Laub. – wenn jedes Kind einen „Igel" gefunden hat, erzählt es von seiner Begegnung mit Felix oder einem anderen Igel.	Blätterhaufen in der Kreismitte; Ertasten des Igels fördert den emotionalen Bezug zum Thema
– Nach dem Austausch legen die Kinder die Igel zurück, und ich decke die Blätter mit einem Tuch ab. – Ich leite über, indem ich das Bilderbuch zeige und erkläre, dass es von so einem kleinen Igel erzählt.	erinnert an Erlebtes; regt zum Gespräch an; jedes Kind äußert sich.
Hauptteil 1. Seite Ich erzähle leise und betont Frage: Was könnte das denn sein?	Spannung und Interesse am Igel
2. Doppelseite (= DS) Ich erzähle den Inhalt mit eigenen Worten und strecke und recke mich dabei.	Kinder machen mit, Bewegung belebt und fördert Einfühlung
3. DS Ich erzähle mit wörtlicher Rede Frage: Warum wurde Benjamin rot, spielt nicht mit, rollt sich zusammen?	Identifikation mit Benjamin Kinder überlegen und äußern sich sprachlich
4. DS Ich erzähle und kleide die Gedanken von Benjamin in wörtliche Rede. Kinder, die zuvor ähnliche Gedanken geäußert haben, spreche ich nochmals an	
5. und 6. DS Ich erzähle mit wörtlicher Rede und in einem Tonfall, der Freude ausdrückt	Ich warte Äußerungen der Kinder ab
7. DS Ich erzähle und deute dabei mit den Händen das Kullern an	Kinder machen mit, Bewegung unterstützt die Freude sprachlicher Ausdruck Aktivität durch Miterleben Äußerungen durch die Kinder
8. DS Die Kinder beschreiben, was geschehen ist Wir lassen noch einmal die Hände kullern Ich lasse die Stimme erschrocken klingen: Da passierte etwas...	
9. DS Ich erzähle und ergänze die Äußerungen der Kinder mit wörtlicher Rede Frage: Was soll Benjamin jetzt tun?	die Kinder überlegen selbst
10. DS Ich erzähle den Inhalt mit tiefer Eulenstimme.	

Vorgehen	Begründung, meine Aufgaben, Material
11. DS Die Kinde beschreiben den Vorgang auf dem Bild. Die Buddelbewegungen machen wir mit	freie Äußerung Aktivität und Belebung
12. DS Ich erzähle und lasse die Kinder ebenfalls am Suchspiel teilnehmen	Spielfreude
13. Seite Die Kinder äußern sich frei zum Bild und den Ereignissen, die zur Freundschaft von Benjamin und Tine geführt haben Ich blättere zusammenfassend noch mal vor, um den Unterschied der Anfangs- und Schlusssituation hervorzuheben.	die Entwicklung dieser Freundschaft wird bewusst
Abschluss	Vertiefung der Eindrücke und Entspannung durch Spiel und Bewegung Jeweils zwei Kinder finden sich zusammen und überlegen sich, was sie gerne gemeinsam spielen möchten. Das kann ein Spiel sein, das ihnen gut gefällt, oder ein Spiel, das die Igelkinder gespielt haben. Die Kinder können dazu auch die Igelchen benutzen und sie spielen lassen. Der weitere Verlauf wird von den Wünschen der Kinder bestimmt.

6. Weiterführung

Ideen für Aktivitäten, die in der nächsten Zeit das Thema weiterführen und vertiefen können:

- Verstecken spielen im Garten
- Bewegungsstunde mit der Weichbodenmatte: Rollen und Kullern
- Gespräche über Freundschaft, Alleinsein und Anfangssituationen
- Werkarbeit mit Kastanien
- Bildnerische Gestaltung der bearbeiteten Inhalte
- Besuch bei Felix

Nach der Durchführung eines Angebotes wird sich die Praktikantin rückblickend überlegen, wie der Erfolg ihres Vorgehens zu beurteilen ist. Ein Gespräch mit der Praxisanleiterin kann sehr hilfreich bei der Auswertung des Angebots sein.

8.4.5 Nachbesinnung

Die Praktikantin Andrea hatte sich gründlich auf ihr Angebot vorbereitet. Sie führte es mit den Kindern durch und machte dabei die Erfahrung, dass das Angebot in etwa so verlaufen ist, wie sie es erwartet hatte. Während der Aktivität war sie recht angespannt. An manchen Stellen fühlte sie sich mehr oder weniger wohl, und am Ende des Angebotes war sie erleichtert, alles hinter sich zu haben.

Aufgaben

1. Tauschen Sie miteinander aus, ob es Ihnen auch schon so wie Andrea ergangen ist.
2. Welche Gedanken und Empfindungen herrschen bei Ihnen in solchen Situationen vor (etwa Erleichterung, Freude, Zufriedenheit, Zuversicht, Stolz oder Ratlosigkeit, Unsicherheit, Unzufriedenheit, Enttäuschung, Ärger usw.)?
3. Wie möchten Sie das nächste Mal sein, wenn alles gelungen sein soll?
4. Kennen Sie Situationen, in denen Sie mit sich nicht zufrieden sind und die sie in ähnlicher Form immer wieder erleben?

Die Nachbesinnung eines geplanten Angebotes ist ein fester Bestandteil des gesamten Angebotes. Hierdurch werden die gemachten Erfahrungen reflektiert, d.h. es kommen Zufriedenheit und Unzufriedenheit über bestimmte Teile eines Angebotes erst zum Vorschein.

Es besteht die Möglichkeit, herauszufinden, welche Bedingungen zum Gelingen oder Misslingen verantwortlich waren bzw. sind. Diese Erkenntnisse können bei der Planung zukünftiger Angebote einbezogen werden.

Die folgenden Fragen eignen sich, um Schwächen und Stärken des Angebots oder auch persönliche herauszufinden:

Hilfen zur Nachbesinnung

Kinder:
- War das Thema für die Kinder wirklich interessant und ansprechend?
- Hat die Themenstellung die Lebenssituation der Kinder genügend berücksichtigt?
- Was war für die Kinder besonders interessant?
- Konnten die Kinder während des Angebotes genügend eigene Erfahrungen aktiv einbringen?
- Hatten die Kinder genügend Zeit, die angebotenen Inhalte zu erleben und zu verstehen?
- Gab es Kinder, die nicht erreicht wurden? Wie äußerte sich das?
- War die Zusammensetzung der Gruppe gelungen?

Ziele:
- Was wurde mit dem Angebot erreicht?
- Welche Anregungen erhielten die Kinder?
- Welche Ziele waren richtig gesteckt?
- Ergaben sich im Verlauf des Angebotes neue Ziele? – Welche?

Vorbereitung und Vorgehen:
- Waren die Vorbereitungen ausreichend? Was fehlte?
- War das Vorgehen genügend durchdacht?
- Wurden die Planungsschritte so durchgeführt, wie sie geplant waren?
- Was wurde geändert und warum?

Meine Lernerfahrungen:
- Gab es Situationen, bei denen ich mich sicherer und wohl bzw. unsicher und unwohl gefühlt habe?
- Worauf führe ich das zurück?
- Hatte dies Auswirkungen auf den Verlauf oder auf die Kinder?
- Haben sich früher gemachte Erfahrungen wiederholt?
- Habe ich aus früher gemachten Erfahrungen Konsequenzen gezogen? Welche?
- Welche Folgerungen möchte ich aus den neu gewonnenen Erfahrungen ziehen?

Diese und ähnliche Fragen ermöglichen der Praktikantin, das Angebot noch einmal aus einer anderen Perspektive zu sehen und die gemachten Erfahrungen bei anderen Gelegenheiten zu nutzen.

Zusammenfassung Kapitel 8

Mitarbeiterinnen sozialpädagogischer Einrichtungen haben sich den Anforderungen von Gesellschaft, Öffentlichkeit und Wissenschaft zu stellen. Es wird erwartet, dass sie qualifiziert und planvoll arbeiten.

Pläne in der pädagogischen Arbeit dienen der Arbeit, ohne sie beherrschen zu wollen. Sie haben den Sinn, Eltern und Öffentlichkeit die geleistete Arbeit durchschaubar zu machen, eine Grundlage für die Zusammenarbeit im Team zu schaffen, um die kindliche Entwicklung so verantwortungsvoll wie möglich zu fördern. Planungsunterlagen werden vom Team für einen bestimmten Zeitraum erstellt. Je situationsorientierter in einer Einrichtung geplant wird, um so mehr entwickeln sich Planungsinhalte aus beobachtbaren Verhaltensweisen von und mit Kindern.

In der pädagogischen Planungsweise gibt es zwei Pole, den funktionsorientierten und den situationsorientierten Ansatz.

Die Planungsbestandteile können wie folgt dargestellt werden:

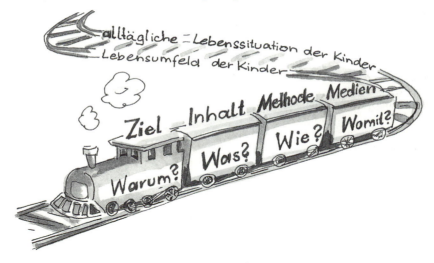

Geplante Angebote haben auch bei weitgehender Situationsorientierung ihren Wert in der pädagogischen Arbeit nicht verloren, insbesondere in der Ausbildungssituation der Kinderpflegerin. Entscheidend für den Erfolg von Angeboten ist deren gewissenhafte Vorbereitung. Auf der Basis einer gründlichen Situationsanalyse sollen Ziele, Inhalte, Methoden und Medien gut aufeinander abgestimmt sein. Bei der praktischen Vorüberlegung beachtet die Praktikantin die Gruppensituation, wählt den geeigneten Zeitpunkt und sorgt für geeignete räumliche Voraussetzungen. Die einzelnen Planungsschritte richten sich nach der Art des Angebotes und sind immer auf kindliche Lernbedingungen abgestimmt.

Das gesamte Angebot ist eingebettet in die natürlichen Lebensabläufe der Einrichtung. Eine künstliche Situation ist möglichst zu vermeiden.

Ein unverzichtbarer Bestandteil der pädagogischen Arbeit ist die Nachbesinnung, mit deren Hilfe Ursachen für Erfolge und Misserfolge aufgedeckt und wenn nötig behoben werden können.

Weiterführende Aufgaben

1. Begründen sie die Bedeutung einer guten Planung aus der Sicht der Kinder, der Eltern, des Teams und des Trägers.

2. Besprechen Sie im Blockpraktikum gemeinsam mit Ihrer Praxisanleiterin den Wochenplan, und klären Sie, für welche Inhalte Sie in dieser Zeit zuständig sein sollen.

3. Vergleichen sie in der Klasse die unterschiedlichen Lebensbedingungen der Kinder aus den einzelnen Praxisgruppen, und erklären Sie die möglichen Auswirkungen auf die jeweilige Gruppensituation.

4. Beobachten Sie ein Kind, dessen Verhalten Sie noch nicht ganz verstehen, über einen längeren Zeitraum.
   a) Erstellen Sie eine Situationsanalyse nach dem vorgegebenen Muster.
   b) Vergleichen Sie Ihren Eindruck von diesem Kind vor und nach der Erstellung der Situationsanalyse. Was hat sich verändert?
   c) Ermitteln Sie mit den Hilfen zur Zielfindung für dieses Kind bedeutsame Lernziele.
   d) Ordnen Sie jedem Ziel geeignete Lerninhalte zu.
   e) Überlegen Sie sowohl ein Einzelangebot als auch ein geplantes Angebot mit den Hilfen zur Themenfindung.

5. Das Erzieherverhalten der Kinderpflegerin richtet sich nach Erkenntnissen über das kindliche Lernverhalten.
   Überlegen Sie konkrete pädagogische und methodische Verhaltensweisen, die sich
   - für eine Bilderbuchbetrachtung,
   - für eine Bewegungsstunde,
   - für ein Gespräch,
   - für eine gestalterische Arbeit,
   - für ein Rollenspiel usw.
   daraus folgern lassen.

6. Stellen Sie eine Themensammlung zusammen, die den momentanen Interessen Ihrer Gruppe, der Jahreszeit und den Ideen und Vorstellungen Ihres Teams entspricht.

7. Führen Sie ein geplantes Angebot nach den beschriebenen Kriterien durch und besprechen Sie es gemeinsam mit Ihrer Praxisanleiterin mit den Hilfen zur Nachbesinnung.

9 Gestaltung von Festen und Feiern

Festgesellschaft aus dem Bilderbuch: „Na warte, sagte Schwarte" von Helme Heine:

Aufgaben
1. Dieses Bild erinnert Sie möglicherweise an eigene Eindrücke bei ähnlichen Festgelegenheiten. Erzählen Sie, woran Sie am liebsten zurückdenken, woran Sie sich mit Schrecken erinnern? Vergleichen Sie anhand von eigenen Festtagsfotos.
2. Stellen Sie sich ein Leben ohne Feste vor. Was würde Ihnen fehlen?
3. Werden in Ihrer Heimatgemeinde noch typische Festbräuche gepflegt?

9.1 Feste feiern – Übersicht und Bedeutung

Feste wurden und werden zu allen Zeiten und an allen Orten von Menschen gefeiert.

Jeder hat schon an Festen teilgenommen, war Gast oder Hauptperson eines festlichen Anlasses. Die Anlässe waren vermutlich ganz unterschiedlich. Feste können folgendermaßen eingeteilt werden:

Übersicht über Festarten:

Persönliche Feste	Religiöse Feste	Jahreszeitliche und Traditionsfeste
Ereignisse im Leben des Menschen oder seiner Familie wie: Geburtstag Namenstag Kommunion/ Konfirmation Hochzeit Begräbnis	Ereignisse aus der christlichen Glaubenslehre o. zur Erinnerung an das Leben von Heiligen wie: Weihnachten Ostern Pfingsten St. Martin St. Nikolaus	Ereignisse, die den Jahreskreislauf darstellen o. die an gemeinsame Erlebnisse eines Gemeinwesens erinnern wie: Frühlingsfest Sommerfest Herbstfest Erntedankfest Winterfest Fasching Jubiläum

Bedeutung von Festen

Feste und Brauchtum

Viele Feste haben ursprünglich heidnische oder religiöse Wurzeln, die schon sehr lange zurückliegen. Feste wurden und werden von Region zu Region, von Land zu Land verschieden ausgestaltet und von Generation zu Generation weitergegeben. So entstand Brauchtum.

Feste haben ihren Ursprung im Volksbrauchtum und sind Teil dieses Brauchtums.

Durch Feste wird wertvolles Kulturgut übermittelt, Brauchtum lebendig erhalten und Traditionen gepflegt.

Feste im Leben des Menschen

Feste und Feiern sind Höhepunkte im Leben. Sie bringen Abwechslung in den gleichmäßigen Alltag und sind spannende Ereignisse für den Einzelnen und für bestehende Gruppen.

Sie wecken Vorfreude, Glück und Lebensfreude und geben dem Menschen damit neue Anstöße für seinen Lebensrhythmus.

Feste bieten ein Gemeinschaftserlebnis für alle Beteiligten, sei es eine Familie oder eine andere Gemeinschaft, schaffen und vertiefen damit Kontakte und festigen den Zusammenhalt.

Feste können zur Auseinandersetzung mit religiösen Fragen und Glauben beitragen.

Feste im Leben des Kindes

Feste haben für Kinder die Bedeutung, das Jahr in überschaubare Abschnitte zu gliedern und das Jahr als einen Zeitabschnitt zu begreifen, denn in jedem Jahr ist nur einmal Geburtstag, nur einmal Weihnachten usw.

Immer wiederkehrende Festabläufe geben dem Kind das Gefühl von Sicherheit und Geborgenheit. Eindrücke, die Kindern bei Festen vermittelt werden, prägen sich nicht selten lebenslang ein, weil sie zumeist mit allen Sinnen wahrgenommen werden.

Das gemeinsame Feiern in der Gemeinschaft mit anderen Kindern und Erwachsenen fördert die Fähigkeit zur Kontaktaufnahme, die Freude am geselligen Beisammensein und damit den Gemeinschaftssinn.

9.2 Feste im Jahreskreislauf sozialpädagogischer Einrichtungen

Aufgaben

1. Befragen Sie Ihre Praxisanleiterin zu folgenden Punkten:
   a) Welche Feste werden im Laufe eines Jahres in der Einrichtung gefeiert?
   b) Welche Bedeutung haben diese Feste für die Kinder/die Eltern/die Einrichtung?
   c) In welcher Form werden die Kinder auf bevorstehende Feste aufmerksam gemacht?

2. Beobachten Sie Kinder bei festlichen Anlässen.
   Beschreiben Sie das beobachtete Verhalten.
   Welche Gefühle werden durch ihr Verhalten sichtbar? Vergleichen Sie Ihre Beobachtungen.

Am Beispiel einer Kindertagesstätte wird sichtbar, wie viele Feste in jeder Einrichtung jährlich gefeiert werden.

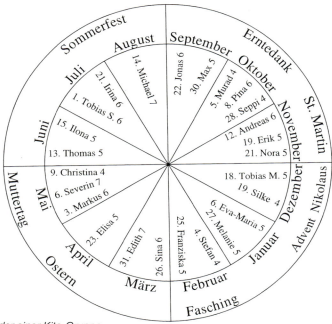

Jahresfestkalender einer Kita-Gruppe

 Das Feiern von Festen nimmt in allen sozialpädagogischen Einrichtungen einen wesentlichen Bestandteil der Jahresplanung ein.

Feste bieten der Gruppe Gelegenheit, immer wieder Höhepunkte anzusteuern, die dem alltäglichen Geschehen neue Impulse vermitteln.

Auf Feste bereiten sich alle vor. Jeder Einzelne erlebt das Fest in der Gemeinschaft, und lange gibt es noch zu erzählen von dem Erlebten.

Die Gestaltung der Feste entwickelt sich aus dem Alltag heraus und nimmt einen breiten gedanklichen und zeitlichen Raum in Anspruch.

Feste in der Gruppe bieten folgende Möglichkeiten:

Persönliche Feste	Religiöse Feste	Jahreszeitliche und Traditionsfeste
Der Geburtstag jedes Kindes ist das persönliche Fest, bei dem das einzelne Kind einmal im Jahr im Mittelpunkt der Gruppe steht. Es bekommt Aufmerksamkeit, Geborgenheit, Anerkennung und Zuneigung zu spüren.	Feste wie Erntedank, St. Martin, Nikolaus, Weihnachten, Ostern, Pfingsten lassen Kinder den religiösen und mitmenschlichen Gehalt des jeweiligen Festes erfahren. Sie bilden den Höhepunkt einer Reihe von Aktivitäten zu der entsprechenden Thematik und bieten der Gruppe die Möglichkeit, gemeinsam den eigentlichen Hintergrund des Festes zu erleben.	Frühlingsfest, Sommerfest, Fasching, Jubiläum, usw. sind Feste, mit denen die Tradition einer Einrichtung o. Gemeinde gepflegt wird. Sie bieten die Möglichkeit, die Öffentlichkeit aufmerksam zu machen und den Kindern ein freudiges Ereignis zu schaffen.

Aufgaben

1. Stellen Sie einen Jahresfestkalender für Ihre Einrichtung zusammen.

2. Sammeln Sie unterschiedliche Ideen für die Herstellung eines Geburtstagskalenders, und fertigen Sie einen für Ihre Klasse/Gruppe gemeinsam an.

9.3 Grundsätzliche Überlegungen zur Gestaltung von Festen

Aufgabe

Lesen Sie folgende Geschichte und überlegen Sie, welche Festbestandteile die Kinder für wichtig erachten.

Bald ist Kindergarten-Fest

Was hatte die Erzieherin Hannelore da soeben gesagt? Kindergartenfest! Das wollen wir! Und die Mamas und die Papas sollen alle kommen! Gut. Aber was sollen sie denn hier? Was sollen die Eltern denn tun? Ja ... großes Fragezeichen. Sie sollen ... na, sie sollen mal sehen, was die Kinder so alles anstellen ... im Kindergarten. Also was?

Also ... also ... Wer schlägt etwas vor? Christopher sagt: „Wir singen! Wir singen schöne Lieder!" Vanessa ist dagegen. „Ach nö!" sagt sie. „Immer singen. Das ist doof. Aber Hannelore findet: „Das ist gar nicht doof. Das macht Laune! Aber da müssen wir noch viel mehr machen, denke ich. Damit sich die Eltern nicht langweilen."

Alexander überlegt. „Ich male", sagt er. „Ich male ein Bild mit einem Flugzeug." Christiane meint dazu: „Das ist ziemlich langweilig. Ja, du, Alexander, du kannst auch gut malen. Aber ich? Ich kann nicht gut malen."

Das will Erzieherin Hannelore nicht gelten lassen. „Natürlich kannst du gut malen, Christiane. Wer sagt denn, dass du es nicht kannst?" – „Ach", erwidert Christiane, „das sagt mein großer Bruder immer." Hannelore ist ganz anderer Ansicht. „Du kannst sehr schön malen, Christiane. Aber Malen beim Kindergartenfest, das genügt doch nicht. Das ist doch noch lange nicht alles. Was könnten wir denn noch tun?"

Da kommt es aus Marcel herausgesprudelt: „Essen!" Hannelore fragt: Wie meinst du das?" Marcel sagt noch einmal: „Essen. Wir kriegen doch auch Hunger. Und ... mein Vater muß immer mal was essen." Laura lacht. „Darum hat er

auch einen Bauch!" Das hört Hannelore nicht gern. „Also bitte, Laura, was soll das jetzt? Marcel hat ganz recht. Wir müssen natürlich auch was essen. Jeder kriegt mal Hunger. Und das macht Spaß, wenn alle, die Kinder, die Eltern und Erzieherinnen, zusammen essen.

Was wollen wir denn essen?" – „Kuchen!" ruft Pascal. „Schönen Kuchen mit ... mit ... mit Obsttorte!" Jetzt kommt Bewegung in die Kinder. „Nein, nein!" – „Streuselkuchen!" – Schnecken und...Hörnchen!" – „I nein! Würstchen!" – „Mit Kartoffelsalat!" – „Nein! Ach wo. Obstsalat!"

Hannelore lacht. „Also, da haben wir doch schon eine große Auswahl. Das müssen wir uns doch ganz genau durch den Kopf gehen lassen. Ja, und wenn wir dann das alles essen wollen ... was brauchen wir dann noch?" Die Kinder überlegen. Hannelore hilft ihnen auf die Sprünge. „Wenn wir das kaufen wollen ... Was brauchen wir da?" Natascha meint: „Einkaufstaschen und ... und Schüsseln." – „Ja, ja" sagt Hannelore, „und was brauchen wir noch?" Steven weiß es: „Wir brauchen Geld!" Hannelore lacht. „Richtig! Aber wir haben nicht so viel Geld. Sollen wir nun das Kindergartenfest ausfallen lassen?" Großes Geschrei: „Nein, nein, nein!"

Die Erzieherin fragt weiter: „Also was tun wir?" Da meldet sich Anna zu Wort. „Im vorigen Jahr hat meine Mutti Kuchen gebacken und einen Salat gemacht. Und alles zum Kindergartenfest mitgebracht. Sebastian sagt: „Super!" Das macht meine Mama auch. Bestimmt! Die kann das gut: „Hannelore meint: „Vielleicht erhalten wir auf diese Weise ja noch mehr Unterstützung?" Und so geht das weiter und weiter.

Die Kinder sind ganz aufgeregt. Ja! Da ist noch ein Plakat zu malen. Da müssen die Eltern schriftlich eingeladen werden. Und dann müssen wir noch ein paar Spiele einüben. Und vielleicht ... bestimmt ein Spiel, bei dem auch die Eltern mitmachen können! Toll! Au, das wird fein. Und dann müssen wir auch noch den Kindergarten ausräumen, damit für die Besucher genügend Platz ist.

Und dann basteln wir Girlanden, damit alles besonders schön ist. Und zwischendurch singen wir immer mal ein Lied. Vielleicht führen wir dann noch einen Kindertanz vor. Einen Reigen! Oder irgend so was. Last uns mal nachdenken. Anna sagt vielleicht ein Gedicht auf.

„Nein!" sagt Anna. „Ach nur ein ganz kleines Gedicht!" sagt Hannelore. „Nein", wiederholt Anna. „Da bleibe ich stecken, und alle lachen." – „Ach wo", meint Hannelore. „Und wenn – dann helfe ich dir weiter. Na, überleg' es dir noch mal."

Anna will darüber nachdenken. Aber da gibt es ja noch viel mehr, was die Kinder beim Fest tun können.

Unsere Puppen zeigen wir dann den Eltern und die Kuschelecke und die Baukästen und ... und die Spielsachen und die Bilderbücher natürlich! Kinder, das wird fein! Die Mamas und die Papas werden Augen machen. Das wird bestimmt ein wunderbares Kindergartenfest!

(Hans-Joachim Ludwig)

Jedes Fest unterscheidet sich durch seinen feierlichen Rahmen vom Alltag. Feste haben i.d.R. einen feierlichen und offiziellen Teil.

Daneben trägt der gesellige Teil zum Gelingen eines Festes bei.

Bestandteile eines Festes

	FESTLICHER RAHMEN	
festliche	**FEIERLICHER TEIL** Darstellung des Festinhaltes in Wort: Festrede, Festspruch. Predigt usw. in Handlung: Kerzen anzünden, Prozession usw. in Musik: Festmusik, Festlieder	Raum- und
Kleidung	**GESELLIGER TEIL** frohes Beisammensein in gelöster Atmosphäre: mit Essen und Trinken mit Tanz mit geselligem Zeitvertreib wie Spiel, Vorführungen ...	Tischschmuck
	Ziergegenstände zum Fest	

Feste, ob Gemeindefest mit tausend Teilnehmern oder ob Kindergeburtstag mit sechs Kindern, enthalten diese Bestandteile.

Für jedes Fest, das in einer sozialpädagogischen Einrichtung gefeiert wird, gibt es typischen Raum- bzw. Tischschmuck, wie z.B. Girlanden, Fähnchen, Blumen, Laternen, Kerzen usw.

Den feierlichen Teil können Aktionen wie die Festrede der Erzieherin, eine Aufführung der Kinder, die musikalische Umrahmung durch Kinder und Mitarbeiterinnen u.a. bilden.

Zum geselligen Teil tragen leckere Speisen und Getränke, gemeinsame Spielaktionen, Polonaisen, Tänze und Lieder u.v.m. bei.

Aufgabe
Das Fest, das als nächstes gefeiert wird, soll vorbereitet werden.

Sammeln Sie Ideen
- für den festlichen Rahmen,
- für den feierlichen Teil,
- für den geselligen Teil.

Planung eines Festes

Um alle Wünsche in die Festplanung einzubeziehen, müssen viele Überlegungen angestellt und Vorbereitungen getroffen werden.

Die unterschiedlichen Vorschläge und Ideen von Kindern und Mitarbeitern müssen gesammelt und geordnet werden. Es müssen Absprachen getroffen werden, Material muß beschafft und Einladungen müssen geschrieben werden, Spiele und Lieder müssen geprobt werden, Dekoration muß hergestellt werden, Helfer müssen angesprochen werden, kurz: viel Kleinarbeit und Organisation ist notwendig, bis das Fest starten kann.

Merke — **Jedes Fest bedarf einer gründlichen Planung und Vorbereitung.**

Eine Übersicht über alle Aufgaben der Festvorbereitung vermittelt folgendes Planungsraster.

Planungshilfen für die Festgestaltung

1. Vorüberlegungen zur Bedeutung des Festes
- Ursprung des Festes und Festbrauchtum
- gegenwärtige Bedeutung des Festes für Kinder
- Bedeutung für die Mitarbeiterinnen und die Einrichtung
- Bedeutung für die Eltern u./o. Gemeinde

2. Thema des Festes
- Manche Feste stehen sinnvollerweise unter einem Motto, um es zu strukturieren (z. B. Fasching, Sommerfest).
- Anderen Festen liegt ein Leitgedanke zugrunde, um einen Teilaspekt der Festbotschaft besonders herauszuheben (z. B. Weihnachten: Licht)

3. Rahmenplanung im Team
- Terminabstimmung mit den Beteiligten
- Raumplanung unter Berücksichtigung verschiedener Wetterlagen bei Freiluftveranstaltungen
- Ideensammlung von Programmpunkten und Grobplanung der Programmabfolge
- Aufgabenverteilung im Team unter Einbeziehung von Eltern

4. Vorbereitung mit den Kindern
- Ideen zur Festgestaltung sammeln
- Einladungen herstellen
- Darbietungen, Spiele und Lieder aussuchen und einüben
- Dekoration herstellen

5. Öffentlichkeitsarbeit
- Einladungskarten verteilen
- Plakate und Aushänge entwerfen und herstellen
- Handzettel verteilen
- Spender ermitteln

6. Praktische Organisation im Team
- Versicherungsfragen klären (Leitung)
- Sicherheitsvorkehrungen treffen
- Einkaufslisten für Essen und Getränke erstellen
- Geschirr und Gläser organisieren
- Tische, Stühle usw. beschaffen
- sonstiges Zubehör besorgen wie Bonkasse, Wechselgeld, Mülltüten
- Räume schmücken und Wegweiser aufstellen

Nachbesinnung zum Festverlauf

Die Festvorbereitung erfordert Mühe und Einsatz von allen Beteiligten. Das Fest selbst ist der angestrebte Höhepunkt dieser Vorbereitungsarbeit.

Für die an Planung und Durchführung beteiligten Personen stellt sich am Ende eines jeden Festes die Frage, ob sich die Erwartungen erfüllt haben und die gesteckten Ziele erreicht wurden. Eine Nachbesinnung kann diese Fragen klären.

Nach dem Fest sollen sich alle Beteiligten treffen, um über den Verlauf des Festes gemeinsam zu reflektieren. Die gemachten Erfahrungen werden auf diese Weise von vielen Seiten beleuchtet, individuelle Eindrücke können überprüft werden. Ursachen für eventuell aufgetretene Schwierigkeiten werden ermittelt.

Werden die wichtigsten Ergebnisse der Nachbesinnung schriftlich festgehalten, besteht für das Team eine gute Möglichkeit, aus den gemachten Erfahrungen zu lernen und sie in die nächste Festplanung miteinzubeziehen.

Findet dieses Treffen in geselliger Runde statt, vielleicht in Verbindung mit der Betrachtung der Festfotos usw. und im Rahmen einer kleinen Bewirtung, kann die Nachbesinnung zu einem gemeinschaftsfördernden Ereignis werden.

Merke — **Nach dem Fest erfolgt eine gemeinsame kritische Nachbesinnung über den Festverlauf.**

Die Nachbesinnung umfasst folgende Inhalte:
- Wurde die Bedeutung des Festes deutlich?
- War das Fest für alle Kinder ein freudiges Ereignis?
- Konnten sich die Kinder aktiv beteiligen?
- Welche Rückmeldungen kamen von Eltern und anderen Beteiligten?
- Waren Aufgaben innerhalb des Teams gleichmäßig verteilt, und konnten sie ausgeführt werden?
- War das Programm zeitlich und inhaltlich angemessen?
- Waren die Darbietungen der Kinder wirkungsvoll?
- Verlief das Fest nach Plan? Falls, nein, welche Ursachen lagen zugrunde?
- Waren Bewirtung und sonstige Materialbeschaffung ausreichend und gelungen?
- Wurden zuvor gemachte Erfahrungen einbezogen?
- Was sollte beim nächsten Mal beachtet werden?

Aufgaben
1. Bilden Sie Vierer-Gruppen und planen Sie gemeinsam das Kindergartenfest für einen dreigruppigen Kindergarten:
   Verteilen Sie die Rollen in Ihrer Arbeitsgruppe so,
   - dass ein Gruppenmitglied die Kinder vertritt,
   - dass ein Gruppenmitglied die Eltern vertritt,
   - dass zwei Mitglieder Erzieherinnen und Kinderpflegerinnen aus dem Team vertreten.
2. Gehen Sie bei der Bearbeitung des Themas auf folgende Fragestellungen ein:
   a) Überlegen Sie die Bedeutung des Festes.
   b) Stimmen Sie die Planungsaufgaben in Ihrem Team ab, und erstellen Sie ein Festprogramm.
   c) Stellen Sie ein Muster für eine Einladungskarte, einen Plakatentwurf und Dekorationsmaterial her.
   d) Wählen Sie eine Reihe geeigneter Lieder und Spiele für das Fest aus.
   e) Erstellen Sie einen groben Zeitplan über die Vorbereitungen, die mit den Kindern in den nächsten vier Wochen getroffen werden.
3. Verwenden Sie die „Planungshilfen zur Festgestaltung" als Hilfsmittel, und gehen Sie nach Grundsätzen der Teamarbeit vor.
   Beziehen Sie besonders für die Punkte c) und d), Literatur in Ihre Überlegungen ein (z.B. D. M. Woesler: Spiele, Feste, Gruppenprogramme; G. Hennekemper; Unvergessliche Kinderfeste; E. Reuys: Feste kreativ gestalten).

9.4 Einzelne Feste

9.4.1 Kindergeburtstag

Praxisbeispiel Bei der Auswertung von Beobachtungsaufgaben zum Thema: „Beobachtung eines Geburtstagskindes bei seiner Geburtstagsfeier" kommen in der Klasse u. a. folgende Beobachtungen zutage:

1. **Christina (4)**, die erst seit einigen Wochen in der Gruppe ist, bringt ihren Geburtstagskuchen sichtlich stolz der Gruppenleiterin. trotzdem entsteht der Eindruck, als fühle sie sich nicht ganz wohl in ihrer Haut. Sie trippelt mit verlegenem Lächeln in der Nähe der Erzieherin herum und lässt diese nicht aus den Augen.
Während der Geburtstagsfeier, bei der das Geburtstagskind im Mittelpunkt stehend die Gratulationswünsche entgegennehmen soll, weigert sie sich beharrlich, diese Rolle zu übernehmen, bleibt statt dessen auf ihrem Stuhl sitzen und hält sich die Augen zu.

2. **Thomas (5)**, ein Junge, der in der Gruppe gerne die Beobachterrolle übernimmt und nur zögernd mit anderen Kindern spielt, entwickelt an seinem Geburtstag ein völlig unerwartetes Clownverhalten. Er schneidet Grimassen, hüpft beim Liedersingen im Raum herum usw.

3. Ähnliche Clownerien legt auch **Tobias (5)** an den Tag. Er ist in der Gruppe durch sein „auffällig aggressives" Verhalten schon bekannt.

4. **Sina (6)** ist sichtlich stolz, dabei gelassen, selbstbewusst und ruhig. Sie hilft bei den Vorbereitungen zur Feier selbstständig mit wie eine Gastgeberin und übernimmt während der Feier souverän die Führungsrolle, so wie sie das auch sonst in der Gruppe tut.

5. **Erik (5)**, ein sehr zurückhaltendes und ängstlich wirkendes Kind, das sich viele Dinge nicht zutraut, erscheint erst gar nicht bei seiner Geburtstagsfeier. Wie die Mutter später mitteilt, wehrte er sich mit allen Mitteln, an diesem Tag in den Kindergarten zu gehen.

Aufgaben zum Praxisbeispiel

1. Welche Gefühle werden bei Christina, Thomas, Tobias, Sina und Erik sichtbar? Haben Sie ähnliche Beobachtungen wie die hier beschriebenen bei Geburtstagskindern machen können?
2. Welche Bedeutung hat das Selbstvertrauen eines Kindes bei der Feier seines Geburtstags?

Bedeutung des Geburtstags für das Kind

Das Geburtstagskind kann an diesem Tag wie an keinem anderen Anerkennung, Geborgenheit und Angenommensein erfahren.

Das Kind steht an diesem einmaligen Tag im Mittelpunkt, darum erlebt es sich an seinem Geburtstag in seiner Einmaligkeit, das stärkt bei einem positiven Verlauf das Selbstvertrauen.

Die Konzentration auf diesen Tag nimmt Selbstvertrauen und Selbstsicherheit auch stark in Anspruch.

Je nach Persönlichkeit des Kindes kann dieser spannende Tag zu einem sehr positiven Erlebnis führen, ebenso auch zu einer Überlastung.

Beispielhafter Verlauf

- Vorbereitungen werden mit den Kindern getroffen. Dazu gehört das Herstellen des Geburtstagskuchens, das Erlernen von Geburtstagsliedern und Versen.
- Ankündigen der Geburtstagsfeier an der Gruppentüre.
- Kurz vor der Feier verlässt das Geburtstagskind mit zwei Kindern seiner Wahl den Raum.
- In der Zwischenzeit schmücken die anderen Kinder den Ehrenplatz für das Geburtstagskind und seine beiden Ehrengäste mit Tischdecke, Blumen, Tischschmuck, Geburtstagskerze usw.
- Ein Kind holt die drei Kinder herein, alle nehmen Platz und singen und spielen das Geburtstagsständchen und überreichen die Geschenke.
- Das Geburtstagskind darf alle Geburtstagskerzen in einem Zug ausblasen und sich etwas wünschen.
- Der Geburtstagskuchen wird vom Jubilar angeschnitten und verteilt.
- Nach dem Essen wünscht sich das Geburtstagskind noch ein Spiel, ein Lied, einen Tanz o.ä.

Pädagogische Überlegungen zur Geburtstagsfeier

Jedes Kind der Gruppe bekommt seine eigene Geburtstagsfeier, auch wenn zwei Kinder am gleichen Tag Geburtstag haben.

Die Geburtstagsfeier läuft in der Gruppe jedesmal nach dem gleichen Zeremoniell ab. Dabei wird auf individuelle Bedürfnisse des Geburtstagskindes Rücksicht genommen, und es bleibt ein Spielraum für Flexibilität erhalten.

Neue und unsichere Kinder werden über den Ablauf informiert bzw., darauf vorbereitet.

Mit „auffälligen, aggressiven Kindern", die gerne „ausflippen", wird der Verlauf ebenfalls vorher durchgesprochen und auf Grenzen von unerwünschten Verhaltensweisen deutlich hingewiesen.

Eskaliert eine Feier durch aggressives Verhalten, sollte sie abgebrochen werden.

Geburtstagsgeschenke sind persönliche Gesten und werden innerhalb eines bestimmten Rahmens in Absprache mit den Eltern auf individuelle Interessen des jeweiligen Kindes abgestimmt.

Geburtstagsbrauchtum und Rituale

Das Feiern des Geburtstags wurde lange Zeit als heidnischer Brauch abgetan und hat erst seit der Zeit nach dem 2. Weltkrieg allgemeine Bedeutung erlangt.

Überlieferte Rituale dienten ursprünglich der Abwehr von bösen Geistern und zum Anlocken des Glücks:

- Anzünden der Geburtstagskerze vertreibt die bösen, lichtscheuen Geister.
- Geburtstagskuchen mit Geburtstagskerzen. Wenn sie in einem Zug ausgeblasen werden, gehen geheime Wünsche des Geburtstagskindes in Erfüllung.
- Der Geburtstagskranz vertreibt die bösen Dämonen.
- Das Einbacken von Glücksbringern (z.B. Glückspfennig) erfüllt dem Finder einen Wunsch.
- Heute dienen Geburtstagsgeschenke als materieller Ausdruck der Wertschätzung für das Geburtstagskind.

Aufgaben

1. Worauf sollten Erzieherin und Kinderpflegerin bei der Geburtstagsvorbereitung von Kindern wie Christina achten?
2. Welche Hilfestellungen können Sie einem Kind wie Thomas geben, um ihn vor einer Festlegung auf die Clownrolle zu bewahren?
3. Welche Bedeutung hat ein immer wieder gleich ablaufendes Geburtstagszeremoniell für die Kinder?

9.4.2 Erntedank

Eva bäckt Brot

An einem Tag im frühen Herbst kommt Eva heim. Sie trägt ihren Anorak mit ausgestreckten Armen vor sich her.

„Aber Eva", sagt die Mutter, „warum hast du den Anorak ausgezogen? Es ist heute doch so kühl und windig!"

Sie will Eva die Jacke abnehmen.

„Nein", ruft Eva. „Vorsicht, stoß mich nicht. Ich habe die ganze Kapuze voll Körner. Die hab ich alle vom Stoppelfeld aufgesammelt. War das eine Mühe!"

Sie trägt den Anorak in die Küche. Dort legt sie ihn behutsam auf den Tisch. Die Körner liegen in der Kapuze wie in einem Nest. Eva schüttelt die Arme. Sie sind vom Tragen ganz steif geworden, und kalt sind sie auch.

„Was hast du jetzt mit den Körnern vor?" fragt die Mutter.

„Das wirst du gleich sehen", sagt Eva, holt sich die alte Kaffeemühle aus dem Küchenschrank und füllt Körner hinein. Dann fängt sie an zu mahlen. Es knackt und rasselt. Sie mahlt bis zum Mittagessen und danach auch noch eine Stunde, Dann hat sie alle Körner aus der Kapuze gemahlen. Die Kapuze ist leer. Dafür hat sie jetzt eine kleine Schüssel voll Mehl mit vielen Schalenstückchen darin.

„Das nennt man Schrot", sagt die Mutter.

„Puh", seufzt Eva und dehnt sich. „Mein Rücken tut so weh."

„Kein Wunder", sagt die Mutter. „Du hast ja auch schwer gearbeitet."

„Und jetzt wird Brot gebacken", sagt Eva.

„Warum machst du solche Mühe?" fragt Bruder Thomas und will sich ausschütten vor Lachen. „Wir haben doch Brot genug im Schrank."

„Aber das ist nicht mein Brot", sagt Eva.

Sie schüttet das Gemahlene in eine größere Schüssel. Sie lässt sich von der Mutter ein bisschen Milch und ein Ei und ein Tütchen Backpulver geben.

„Brot macht man doch mit Sauerteig", sagt Thomas.

„Lass sie in Ruhe", mahnt die Mutter. „Sie macht sich eben ihr eigenes Brotrezept. Das wird sicher auch sehr gut schmecken."

„Hab ich was vergessen?" fragt Eva.

„Wenn es ein süßes Brot werden soll", sagt die Mutter, „fehlt noch Zucker. Ein Paar Rosinen wären auch nicht schlecht."

„O ja, Rosinen", ruft Eva.

Die Mutter schaltet den Backherd ein. Er soll schon warm werden. Eva knetet und knetet. Sie wird vor Anstrengung ganz rot im Gesicht. Thomas grinst. Er steht mit den Händen in den Taschen da und schaut zu, wie Eva endlich eine lange, plattgedrückte Wurst auf das Backblech legt und dann das Backblech in den Backherd schiebt. Aus dem Backherd quillt Hitze. Eva verbrennt sich den Daumen. Endlich hat sie die Klappe vom Backherd wieder zu. Aufgeregt versucht sie, durch das Fenster in der Klappe auf ihr Brot zu schauen.

„Ruh dich nur aus", sagt die Mutter. „Es dauert eine ganze Weile, bis das Brot gebacken ist."

Mein Brot", seufzt Eva erschöpft.

Sie setzt sich auf die Bank in der Essecke und wartet. Aber sie ist vom Körnersammeln und Heimtragen und Mahlen und Mischen und Kneten und Formen so müde, dass sie einschläft.

Nach einer langen Weile hört Eva Mutters Stimme sagen: „Eva, dein Brot ist fertig."

Die Mutter muss es ein paarmal sagen, bis Eva wach wird. Thomas zupft sie am Zopf. Da springt Eva auf, läuft zum Herd, reisst die Klappe auf. Sie spürt nicht nur die Hitze. Sie riecht auch den Duft, den herrlichen Duft nach Gebackenem.

Die Mutter reicht Eva zwei Topflappen. Eva zieht das Blech heraus. Sie schreit vor Entzücken auf: Da liegt es, ihr Brot – goldbraun und krustig. Ein prächtiges Brot. Auch Thomas beugt sich darüber und schnuppert. Er grinst nicht mehr. Er staunt.

Zum Abendessen teilt Eva der ganzen Familie von ihrem Brot aus. es ist ein bisschen hart. Aber keiner stört sich daran. der Vater taucht seine Scheibe in den Tee, da wird die Kruste weicher.

„Kaum zu glauben, dass ich eine Tochter habe, die schon Brot backen kann", sagt er.

„Ich hab's nicht nur gebacken", sagt Eva stolz. „Ich hab's ganz und gar gemacht, mit Körnersammeln und Mahlen und allem anderen. Es war eine große Arbeit. Nur die Körner hab ich nicht gemacht. Die sind von allein gewachsen."

(Gudrun Pausewang, aus: Volker Fritz/Rolf Krenzer: 100 einfache Texte zum Kirchenjahr, Verlag Ernst Kaufmann, Lahr und Kösel-Verlag, München)

Aufgaben

1. Eva hat in dieser Geschichte etwas erlebt, das sie sehr stolz gemacht hat. Versuchen Sie diese Erfahrung nachzuempfinden und teilen Sie einander mit, was den Stolz ausmacht.
2. Überlegen Sie: Können Sie Roggen von Weizen unterscheiden? Haben Sie schon einmal Kartoffeln oder Äpfel geerntet? Können Sie Butter herstellen? Gibt es unter den Kindern Ihrer Gruppe welche, die in ihrem täglichen Leben erfahren, wo Lebensmittel wachsen bzw. unter welchen Bedingungen sie hergestellt werden oder welche Mühe das Säen, Pflegen und Ernten von Früchten und deren Zubereitung machen?

3. Welche Beziehung hat ein Kind zum Erntedankfest, das nur erlebt, wie Lebensmittel fertig gepackt im Supermarkt eingekauft werden?

Situation des Kindes im Hinblick auf das Erleben von Erntedank

Stadtkinder haben kaum mehr Gelegenheit, den Reifungsprozess von Nahrungsmitteln zu beobachten. Die Entstehung von Gemüse, Obst, Brot usw. wird nicht mehr unmittelbar erfahren. Damit besteht für diese Kinder verständlicherweise kein Bezug zu einem Fest, dem Dank für die Ernte zugrunde liegt.

Anders sieht das bei Landkindern bzw. Kindern aus, die zu Hause einen Garten haben, wenn sie mithelfen dürfen oder sie gar ein eigenes Beet besitzen.

Die Freude über eine frisch geerntete Karotte oder der Ärger über einen abgefressenen Salatkopf schaffen eine natürliche Verbindung zum Wert dieser Nahrungsmittel, ohne die Dank nicht möglich ist.

Pädagogische Überlegungen zum Erntedankfest

Zusammenhänge erlebbar zu machen, die erkennen lassen, dass Nahrung etwas Kostbares ist, das nicht einfach weggeworfen werden darf, ist eine wesentliche pädagogische Aufgabe.

Die Erfahrung, dass es viel Mühe macht und viele Arbeitsgänge erfordert, bis eine fertige Speise auf dem Tisch steht, kann nur durch eigenes Tun erfolgen.

Aktivitäten, die diese Erfahrung ermöglichen, gehen jeder Erntedankfeier voraus und sollten alltäglicher Bestandteil des Gruppenlebens sein. Dazu gehören z.B. Spaziergänge in der Natur, Beetpflege im Garten, regelmäßige Zubereitung von Speisen, bewusstes sinnliches Erleben von Früchten u.v.m.

Das Erntedankfest bildet den Abschluss und Höhepunkt eines Projektes, bei dem der Umgang mit Essen im Vordergrund steht.

Dank für die Gaben Gottes, für Natur und Schöpfung stehen im Mittelpunkt der Feier.

Dank, auch im Hinblick auf Erfahrungen des täglichen Lebens, können mit Kindern thematisiert werden, Dank und Ausdrucksformen für Dank, z.B. für Hilfe, für Zuwendung, für Anteilnahme, für Erfolg, können daneben in den Blickpunkt gerückt werden.

Die Erntedankfeier kann ein selbstgestalteter Gottesdienst oder eine Feier in der Gruppe sein.

Beispielhafter Verlauf für eine Erntedankfeier in der Gruppe
- Die Kinder haben vorbereitend Raumschmuck hergestellt, einen Ährenkranz gebunden, Brot gebacken und Butter gestampft. Das Schwerpunktthema bezog sich in der Vorbereitungsphase auf Korn und Brot.
- Alle Kinder versammeln sich im Kreis um den Ährenkranz und spielen ein zuvor geübtes Singspiel, bei dem der Werdegang vom Korn zum Brot pantomimisch dargestellt wird.
- Das gemeinsame Essen der mit Butter bestrichenen Brotscheiben schließt sich daran an.
- Eine gesellige Runde mit Gesang und ausgewählten Spielen bildet den Abschluss der kleinen Feier.

Aufgaben
1. Überlegen Sie mögliche Angebote, mit denen die Wertschätzung von Lebensmitteln bei Kindern gefördert werden kann.
2. In welcher Form kann dieses Ziel während des ganzen Jahres verfolgt werden? Nennen Sie unterschiedliche Möglichkeiten.

9.4.3 St. Martin

Aufgaben
1. Betrachten Sie die Zeichnung und notieren Sie alle Gedanken, die Ihnen dabei einfallen.
2. Vergleichen Sie Ihre Einfälle und eigenen Erfahrungen in der Klasse.

Bedeutung von St. Martin für das Kind
Kinder erleben den Martinszug bis ins Grundschulalter hinein als spannendes Erlebnis. Besonderer Reiz in der kalten und dunklen Jahreszeit geht vom warmen, hellen Licht der Laterne aus.

Die Martinsgeschichte bestätigt Kinder in ihrem Gerechtigkeits- und Gemeinschaftssinn.

Ursprung und Brauchtum

Martin wurde Anfang des 4. Jahrhunderts als Sohn einer heidnischen römischen Offiziersfamilie geboren. Er wurde Soldat unter Kaiser Konstantin. Mit 18 Jahren wurde er zum Christentum bekehrt. Er gründete in Frankreich mehrere Klöster und wurde 371 zum Bischof von Tour gewählt. Am 11.11.401 starb er.

Es entstanden viele Legenden von Wundertaten des Hl. Martin, wie z.B. die Legende von der Mantelteilung und die Legende von seinem Versteck im Gänsestall (s.u.). Heute sind Laternenumzüge, Martinsfeuer und in manchen Gegenden Bettelumzüge der Kinder üblich.

Legenden

Martin und der Bettler

Als Martin noch ein junger Mann war und beim Militär diente, ritt er einmal mit einer Gruppe Soldaten auf einer Landstraße in Frankreich. Es wurde schon dunkel und kalt, in der Ferne waren die Häuser einer Stadt zu sehen. Der Anführer sagte: „Seht ihr die Stadt dort hinten, das wird Amiens sein. Dort können wir die Nacht verbringen und uns ein wenig ausruhen!" Sie kamen näher zur Stadt, bald hatten sie die Stadtmauer erreicht und wollten durch das Stadttor hineinreiten. Da mussten sie plötzlich anhalten. Ein Mann lief ihnen in den Weg, er war ganz in Lumpen gehüllt, sein Gesicht war hager und blass, es sah hungrig aus. Der Anführer der Soldaten wollte ihn barsch zur Seite drängen: „He da, lass uns weiterreiten! Versperre uns nicht den Weg!" Der Bettler aber rief: „Hilfe! Hilfe! Helft mit doch in meiner Not!" Martin sah den armen Mann; er sah, dass er hungrig war und fror. Er hatte Mitleid mit ihm. Wie konnte er ihm helfen? Er hatte nichts anderes als seinen warmen Mantel. Die Soldaten damals schliefen nachts im Freien und brauchten ihren Mantel zum Zudecken. Ohne langes Zögern nahm Martin sein Schwert und teilte seinen Mantel. Er gab dem Bettler einen Teil, der ihn voller Freude entgegennahm und laut rief: „Danke! Danke!"
Martin nahm seinen Mantelteil und ritt mit seinen Soldaten weiter durch das Stadttor in die Stadt hinein. Nachts im Schlaf hatte Martin ein besonderes Erlebnis; er träumte, dass ihm in dem Bettler Jesus Christus erschienen sei.

Martin und die Gänse

Als Martin schon einige Jahre in Frankreich lebte und er schon weit über die Grenzen seines Ortes hinaus bekannt war als ein Mensch, der viel Gutes tat und half, wo er konnte, wurde für die Stadt Tours ein neuer Bischof gesucht. Martin wurde für dieses Amt vorgeschlagen. Er war aber ein sehr bescheidener Mensch, der sich nicht nach Ämtern und Posten drängte. Deshalb glaubte er, dass er für die Bischofswürde nicht geeignet sei. Er verließ die Stadt und versteckte sich in einem Gänsestall.
Die Menschen hörten auf das Geschnatter der Gänse, öffneten die Stalltüre und entdeckten endlich den, den sie suchten.
Dies nahm Martin als Zeichen dafür, dass es Gottes Wille war, ihm als Bischof in einem hohen Amt zu dienen.
In vielen Kirchen wird der heilige Martin mit einer Gans dargestellt.
Gänsebraten gehörte seit dem Mittelalter zum wichtigsten Bestandteil des Festessens am 11. November.

Pädagogische Überlegungen

Der Heilige Martin ist eine Symbolfigur für Menschen, die durch ihre guten Werke anderen Menschen zum Vorbild dienen.

Durch seine Person werden Eigenschaften wie Nächstenliebe, Teilen-Können und Hilfsbereitschaft sichtbar.

Gespräche und Aktionen mit dieser Thematik gehen einer Martinsfeier voraus. Mit größeren Kindern kann die Problematik von arm und reich und die Situation in der Dritten Welt angesprochen werden.

Auch das Erleben von hell und dunkel, kalt und warm bietet sich zum tieferen Verständnis an.

Beispielhafter Verlauf der St. Martinsfeier
- Die Kinder versammeln sich mit ihren Eltern und Gästen in der Dämmerung zum Martinsumzug (Der Weg ist feuerpolizeilich gemeldet und entsprechend abgesichert.)
- Die örtliche Musikkapelle begleitet den Umzug mit entsprechender Musik zu den Martinsliedern.
- Am Ziel, dem Kirchplatz, wird ein Schattenspiel der Martinslegende vorgeführt.
- Den musikalischen Rahmen bieten Gesang mit Orffbegleitung durch die Kinder.
- Im Anschluss erfolgt noch eine von den Eltern organisierte Bewirtung im Freien mit Fruchtpunsch, Glühwein und Gebäck.

Aufgaben
1. Überlegen Sie verschiedene Gesprächsthemen, die passend zur Gestalt des St. Martin für die heutige Zeit und für die Situation in Ihrer Klasse gültig sind.
2. Führen Sie eines dieser Gespräche nach den Regeln der Gesprächsführung.

9.4.4 Nikolaus

Praxisbeispiel Bei einem Klassengespräch über eigene Nikolauserlebnisse äußert sich die Schülerin Meike als einzige nicht. Die Nikolausfeier in der Kindertagesstätte, in der Meike ihr Praktikum absolviert, findet entgegen der Vereinbarung ohne sie statt. Ein daraufhin geführtes Anleitergespräch ergibt folgendes Bild:

Meike kann nur mit großer Mühe von ihren Erfahrungen mit dem Nikolaus erzählen, die sie im Alter von ca. 4 Jahren hatte. Sie nahm damals mit einer größeren Kindergruppe teil an einer Nikolausfeier im Wald. Alle Kinder wurden beschenkt mit Ausnahme von Meike. Sie wurde vom Nikolaus laut getadelt und obendrein in den leeren Sack gesteckt. Dieses Erlebnis hatte Meike so einschneidend erlebt, dass sie seitdem schon Gänsehaut und Herzklopfen bekommt, wenn sie nur das Wort „Nikolaus" hört.

Aufgaben zum Praxisbeispiel
Überlegen Sie:
1. Welche Bedeutung hatte die Figur des Nikolaus früher für Sie?
2. Welche Bedeutung sollte er Ihrer Meinung nach heute für Kinder haben?

Bedeutung der Nikolausfeier für das Kind
Die Bedeutung der Nikolausfeier hängt davon ab, welche Informationen und Erfahrungen Kinder über und mit dem Nikolaus haben.

Je mehr Kinder vom Leben und Werk des Nikolaus kennen, um so mehr kann er als Vorbild angesehen werden.

Der Nikolaustag in Verbindung mit Geschenken erweckt Spannung und Freude.

In der Vergangenheit und manchmal noch in der Gegenwart wurde die Gestalt des Nikolaus missbraucht als abschreckendes Erziehungsmittel. Verfälscht mit Rute, Kette und Sack versehen, diente und dient er als Schreckgespenst und Angstmacher für unartige Kinder, das strafend und belohnend aus dem Wald oder vom Himmel kommt.

Heute wird er von Kaufhäusern gerne als Werbeträger und als Gabenbringer missbraucht mit roter Kutte, weißem Bart und Stiefeln ausgestattet.

Er tritt häufig in Begleitung von Engeln oder von Knecht Ruprecht auf.

Ursprung des Nikolausbrauchtums

Nikolaus, Bischof von Myra, wurde um 270 in Patras, in der heutigen Türkei, geboren. Am 6. Dezember um 327 soll er gestorben sein.

Außerdem gab es im 6. Jahrhundert einen Bischof Nikolaus von Pinara.

Beide Figuren wurden wegen ihrer Mildtätigkeit bekannt.

Vermutlich entstand der Volksglaube an den Nikolaus aus der Vermischung der Legenden, die von beiden Nikolausgestalten überliefert wurden.

Seit dem 6. Jahrhundert wurde der heilige Nikolaus in der Ostkirche verehrt. Kaufleute brachten den Brauch nach Europa.

Heute gilt der Nikolaus als Heiliger und Patron der Seefahrer und Schiffer, der Kaufleute und Händler, der Getreidehändler und Bäcker, der Brautleute und Kinder.

Heute ist es Brauch, dass der Nikolaus Kindergruppen in Tagesstätten und Heimen besucht. Auch Familien lassen sich vom Nikolaus besuchen.

Der Nikolausdarsteller tritt als Bischof mit den entsprechenden Symbolen auf. Das sind: Bischofsgewand, Mitra, Bischofsstab, Siegelring und das goldene Buch als Symbol für die Bibel.

Pädagogische Überlegungen zum Verlauf der Nikolausfeier

Die Erinnerung an den Hl. Nikolaus wird jährlich am 6. Dezember wachgehalten, um von den guten Taten des Bischofs zu berichten.

Der Heilige Nikolaus hat Vorbildfunktion durch seine Menschenfreundlichkeit, Güte und Hilfsbereitschaft. Die Nikolausfeier vermittelt diesen Inhalt.

Es sollte Abstand genommen werden von jeglicher Verzerrung der Nikolausgestalt.

Jüngere Kinder erleben gerne den Besuch des Nikolaus, der sich vor ihren Augen z. B. vom Pfarrer Maier in den Hl. Nikolaus verwandeln kann.

Mit älteren Kindern kann die Nikolausfeier auch ohne Nikolausdarsteller stattfinden. Eine Nikolauserzählung, ein Gespräch über sein Leben veranschaulicht mit Bildern oder einer szenischen Darstellung des Geschehens o.ä. können statt dessen eingeplant werden. Der Nikolausfeier geht, wie jedem Fest, die vielfältige Auseinandersetzung mit dem eigentlichen Festgegenstand voraus. Dazu gehören das Kennenlernen von Leben und Wirken des Nikolaus sowie das Einstudieren von Liedern, Gedichten, Spielen.

Das Fest kann gemeinsam mit den Kindern geplant werden, wobei Wünsche und Vorschläge, z. B. ob mit oder ohne Nikolaus gefeiert wird, aufgegriffen werden.

Aufgaben

1. Sammeln Sie Gesprächsthemen, Erzählungen, Märchen, Bilderbücher, Gedichte, die sich dazu eignen, den Inhalt des Nikolausbrauchtums sinnvoll und kindgerecht zu bearbeiten. Gehen Sie dabei auf unterschiedliche Altersstufen ein.
2. Planen Sie den Verlauf einer Nikolausfeier.

9.4.5 Advent und Weihnachten

Praxisbeispiel

Melanie macht in der Vorweihnachtszeit einen Einkaufsbummel durch die weihnachtlich geschmückte Innenstadt. Aus den Lautsprechern der Kaufhäuser tönen unterschiedliche Weihnachtslieder, versetzt mit immer neuen Geschenkideen für die lieben Angehörigen. Weihnachtsmänner verteilen Werbeprospekte und Warenproben. Schaufenster sind weihnachtlich dekoriert. Das hektische Treiben um sie herum wird Melanie unangenehm, und ihr wird klar, dass die Weihnachtsstimmung, die sie aus ihrer Kindheit kennt, jetzt, eine Woche vor Weihnachten, völlig fehlt. Ihr fällt auf, dass sie diese Beobachtung bereits in den letzten Jahren bei sich gemacht hatte. Der ganze Rummel um sie herum, die Gedanken an die letzten Geschenkideen, Termin- und Zeitnot der vergangenen Tage lassen in Melanie einen großen Widerwillen gegen den „Weihnachtsrummel" entstehen. Am liebsten würde sie in diesem Moment Weihnachten ganz abschaffen.

Aufgabe zum Praxisbeispiel
Diskutieren Sie diese Frage in zwei Gruppen:
Weihnachten abschaffen? – pro und kontra.

Droht dem Weihnachtsfest heute der eigentliche Sinn verlorenzugehen?

Am Beispiel des Weihnachtsfestes wird deutlich, dass der eigentliche Sinn diese religiösen Festes immer stärker in den Hintergrund gerät.

Das Schenken steht mehr im Vordergrund als alles andere. Dem eigentlichen Fest droht Sinnverlust, der anstelle von Freude Leere hinterlässt. Überdruss stellt sich ein. Die Folge ist, dass eine Anzahl von Menschen nur noch den äußeren Rahmen des Festes kennt. Ein wichtiges Kulturgut steht in Gefahr, nur noch oberflächlich erlebt zu werden!

Um dieser Entwicklung entgegenzuwirken, ist es notwendig, den Sinn des Festes zu kennen und den Kindern nahezubringen.

Ein intensiver Austausch zwischen sozialpädagogischer Einrichtung und Elternhaus kann somit gesellschaftliche Entwicklungen für beide Seiten sichtbar machen und zu einer neuen Bewusstheit führen.

Ursprung des Advents- und Weihnachtsbrauchtums und Symbole

Advent ist die Zeit vor Weihnachten. In der christlichen Kirche war der Advent ursprünglich die Zeit der Buße und des Fastens mit dem Ziel, die Menschen zu neuer Orientierung zu bewegen. Weihnachten, als Geburtsfest von Jesus, ist neben Ostern das wichtigste Fest im Kirchenjahr.

Die Verkündigung der Geburt durch Erzengel Gabriel, die Geburt Jesu, die Verkündigung der Geburt an die Hirten, die Suche der Sterndeuter aus dem Morgenland nach dem Sohn Gottes, die Flucht nach Ägypten und die Rückkehr nach Nazareth sind wesentliche Inhalte der Weihnachtsbotschaft.

Das Feiern von Weihnachten wurde im 14. Jahrhundert populär. Auch altgermanisches Brauchtum wie das Sonnwendfest, das Mittwinterfest, der Wotanskult u.a. hat sich mit christlichem Gedankengut verbunden.

Adventliches und weihnachtliches Brauchtum ist verknüpft mit einer Reihe von Symbolen:

Licht

Angelehnt an das heidnische Sonnwendfest wurden Erleuchtung und Erkenntnis durch Lichtsymbole zum Ausdruck gebracht.

Dazu gehören:

- Kerzen am Adventskranz, am Gesteck und am Weihnachtsbaum
- Adventskerzen
- Adventslaternen
- Transparentsterne und -bilder
- Weihnachtssterne

Grüne und blühende Zweige

Als Zeichen des Lebens und der Fruchtbarkeit in der dunklen Jahreszeit und als Schutz vor Winterdämonen:

- Tannenzweige
- Adventskranz
- Lichterpyramide, Adventsbogen
- Barbarazweige
- Weihnachtsbaum (erstmals in Deutschland, seit dem 19. Jahrhundert Brauch)

Gebäck

Als Symbol für lebensspendende Nahrung (Lebkuchen) mit ehemals erlesenen Zutaten wie Honig und wertvollen Gewürzen:

- Weihnachtsplätzchen
- Lebkuchen
- Christstollen
- Marzipan

Adventskalender

Der Erfinder ist nicht bekannt. Die pädagogische Absicht ist, den jüngeren Kinder eine Möglichkeit zu geben, die Zeiteinteilung bis zum Weihnachtstag zu erfahren.

Äpfel und Nüsse

Sie sind das Symbol der Fruchtbarkeit und gleichzeitig das Bild für das verlorengegangene Paradies im Christentum:

- Äpfel und Nüsse im Nikolaussack und auf dem Teller
- Äpfel und Nüsse als Schmuck mit Tannengrün, früher am Weihnachtsbaum
- Apfelmännchen
- Bratäpfel

Krippe

Kunstvoll aufgestellte Krippen und Krippenspiele haben sich im 16./17. Jahrhundert eingebürgert. Heute wetteifern Kirchen häufig um die kunstvollste Ausgestaltung ihrer Krippe.

314

Schenken und Beschenkt werden

- Beschenktwerden kann Wünsche und Sehnsüchte erfüllen und die Besonderheit des Tages hervorheben.
- Für das schenkende Kind ist es beglückend, ein Geschenk für Eltern und Geschwister auszuwählen, evtl. selbst herzustellen und dann zu überreichen.
- Geben und Nehmen stehen im Idealfall im Gleichgewicht und gehören heute zur Besonderheit zwischenmenschlicher Umgangsformen am Weihnachtsfest.

Bedeutung von Advent und Weihnachten für Kinder

Neben dem eigenen Geburtstag wird die Advents- und Weihnachtszeit als großer Höhepunkt im Jahr erlebt.

Die weihnachtliche Atmosphäre mit Kerzenschein und Plätzchenduft erzeugt bei kleinen Kindern eine gemütliche Stimmung.

Ältere Kinder haben bei der Vermischung von christlicher Weihnachtsbotschaft und vorweihnachtlichem Geschäftsrummel häufig Schwierigkeiten, den rechten Sinngehalt zu finden. Dies ist besonders dann zu beobachten, wenn die kindlichen Erinnerungen sehr phantastisch und kitschig sind.

Pädagogische Überlegungen zur Advents- und Weihnachtsfeier

Kinder haben von ihren Familien nicht selten sehr phantastische Vorstellungen vom Weihnachtsgeschehen vermittelt bekommen, wie etwa vom Weihnachtsmann, der vom Himmel geritten kommt, vom Christkind, das zur Erde fliegt, von Engelchen u.v.m.

Die erste Aufgabe von Erzieherin und Kinderpflegerin ist es darum, Eltern in die Vorüberlegungen einzubeziehen und darauf zu bestehen, auf Sentimentalität bewusst zu verzichten. Ein gewichtiger Grund dafür ist eine sonst sicher zu erwartende Enttäuschung und Ablehnung durch das größere Kind oder die Jugendlichen.

Die zweite Aufgabe ist es, die Weihnachtsbotschaft behutsam auf kindgemäße Art der Gruppe nahezubringen.

Dies beginnt mit der ersten Adventswoche. Tägliche Gesprächsrunden, meditative Betrachtungen, das Singen von Liedern, das Erzählen von Geschichten und das Hören von Musik um den Adventskranz dienen der Vermittlung der Weihnachtsbotschaft.

Der selbstgestaltete Adventskalender hilft den Kindern, die Zeit bis zum Weihnachtsfest mit Spannung zu erwarten.

Weihnachtliche Aktivitäten wie Plätzchen backen, Geschenke herstellen, Adventswerkstattarbeiten usw. tragen ebenfalls dazu bei, diese Zeit aktiv zu gestalten und mit allen Sinnen zu erleben. Bei all diesen Aktivitäten sollten Erzieherin und Kinderpflegerin darauf achten, dass eine gewisse Ruhe und Besinnlichkeit erhalten bleibt und nicht Hektik und Überforderung zu Unlust bei allen Beteiligten führen.

Es ist daher ratsam, das Wesentliche des Festes nicht aus den Augen zu verlieren und sich auf ein bestimmtes Schwerpunktthema zu beschränken. Schwerpunktthemen können sein: Licht, Sterne, Schenken, Hören, Mitteilen oder Aspekte der Weihnachtsbotschaft (vgl. Religion).

In familienergänzenden Einrichtungen wird eine Adventsfeier in der letzten Woche vor Weihnachten stattfinden. Im Heim wird die familiär gestaltete Weihnachtsfeier der gemeinsame Höhepunkt sein. Andere weihnachtliche Höhepunkte können ein Weihnachtsbazar, Besuch eines Weihnachtsmarktes oder einer Krippenausstellung, soziale Aktionen von Hilfsbedürftigen u.ä. sein.

Beispielhafter Verlauf einer Adventsfeier
- Gemeinsames Musizieren und Singen von weihnachtlicher Musik und Liedern im stimmungsvoll geschmückten Raum.
- Die Weihnachtsbotschaft wird in einer dem Alter entsprechenden Form erzählt.
- Dazu spielen einige Kinder mit einfachen Krippenfiguren das Geschehen, andere Kinder untermalen die Geschichte mit Orffinstrumenten.
- Dann findet die Bescherung statt, und jedes Kind bekommt ein kleines Geschenk überreicht.
- Danach folgt das gemütliche Beisammensein mit Kinderpunsch, Bratäpfeln und Gebäck.
- Den Abschluss der kleinen Feier bilden einige abschließende Worte von Erzieherin oder Kinderpflegerin und ein gemeinsam gesungenes Lied.

Aufgaben
1. Weihnachtsfeier in einer Heimgruppe: Wie könnte sie gestaltet werden?
2. Überlegen Sie, welche Geschenke Kinder der verschiedenen Altersstufen für ihre Eltern selbst herstellen können.
   Wie ließe sich ein Geschenkerausch innerhalb der Familie vermeiden?
3. Wählen Sie eine Legende, ein Märchen oder eine Geschichte aus und überlegen Sie, wie die darin enthaltene Weihnachtsbotschaft a) einer Gruppe von dreijährigen, b) einer Gruppe von sechsjährigen nahegebracht werden könnte.

9.4.6 Fasching

Praxisbeispiel
Bei der Faschingsfeier in der Kindertagesstätte St. Christopherus kommt der sonst sehr ruhige Thomas (6,4) als Cowboy verkleidet und mit Revolver bewaffnet. Er findet sichtliches Vergnügen daran, Kinder mit „Hände hoch oder ich schieße" in seinen Bann zu ziehen.

Ähnlich kess tritt Daniela (4,8) auf, die als Hexe verkleidet Kinder und Erzieherinnen „verhext". Ganz versonnen genießt die Balletttänzerin Elisa (4,3) ihr feines Aussehen und schwebt anmutig durch den Raum.

Der kleine Robin (3,4) hat jedoch die Clownschminke, die ihm seine Mutter aufgetragen hatte, sofort wieder entfernt, als er sich im Spiegel sah, und sich strikt geweigert, verkleidet zu kommen. Nun steht er verängstigt am Rande des Geschehens.

Aufgaben zum Praxisbeispiel
Die vier beschriebenen Kinder erleben Fasching in der ihnen eigenen Art.
1. Was ist jedem Kind dabei wichtig?
2. Welche Gefühle erleben sie dabei?

Bedeutung von Fasching für das Kind

An Fasching haben die Kinder die Möglichkeit, ihrer Freude am Verkleiden nachzugehen und damit in eine Wunschrolle zu schlüpfen. Dazu kommt die Freude, neue, vielleicht sonst nicht erwünschte oder gewagte Verhaltensweisen zu erproben.

Im Fasching können Kinder ganz legal lärmen und tollen und ausgelassener sein als sonst. Kleine und unsichere Kinder werden durch entstellende Verkleidung, Lärm und Ausgelassenheit erschreckt und verängstigt.

Ursprung und Brauchtum

Die Wurzeln von Fasching gehen auf Frühlingsbräuche aus heidnischer Zeit zurück, als die Menschen in Naturerscheinungen die Macht von Göttern und Dämonen sahen. Mit dem Erwachen der Natur im Frühling sollten die bösen Dämonen vertrieben werden, um die Natur zu schützen. Dazu dienten abschreckende Gewänder und Masken und lärmende Umzüge.

Früher galt als Fastnacht die Nacht vor Aschermittwoch. Sie wurde immer weiter ausgedehnt und reicht heute vom 11. 11. bis zum Faschingsdienstag.

Große regionale Unterschiede bestimmen das Faschingsbrauchtum:

Die schwäbisch-alemannische Fasnet ist am stärksten an die heidnischen Dämonenaustreibungen angelehnt. Die Narren tragen prächtige, furchterregende Gewänder und treiben beim Umzug allerlei Schabernack.

Karneval im Rheinland mit Major und Funke-Mariechen stammt aus napoleonischer Zeit. An den drei tollen Tagen von Faschingssonntag bis Faschingsdienstag übernehmen in den Karnevalshochburgen Köln, Düsseldorf und Mainz die Narren das Regiment.

In anderen Regionen beschränkt sich das Faschingstreiben auf Bälle und Straßenumzüge mit buntem Treiben.

Pädagogische Überlegungen zur Faschingsfeier

Die Faschingsfeier sollte der natürlichen, unbefangenen Fröhlichkeit von Kindern entsprechen. Dazu tragen einfache, bequeme Kostüme bei, die den Verkleidungswünschen der Kinder entsprechen.

Wird ein Motto gewählt, sollte es den vielfältigen Rollenvorstellungen der Kinder genügend Raum lassen.

Raumschmuck und Dekoration wird von den Kindern selbst hergestellt und auf das Motto abgestimmt.

Lieder, Spiele, Tänze und Musik sollen kindgemäß und altersentsprechend mit den Kindern ausgewählt werden.

Der Festverlauf sollte so geplant werden, dass noch genügend Freiraum für eigene Ideen der Kinder bleibt.

Beispielhafter Verlauf der Faschingsfeier
- Die Kinder werden zu Beginn der Feier gemeinsam begrüßt und auf den Ablauf aufmerksam gemacht.
- Da das Fest unter dem Motto: „Zauberspaß im Hexenwald" steht, sind alle Räume der Einrichtung entsprechend dekoriert.
- In jedem Raum werden verschiedene Spielangebote mit Geschicklichkeits- und Gewinnspielen entsprechend dem Raummotto gemacht, die die Kinder frei nutzen können.
- Getränke und kleine Snacks stehen im Flur zur Verfügung.
- Auf ein Signal hin versammeln sich alle Kinder zum Hexentanz durch alle Räume und ziehen in die Gemeinschaftshalle.
- Dort wird, getreu dem Motto, ein Kasperltheater aufgeführt, und die Faschingsfeier wird gemeinsam beendet.

9.4.7 Sommerfest

Aufgaben

Für alle Beteiligten hat das Sommerfest eine besondere Bedeutung im Jahreskreislauf.

1. Stellen Sie eine Gesprächsrunde zusammen, bei der je ein Interessenvertreter seine Gedanken zum bevorstehenden Sommerfest mitteilt. Vertreten sein sollen Eltern, Kinder, Leitung, Mitarbeiter, Träger, Gemeinde.
2. Welche Wünsche und Befürchtungen sind zum Ausdruck gekommen?

Bedeutung des Sommerfestes

Am Ende des Jahres der Einrichtung, also vor Beginn der Sommerferien, kann das Sommerfest für die Kinder sowohl Rückblick und Abschluss als auch Vorfreude auf einen neuen Abschnitt oder die Ferien bedeuten.

Das Sommerfest bietet die Möglichkeit, gemeinsam mit allen Kindern und Angehörigen und allen, die mit der Einrichtung verbunden sind, zu feiern.

Eltern können in die Vorbereitung einbezogen werden und aktiv mitgestalten wie zu kaum einem anderen Anlass in der Einrichtung.

Das Sommerfest dient darüber hinaus der Begegnung innerhalb der Kirchengemeinde oder eines Stadtteils.

Pädagogische und organisatorische Überlegungen zum Sommerfest

Das Sommerfest ist ein fröhliches Fest im Freien. Unterstell- und Ausweichmöglichkeiten für Regenwetter sollten jedoch gleich mit eingeplant werden.

Der Festtermin sollte einige Wochen vor Ferienbeginn liegen, um unnötige Zeitnot für noch zu erledigende Abschlussarbeiten zu verhindern.

Geeignete Wochentage sind Freitagnachmittag oder Samstag.

Als durchschnittlicher Umfang des Sommerfestes werden in etwa drei Stunden angenommen. Vorführungen der Kinder werden so geplant, dass die Proben die Vorfreude auf das Fest wecken. Das ist mit einfachen Inhalten und nicht allzu langer Vorbereitungszeit möglich. „Totspielproben" über viele Wochen hinweg sollten vermieden werden. Darum ist es sinnvoll, bekannte Spiele, Lieder und Tänze in die Programmgestaltung miteinzubeziehen.

Auch Eltern können sich an der Programmgestaltung beteiligen, z. B. in Form eines Theaterstücks oder als Betreuer von Spielstraßenstationen.

Dazu sind rechtzeitig getroffene Absprachen mit dem Elternbeirat und Informationen zum Zeitpunkt des Festes notwendig.

Helfer werden durch persönliches Ansprechen, Plakate und Mitteilungen rechtzeitig ermittelt und in die Vorbereitungen einbezogen. (Siehe auch Kapitel 6 Elternarbeit)

Beispielhafter Verlauf des Sommerfestes

- Begrüßung der Gäste und Bekanntgabe des Programmablaufes mit Zeitangaben.
- Begrüßungslied und/oder Tanz durch die Kinder.
- Ausgabe von Spielgutscheinen für die Spielstraße und Eröffnung der Spielstraße.
- Zwischenzeitlich sind Kaffee und Kuchen zu erwerben.
- Alle Gäste werden gemeinsam zum Höhepunkt versammelt. Das kann ein Theaterstück sein, das mit einem Lied von den Kindern eingeleitet und von den Eltern gespielt wird.
- Danach folgt das gesellige Beisammensein mit Essen und Getränken an dafür vorgesehenen Tischen und Stühlen.
- Den Auftakt zum gemeinsamen Abschluss bilden einige Dankesworte und ein Tanz, bei dem alle mitmachen und mitsingen können.

Aufgaben

1. Gruppenarbeit: Stellen Sie unterschiedliche Mottos für ein Sommerfest zusammen und wählen Sie geeignete Lieder, Tänze, Spiele und Ideen für die Spielstraße für jedes Motto aus.
2. Erarbeiten Sie eine Begrüßungsrede und eine Abschlussrede für das Sommerfest.

Zusammenfassung Kapitel 9

Feste wurden und werden zu allen Zeiten und an allen Orten von Menschen gefeiert.

Das Feiern von Festen nimmt in allen sozialpädagogischen Einrichtungen einen wesentlichen Bestandteil der Jahresplanung ein.

Jedes Fest wird innerhalb eines bestimmten Rahmens gefeiert und enthält einen feierlichen und einen geselligen Teil.

Das Feiern von Festen bedarf einer gründlichen Planung und Vorbereitung. Das Team überdenkt Wert und Thematik des Festes, plant gemeinsam das Fest, wirbt u.U. in der Öffentlichkeit für das Fest, bereitet das Fest mit den Kindern vor und nimmt die gesamte praktische Organisation des Festes vor.

Nach dem Fest findet eine gemeinsame Nachbesinnung über seinen Ablauf statt, um die gemachten Erfahrungen für künftige Feste nutzen zu können.

Jedes Fest hat seinen eigenen Ursprung und seine eigene Bedeutung, und es gilt, sich sowohl für sich selbst als auch gemeinsam mit den Kindern damit auseinanderzusetzen. Bei dieser gemeinsamen Vorbereitung soll ein Bezug hergestellt werden zwischen der Festbedeutung und der gegenwärtigen Situation jedes Einzelnen und der Gruppe.

Weiterführende Aufgaben

1. Manche Feste haben für den Einzelnen, andere haben für ein ganzes Gemeinwesen Bedeutung. Stellen Sie diese Bedeutung jeweils am Beispiel eines Festes heraus.
2. Erfragen Sie das wichtigste Fest in Ihrer Einrichtung.
   Worauf freuen sich die Kinder, welche Bedeutung hat es für das Team?
3. Entwerfen Sie eine originelle Einladung für eine Faschingsfeier, die deutlich macht, dass die Feier unter dem Motto „Im Gespensterschloss" steht.
4. Auf welche Weise kann für die Kinder Ihrer Gruppe ein Bezug hergestellt werden zwischen dem vorbildlichen Verhalten des St. Martin und dem, was Kinder täglich im Umgang miteinander erleben?
5. Thema des Elternabends ist: „Nikolausbrauchtum und Feier".
   Welche Ziele würden Sie für diesen Abend anstreben bzw. welche Inhalte sollten dabei bearbeitet werden?
6. Stellen Sie ein Schwerpunktthema für die Vorweihnachtszeit in einem Hort zusammen.
7. Das Sommerfest stellt den Höhepunkt im Jahr vieler sozialpädagogischer Einrichtungen dar.
   Planen Sie ein vollständiges Programm für Ihre Gruppe unter einem selbstgewählten Motto.

Literaturverzeichnis

Allgemein

Altenthau, Düerkop,G. (u.a.): Erziehungslehre, Köln 1996

Berufliches Arbeitsfeld

Arbeitsgemeinschaft der Spitzenverbände der freien Wohlfahrtspflege in Bayern und Staatsinstitut für Frühpädagogik und Familienforschung: Bilden – Erziehen – Betreuen im Wandel, Kronach 1990

Bayerisches Kindergartengesetz, Textausgabe mit Rechts- und Verwaltungsvorschriften, München 1994

Bayerischer Landesverband kath. Tageseinrichtungen für Kinder, Rundbrief 1993, München 1993

Becker-Textor, I.: Kindergarten 2010, Freiburg 1994

Caiati, M.: Freispiel – Freies Spiel, München 1990

Deutsches Jugendinstitut e.V.: Jahresbericht 1992, München 1993

DJI Bulletin, Heft 32, Februar 1995

Happe/Saurbier: Kinder- und Jugendhilfegesetz Kommunale Schriften, Köln 1995

Hebenstreit, S.: Kindzentrierte Kindergartenarbeit, Freiburg 1994

Huppertz, N.: Erleben und Bilden im Kindergarten, Freiburg 1992

Kappesz, H.: Kreatives Leben mit Kindern, Freiburg 1994

Mahlke, W.: Raum für Kinder, Weinheim 1989

Ministerium für Kultus und Sport Baden-Württemberg: Lebensraum Kindergarten, Freiburg 1981

TPS März/April 2/95, Bielefeld 1995

Spielpflege und Spielführung

Caiati, M.: Freispiel – Freies Spiel, München 1990

Ellwanger, W., Grömminger, A.: Das Puppenspiel Ort, Jahr

Müller, H., Oberhuemer, Pl: Kinder wollen spielen.

Spiel und Spielzeug im Kindergarten, Freiburg 1991

Wüthrich, K., Gauda, G.: Botschaften der Kinderseele.

Puppenspiel als Schlüssel zum Verständnis unserer Kinder

Eltern-und Familienarbeit

Bayerischer Landesverband kath. Tageseinrichtungen für Kinder, Rundbrief 1993

Becker-Textor, I.: Der Dialog mit den Eltern, München 1994

Becker-Textor, I.: Kindergarten 2010, Freiburg 1994

Huppertz, N.: Erleben und Bilden im Kindergarten, Freiburg 1992

Kindergarten heute, 7-8/96

Ministerium für Kultus und Sport Baden-Württemberg, Freiburg 1981

Textor, M. R.: Elternarbeit mit neuen Akzenten, Freiburg 1994

TPS Theorie und Praxis der Sozialpädagogik, Bielefeld 2 und 6/1995

Welt des Kindes, Freiburg, Heft 5/1994

Verhaltensauffälligkeiten

Beobachtung

Krenz, A.: Kompendium zur Beobachtung und Beurteilung von Kindern und Jugendlichen, Heidelberg 1992

Strätz, R.: Beobachten, Anregungen für Erzieher im Kindergarten, Köln 1987

Enthemmte Kinder

Friedrich, S., Friebel, V.: Entspannung für Kinder, Reinbek 1989
Kiphard, E.J: Mototherapie Bd. I. II. III, Dortmund 1990
Petermann: Training mit agressiven Kindern, Weinheim 1993
Redl, F., Wineman, D.: Steuerung des agressiven Verhaltens
Schweizer, Ch., Prekop, I.: Was unsere Kinder unruhig macht, Stuttgart 1991

Zum Entspannen

Dennison, P.: EDU-Kinesthetik für Kinder, Freiburg ISBN 3-924077-06-1
Maschwitz, G., Maschwitz, R.: Stille-Übungen mit Kindern, München 1993
Müller, E.: Auf der Silberlichtstraße des Mondes, Träumen auf der Mondschaukel, München 1993
Religionspädagogische Hefte, Landshut, Gaußstr. 8, erscheinen 4mal jährlich
Rückler-Vogler, U,: Yoga und autogenes Training mit Kindern, München 1991

Entwicklungsverzögerungen und Behinderungen

Ayres, A.J.: Bausteine der kindlichen Entwicklung, Berlin 1992
Einführung in die Heilpädagogik, Köln 1992
Frostig, M.: Bewegungserziehung, neue Wege der Heilpädagogik, München, Basel, 1992
Holle, B.: Die motorische und perzeptuelle Entwicklung des Kindes, Weinheim 1996
Mehringer, A.: Eine kleine Heilpädagogik, München, Basel, 1992
Oy von, C.M., Sag, A.: Lehrbuch der heilpädagogischen Übungsbehandlung, Heidelberg 1987
Treeß, H., Treeß. U., Möller, M.: Soziale Kommunikation und Integration, Dortmund 1990

Scheidungskinder

Beal, E., Hochman, G.: Wenn Scheidungskinder erwachsen sind.
Psychische Spätfolgen der Trennung, Frankfurt 1992

Britt, I.: Ich brauche euch doch beide, Kinder aus geschiedenen Ehen, Frankfurt 1985

Bundeskonferenz für Erziehungsberatung e.V. (Hrsg.): Trennung und Scheidung, Materialien zur Beratung, Fürth 1992

Buskotte, A., Hrsg: Ehescheidung, Folgen für Kinder, ein Handbuch für Berater und Begleiter, Hamm 1991

Dolto, F.: Scheidung, wie ein Kind sie erlebt, Stuttgart 1990

Figdor, H.: Kinder aus geschiedenen Ehen zwischen Trauma und Hoffnung, Mainz 1991

Gaier, O.: Manchmal mein ich, ich hätt auf der Welt nix verloren, Scheidungskinder erzählen, Hamburg 1988

Gaier, O.: Der Riß geht durch die Kinder, Trennung, Scheidung und wie man Kindern helfen kann, München 1991

Napp-Peters, A.: Scheidungsfamilien-Interaktionsmuster und kindliche Entwicklung. Aus Tagebüchern und Interviews mit Vätern und Müttern nach der Scheidung. Eigenverlag des Deutschen Vereins für öffentliche und private Fürsorge, 1988

Bücher für Kinder und Eltern:

Brown, L. & M.: Scheidung auf Dinosaurisch.
Ein Ratgeber und Bilderbuch für Kinder und Eltern, Reinbek 1988

Cleary, B.: Ruf doch mal Papa an, Wien 1986, ab 12 J.

Maar, N. und Ballhaus, V.: Papa wohnt jetzt in der Heinrichstr., Lohr 1988, ab 5 J.

Nöstlinger, Ch.: Der Zwerg im Kopf, Weinheim 1989, ab 6. J.

Schmidt, A.: Väter ohne Kinder, Reinbek 1993

Sachwortverzeichnis

A

Abendgestaltung 39
Abhängigkeit
-, emotional 67
Abholsituation 62
Abschied 39
Absprachen 45
Aggression 147, 213, 215 ff.
Altersmischung 9, 13 f.
Analyse 194
Anerkennungsbedürfnis 42, 43
Angebote 100, 108, 132
Angst 77, 147, 226 ff.
Ankleiden 39
Ankommen 63
Annähern 63
Arbeitsablauf
-, alltäglicher 40
Arbeitserfolg 51
Arbeitsgruppe 173
Arbeitssitzung 175
Arbeitsstil
-, persönlicher 51
Arbeitstreffen 174 f.
Arbeitsvertrag 59
auffälliges Verhalten 211 ff.
Aufgabenbereiche 30
Aufgabenverteilung 173, 175
Aufklärung
-, erneute 61
Aufnahmegespräch 196, 197
Aufräumen 39, 44
Aufsichtspflicht
-, gesetzliche 59 ff.
Aufrichtigkeit 169
Aufsichtsbehörde 8, 28, 32
Ausbildung 29
Ausflüge 62
Aushang 196, 198
Außenanlage
-, Anforderungen, Gestaltung,
   DIN-Normen 9, 25 ff.
Außenspielanlage 28
Außenspielgeräte 27 f.
ausländisches Kind 240 ff.
Aussage
-, sachliche 149

B

Bauen 105, 120, 126
Bedürfnisse 39, 67 ff.
Beeinflussung 36

Begrüßung 39
-, nonverbale 144
Begrüßungsformen 143 f.
Begrüßungsgespräch 143 f., 173
Beiratssitzung 32
Behinderung 237 f.
Beobachtungen 52 ff., 215, 220, 227, 235 f., 241, 247, 250, 260, 268 f., 271, 284, 295, 305
-, gezielte 52 ff.
Beobachtungsergebnisse 55
Beobachtungsfähigkeit 55
Beobachtungsnotizen 54
Beratung 11, 12
Beratungsstellen 32
Berufsbild Kinderpflegerin
Besuche 39
Betreuung 11, 12
Betreuungsarbeit 31
Betreuungsbedarf
-, erhöhter 62
Betriebsführung 30
Bewegung 87 ff., 113
Bewegungsbedürfnis 42, 59
Beziehungsaussage 149, 151 f.
Beziehungsebene 151 f.
bezuschussen 28
Bilderbuch 228
Bildung 11, 12
Bildungsarbeit 31
Bindungsbedürfnis 43
Blickkontakt 54
Bodenmaterial 27
Bringsituation 62
Bringzeit 199
Brotzeit 120
Bundesseuchengesetz 29, 32
Bundessozialhilfegesetz 32

C

Computerspiel 99

D

Darstellendes Spiel 133
delegationsberechtigt 31
Denken 91 ff.
Denkspiele 95
Dienstgespräch 31
Dienstordnung 31
Diskussion 178

E

Eigenart 39
Eigengefährdung 59
Eigenständigkeit 59
Eignung 29
Ein-Elternteil-Familie 192
Einfallsreichtum 63
Einfühlungsvermögen 169
Ein-Kind-Familie 192
Einladung 139
Einrichtung 30, 31 f., 201
Einstellung
-, positive 156
-, wertschätzende 71
Einstellungen 36 ff., 48
-, positive 46
Eintreffen 39
Eltern 38, 51, 63
Elternabend 195, 196, 197, 204 f., 209
-, Durchführung 205
-, Gestaltungsformen 209
-, Lösungsmöglichkeiten 207
-, Nachbereitung 205
-, Planung 204
-, Probleme 207
-, Themenauswahl 204
-, Vorbereitung 205
-, Voraussetzungen 194
Elternaktivitäten 196, 197
Elternarbeit 191 ff., 197, 201, 204, 206, 209, 244
-, Regeln 195
Elternbeirat 30, 198
Elternbrief 116, 196, 197, 201 ff., 209
Elterngespräch 198
Elternkontakt 30
Elternmitwirkung 196
Elternstammtisch 196, 198
Entfaltung 39
Enthemmtes Kind 214 f.
Entscheidungen
-, eigene 39
Enttäuschung 48
Entwicklung
-, emotionale Entwicklung 75 ff.
-, kognitive Entwicklung 91 ff.
-, motorische Entwicklung 87 ff.
-, soziale Entwicklung 80 ff.

323

Entwicklungsverzögerung 94, 234 ff.
Erfahrungsmangel 59
Erfahrungsspielraum 59
Erlebnisfläche 27
ermutigen 36 f.
Erste Hilfe 63
Erzieher 29
Erzieherin 38, 198
Erziehung 11, 12, 39
-, Schwierigkeiten 193, 213 ff.
Erziehungsarbeit 9
Erziehungsberechtigte 32, 33

F
Fachdienst 175
Fachkraft
-, pädagogische 29, 31 ff.
Fachpersonal 194
Familien 33
Familienarbeit 191
Familienergänzende Einrichtungen 6
familienergänzend 192
Familiengespräch 198
Familienstruktur 192
Ferienangebote 39
Feinmotorik 107
Feste
-, Eltern-Kind 196, 199
Festgestaltung 136
Fingerspiel 107
Förderung 39
-, situativ 30
Freibereich 24 ff.
Freiflächen 33
Freispiel 39, 43, 47, 56, 116 ff.
Freispielzeit 19
Fremdgefährdung 59
Frühförderung 236 f.
Führungsstil 174
Funktionsbereiche 23, 56
Funktionsorientierter Ansatz 262 ff., 295
Funktionsspiel 105

G
Gebärden 143 f.
Gebäude 33
geduldig 36
Gefahren 59 ff.
Gemeinwesen 8, 9
Geschichte 222 f.
Geschlechtsmischung von Gruppen 13 f., 33

gesetzliche Bestimmungen 7, 11
Gespräch
-, anschauliches 164 ff.
-, einfühlendes 147
-, helfendes 147
-, hilfreiches 169
Gesprächsbeiträge 159
Gesprächselemente 144
Gesprächsförderung 168
Gesprächsführung 142 ff.
Gesprächsregeln 142, 159 ff.
Gesprächssituation 142
Gesten 54, 143 f.
Gesundheitsamt 32
Gewalt
-, Hemmung 219
Gewinnen 100 ff.
Gleichnis 165 f.
Grobmotorik 87 ff.
Grundbedürfnisse 42 f.
Grundhaltung
-, positive 51
Grundhaltungen 155
Grundsätze
-, entwicklungsfördernde 69
Gruppenaktivität 30
Gruppenleiterin 28, 29, 30, 32, 33
Gruppenleitung
-, stellvertretende 51
Gruppenphasen 86, 110 ff., 125
Gruppenraum 119 f.
Gruppenregeln 45, 61, 63
Gruppenstärke 15
GUV – Gemeindeunfallversicherung 27

H
Handeln
-, vorbeugend 60
Handpuppe 134
Hauptaufgaben von sozialpädagogischen Einrichtungen 11
Hausaufgabenbetreuung, 39, 41
Hausbesuch 196, 198
Haus für Kinder 13
Heilpädagogin 175
Heim 39, 191
Heimfahrten 39
Hilfestellung 54
Hemmung 225 ff.
Hilfeworte 147 f.

Hilfskraft
-, pädagogische 28, 31
Hilfspersonal 194
Hoheit 199
Hort 8, 13, 33, 39, 127 f.
Hyperaktivität 220 f.

I
Impuls 46
Information 193, 195, 197, 201, 203
Informationsaustausch 175
Informationspflicht 31, 32
Integration 13, 82 ff., 222, 229 f., 238 f., 242 f.
Interkulturelle Erziehung 89, 240 ff.
Institution 30
Intensivieren 63
Interventionen
-, pädagogische 69
Isolation 147

J
Jahresplan 254 ff.
Jahrespraktikantin 28
Jahreszeit
Jugendcafé 8

K
Kasperltheater 135 ff.
Kath. Kindergarten 31
Kindergarten 5, 13, 22, 33, 175, 191
Kindergartengesetz, bayrisch 11, 12, 15, 26 f., 29, 31 f.
Kindergartenjahr 86
Kindergartenleitung
-, Leitung 28, 30, 31 f.
Kindergruppe 29
-, Zusammensetzung 13 ff.
Kinderhaus 175
Kinderheim 13, 33
Kinderhort 8, 13, 33
Kinderkrippe 5, 13, 191
Kinderpflegerin 5, 9, 28, 30, 33, 191, 198, 199, 206
-, berufliches Arbeitsfeld 5 f.
Kindertagesstätte 8, 13, 29, 33, 175, 197
Kinderzentrum 175
Kindgerecht 42, 44
Kleinstfamilie 192
Kognitve Entwicklung 91 ff.
Kommunikationsprozess 193

Konflikt 44 ff., 59, 63, 86, 110, 118, 158, 174 ff., 179 ff.
Konfliktbewältigung 184
Konfliktfähigkeit 179
Konfliktlösung 45 f., 144 f.
Konfliktsituation 144 f., 185
Konfliktverhalten 45
Konstruktionsspiel 105
Kontakt 80 ff., 143, 191, 193, 196, 197, 198, 199, 213
-, nonverbal, 143
-, verbal 143
-, zeitintensive 55
Kontaktaufnahme 143
Kontaktbedürfnis 42, 43
Kontaktfähigkeit 63
Kontrolle 61
Konzept 30
Konzeption 10, 11, 31, 33, 195
Koordination 31
Krabbelstube 13
Kreativität 76 f., 88, 116, 127 ff.
Kreisspiel 109 ff.
Kritik 178
Kulturkreis 240 f.
Kurzabsprache 175
Kurzinformation
-, Telefonat 196, 197
Kurzkontrolle 54
Kurzmitteilung 196, 198
Kuschelecke 120

L
Lebensform
-, familienähnlich 13
Lebensraum, gestalteter 27
Lebensumfeld 194, 258 f., 261, 272, 279
Leistungsfähigkeit 51
Leiterin, stellvertretende 32
Leitlinien 7, 9, 11
Leitung
-, Leiterin 28 f., 31 f.
-, Aufgaben, 31 f.
-, Aufgabenbereich 30
Lesecke 121
Lerninhalt 265 f., 270 ff., 276 f.
Lernziele 265 ff., 276 f.
Logopädin 175
Lösungsschritte 181 ff.

M
Mahlzeiten 39, 64
Malen 120

Manipulationen 67
Medien 99, 265 f., 277 f.
Meditation 41, 217
Mehrzweckraum 60
Methode 265 f., 272 ff., 282 f.
Methodische Hinweise 100 ff., 108,112
Mimik 54
Misserfolg 36
Misshandlung 249 ff.
Missverständnis 153 f.
Mitarbeiter 28 f., 30, 31, 193
Mitarbeiterführung 31
Mitarbeiterteam
Mithilfe 191
Mitverantwortung 63, 187 ff.
Monatsplan 254 ff.
Morgenkreis 39
Motivation 282
Motivieren 63
Motorik 87 ff., 113 f.
Multikulturelle Erziehung 240 ff.

N
Nachbereiten 64
Nachbesinnung 293 f., 304
nonverbal (nichtverbal) 155, 173

O
offener Kindergarten 196, 198
Öffnungszeiten, sozialpädagogischer Einrichtungen 15 ff.
Organisation 116 ff., 175
Ort für Kinder 8
Ordnungssinn 64
Orientieren 39
Orientierung 39

P
pädagogische Hilfskraft 28, 31
pädagogisches Verhalten 193, 200
pädagogische Ziele 193
pädagogische Zweitkraft 31 ff.
Personal, personelle Ausstattung 28 f.
Persönlichkeitsentwicklung 117
pflegerische Aufgaben 30
Pflichten 174
Phantasiespiele 76, 82, 105 f.
Phasen 86, 110, 125

Planung 31, 136 ff., 175
Planungsabend 196, 197
Praktikanten anleiten 30
Praktikum
Projekte 136 ff., 39
Projektarbeit 196, 199
Projektthema 41
Protokollführung 177
Psychologin 175
Puppen
-, ecke 121, 130
-, spiel 130

R
Rahmenbedingungen für Familien 192
Rahmenbedingungen sozialpädagogischer Einrichtungen 6, 10 ff.
Räume 115, 119 f.
Räumlichkeiten sozialpädagogischer Einrichtungen 21 ff, 33
-, Farbe 24
-, Fläche 23
-, Lautstärke 23
-, Licht 24
-, Materialien 24
Rechte des Kindes 125
Reflexion 52, 54, 140, 175, 178 f.
Regel 116
-, spiele 100
Rollen
-, spiel 105, 127 ff.
Rollenspiel 172
Rückfrage 154
Rückmeldung 47, 178
Rücksichtnahme 169
Ruhebedürfnis 42, 43
Ruhezeiten 39

S
Sachaussage 151 f.
Sachbeschädigung 59
Sachebene 151 f.
Scheidung 192, 245 f.
Schichtdienst 28
Schriftliche Mitteilung 196
Schutz 67
Schutzbedürfnis 42, 44
Schweigepflicht 259
Selbstbestimmungsbedürfnis 42
Selbstentscheidungsbedürfnis 43

325

Selbstsicherheit
-, berufliche 51
Selbstständigkeit
Sexueller Missbrauch 250 f.
Sicherheit 39, 71
Sicherheitsbedürfnis 28
Situation 194
Situationsanalyse 260 f.,
   295 f.
situationsgerecht 63
situationsorientiert
-, situativ 21, 33
situationsorientierter Ansatz
   33, 256, 263 ff., 295
Situationswahrnehmung 64
Solidarität 183 ff.
Sorgfaltspflicht 67
Spielbedürfnis 42, 43
Soziale Entwicklung 80 ff.
Sozialpädagogin 28
sozialpädagogische Einrich-
   tungen 6 f., 10, 11, 12, 18,
   28, 191, 192, 193, 195, 197,
   201, 209
Soziogramm 81
soziokulturelles Umfeld 7,
   9 f., 10, 33
Spiel 72 ff.
Spiele im Freien 114
Spielfahrplan 96 ff.
Spielformen 106 ff.
Spielgerät 27
Spielplatz 27, 32
Spielstörungen 125
Spieltherapie 78
Spiel- und Schnuppernach-
   mittag 196, 198
Spielverhalten der Kinderpfle-
   gerin 72 ff.
Spielzeug 96 ff., 106
Spielzeugfrei 126
Sprache 107
Sprachauffälligkeiten 213,
   231 ff.
Sprachentwicklung 90, 108,
   233, 243
Sprachförderung 90, 107,
   233 f.
Sprachförderung 162, 168
Sprechförderung 162, 168
Sprechstunde 196
Störung 176 f., 182
Streit 179
Stress 212
Stuhlkreis 39, 47
Sucht 126, 247 f.
Supervision 189 f.

T
Tagesablauf 18 ff., 30, 33,
   124
Tagesbetreuung 33
Tageseinrichtung 33
Tagessituationen 39 ff., 47,
   51, 62
Team 38, 51, 54, 55, 63, 67,
   171 ff., 194, 195, 199, 204,
   209, 295, 304
Teambesprechung 31
Teamgespräch 172
Teammitglied 171 ff.
Teamregel 174
Teamsitzung 172
Teilfamilie 192
Teilgruppe 30, 50
Teilgruppen 54, 55
Teillösungen 183
Teilziele 51
Telefonat
-, Kurzinformation 196, 197
Termingespräch 196, 197
Tischspiel 100 ff.
Träger 7, 10, 11, 16, 30, 31,
   198
Trösten 46
Tür- und Angelgespräch 196,
   197, 199 f., 209

U
Umfeld
-, soziales 192
Überblick 55, 63, 124
Überbrücken 64
Übergangssituationen 56
Untergruppen 56

V
Verantwortung 59, 69, 171 f.,
   174
-, erzieherische 39, 69
Verantwortungsbereiche
   171 f.
verbal 155, 175
Vereinbarungen 46, 48
Verfügungszeit 33
Verhalten 36 ff., 48
-, ängstliches 148
-, aggressives 148
-, besonnenes 46, 48
-, erwartetes 48
-, schüchternes 148
-, unerwartetes 48 f.
Verhaltensabläufe 54

Verhaltensauffälligkeiten
   211 ff.
Vermutungen 52, 54
Verlieren 100 f.
Verständnis 71
Verstehen 169
Vertrauen 71
Vertrautheitsbedürfnis 42, 44
verunsichert 36
Videospiel 99
Vorbeugende Maßnahmen
   217 f.
Vorbild 166
Vorbildverhalten 46
Vorlieben 39

W
Waffen 98
Wahrnehmung 91 ff., 237 f.
-, Fremdwahrnehmung 218
-, Selbstwahrnehmung 218
Warteliste 7
Waschen 39
Wechselwirkung 36 ff., 48
Wecken 39
Weichbodenbelag 27
weisungsberechtigt 31
Wertschätzung 67, 169
Wettspiel 105
Wochenendgestaltung 39
Wochenplan 254 ff.
Wortwahl 143 f.

Z
Zappeliges Kind 213
Zielsetzung 7, 33
Ziele 201
-, pädagogische 69
Zusammenarbeit 30, 31,
   173 f.
Zusammensetzung der Kin-
   dergruppen 13 f.
Zweitkraft 50
-, pädagogische 31 ff.

Bildquellenverzeichnis

Zeichnungen

Elisabeth Galas, Köln 11, 176, 184, 185, 232, 264,
Cornelia Kurtz, Bendorf 12, 14, 35, 37, 50, 55, 58, 63, 107, 142, 171, 186, 194, 202, 215,
222, 226, 230, 240, 253, 263, 265, 295, 302, 209, 311, 318

Fotografien

Bert Butzke, Mülheim a.D. Ruhr 24, 25, 52, 57, 60, 99, 144, 317
Ursula Markus, Zürich 107
Frances Palgrave, Köln 21, 22, 25, 40, 62, 79, 83, 88, 158, 159, 175, 191
Michael Seifert, Hannover 5, 14, 22, 40, 86, 196, 260
Renate Zimmer, Osnabrück 113

Sonstige

ESA Verlag, Alpirsbach (Schwarzwald) 287, 288, 290
IMU Bildinfo, Essen 95
Middelhauve Verlag, München 297

Leider konnten wir nicht zu allen Abbildungen die Inhaber der Rechte ermitteln.
Sollte jemand davon betroffen sein, so bitten wir ihn, sich zu melden.